Apache (version 2)

Installation, administration et sécurisation

ISBN : 2-7460-1819-5
Imprimé en France

Editions ENI

BP 32125
44021 NANTES CEDEX 01

Tél. 02.51.80.15.15
Fax 02.51.80.15.16

e-mail : editions@ediENI.com
http://www.editions-eni.com

Auteur : Mikaël PIRIO
Collection **Ressources Informatiques** dirigée par Joëlle MUSSET

Les exemples cités tout au long de cet ouvrage sont téléchargeables à l'adresse suivante :
http://www.editions-eni.fr/exemples
Cliquez ensuite sur le nom de la collection puis sur le titre de l'ouvrage.

Internet — Chapitre 1

Installation — Chapitre 2

Configuration d'Apache — Chapitre 3

La sécurité sous Apache — Chapitre 6

Exemples de configuration — Chapitre 7

Chapitre 1 : Internet

A. Qu'est-ce que l'Internet ?

Il s'agit d'un réseau mondial constitué par l'interconnexion de réseaux hétérogènes : un **réseau de réseaux** ! Cette architecture maillée donne l'image d'une toile immense et qui rend difficile le dénombrement des ordinateurs la constituant. Elle est en perpétuelle évolution.

L'Internet permet de faire de nombreuses choses comme d'envoyer et recevoir des messages (mails), discuter (forums et chats), consulter des documents (pages web)... Pour cela, les informations transitent sur ce réseau jusqu'à vous, les ordinateurs communiquent. Cette communication est faite à l'aide de **protocoles**, c'est-à-dire d'un ensemble de règles que les ordinateurs doivent respecter pour se comprendre. Ces protocoles sont par exemple HTTP, FTP, IP, TCP, UDP, SMTP, Telnet... tous faisant partie, sur l'Internet, de la suite de protocoles TCP/IP.

B. TCP/IP

1. Introduction

a. Signification

TCP/IP est une suite de protocoles servant à la **communication** entre ordinateurs sur l'Internet. Son nom provient des deux protocoles majeurs le constituant : TCP (*Transmission Control Protocol*) et IP (*Internet Protocol*). Cette communication s'effectue par des transferts de paquets de données.
Pour que chaque paquet sache où aller, elle se base sur **l'adressage IP**, c'est-à-dire le fait que chaque ordinateur sur un réseau soit identifié par son adresse IP, que nous verrons plus précisément dans ce chapitre.

b. Modèle en couches

TCP/IP est un modèle en couches. Les données traversent plusieurs couches, chacune ajoutant des informations (**en-tête**). Le modèle en couches TCP/IP s'inspire très largement du modèle OSI (*Open Systems Interconnection* - Interconnexion de systèmes ouverts).

Intérêt d'un tel modèle

Un modèle en couches permet une certaine indépendance par rapport au système d'exploitation. Chaque couche possède un rôle précis (un **service**) et décompose donc le problème de la communication en parties plus simples à gérer.
Nous verrons à la fin de ce point un exemple de l'utilisation du modèle OSI dans le cas du filtrage de paquets à l'aide d'un pare-feu (firewall).

Présentation du modèle OSI (*Open Systems Interconnection*)

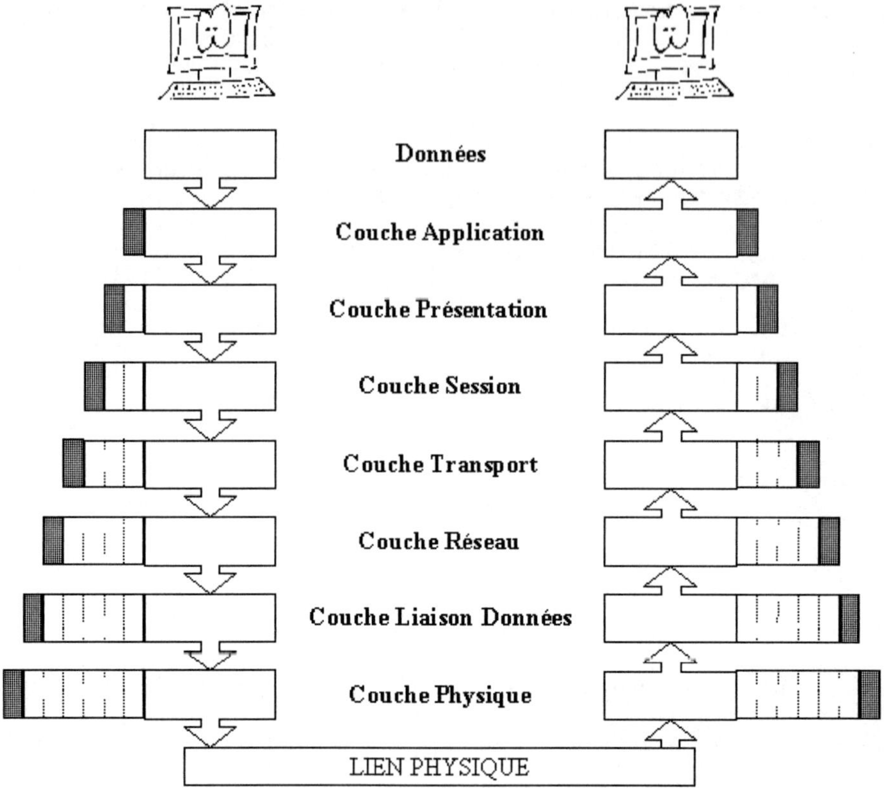

Ce modèle comporte sept couches. Dans l'ordre :

- la couche **Application** correspond à l'interface avec les applications ;
- la couche **Présentation** formate les données (compression, cryptage...) ;
- la couche **Session** ouvre les sessions sur les ordinateurs ;
- la couche **Transport** assure le transport des données ainsi que la gestion des erreurs ;
- la couche **Réseau** gère les adresses et le routage des données ;
- la couche **Liaison Données** correspond à l'interface avec la carte réseau ;
- la couche **Physique** définit la conversion des données en signaux numériques.

Présentation du modèle TCP/IP

Ce modèle ne comporte que quatre couches, mises en correspondance avec les sept couches du modèle OSI :

Modèle OSI	Modèle TCP/IP
Application	Application
Présentation	
Session	
Transport	Transport (TCP, UDP)
Réseau	Internet (IP, ARP, RARP)
Liaison Données	Accès réseau (PPP, Ethernet...)
Physique	

- La couche **Application** regroupe les couches Application, Présentation et Session du modèle OSI. Elle permet aux différentes applications de communiquer. Le paquet de données est ici appelé **message**.
- La couche **Transport** (TCP ou UDP) correspond à la couche Transport du modèle OSI. Après encapsulation (ajout d'en-tête TCP ou UDP), le message de la couche supérieure devient un **segment**.
- La couche **Internet** (IP, ARP, RARP) correspond à la couche Réseau du modèle OSI. Ici, une fois encapsulé, le segment prend le nom de **datagramme**. Cette couche gère leur acheminement, ainsi que la gestion de leur fragmentation et assemblage lors de la réception.
- La couche **Accès réseau** (PPP, Ethernet...) regroupe les couches Liaison Données et Physique du modèle OSI. Le datagramme devient alors une **trame** et accède au réseau physique.

Le fonctionnement d'un pare-feu au travers du modèle OSI

Un pare-feu est une solution logicielle ou matérielle permettant le **filtrage** du trafic entre deux réseaux. En général, le pare-feu protège le réseau privé de l'hostile réseau publique qu'est l'Internet. Mais il peut aussi protéger un réseau privé d'un autre... Pour cela, il est placé entre les réseaux qu'il filtre.

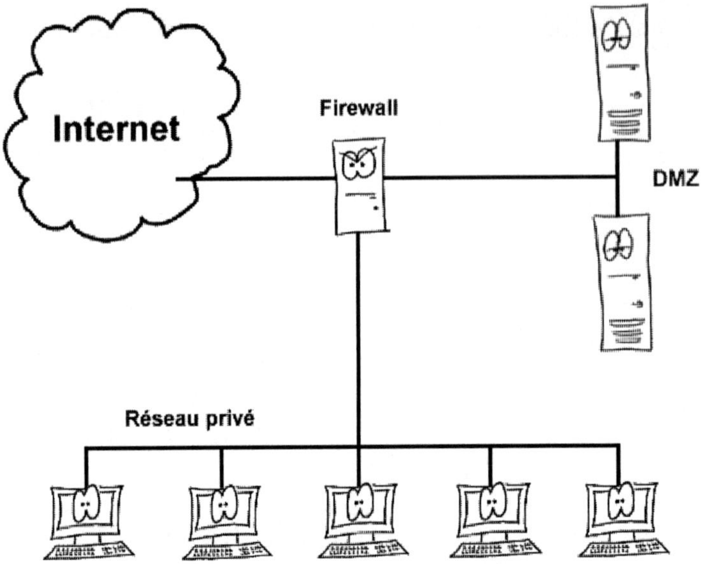

Le pare-feu scrute en permanence le trafic entrant et sortant. De cette manière, il peut autoriser certaines connexions publiques aux différents serveurs se trouvant derrière lui. Il peut aussi garder une trace de toutes les informations sur les différents trafics ayant trait aux différents trafics. Suivant les adresses IP de destination ou de provenance des paquets, il peut les autoriser ou non à passer au travers de lui, comme il peut aussi autoriser ou non des paquets à passer suivant les protocoles qu'ils utilisent.

Un pare-feu peut travailler sur différentes couches du modèle OSI ou TCP/IP. La couche la plus basse concernée sera la troisième : la couche Réseau (OSI) ou Internet (TCP/IP). C'est effectivement à ce niveau qu'est renseignée l'adresse IP sur laquelle le pare-feu pourra appliquer ses règles de filtrage. Un pare-feu pourra aussi travailler sur la couche Transport et son filtrage s'en trouvera plus fin, et ainsi de suite en remontant de couche en couche.

En fait, il existe différentes sortes de pare-feu, chacun travaillant sur une ou plusieurs couches différentes. Commençons par le plus simple : le pare-feu à filtrage de paquets.

Le **filtrage de paquets** consiste à examiner les en-têtes de ces derniers et à en extraire les adresses IP source et destination. Suivant ces adresses et ses règles de filtrage, le pare-feu laissera ou non passer le paquet. Ce genre de pare-feu fonctionne donc sur la troisième couche du modèle, c'est-à-dire la couche Réseau du modèle OSI ou la couche IP du modèle TCP/IP.

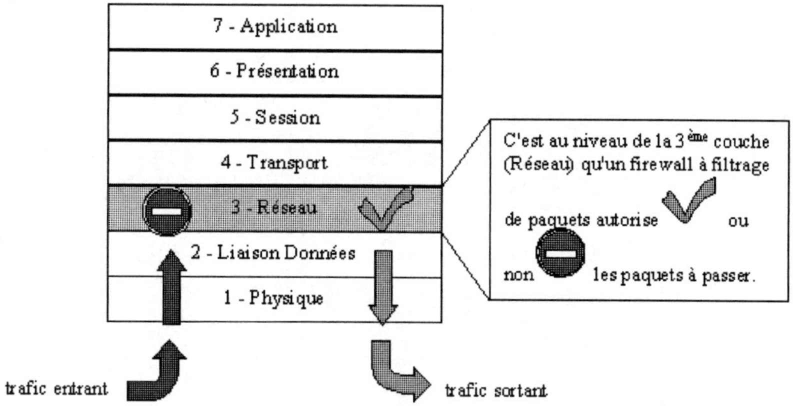

Les pare-feux à filtrage de paquets peuvent aussi examiner la quatrième couche, c'est-à-dire la couche Transport du modèle OSI ou la couche TCP du modèle TCP/IP. Tout comme précédemment, le pare-feu extrait de chaque paquet les informations dont il a besoin et applique alors ses règles. Ces informations sont par exemple les ports (TCP/UDP) source ou destination ou les drapeaux TCP (ACK,RST...).

Un autre type de pare-feu est le **pare-feu à état** ou **Circuit Level Gateway**. Celui-ci travaille sur la couche Session du modèle OSI ou Transport du modèle TCP/IP. Dans le cas précédent, le pare-feu examinait chaque paquet. Ici, une fois qu'une session (ou connexion) a été autorisée par le pare-feu suivant ses règles de filtrage, les paquets faisant partie de cette même session ne seront pas examinés ! Un tel comportement est souvent utilisé pour le trafic sortant, c'est-à-dire le trafic provenant du réseau privé vers la sortie (souvent un réseau public tel l'Internet).

Enfin, il reste le **pare-feu applicatif** (plus communément appelé proxy, nom du programme qu'il exécute) travaillant sur la couche Application des modèles OSI et TCP/IP.

Un proxy est un programme associé à un service. On parle de proxy FTP pour le service FTP, proxy WEB ou HTTP pour une service WEB, etc. Sans le proxy approprié pour un service, aucun trafic pour ce service ne pourra traverser le pare-feu. Ces proxies peuvent être configurés pour n'autoriser que certaines commandes, comme par exemple un GET pour un proxy HTTP (voir le protocole HTTP). De même, à l'aide de ces proxies, le pare-feu pourra n'autoriser que certaines machines ou utilisateurs à se connecter, permettant à chacun d'utiliser les commandes leur étant personnellement attribuées. A cela s'ajoute la possibilité de logguer précisément toutes les informations de connexion à un service particulier.

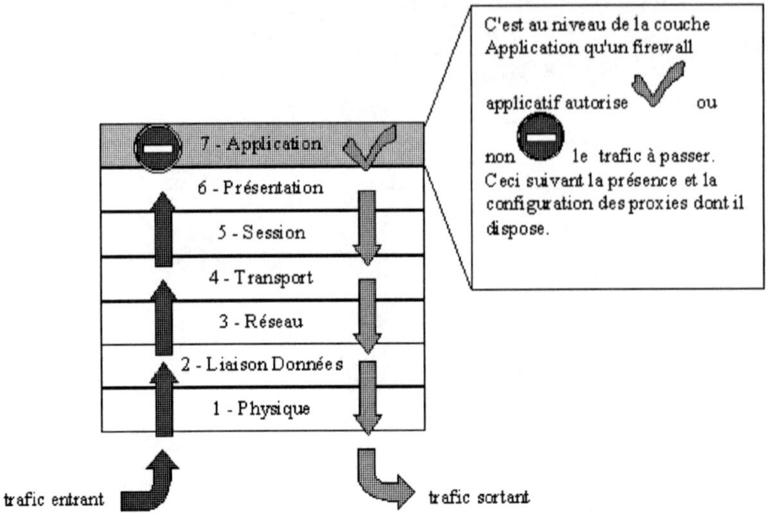

Évidemment, tous ces pare-feux peuvent être combinés et présenter alors un filtrage par rapport aux différentes couches des modèles OSI ou TCP/IP.

2. TCP

a. Introduction

Historique

C'est en décembre 1974 qu'est né le protocole TCP, création de Vint Cerf, Yogen Dalal et Carl Sunshine. À cette époque, les réseaux naissants ont besoin d'un protocole de communication permettant de mettre en relation un nombre croissant de systèmes hétérogènes.

Son rôle

TCP signifie *Transmission Control Protocol* ou Protocole de contrôle de transmission. Il s'agit d'un protocole **orienté connexion**, c'est-à-dire qu'un contrôle est effectué lors de l'envoi des données. La machine qui reçoit les données envoie aussi un "accusé de réception" à la machine qui a émis ces données. Cette dernière garantit la validité de son envoi.

TCP permet :

- la remise en ordre des datagrammes provenant de la couche IP ;
- le découpage des données en fragments de longueur variable qu'il communique à la couche IP ;
- le multiplexage des données, c'est-à-dire la possibilité de gérer plusieurs sources de données différentes ;
- d'éviter une saturation du réseau ;
- la gestion d'une connexion.

Deux machines doivent établir une connexion pour communiquer à l'aide du protocole TCP. La machine qui émet la demande de connexion est la machine client, ou client. Celle qui reçoit cette demande est alors le serveur, la machine qui va fournir un ou plusieurs services. Nous sommes alors dans une configuration client/serveur.

b. L'en-tête TCP

<table>
<tr><td>0</td><td>1</td><td>2</td><td>3</td><td>4</td><td>5</td><td>6</td><td>7</td><td>8</td><td>9</td><td>10</td><td>11</td><td>12</td><td>13</td><td>14</td><td>15</td><td>16</td><td>17</td><td>18</td><td>19</td><td>20</td><td>21</td><td>22</td><td>23</td><td>24</td><td>25</td><td>26</td><td>27</td><td>28</td><td>29</td><td>30</td><td>31</td></tr>
<tr><td colspan="16">Port Source</td><td colspan="16">Port Destination</td></tr>
<tr><td colspan="32">Numéro de séquence</td></tr>
<tr><td colspan="32">Numéro d'accusé de réception</td></tr>
<tr><td colspan="4">Décalage données</td><td colspan="6">réservé</td><td>U
R
G</td><td>A
C
K</td><td>P
S
H</td><td>R
S
T</td><td>S
Y
N</td><td>F
I
N</td><td colspan="16">Fenêtre</td></tr>
<tr><td colspan="16">Somme de contrôle</td><td colspan="16">Pointeur d'urgence</td></tr>
<tr><td colspan="22">Options</td><td colspan="10">Remplissage</td></tr>
<tr><td colspan="32">Données</td></tr>
</table>

- Port Source (16 bits) : Port sur la machine source ;
- Port Destination (16 bits) : Port sur la machine de destination ;
- Numéro de séquence (32 bits) : si SYN=0, ce numéro est celui du premier octet de données par rapport au début de la connexion. Si SYN=1, ce numéro est le numéro de séquence initial (ISN) et le premier octet a pour numéro ISN+1 ;
- Numéro d'accusé de réception (32 bits) : Si ACK=1, ce champ contient le numéro de séquence du prochain octet qui sera reçu. Une fois la connexion établie, ce champ est normalement toujours renseigné ! ;
- Décalage des données (4 bits) : taille de l'en-tête TCP en mots de 32 bits. Il repère le début des données dans la trame et est essentiel du fait de la taille variable du champ Options.
- Réservé (6 bits) : pour utilisation future...
- Bits de contrôle (flags) (6 bits) :
  * URG : Si 1, la trame est jugée urgente
  * ACK : Si 1, la trame est un accusé de réception
  * PSH : Si 1, Action PUSH : force la transmission immédiate des données mises en cache.
  * RST : Si 1, la connexion est réinitialisée
  * SYN : Si 1, synchronisation des numéros de séquence
  * FIN : Si 1, interruption de la connexion
- Fenêtre (16 bits) : nombre d'octets que le récepteur souhaite recevoir sans accusé de réception ;
- Somme de contrôle (Checksum ou CRC) (16 bits) : permet de vérifier l'intégrité de la trame ;
- Pointeur d'urgence (16 bits) : si URG=1, définit la position d'une donnée urgente en indiquant le décalage par rapport au numéro de séquence ;
- Options (taille variable, multiple de 8 bits) : diverses options... ;
- Remplissage (variable) : remplissage de façon à ce que l'en-tête TCP soit multiple de 32 bits ou que le décalage des données marqué dans ce même en-tête soit correct.

c. Connexion TCP

Établissement d'une connexion

L'établissement d'une connexion se fait en trois étapes, que l'on appelle **échange ternaire** ou **3-way Handshake**, permettant une **synchronisation**.

```
Machine Cliente                                          Machine Serveur

     ------------ NUM_SEQ=N                         SYN=1  ----------->

     <----------- NUM_SEQ=S   NUM_ACK=N+1   SYN=1 ACK=1  ------

     ------------ NUM_SEQ=N+1 NUM_ACK=S+1   SYN=0 ACK=1  ----->
```

Tout d'abord, la machine cliente émet un segment avec le drapeau SYN=1 pour signifier la synchronisation, et un numéro de séquence N appelé numéro de séquence initial.

Ensuite, après avoir reçu ce premier segment, la machine serveur en émet alors un avec les drapeaux SYN et ACK égaux à 1 pour signifier qu'il s'agit d'un segment de synchronisation et d'accusé de réception. Il possède un numéro de séquence S. Le numéro d'accusé de réception de ce segment est égal au numéro de séquence initial (N) + 1.

Enfin, après avoir reçu ce second segment, la machine cliente envoie un segment dont le drapeau ACK est égal à 1 signifiant qu'il s'agit d'un accusé de réception, tandis que le champ SYN est positionné à 0, mettant fin à la synchronisation. Son numéro de séquence est le numéro de séquence initial (N) incrémenté de 1 (qui correspond aussi au numéro d'accusé de réception du segment reçu), et son numéro d'accusé de réception est le numéro de séquence du segment reçu (S) (provenant du serveur) incrémenté de 1.

Prenons comme exemple une capture d'une trame TCP effectuée à l'aide de l'outil **tcpdump** (http://www.tcpdump.org) :

```
# tcpdump_Stn_i eth0
192.168.1.3.1026 > 192.168.1.1.22: S 3322109658:3322109658(0) win
5840 <mss 1460,sackOK,timestamp 28064 0,nop,wscale 0> (DF)
192.168.1.1.22 > 192.168.1.3.1026: S 3975549557:3975549557(0) ack
3322109659 win 17376 <mss 1460,nop,nop,sackOK,nop,wscale
0,nop,nop,timestamp 1790838518 28064> (DF)
192.168.1.3.1026 > 192.168.1.1.22: . ack 3975549558 win 5840
<nop,nop,timestamp 28064 1790838518> (DF)
```

Chaque ligne a le format suivant :

```
src > dst: flags data-seqno ack window urgent options
```

`src` et `dst` sont les adresses source et destination accompagnées du port. Vient ensuite les drapeaux positionnés (S=Syn, P=Push, F=Fin, R=Rst). Un "." indique qu'il n'y a aucun drapeau de positionné. Après les drapeaux, un champ de la forme `début:fin (nb d'octets)` indique la portion des numéros de séquence couverte par ce paquet. Si Ack=1, le champ `ack` apparaîtra. Le champ `window` indique la taille de la fenêtre disponible. Si la donnée est urgente, le champ `urg` suivra. Enfin, différentes options liées à TCP terminent la ligne.

La première ligne de notre exemple indique une connexion de la machine 192.168.1.3 port 1026 vers la machine 192.168.1.1 sur le port ssh (22). Le drapeau S (SYN) est positionné. Le numéro de séquence est 3322109658 et le paquet ne contient aucune donnée (nb d'octets = 0). Nous sommes en présence de la première étape de l'établissement de la connexion.

La seconde ligne indique un paquet provenant de l'adresse IP 192.168.1.1 port ssh vers la machine 192.168.1.3 port 1026. Le champ `S` (SYN) est positionné, ainsi que le champ `ack`, sa valeur est égale à 3322109659. Remarquez qu'il s'agit du numéro de séquence de la trame précédente + 1 ! Le numéro de séquence ici est 3975549557. Il s'agit de la deuxième étape.

Enfin, la troisième ligne montre une communication de la machine 192.168.1.3 port 1026 vers la machine 192.168.1.1 port ssh. Aucun champ n'est positionné, à part le champ `ack`. Sa valeur est 3975549558. Il s'agit du numéro de séquence de la trame précédente + 1 ! C'était la dernière étape, mettant fin à l'établissement de la connexion TCP entre ces deux machines.

Transfert des données

Une fois la connexion établie ou synchronisée, des données peuvent transiter. Pour s'assurer de la bonne réception des données, le protocole TCP met en place un système d'accusé de réception, comme on l'a vu lors de l'initialisation de la connexion.

```
Machine Cliente                                          Machine Serveur

      ----------- NUM_SEQ=N ... DONNEES ... -------------->

      <---------- NUM_ACK=N    ACK=1 --------------------

      ----------- NUM_SEQ=N+1 ... DONNEES ... ------------>

      etc
```

La machine cliente émet un segment comportant des données et un numéro de séquence. La machine serveur va émettre un segment d'accusé de réception ayant le drapeau ACK=1 et un numéro d'accusé de réception égal au numéro de séquence du segment de données reçu.

Si la machine cliente ne reçoit pas l'accusé de réception, celle-ci réémet le même segment avec le même numéro de séquence et les données. Si ce segment a déjà été réceptionné et que l'accusé de réception n'a pas été reçu pour une raison quelconque, la machine serveur saura que ce segment est un doublon grâce au numéro de séquence identique et ne conservera alors que le premier segment reçu.

Pour éviter un trop plein d'accusés de réception, TCP permet d'indiquer un nombre de segments reçus au bout duquel un accusé de réception peut être envoyé. Ce nombre est fourni par le champ Fenêtre de l'en-tête TCP.

Voyons ce que nous donne tcpdump après la phase de connexion :

```
192.168.1.1.22 > 192.168.1.3.1026: P 3975549558:3975549579(21) ack
3322109659 win 17376 <nop,nop,timestamp 1790838518 28064> (DF)
192.168.1.3.1026 > 192.168.1.1.22: . ack 3975549579 win 5840
<nop,nop,timestamp 28068 1790838518> (DF)
192.168.1.3.1026 > 192.168.1.1.22: P 3322109659:3322109698(39) ack
3975549579 win 5840 <nop,nop,timestamp 28068 1790838518> (DF)
192.168.1.1.22 > 192.168.1.3.1026: P 3975549579:3975550123(544) ack
3322109698 win 17376 <nop,nop,timestamp 1790838518 28068> (DF)
192.168.1.3.1026 > 192.168.1.1.22: P 3322109698:3322110234(536) ack
3975550123 win 6528 <nop,nop,timestamp 28077 1790838518> (DF)
192.168.1.1.22 > 192.168.1.3.1026: . ack 3322110234 win 17376
<nop,nop,timestamp 1790838519 28077> (DF)
192.168.1.3.1026 > 192.168.1.1.22: P 3322110234:3322110258(24) ack
3975550123 win 6528 <nop,nop,timestamp 28097 1790838519> (DF)
192.168.1.1.22 > 192.168.1.3.1026: . ack 3322110258 win 17376
<nop,nop,timestamp 1790838519 28097> (DF)
192.168.1.1.22 > 192.168.1.3.1026: P 3975550123:3975550547(424) ack
3322110258 win 17376 <nop,nop,timestamp 1790838520 28097> (DF)
192.168.1.3.1026 > 192.168.1.1.22: . ack 3975550547 win 7616
<nop,nop,timestamp 28145 1790838520> (DF)
...
```

Pendant le transfert des données, deux sortes de ligne sont présentes : celles avec un drapeau P (Push) et celles sans aucun drapeau. Les lignes sans drapeau sont les accusés de réception : leur champ `ack` est positionné et leur valeur est égale au numéro de séquence de la ligne Push précédente. Ces dernières représentent le passage des données.

Fin de connexion

```
Machine A                                                    Machine B

      ------- NUM_SEQ=N    NUM_ACK=S     FIN=1  ------>

      <------ NUM_SEQ=S    NUM_ACK=N+1   ACK=1  -------

      <------ NUM_SEQ=S    NUM_ACK=N+1   FIN=1  -------

      ------- NUM_SEQ=N+1 NUM_ACK=S+1   ACK=1  ------>
```

La demande de fin de connexion peut être faite par la machine cliente ou la machine serveur. Un segment est envoyé avec le drapeau FIN=1 à l'autre machine. Cette dernière renvoie un accusé de réception suivi d'un autre segment avec le drapeau FIN=1. La première machine renvoie alors un accusé de réception mettant fin à la connexion.

Voyons la sortie de tcpdump :

```
...
192.168.1.3.1026 > 192.168.1.1.22: F 3322111762:3322111762(0) ack
3975553075 win 8832 <nop,nop,timestamp 31608 1790838589> (DF)
[tos 0x10]
192.168.1.1.22 > 192.168.1.3.1026: . ack 3322111763 win 17344
<nop,nop,timestamp 1790838589 31608> (DF) [tos 0x10]
192.168.1.1.22 > 192.168.1.3.1026: F 3975553075:3975553075(0) ack
3322111763 win 17344 <nop,nop,timestamp 1790838589 31608> (DF)
[tos 0x10]
192.168.1.3.1026 > 192.168.1.1.22: . ack 3975553076 win 8832
 <nop,nop,timestamp 31609 1790838589> (DF) [tos 0x10]
```

La première ligne a le drapeau `F` (Fin), commençant ainsi la demande de déconnexion. La demande est faite de la machine 192.168.1.3 vers la machine 192.168.1.1. La seconde ligne est l'accusé de réception de la première : aucun drapeau, le champ `ack` positionné et valant 3322111763, c'est-à-dire la valeur du numéro de séquence de la première ligne +1. C'est ensuite au tour de la machine 192.168.1.1 de confirmer la demande de fin de connexion en envoyant un paquet avec un drapeau `F`. Enfin, la machine 192.168.1.3 confirme la réception par un accusé : cela termine la connexion précédemment initiée.

d. Contrôle d'erreurs et de flux

TCP doit pouvoir gérer de nombreux cas d'erreurs comme la perte de données, leur duplication ou leur arrivée dans le désordre. C'est pourquoi un numéro de séquence est inséré dans chaque segment et qu'un accusé de réception (ACK) doit être émis par le destinataire. Sans réception de ce dernier après un laps de temps déterminé, le segment TCP est réémis.

Côté destinataire, les numéros de séquence permettent la remise en ordre des segments ainsi que l'élimination des segments dupliqués.
Les erreurs physiques qu'il pourrait y avoir à l'intérieur d'un segment sont gérées par le calcul d'un Checksum. Celui-ci est calculé à l'envoi du segment ainsi qu'à la réception. Si ces deux Checksum sont différents, le segment est éliminé.

À cela, TCP ajoute aussi la possibilité de contrôler le flux (ou débit de données) envoyé par l'émetteur. Avec chaque accusé de réception, un paramètre `fenêtre` est envoyé et indique le nombre d'octets que l'émetteur pourra envoyer avant d'obtenir une autre autorisation d'émettre.

3. IP

a. Introduction

Le protocole IP va permettre le transport des données en ajoutant un en-tête au segment qui deviendra alors un datagramme. Chaque machine sur un réseau possède une adresse IP. Cette dernière permettra la livraison du datagramme

b. IPv4

En-tête IPv4

0	1	2	3	4	5	6	7	8	9	10	11	12	13	14	15	16	17	18	19	20	21	22	23	24	25	26	27	28	29	30	31
Version				LET				Type de service								Longueur totale															
Identification																Drapeau			Décalage fragment												
Durée de vie								Protocole								Checksum															
Adresse Source																															
Adresse Destination																															
Options																								Remplissage							
Données																															

- Version (4 bits) : version du protocole IP. Ici 4, ou 0100 en binaire ;
- Longueur d'en-tête (LET) (4 bits) : nombre de mots de 32 bits dont est constitué l'en-tête IP. Ce nombre ne peut être inférieur à 5.
- Type de service (8 bits) : guide le traitement du datagramme suivant la qualité de service indiqué.
- Longueur totale (16 bits) : Taille totale en octets du datagramme, en-tête compris. Un datagramme ne peut donc être plus gros que 65535 octets.
- Identification (16 bits) : identifiant géré par l'émetteur permettant d'identifier les fragments d'un même datagramme.
- Drapeau (3 bits) : bits de contrôle au sujet de la fragmentation.

0	1	2
0	AF	DF

bits 0 : réservé, toujours à 0
bit 1 (AF) : 0 Non fractionnable
1 Fragmentation possible
bit 2 (DF) : 0 Dernier fragment
1 Fragment intermédiaire

- Décalage fragment (13 bits) : indique le décalage du fragment par rapport au début du datagramme, mesuré en blocs de 8 bits. Ce champ est égal à 0 pour le premier fragment.
- Durée de vie (8 bits) : indique le temps en secondes durant lequel le datagramme peut vivre sur le réseau. Ce champ est décrémenté d'au moins une unité à chaque passage d'un routeur par exemple. Lorsqu'il est égal à 0, le datagramme est détruit.
- Protocole (8 bits) : indique quel est le protocole de niveau supérieur.

ICMP	1
IGMP	2
TCP	6
UDP	17

- Checksum (16 bits) : permet de contrôle l'intégrité de l'en-tête.
- Adresse IP source (32 bits) : indique l'adresse IP de provenance du datagramme.
- Adresse IP destination (32 bits) : indique l'adresse IP de destination du datagramme.
- Options (taille variable) : différentes options...
- Remplissage (taille variable en fonction de la taille des options) : permet d'obtenir une taille multiple de 4 octets en remplissant avec des 0 les bits restants.

adresse IP

Chaque machine appartenant à un réseau possède une adresse IP permettant de l'identifier. Il s'agit d'un nombre de 32 bits, divisé en deux parties : une partie dite réseau (netID) identifiant le réseau, et une partie hôte (hostID) identifiant la machine sur ce réseau. Lorsque la partie hostID est à 0, l'adresse représente le réseau lui-même. Si tous les bits de cette même partie sont à 1, il s'agit alors de l'adresse de diffusion (*broadcast*) représentant simultanément toutes les machines connectées à ce réseau.

Prenons un exemple :

192.168.5.28 représente l'adresse d'une machine sur le réseau 192.168.5.0. L'adresse 192.168.5.255 représente toutes les machines de ce même réseau.

Il existe cinq classes d'adresse IP :

Classe A

0	1	2	3	4	5	6	7	8	9	10	11	12	13	14	15	16	17	18	19	20	21	22	23	24	25	26	27	28	29	30	31
0	netID							hostID																							

Classe B

0	1	2	3	4	5	6	7	8	9	10	11	12	13	14	15	16	17	18	19	20	21	22	23	24	25	26	27	28	29	30	31
1	0	netID														hostID															

Classe C

0	1	2	3	4	5	6	7	8	9	10	11	12	13	14	15	16	17	18	19	20	21	22	23	24	25	26	27	28	29	30	31
1	1	0	netID																					hostID							

Classe D

0	1	2	3	4	5	6	7	8	9	10	11	12	13	14	15	16	17	18	19	20	21	22	23	24	25	26	27	28	29	30	31
1	1	1	0	Multicast																											

ClasseE

0	1	2	3	4	5	6	7	8	9	10	11	12	13	14	15	16	17	18	19	20	21	22	23	24	25	26	27	28	29	30	31
1	1	1	1	0	Réservé																										

La notation binaire n'étant pas très simple, il existe une autre notation : 4 entiers sur 8 bits séparés par un point. En voici un exemple :

```
11000000 10101000  00000001  00110001 = 192.168.1.49 (classe C)
```

Dans cette notation :

- la classe A comprend les réseaux 1.0.0.0 à 127.0.0.0 ;
- la classe B comprend les réseaux 128.0.0.0 à 191.255.0.0 ;
- la classe C comprend les réseaux 192.0.0.0 à 223.255.255.0 ;
- les classes D et E comprennent les réseaux de 224.0.0.0 à 254.0.0.0. Ces deux classes ne sont en fait pas utilisées puisqu'elles sont soit réservées, soit expérimentales.

Notez qu'il existe deux adresses IP réservées : 0.0.0.0 et 127.0.0.0. La première est la route par défaut utilisée lors du routage des datagrammes. La seconde est l'adresse de l'hôte local (adresse localhost ou adresse loopback encore appelée adresse de bouclage) utilisée pour la communication intra-machine.

Le tableau suivant résume le nombre de réseaux possibles par classe ainsi que le nombre de machines que chacun peut accueillir :

Classe	Nombre de réseaux	Nombre d'ordinateurs maximum par réseau
A	126	16777214
B	16384	65534
C	2097153	254

À l'intérieur de chaque classe, il existe un sous-ensemble d'adresses réservées à un usage privé. Ces adresses ne peuvent pas être routées sur l'Internet et sont donc utilisées dans des réseaux privés, comme par exemple derrière un pare-feu.

Voici ces plages d'adresses :

- Classe A : toutes les adresses 10.X.X.X ;

– Classe B : toutes les adresses 172.16.X.X à 172.31.X.X ;
– Classe C : toutes les adresses 192.168.X.X.

À une adresse IP est associé un masque de réseau. Comme l'adresse IP, il s'agit d'un nombre de 32 bits. Il permet d'obtenir l'adresse d'un réseau à partir d'une adresse IP en effectuant un ET binaire entre cette dernière et son masque. Prenons par exemple l'adresse IP suivante : 192.163.3.101 et le masque de sous-réseau suivant 255.255.255.0. En effectuant un ET binaire entre cette adresse et son masque, nous obtenons l'adresse du réseau de classe C : 192.168.3.0 :

```
   11000000 10101000 00000011 01100101   (192.168.3.101)
ET 11111111 11111111 11111111 00000000   (255.255.255.0)
=  11000000 10101000 00000011 00000000   (192.168.3.0)
```

À l'aide de ce masque, nous avons la possibilité de découper une classe d'adresse IP en sous-réseaux. L'avantage de ce découpage ? Moins de charge par réseau, gestion plus simple... La partie hôte (HostID) va nous servir à définir les sous-réseaux ainsi que les adresses des machines en faisant partie. Prenons un exemple :

Soit le réseau 221.30.40.0 de classe C qui nous a été alloué. Sans découpage, nous avons donc un réseau pouvant contenir 254 machines. Nous aimerions en faire quatre sous-réseaux. En binaire, nous avons donc besoin de 2 bits (00, 01, 10, 11). La partie hôte (HostID) contient 8 bits. Nous allons donc en prendre 2. Il ne nous reste donc que 6 bits pour définir les adresses IP des machines sur chacun de ces sous-réseaux, c'est-à-dire 36 adresses possibles. Mais il ne faut pas oublier que 2 de ces 36 adresses sont réservées : 000000 est l'adresse du sous-réseau et 111111 est l'adresse de diffusion (broadcast). Nous aurons donc la possibilité de mettre 34 machines par sous-réseau ! Le masque de sous-réseau sera 255.255.255.192 (11111111.11111111.11111111. 11000000). Voici un petit résumé présentant nos quatre sous-réseaux :

Adresse de sous-réseau	Adresse de Broadcast	Plage d'adresses pour les machines
221.30.40.0 (HostID = 00 000000)	221.30.40.63 (HostID = 00 111111)	221.30.40.1 (HostID = 00 000001) à 221.30.40.62 (HostID = 00 111110)
221.30.40.64 (HostID = 01 000000)	221.30.40.127 (HostID = 01 111111)	221.30.40.65 (HostID = 01 000001) à 221.30.40.126 (HostID = 01 111110)
221.30.40.128 (HostID = 10 000000)	221.30.40.191 (HostID = 10 111111)	221.30.40.129 (HostID = 10 000001) à 221.30.40.190 (HostID = 10 111110)

Adresse de sous-réseau	Adresse de Broadcast	Plage d'adresses pour les machines
221.30.40.192 (HostID = 11 000000)	221.30.40.255 (HostID = 11 111111)	221.30.40.193 (HostID = 11 000001) à 221.30.40.254 (HostID = 11 111110)

Grâce aux masques de sous-réseaux, nous pouvons donc découper un grand réseau en petits sous-réseaux. Voici un tableau résumant les possibilités pour une classe C :

bits sous-réseau/ bits hôte	nombre de sous-réseaux	nombre d'hôtes	masque de sous-réseaux
1/7	2	126	255.255.255.128
2/6	4	62	255.255.255.192
3/5	8	30	255.255.255.224
4/4	16	14	255.255.255.240
5/3	32	6	255.255.255.248
6/2	64	2	255.255.255.252
7/1	128	0	255.255.255.254

Évidemment, la dernière possibilité est à éliminer. Nous pouvons faire la même chose sur les autres classes A et B... Pour la classe B, nous avons à disposition 2 octets, c'est-à-dire 16 bits pour définir un découpage. Mais nous ne pourrons pas tous les utiliser. Regardons le tableau suivant :

bits sous-réseau/ bits hôte	nombre de sous-réseaux	nombre d'hôtes	masque de sous-réseaux
1/15	2	126	255.255.128
2/14	4	62	255.255.192
3/13	8	30	255.255.224
4/12	16	14	255.255.240
5/11	32	6	255.255.248
6/10	64	2	255.255.252
7/9	128	0	255.255.254
8/8	255	254	255.255.255.0

Nous sommes obligés de nous arrêter à 8/8, car au-delà nous revenons à un découpage de classe C. On parle d'ailleurs dans ce cas d'une extension des sous-réseaux de classe B (extended class B subnets, cf. RFC 1878). On retrouvera les mêmes contraintes pour la classe A.

Cette notion de classe était bien utile au début. Mais aujourd'hui elle s'essouffle ! Effectivement, les classes "gaspillent" trop d'adresses. Faisons quelques petits calculs :

Une adresse sur 32 bits permet d'obtenir 2^{32} adresses différentes, c'est-à-dire 4 294 967 296 adresses. Toutes ces adresses ne sont pas encore utilisées... Par contre, de larges portions de ces adresses sont inexploitées du fait des classes. Si un réseau contient moins de 255 machines, il lui sera attribuée une classe C. Voyons l'exemple d'un réseau avec 50 machines : 205 adresses resteront inexploitées ! Si un réseau contient 255 machines, il lui sera attribuée une classe B et plus de 65 000 adresses tomberont dans l'oubli. Un vrai gaspillage qui fait que le nombre de 2^{32} adresses sera bientôt atteint !

Plusieurs solutions ont été trouvées. L'une consiste à augmenter le nombre de bits de l'adresse IP. C'est ce que nous retrouverons dans la prochaine version IPv6. Une autre solution, temporaire, est l'abandon des classes (*classless IP*), ou plutôt la fragmentation ou l'agrégation des classes existantes A, B et C à l'aide d'un masque de réseau. Cette dernière solution est appelée CIDR (*Classless Inter Domain Routing*).

Le masque est constitué au niveau binaire d'une suite de 1 contigus, suivie de 0. Voici quelques exemples de masques valides :

Binaire	Notation avec '.'
11111111 11111111 11111111 00000000	255.255.255.0
11111111 11111111 00000000 00000000	255.255.0.0
11111111 00000000 00000000 00000000	255.0.0.0
11111111 11111111 11111111 11100000	255.255.255.224
11111111 11111111 11111111 11111000	255.255.255.252
11111111 11100000 00000000 00000000	255.32.0.0
11111111 11111111 11111000 00000000	255.255.252.0

Et voici des masques non valides :

Binaire	Notation avec '.'
11111111 00000000 11111111 00000000	255.0.255.0
11111111 11111111 11111111 00001111	255.255.255.15

Prenons un exemple : nous avons besoin d'une plage d'adresses IP de 400 hôtes. Avec la notion de classe, une adresse réseau de classe B nous serait attribuée, laissant 65 134 adresses non utilisées. Avec CIDR, cherchons le nombre de bits qu'il nous faut pour obtenir au moins 400 adresses. Pour cela, il nous faut 9 bits (2^9 = 512 adresses) : c'est notre partie hôte (HostID). Sur 32 bits, il nous reste donc 23 bits pour définir le réseau : la partie réseau (NetID). Son masque sera donc 255.255.254.0 (11111111 11111111 11111111 10000000). On définira donc la plage d'adresses IP allouée, ou réseau, de la manière suivante : X.X.X.X/255.255.254.0, X.X.X.X étant l'adresse du réseau. Une autre façon de faire est X.X.X.X/23 indiquant que nous utilisons les 23 premiers bits à gauche comme masque de réseau.
Notre exemple peut être vu comme deux réseaux de classe C mis bout à bout : 221.30.40.0 et 221.30.41.0 avec chacun 254 hôtes possibles.

Avec CIDR, notre réseau sera 221.30.40.0/23, avec une plage d'adresses IP hôte allant de 221.30.40.1 à 221.30.41.254 et une adresse de broadcast de 221.30.41.255.

Fragmentation des paquets IP

Nous savons que la taille maximale d'un datagramme est de 65535 octets. Elle ne sera jamais atteinte sur un réseau où la taille maximale d'une trame est indiquée par le MTU (*Maximum Transfer Unit*) dépendant du type du réseau :

Type de réseau	MTU (octets)
Arpanet	1000
Ethernet	1500

Si un datagramme est trop gros par rapport au MTU, il sera fragmenté, de façon à ce que sa taille soit inférieure à ce MTU et multiple de 8 octets. Cette fragmentation se fait au niveau des routeurs, portes d'entrée des réseaux, qui ajouteront un nouvel en-tête pour tenir compte de la nouvelle taille du datagramme et de sa fragmentation. Dans ce nouvel en-tête, nous retrouverons les champs importants Longueur totale, Identification, Drapeau et Décalage fragment.

c. IPv6

IPv6 (*Internet Protocol version* 6) est le futur remplaçant de IPv4. Il règle de nombreux problèmes comme l'épuisement des adresses IP. Il y ajoute aussi quelques améliorations comme l'autoconfiguration IP. IPv6 est déjà disponible sur de nombreux systèmes comme Linux, Windows ou Macintosh...

Mais pourquoi IPv6 ? Pourquoi pas IPv5 ? Comme nous l'avons vu précédemment, les quatre premiers bits de l'en-tête IP indiquent la version du protocole, comprise entre 0 et 15. Le chiffre 4 est pris par IPv4, tandis que le chiffre 5 est déjà pris par un autre protocole (Stream protocol, cf. RFC 1819). Le chiffre suivant, 6, était libre, d'où IPv6.

Différences avec IPv4

- Augmentation du nombre d'adresses : les adresses IP passent de 32 bits à 128 bits ;

- Simplification de l'en-tête : certains champs IPv4 ont tout simplement été enlevés ou rendus optionnels ;
- Modifications de l'encodage des options dans l'en-tête ;
- Etiquetage de flux d'informations : nouvelle fonctionnalité permettant de définir un paquet comme faisant partie d'un flux particulier demandant une gestion particulière comme un service "sans perte d'information" ou "temps réel" ;
- Authentification et confidentialité : des extensions concernant l'authentification et la confidentialité des données ont été ajoutées à IPv6.

Ce ne sont ici que quelques-unes des modifications et améliorations que IPv6 va introduire.

En-tête IPv6 (40 octets)

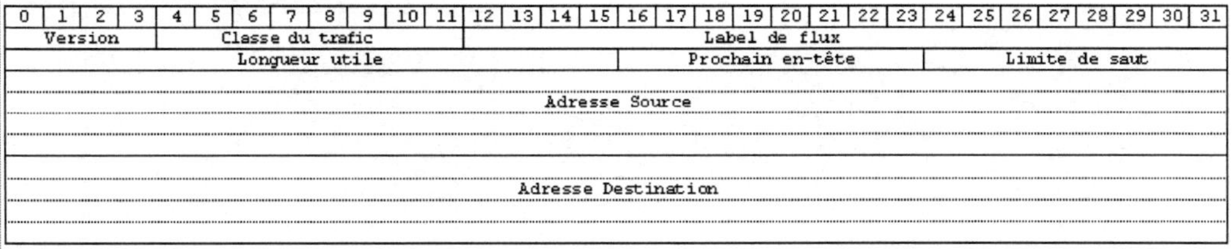

- Version (4 bits) : version du protocole IP. Ici Version = 6 (0110 en binaire) ;
- Classe du trafic (8 bits) : champ permettant de définir une classe ou la priorité du paquet IPv6 ;
- Label de flux (20 bits) : identification du flux ;
- Longueur utile (16 bits) (*Payload length*) : longueur en octets du paquet suivant l'en-tête ;
- Prochain en-tête (8 bits) : indicateur sur 8 bits qui identifie le type d'en-tête suivant immédiatement l'en-tête IPv6. Ces valeurs sont définies dans le point "PROTOCOL NUMBERS" de la RFC 1700. En voici quelques-unes :

1	ICMP	Internet Control Message	RFC 792
4	IP	IP in IP (encapsulation)	
6	TCP	Transmission Control	RFC 793
17	UDP	User Datagram	RFC 768
27	RDP	Reliable Data Protocol	RFC 908
47	GRE	General Routing Encapsulation	
94	IPIP	IP-within-IP Encapsulation Protocol	

- Limite de saut (8 bits) : entier sur 8 bits qui est décrémenté de 1 à chaque passage dans un routeur. Le paquet est supprimé lorsque sa valeur atteint 0.
- Adresse source (128 bits) : adresse sur 128 bits identifiant l'hôte source du paquet.

– Adresse destination (128 bits) : adresse sur 128 bits identifiant le destinataire du paquet.

Quelques remarques à propos de ce nouvel en-tête IPv6. Sa taille est fixe (la taille de l'en-tête IPv4 ne l'était pas) et le nombre de champs est inférieur à IPv4, d'où un traitement plus rapide ; Le "checksum" a disparu ; il sera suivi d'en-têtes optionnels (ou d'extension), puis des données utiles (Payload).

En-tête d'extension

Ces en-têtes sont identifiés par le champ `Prochain en-tête` de l'en-tête précédent et leur longueur est multiple de 8 octets. Ils sont placés les uns après les autres. Derrière eux se trouvent les données (*Payload*) :

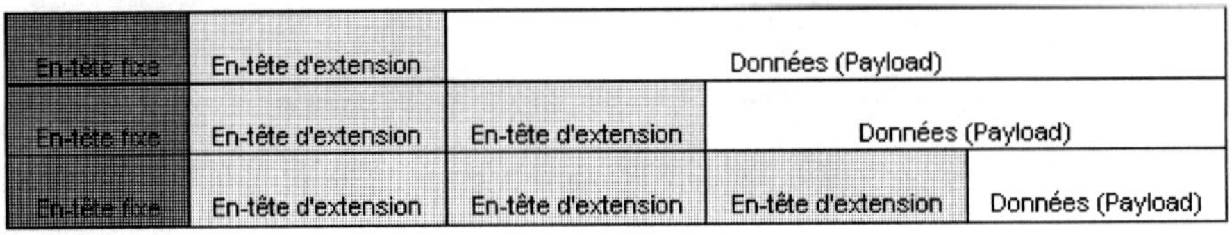

Les adresses IPv6

(voir RFC 3513 Avril 2003)

Tout d'abord définissons le vocabulaire qui sera utilisé lorsque nous parlerons des différents types d'adresse IPv6 :

nœud (mode)
: périphérique (*device*) implémentant IPv6.

routeur (router)
: nœud chargé de router ou transmettre (forward) les paquets IPv6 qui ne lui sont pas adressés.

hôte (host)
: tout nœud qui n'est pas un routeur. On parle aussi de machine.

lien (link)
: moyen de communication inter-nœuds (couche juste au-dessous de IP), comme ethernet, liens PPP, les réseaux ATM, etc.

voisins (neighbors)
: ensemble de nœuds communiquant sur un même lien.

interface (interface)
: permet l'attachement du nœud au lien.

adresse (address)
: permet l'identification d'une ou plusieurs interfaces au niveau de la couche IP.

paquet (packet)

correspond à un en-tête (IP) suivi de ses données.

Les adresses IPv4 étaient codées sur 32 bits. Ipv6 passe à 128 bits, c'est-à-dire 2^{128} adresses possibles :

2^{128} = 34028236692093846343374607431768211456

Donc les adresses IPv6 vont de 0 à 2^{128}-1. Cela va être très dur de mémoriser une telle adresse ! Une première simplification proposée par IPv6 est de passer en notation hexadécimale, c'est-à-dire en base 16 :

2^{128}-1 = FFFFFFFFFFFFFFFFFFFFFFFFFFFFFFFFh

Nous avions 39 chiffres en base 10. Nous sommes maintenant à 32 chiffres. Il reste du chemin à faire !

IPv4 permettait de regrouper l'adresse de 32 bits en 4 groupes de 8 bits séparés par un ".". Une démarche similaire va être appliquée à IPv6 : nous allons former des groupes de 16 bits, correspondant à un regroupement de 4 chiffres hexadécimaux, séparés par le caractère ":" :

2^{128}-1 = ffff:ffff:ffff:ffff:ffff:ffff:ffff:ffff

Prenons comme exemple l'adresse IPv6 suivante :
3ffa:ffff:0010:0000:0000:b5fe:ff2d:0378

Les '0' en début de groupe peuvent être oubliés :
3ffa:ffff:10:0000:0000:b5fe:ff2d:378

Enfin, un groupe équivalent à '0' peut être remplacé par "::". Si plusieurs de ces groupes se suivent, seul un "::" sera noté :
3ffa:ffff:10::b5fe:ff2d:378

Voici notre IPv6 simplifiée... Il existe une autre notation, peu utilisée, nommée **compact**, en base 85. Cette notation est définie dans la RFC 1924 et permet d'écrire une adresse IPv6 avec un maximum de 20 caractères. Reprenons notre adresse IPv6 et transformons-la en base 85 suivant cette RFC :
base85(3ffa:ffff:10::b5fe:ff2d:378) = "ItN=wCr_}&yuke3DJ{-|"

Comme vous le voyez, cette notation est loin d'être digeste... Préférons tout de même la notation hexadécimale.

Tout comme IPv4, nous reprenons dans IPv6 la notation CIDR permettant de diviser notre adresse de 128 bits en une partie réseau, et une partie hôte.

On distingue plusieurs types d'adresses IPv6 :

- les adresses **unicast**, permettant d'attribuer une seule adresse (ou identifiant) par interface ;
- les adresses **anycast**, permettant d'attribuer une adresse à plusieurs interfaces. Un paquet envoyé à cette adresse sera distribué à l'interface la plus proche ;

- les adresses **multicast**, permettant d'attribuer une adresse à plusieurs interfaces. Un paquet envoyé à cette adresse sera distribué à toutes ses interfaces.

Le terme **broadcast**, utilisé par IPv4, n'est plus employé pour IPv6. On peut voir que cette fonction est prise en charge par les adresses de type multicast.

Le type d'adresse IPv6 est indiqué à l'aide des premiers bits, appelés préfixe :

Allocation	Préfixe	Fraction de l'espace
Réservé	0000 0000	1/256
Non assigné	0000 0001	1/256
Réservé pour l'allocation NSAP	0000 001	1/128
Réservé pour l'allocation IPX	0000 010	1/128
Non assigné	0000 011	1/128
Non assigné	0000 1	1/32
Non assigné	0001	1/16
Adresses Unicast 'Aggregatable Global'	001	1/8
Non assigné	010	1/8
Non assigné	011	1/8
Non assigné	100	1/8
Non assigné	101	1/8
Non assigné	110	1/8
Non assigné	1110	1/16
Non assigné	1111 0	1/32
Non assigné	1111 10	1/64
Non assigné	1111 110	1/128
Non assigné	1111 1110 0	1/512
Adresses Unicast 'Link-Local'	1111 1110 10	1/1024
Adresses Unicast 'Site-Local'	1111 1110 11	1/1024
Adresses Multicast	1111 1111	1/256

Seul 15% de l'espace d'adressage est alloué ! Les 85% restant sont réservés à un usage futur...

Voyons chacun de ces types.

Les adresses unicast

Une adresse unicast peut utiliser les 128 bits mis à sa disposition. Ces 128 bits peuvent être divisés pour définir des niveaux hiérarchiques de plus en plus fins :

Non structurée :

128 bits
Adresse de l'hôte

On peut aussi indiquer le sous-réseau :

n bits	128-n bits
Préfixe de sous-réseau	Interface ID

Et ainsi de suite, nous montons encore d'un niveau dans la hiérarchie :

n bits	80-n bits	48 bits
préfixe du souscripteur	préfixe de sous-réseau	Interface ID

s bits	n bits	m bits	128-s-n-m bits
préfixe du souscripteur	préfixe de zone	préfixe de sous-réseau	Interface ID

Cette hiérarchisation des adresses unicast permet l'agrégation des adresses d'un même niveau hiérarchique. La structure d'un réseau et son routage en est simplifiée.

Là-aussi, il existe plusieurs types d'adresse unicast :

- les adresses sans préfixe regroupant l'adresse localhost et l'adresse "non-spécifiée" ;
- les adresses intégrant une adresse IPv4 ou adresse de transition, regroupant les adresses "IPv4 compatible IPv6" et les adresses 'IPv4-mapped IPv6 ;
- les adresses NSAP ;
- les adresses IPX ;
- les adresses "Aggregatable Global" ;

les adresses d'utilisation locale, regroupant les adresses locales à un lien (*link-local*) et les adresses locales à un site (*site-local*).

Les adresses sans préfixe

Avec IPv4, l'adresse de l'hôte local (loopback ou localhost) était 127.0.0.1. Pour IPv6, cette adresse devient 0:0:0:0:0:0:0:1 ou ::1. Tout paquet envoyé à cette adresse reste local au nœud.
Avec IPv6, il existe une adresse dite non-spécifiée égale à 0:0:0:0:0:0:0:0 ou ::. Cette adresse n'est assignée à aucun nœud et spécifie tout simplement l'absence d'adresse d'un nœud.

Les adresses intégrant une adresse IPv4 ou adresse de transition

Effectivement, avant d'arriver à un "tout IPv6", nous allons avoir une période de transition où IPv4 et IPv6 vont se côtoyer. Dans cet objectif, deux types d'adresses :

adresse IPv4 compatible IPv6

Ces adresses vont être utilisées pour faire transiter des adresses IPv6 au travers de structures IPv4. Elles seront formées d'un préfixe de 96 bits égal à 0 suivi de l'adresse IPv4 (A.B.C.D) sur 32 bits :
0:0:0:0:0:0:A.B.C.D/96 ou ::A.B.C.D/96

adresse IPv4-mapped IPv6

Ces adresses seront assignées à des hôtes essentiellement IPv4 et donc ne supportant pas IPv6. Les hôtes IPv6 utiliseront donc ces adresses pour discuter avec des hôtes essentiellement IPv4. Elles sont formées d'un préfixe de 96 bits dont 80 à 0 et les 16 derniers à 1(en hexa = ffff), suivi de l'adresse IPv4 (A.B.C.D) sur 32 bits :
0:0:0:0:0:ffff:A.B.C.D/96 ou ::ffff:A.B.C.D/96

Les adresses NSAP (Network Service Access Point)

Il est prévu une solution pour que des plans d'adressage NSAP s'intègrent dans des réseaux IPv6. La RFC 1888 explique tout cela. Attention, le statut de cette RFC est expérimental.

Les adresses IPX (Internetwork Packet EXchange)

Les adresses IPX en tant qu'adresses IPv6 auront la forme suivante :

7 bits	121 bits
0000010	reste à définir...

Ces adresses sont encore à l'étude...

Les adresses Aggregatable Global ou adresses globales (cf. RFC 3587)

Elles sont de la forme suivante :

3 bits	13 bits	8 bits	24 bits	16 bits	64 bits
FP	TLA ID	RES	NLA ID	SLA ID	Interface ID

- FP (*Format Prefixe*) (3 bits) : ici, le préfixe est égal à 001 ;
- TLA ID (*Top-Level Aggregation IDentifier*) (13 bits) : identifiant servant au plus haut niveau de la hiérarchie du routage ;
- RES (8 bits) : champ réservé pour un usage futur et mis à zéro pour l'instant ;
- NLA ID (*Next-Level Aggregation IDentifier*) (24 bits) : cet identifiant permet à chaque organisation possédant un TLA ID de construire une hiérarchie au niveau des adresses et donc d'identifier plusieurs sites. Pour cela, ces 24 bits peuvent être divisés tout d'abord en un NLA, suivi de l'identifiant du site :

n bits	24-n bits
NLA1	Site ID

Chaque organisation peut aussi gérer des NLA IDs sur ses propres sites :

n bits	m bits	24-n-m bits
NLA1	NLA2	Site ID

- SLA ID (*Site-Level Aggregation IDentifier*) (16 bits) : cet identifiant permet la division de l'espace d'adressage en sous-réseaux. Son fonctionnement est identique au NLA ID ;
- Interface ID : cet identifiant unique permet d'identifier une interface sur un lien.

Les adresses d'utilisation locale

adresses locales à un lien (link-local)

Ces adresses sont utilisées sur un lien local et ne peuvent donc pas être routées ou passer sur un autre lien. Elles sont de la forme :

10 bits	54 bits	64 bits
1111111010	0	interface ID

adresses locales à un site (site-local)

Ces adresses sont utilisées sur un site n'ayant pas besoin d'un préfixe global et ne peuvent donc pas être routées à l'extérieur de ce site. Elles sont de la forme :

10 bits	54 bits	64 bits
1111111011	ID de sous-réseau (subnet ID)	interface ID

Les adresses anycast

La seule adresse anycast actuellement définie est l'adresse "subnet-router". Son format est :

n bits	128-n bits
subnet prefixe	00000000000000

Les adresses multicast

Une adresse multicast permet d'identifier un groupe de nœuds. Un nœud peut appartenir à autant de groupes qu'il désire. Ces adresses ont la forme suivante :

8 bits	4 bits	4 bits	112 bits
11111111	flags	scope	group ID

Les huit premiers bits (11111111) identifient une adresse multicast.

Les 4 bits suivants sont des drapeaux. Les trois premiers bits sont réservés et mis à 0. Le dernier bit vaut 0 pour indiquer qu'il s'agit d'une adresse multicast permanente (*well-know*), assignée par le GINA (*Global Internet Numbering Authority*). Si ce dernier vaut 1, il s'agit alors d'une adresse provisoire (transiente). Ce qui nous fait seulement deux valeurs pour ce champ de 4 bits : 0000 ou 0001.

Les 4 bits suivants (scope) définissent l'étendue d'un groupe multicast. Voici ses valeurs (en hexadécimal) :

0	réservé
1	noeud local
2	lien local
3	non assigné
4	non assigné
5	site local
6	non assigné
7	non assigné
8	organisation locale
9	non assigné
A	non assigné
B	non assigné
C	non assigné
D	non assigné
E	étendue globale
F	réservé

Certaines adresses multicast sont déjà définies :

Adresse	Appellation	Descriptif
FF01::1	Tous les nœuds (All nodes)	Représente le groupe de tous les nœuds IPv6 sur une interface locale.
FF02::1	Tous les nœuds (All nodes)	Représente le groupe de tous les nœuds IPv6 sur un lien local.
FF01::2	Tous les routeurs (All routers)	Représente le groupe de tous les routeurs IPv6 sur une interface locale.
FF02::2	Tous les routeurs (All routers)	Représente le groupe de tous les routeurs IPv6 sur un lien local.
FF05::2	Tous les routeurs (All routers)	Représente le groupe de tous les routeurs IPv6 sur un site local.

Adresse	Appellation	Descriptif
FF02::1:2	Tous les serveurs DHCP et les agents relais (All DHCP Relay agent and servers)	Représente le groupe de tous les serveurs DHCPv6 et des agents relais sur un lien local (cf RFC 3315).
FF05::1:3	Tous les serveurs DHCP (All DHCP servers)	Représente le groupe de tous les serveurs DHCPv6 sur un site local (cf RFC 3315).
FF02::1:FFxx:xxxx	Adresse multicast sollicitée (sollicited node address)	Adresse formée à partir des 24 derniers bits d'une adresse unicast ou anycast et du préfixe FF02::1:FF00:0/104. Ces adresses sont utilsées par les protocoles de détection d'adresses dupliquées (doublons) et de découverte des voisins sur un lien local.

C. Notion de client/serveur

1. Présentation

L'architecture client/serveur permet la mise à disposition de plusieurs clients des services provenant d'un serveur. Le serveur est donc l'applicatif qui fournit un ou des services (ftp, web...). Le serveur reste à l'écoute des demandes : il attend des requêtes. Le client est l'applicatif qui a besoin de ces services. Il sera l'initiateur de la communication avec le serveur, c'est-à-dire celui qui enverra les requêtes. Le client et le serveur peuvent être sur la même machine, comme ils peuvent être sur des machines distantes.

2. Avantages

Cette architecture client/serveur dispose de nombreux avantages :

- centralisation des ressources sur le ou les serveurs ; c'est effectivement le serveur qui fournit le ou les services aux nombreux clients présents sur un réseau.
- sécurité accrue due aux points d'entrée qui peuvent être limités ou filtrés plus facilement.
- une administration simplifiée puisqu'elle se fait uniquement sur le serveur, d'où aussi une sécurité accrue.

3. Inconvénients

Malgré de nombreux avantages, cette architecture présente quelques inconvénients qui pèsent leur poids :

- Le prix souvent élevé d'un serveur. Si le serveur est une machine devant répondre à de nombreuses requêtes et cela rapidement, la configuration matérielle doit suivre... De plus, s'il fournit un ou des services très importants, ne supportant pas une interruption aussi courte soit-elle, cela nécessite également des configurations matérielles coûteuses.
- Le serveur est l'élément faible du service : plus de serveur, plus de service... Heureusement, il existe de nombreuses solutions comme les solutions de redondance de serveurs, c'est-à-dire plusieurs serveurs identiques fournissant le même service. Si un des serveurs tombe en panne, il y en a toujours un qui pourra répondre... Il existe aussi les systèmes RAID, redondance des données...

4. Fonctionnement

Le fonctionnement client/serveur est très simple. Le client envoie une requête au serveur qui lui répond, etc. Rien de plus simple ! Chaque requête est envoyée à l'adresse du serveur. A cette adresse s'ajoute aussi un numéro de port destiné à la machine serveur. Chaque numéro de port, ou port, est associé à un service.

Un port est codé sur 16 bits. Il existe donc 65535 ports différents. Ils sont divisés en trois catégories :

- de 0 à 1023. Ce sont les ports réservés (*Well Known Ports*), assigné par l'IANA (*Internet Assigned Number Authority*). On y retrouve le port FTP (21), Telnet (23), SMTP (25), DNS (53), Whois (63), HTTP (80), POP3 (110)... ;
- de 1024 à 49151. Ce sont les ports enregistrés (*Registred Ports*) ;
- de 49152 à 65535. Ce sont les ports dynamiques ou privés.

Donc une requête arrivant sur le port HTTP (80) d'une machine serveur sera redirigée vers l'applicatif serveur web de cette machine. Les ports réservés ne sont accessibles généralement que par l'administrateur de la machine. Cela n'empêche pas l'administrateur d'installer un serveur web sur un autre port...

D. Protocole HTTP (1.X)

1. Introduction

HTTP signifie *HyperText Transfer Protocol* ou en français, Protocole de transfert hyperTexte. On doit ce protocole à Tim Berners Lee. Il fut utilisé par le WWW (*World Wide Web* ou l'Internet) dès le début des années 90. Dans ses premières versions (0.9), il n'était destiné à transférer que du texte. Mais dès la version 1.0, HTTP se trouva adapté au transfert d'informations multimédia à l'aide de MIME. Ce protocole a l'avantage d'être très léger et donc rapide.

2. URL

Sans le savoir, chaque fois que vous naviguez sur le WWW avec votre navigateur préféré, vous utilisez le protocole HTTP. Comment cela se passe ? Tout d'abord, vous tapez une URL, par exemple, http://www.editions-eni.fr/Accueil.html. Décomposons cette URL :

http	indique le protocole utilisé. Cela pourrait être ftp, https...
://	sépare le type de protocole au reste de l'URL.
www.editions-eni.fr	adresse du serveur à contacter. Ici, nous contactons la machine nommée www présente sur le domaine editions-eni.fr. À sa place, il pourrait y avoir une adresse IP.
/	sépare le serveur de l'emplacement du document que nous demandons.
Accueil.html	document que nous désirons visionner et qui se trouve à la racine du serveur web.

Une URL peut comporter d'autres indications comme le port sur lequel se connecter sur le serveur web. Par défaut, quand celui-ci n'est pas indiqué, il s'agit du port 80. Mais rien n'empêche l'administrateur du serveur de mettre à disposition un serveur web sur le port 8080 par exemple. Pour le contacter, l'adresse sera alors :

nom_du_serveur.domaine:8080

Parfois, aucun document n'est indiqué. En fait, le serveur envoie un document par défaut indiqué dans sa configuration. Il s'agit souvent de l'index.html ou .htm.

3. Présentation de la communication

Une fois l'URL tapée, votre navigateur va l'analyser et y récupérer les informations utiles à l'établissement d'une connexion TCP avec le serveur web. Une fois cette connexion établie, il (le client) va envoyer une requête HTTP en direction du serveur indiquant quel document nous désirons recevoir. Le serveur, après avoir analysé la requête, renvoie le document s'il existe, précédé d'un en-tête. À la fin de cet envoi, le serveur met fin à la connexion TCP. Le navigateur reçoit le document puis l'analyse. Pour chaque objet (image, son) inclus dans le document, il reprend le processus de connexion/requête, etc.

Voyons un peu ce que cela donne en pratique ! Pour cela, nous n'avons besoin que d'un simple outil : telnet. Grâce à lui, nous allons nous connecter sur le port 80 d'un serveur web, envoyer une requête et voir la réponse de ce même serveur. Connectons-nous :

```
$> telnet www.editions-eni.fr 80
Trying 194.242.189.171...
Connected to sw-editions-eni.editions-eni.fr.
Escape character is '^]'.
```

À ce stade, la connexion est établie. Le serveur attend une requête :

```
GET / HTTP/1.0 CRLF
CRLF
```

Notre requête demande à récupérer (GET) le document racine (/) et utilise la version 1.0 du protocole HTTP (HTTP/1.0). Cette requête est suivie de la frappe de la touche <entrée> deux fois (CRLF). Voici ce que répond le serveur :

```
HTTP/1.1 200 OK
Server: Microsoft-IIS/5.0
Date: Tue, 10 Dec 2002 22:36:34 GMT
Connection: Keep-Alive
Content-Length: 629
Content-Type: text/html

Set-Cookie: ASPSESSIONIDGQQQGXFU=ICGBOOLCCPHNNOBFBJPNHHJE; path=/
Cache-control: private

<html>
<head>
<meta name="postinfo" content="/scripts/postinfo.asp">
<title>le site des &eacute;ditions eni</title>
<meta name="robots" content="noindex,follow">
<meta http-equiv="Content-Type" content="text/html; charset=iso-8859-1">
</head>
<frameset rows="134,433*" cols="*" frameborder="NO" border="0"
framespacing="0">
<frame src="accueilNavigation.asp" scrolling="NO" noresize
frameborder="NO" name="haut">
<frame src="Accueil.html" frameborder="NO" name="bas">
</frameset>
<noframes>
<body bgcolor="#FFFFFF" leftmargin="0" topmargin="0" marginwidth="0"
marginheight="0">
</body></noframes>
</html>
Connection closed by foreign host.
```

La réponse du serveur peut être divisée en trois parties : l'en-tête qui commence par la ligne `HTTP/1.1 200 OK` et qui se termine par la ligne `Cache-control: private`, le document lui-même qui commence par `<html>` et qui se termine ici par `</html>` et enfin l'état de la connexion après l'envoi du document `Connection closed by foreign host`. Des explications plus précises seront données dans les points suivants.

4. Requête HTTP

Une requête HTTP a la forme générale d'une ligne de requête suivie de zéro ou plusieurs en-têtes, suivie d'un CRLF puis d'un corps optionnel. Tout ceci se traduit par :

```
Requête_générale = Ligne_requête
                   *( En-tête )
                   CRLF
                   [ Corps ]
```

Voyons chacun de ces éléments :

La ligne de requête est constituée d'une méthode, suivie d'un caractère ESPACE (SP), suivi d'un chemin et d'un espace, suivi de la version du protocole HTTP et enfin terminé par CRLF :

```
Ligne_requête = Méthode SP url SP Version-HTTP CRLF
```

En ce qui concerne la méthode, nous ne verrons que les trois méthodes les plus utilisées : GET, HEAD et POST. Donc `méthode` est l'une ou l'autre de ces méthodes, ce qui se traduit par :

```
Méthode = "GET" | "HEAD" | "POST" | autre_méthode
```

Le caractère "|" signifie "ou".

- GET permet de récupérer le contenu de l'objet pointé par l'URL.
- HEAD est quasiment identique à GET sauf qu'on ne va pas récupérer le contenu de l'objet, juste les informations envoyées par le serveur.
- POST permet généralement d'envoyer des informations à l'objet pointé par l'URL.

L'URL indique le document ou l'objet à récupérer. Ce peut être un document html, une image, une vidéo...

`Version-HTTP` indique la version du protocole http que comprend l'émetteur. Elle est de la forme :

```
Version-HTTP = "HTTP/" 1*DIGIT "." 1*DIGIT
```

Sans cette indication, la version du protocole la plus restrictive est prise : HTTP/0.9

Après la ligne de requête, peuvent suivre des en-têtes. Les lignes d'en-tête sont de la forme NOM : VALEUR. En fait, on peut décomposer l'en-tête en trois parties :

- En-tête générique ;
- En-tête de la requête ;
- En-tête de l'entité.

L'en-tête générique indique principalement la date et l'heure à laquelle a été créée la requête, à l'aide de la directive "Date:".

Dans l'en-tête de la requête, on peut trouver les directives suivantes :

From:	indique l'e-mail donné dans la configuration du navigateur utilisé.
Referer:	URL de l'objet d'où provient la requête (URL de la page où se trouve le lien par exemple).
User-Agent:	permet d'identifier le navigateur.
Authorization:	permet l'authentification d'un client auprès d'un serveur.
If-Modified-Since:	permet de faire des GET conditionnels.

Enfin, l'en-tête de l'entité renseigne sur les données envoyées, par la méthode POST par exemple :

Content-Type:	indique le type MIME (*Multipurpose Internet Mail Extensions*) des données envoyées.
Content-Length:	indique le nombre d'octets de données.
Content-Encoding:	indique si les données sont codées ou compressées (x-gzip par exemple).

Après les en-têtes et le CRLF, il ne reste plus que le corps de l'entité. Comme l'en-tête de l'entité, le corps de l'entité n'existe que dans le cas d'un envoi d'informations comme avec la méthode POST. Les directives Content-Type et Content-Length étant au moins renseignées, le corps de l'entité peut être rempli avec les données à envoyer.

5. Réponse HTTP

En réponse à une requête cliente, le serveur renvoie tout d'abord une ligne comportant un code de retour. Elle est de la forme suivante :

```
Version-HTTP Status_numérique Status_texte
```

Par exemple, la réponse peut être :

```
HTTP/1.0 200 OK
```

Voici un tableau regroupant les différents codes de retour :

200	Réussite
201	Réussite et création d'un nouveau document (POST)
202	Requête acceptée
204	Aucune réponse (corps vide)
301	Document déplacé permanent
302	Document déplacé temporairement
304	La ressource demandée n'a pas été modifiée (GET conditionnel)

400	Erreur de syntaxe dans la requête envoyée
401	Autorisation non valable
403	Accès interdit
404	Introuvable
500	Erreur système
501	Opération non implémentée
502	Erreur de routeur
503	Service indisponible

Comme dans la requête, la réponse peut comporter un ou des en-têtes, eux-mêmes divisés en trois parties.

Tout d'abord, l'en-tête générique comportant notamment les champs suivants :

Date: indique la date de la réponse envoyée par le serveur.

Pragma: indique un comportement. Par exemple, no-cache (RFC 1945) indiquant que le document renvoyé ne doit pas être mis en cache.

Ensuite, l'en-tête de la réponse peut comporter trois champs :

Location: indique l'URL absolue de l'objet.

Server: infos sur le serveur qui a émis la réponse (indique par exemple la version du serveur et son nom : Apache/1.3.27).

WWW-Authenticate: demande une authentification.

Enfin, l'en-tête de l'entité :

Content-Type: le type d'informations envoyées.

Content-Length: le nombre d'octets.

Content-Encoding: indique si l'info est codée ou compressée.

Expires: indique le temps durant lequel les informations restent valides. Très utile lors de la mise en cache des informations.

Last-modified: date et heure de la dernière modification. Utiles aussi pour la mise en cache.

Allow: liste des méthodes utilisables pour l'URI demandée.

Enfin, pour terminer la réponse, le corps de l'entité est envoyé. C'est tout simplement le document demandé par le client s'il existe.

E. Présentation d'Apache

1. Présentation d'un serveur web

Qu'est-ce qu'un serveur web ? Vous savez ce qu'est l'Internet ! De même, vous savez que vous pouvez visionner un nombre incalculable de documents de toutes sortes sur l'Internet. Et bien ces documents se trouvent hébergés sur les serveurs web. Ces serveurs attendent des requêtes de machines clientes. Ces requêtes proviennent de programmes clients exécutés sur ces machines, par exemple de votre navigateur web. Une fois la connexion établie entre le client et le serveur, le client effectue sa demande de document. S'il existe, le serveur l'enverra au client qui se chargera alors de l'afficher... Un serveur web met donc à disposition de clients son contenu.

2. Historique d'Apache

Le projet Apache concerne le développement d'un serveur web open-source basé sur le protocole HTTP et fonctionnant sur système UNIX et WINDOWS. Communément appelé Apache, ce serveur web est certainement le plus utilisé sur l'Internet à l'heure actuelle, et ce depuis 1996 ! Ce projet est supporté par la Fondation Apache (*Apache Software Foundation*).

La Fondation Apache propose le développement de nombreux projets open-source de qualité grâce à une communauté sans cesse grandissante de développeurs et utilisateurs. Parmi ces projets, vous trouverez :

- le projet serveur HTTPD, plus communément appelé serveur APACHE dont traite cet ouvrage ;
- le projet APR (*Apache Portable Runtime*). Il s'agit d'une bibliothèque programmée en C fournissant des structures de données et routines formant une couche intermédiaire portable à de nombreux systèmes d'exploitation ;
- le projet JAKARTA qui est un regroupement de petits projets concernant le langage Java et son côté serveur ;
- le projet MOD_PERL qui est un module d'extension au serveur APACHE permettant d'utiliser le langage PERL comme langage de script CGI ;
- le projet PHP, un langage de script permettant principalement le formatage de pages web dynamiques.
- le projet Apache TCL, combinant le serveur web APACHE et le langage de script TCL.
- Le projet Apache XML regroupant de nombreux projets basés sur XML comme SOAP (*Simple Object Access Protocol*) ou Cocoon...

Vous trouverez plus d'informations sur ces projets à l'adresse suivante :
http://www.apache.org/foundation/projects.html

Revenons à notre serveur web httpd Apache ! Au début de l'année 1995, le serveur web le plus populaire était le démon HTTP (programme fonctionnant en tâche de fond sur une machine et qui attend différentes requêtes pour y répondre) développé par Rob McCool à l'Université de l'Illinois au NCSA (*National Center for Supercomputing Applications*). Il était dans le domaine public. Mais son développement était arrêté depuis le milieu de l'année 1994, après le départ de Rob du NCSA. Du moins, son développement principal car en fait, nombreux étaient les webmasters qui avaient développé des extensions et corrigé énormément de bogues sur ce serveur web. Ils furent contactés par mail dans le but de rassembler tous ces développements. Brain Behlendorf et Cliff Skolnick mirent à disposition pour ce fabuleux projet une liste de diffusion et un espace de stockage en Californie, ainsi que la possibilité de s'y connecter. Fin février 1995, on comptait huit personnes formant le premier groupe de développement sur Apache :

- Brian Behlendorf ;
- Roy T. Fielding ;
- Rob Hartill ;
- David Robinson ;
- Cliff Skolnick ;
- Randy Terbush ;
- Robert S. Thau ;
- Andrew Wilson.

Il faut aussi citer trois autres personnes qui y contribuèrent :

- Eric Hagberg ;
- Frank Peters ;
- Nicolas Pioch.

Ils ajoutèrent alors toutes les extensions et corrections de bogues à la version 1.3 du serveur httpd du NCSA. Après avoir testé ce nouveau démon sur leur propre serveur, ils sortirent la première version officielle d'Apache en avril 1995 : la version 0.6.2. A cette même période, le NCSA recommence à développer son serveur httpd.
Deux développeurs du NCSA, Brandon Long et Beth Frank, rejoignent alors en tant que membres honoraires l'équipe Apache en mars 1995 : les deux projets partagent alors leurs connaissances !

Durant mai-juin 1995, Rob Hartill et le reste de l'équipe implémentent de nouvelles fonctionnalités à la version 0.7.x, tandis que Robert Thau développe une nouvelle architecture pour le serveur, incluant la modularisation et une API, ainsi que de nouvelles fonctionnalités. Tout le groupe se penche sur ce nouveau serveur en juillet et y ajoute les fonctionnalités développées pour la version 0.7.x. Ce qui donne une version 0.8.8 du serveur Apache en août 1995.

La version 1.0 sort en décembre 1995 après une longue phase de bêta-tests, de nombreux ports sur différentes plates-formes, une nouvelle documentation de David Robinson, et l'addition des modules standard.

Moins d'un an après, Apache devient le serveur web le plus utilisé. Encore aujourd'hui, il conserve la première place sur le podium !

En 1999, l'équipe Apache crée la fondation Apache (*Apache Software Foundation*) de façon à supporter le futur du serveur Apache d'un point de vue légal comme financier.

Ce serveur est disponible à l'adresse http://httpd.apache.org en deux versions : une de la famille 1.3 et l'autre de la famille 2.0. Au moment de l'écriture de ce livre, il s'agit des versions 1.3.28 et 2.0.47.

Ce livre s'adresse plus particulièrement à des personnes connaissant les systèmes Linux et Windows d'un point de vue administration et désirant mettre en place un serveur web dans le cadre de leur travail par exemple.

Dans la suite de ce livre, nous allons apprendre à installer ce serveur Apache sur les systèmes Linux et Windows, et le placer au sein d'un réseau derrière un pare-feu. Nous verrons comment le configurer en modifiant ses fichiers de configuration ou en utilisant des outils extérieurs comme Webmin ou Comanche, et nous découvrirons plus particulièrement certains de ses modules (mod_rewrite, mod_dav...). Enfin, nous nous attarderons sur l'aspect sécurité de notre serveur et terminerons par de nombreux exemples de configuration.

Chapitre 2 : Installation

Nous allons maintenant nous attarder sur l'installation du serveur APACHE, c'est-à-dire la phase de téléchargement, choix des modules, compilation... Voyons tout d'abord cette notion de module !

A. Le choix des modules

Apache est un serveur web modulaire. Ses fonctionnalités essentielles sont contenues dans son programme binaire (le programme compilé). Toutes les autres fonctionnalités supplémentaires sont contenues dans des modules externes.

1. Qu'est-ce qu'un module ?

Les modules sont donc des fragments de code particuliers que l'on peut greffer de différentes façons au binaire représentant le serveur web Apache. Il en existe de nombreux. Certains font partie intégrante de la distribution Apache et sont listés dans le point suivant. Vous trouverez aussi un nombre impressionnant de modules divers à l'adresse suivante :
http://modules.apache.org/

Comme nous le verrons par la suite, il y a deux manières d'inclure ces modules : statiquement, lors de la compilation du programme, ou dynamiquement, lors de l'exécution du serveur web. Cette seconde possibilité fait appel aux objets partagés dynamiques ou *Dynamic Shared Object* (DSO).

Voyons un peu en détail les DSOs. Cette fonction n'est pas disponible pour toutes les architectures, bien qu'elle soit répandue. Nous la trouvons sur quasiment toutes les plates-formes UNIX connues et leurs dérivées. Parmi les plates-formes supportées, on retrouve les différents BSD (FreeBSD, OpenBSD, netBSD), Linux (Distributions Debian, RedHat, Suse...), MAC OS, Solaris, Windows (9x, NT, 2000, XP), NetWare, et bien d'autres encore.

Le support DSO dans Apache est lié au module **so**. Ce dernier doit donc être lié statiquement au binaire Apache si l'on désire bénéficier des DSOs. Il fournit les fonctions permettant de charger dynamiquement les autres modules, ceci grâce à la directive `LoadModule` que l'on retrouvera dans le fichier de configuration du serveur web Apache **httpd.conf**. Donc, à part le module **core** (base) d'Apache et le module **so**, tous les autres modules peuvent être compilés en tant que DSO.

Par la suite, Apache fournit un outil permettant de simplifier la compilation des modules en tant que DSO : **apxs** (APache eXtenSion). Son utilisation reste très simple ! Par exemple, prenons les sources d'un module **mod_exemple.c**. La commande suivante va compiler, installer le module et modifier la configuration httpd.conf du serveur Apache :

```
# apxs -i -a -c mod_exemple.c
```

L'option `-c` compile et construit le module qui aura comme nom **mod_exemple.so**. L'option `-i` va installer le module dans le répertoire **libexec** du serveur Apache. Et enfin, l'option `-a` va modifier le fichier de configuration **httpd.conf** en ajoutant une ligne contenant la directive `LoadModule` suivie du nom du module.

Apxs possède d'autres options. Sa page de manuel (man apxs) vous en apprendra beaucoup.

Le support DSO présente des avantages, mais aussi des inconvénients. Voyons tout d'abord les avantages de ce procédé :

- Le serveur Apache est plus flexible du fait qu'il peut charger différentes fonctionnalités suivant les besoins. Plusieurs serveurs Apache peuvent fonctionner en même temps, tous utilisant la même base mais ayant des fichiers de configuration différents, permettant ainsi le chargement des seuls modules utiles à chaque serveur ;
- DSO permet la modification des fonctionnalités d'un serveur sans qu'il soit nécessaire de le recompiler.

Malgré ces avantages, des inconvénients :

- DSO n'est pas disponible sur toutes les plates-formes ;
- Le démarrage du serveur est plus lent ;
- L'exécution du serveur est légèrement plus lente sur certaines plates-formes ;
- En ce qui concerne le développement de modules pouvant se compiler en tant que DSOs, des limitations sont présentes. Ce livre n'étant pas un livre traitant de développement, nous ne nous y attarderons pas.

2. Les modules disponibles

a. Module de base

Le module **core** constitue la base d'Apache : il contient les fonctionnalités de base toujours disponibles.

b. Modules multitraitements (MPM - Multi-Processing Modules) (Apache 2.0)

Apache, du fait de sa modularité, supporte de nombreux systèmes d'exploitation et chacun d'eux possède ses propres caractéristiques. Apache 2.0 a étendu la notion de module en supportant les modules MPM qui permettent de se rapprocher du système d'exploitation et donc de mieux supporter ses fonctionnalités. Ces modules présentent deux avantages certains :

- Tout d'abord, Apache améliore le support des différents systèmes d'exploitation et architectures à l'aide des MPMs. Prenons par exemple le support Windows : à l'aide du module MPM propre à Windows, **mpm_winnt**, Apache 2.0 utilise son support réseau natif en remplacement de la couche POSIX utilisée dans les versions antérieures. De plus, d'autres plates-formes pourront être supportées dans le futur.
- Enfin, les fonctionnalités du serveur Apache peuvent être adaptées aux caractéristiques d'un site particulier. Si ce dernier requiert le support de nombreux processus, le MPM **worker** sera utilisé, tandis que si le serveur Apache requiert une stabilité accrue et surtout une compatibilité avec d'anciens logiciels, le MPM **prefork** sera utilisé.

Ces modules sont compilés statiquement au binaire Apache. Mais à la différence des autres modules, seul un MPM peut y être inclus. Lors de la compilation, l'option `-with-mpm` suivie du nom du MPM indiquera le module souhaité. Pour savoir quel module a été inclus lors de la compilation, l'option `-l` du binaire Apache liste les modules compilés statiquement à ce dernier.

Par défaut, si aucun MPM n'est indiqué, voici les MPMs liés statiquement suivant les systèmes d'exploitation :

BeOS	`beos`
Netware	`mpm_netware`
OS/2	`mpmt_os2`
Unix	`prefork`
Windows	`mpm_winnt`

mpm_common

Ensemble de directives qui sont implémentées par plusieurs modules multitraitements (MPM).

mpm_netware

Module multitraitement implémentant un serveur web multi-tâches (threaded) optimisé Novell NetWare.

mpm_winnt

Module multitraitement optimisé pour Windows NT.

beos

Module multitraitement optimisé pour BeOS.

perchild

Module multitraitement autorisant des processus démons servant les requêtes à être assignés à plusieurs ids utilisateur (userids) différents.

prefork

Implémente un serveur web mono-tâche et à duplication prévisionnelle de processus (pre-forking).

worker

Module multitraitement implémentant un serveur web hybride multi-tâche (multithreaded) et multitraitement.

leader

Module expérimental multitraitement, variante du MPM **worker**.

threadpool

Autre module expérimental, variante du MPM **worker**.

mpmt_os2

Module hybride multitraitement et multithread pour OS/2.

c. Autres modules

mod_access

Contrôle d'accès basé sur le nom du client ou son adresse IP.

mod_actions (Apache 1.1 et supérieur)

Exécution de scripts CGI en fonction du type de média ou de la requête.

mod_alias

Association de différentes parties du système de fichiers de l'hôte dans l'arborescence des documents, et redirection des URLs.

mod_asis

Envoi de fichiers contenant leurs propres en-têtes HTTP.

mod_auth

Authentification des utilisateurs à partir d'un fichier texte.

mod_auth_anon (Apache 1.1 et supérieur)

Accès aux utilisateurs anonymes à des zones authentifiées.

mod_auth_db (Apache 1.1 et supérieur)

Authentification des utilisateurs à partir d'une base Berkeley.

mod_auth_dbm

Authentification des utilisateurs à partir d'un fichier DBM.

mod_auth_digest (Apache 1.3.8 et supérieur)

Authentification des utilisateurs à partir d'un fichier MD5 (expérimental).

mod_auth_ldap (à partir d'Apache 2.0)

Permet à un annuaire de LDAP d'être employé pour stocker la base de données pour l'authentification de base de HTTP.

mod_autoindex

Création automatique des listes des répertoires.

mod_cache (à partir d'Apache 2.0)

Implémente un cache HTTP suivant la RFC 2616 (expérimental). Il a besoin de un ou plusieurs autres modules de stockage tels que **mod_disk_cache**, **mod_mem_cache** inclus dans la distribution de base d'Apache.

mod_cern_meta (Apache 1.1 et supérieur)

Support des métafichiers d'en-tête HTTP.

mod_cgi

Permet l'exécution des scripts CGI.

mod_cgid (à partir d'Apache 2.0)
Permet l'exécution des scripts CGI à l'aide d'un démon CGI externe.

mod_charset_lite (à partir d'Apache 2.0)
Spécifie l'encodage du jeu de caractères.

mod_dav (à partir Apache 2.0)
Implémente les fonctionnalités DAV (*Distributed Authoring and Versioning*).

mod_dav_fs (à partir Apache 2.0)
Système de fichiers pour **mod_dav**.

mod_deflate
Permet la compression du contenu avant l'envoi au client.

mod_digest (Apache 1.1 et supérieur)
Authentification MD5.

mod_dir
Gestion de base des répertoires.

mod_disk_cache (à partir Apache 2.0)
Gestion de cache à partir des URLs.

mod_echo (à partir Apache 2.0)
Implémente un serveur **echo** illustrant les modules de protocole.

mod_env (Apache 1.1 et supérieur)
Passage d'environnement aux scripts CGI.

mod_example (Apache 1.2 et supérieur)
Démonstration de l'API Apache.

mod_expires (Apache 1.2 et supérieur)
Ajout de l'en-tête Expires: pour les ressources spécifiées.

mod_ext_filter (à partir Apache 2.0)
Passe le corps de la réponse à un programme externe avant l'envoi au client.

mod_file_cache (à partir Apache 2.0)
Permet de mettre en cache en mémoire une liste de fichiers.

mod_headers (Apache 1.2 et supérieur)
Ajout d'en-têtes HTTP aux ressources.

mod_imap (Apache 1.1 et supérieur)
Gestion des fichiers imagemap.

mod_include
Analyse des documents SSI *(Server-Side Include)* par le serveur.

mod_info (Apache 1.1 et supérieur)
Affichage d'informations sur la configuration du serveur.

mod_isapi (WIN32 seulement)
Support des extensions Windows ISAPI.

mod_ldap (à partir Apache 2.0)
Permet le lien et la mise en cache des résultats LDAP pour les autres modules.

mod_log_agent
Trace des User Agents (Identifiants logiciel. Le User Agent est une chaîne de caractères identifiant par exemple un navigateur tel que "User Agent : Mozilla/4.0" pour le navigateur Mozilla).

mod_log_config
Trace configurable des accès.

mod_logio (à partir Apache 2.0)
Trace des entrées/sorties.

mod_log_referer
Trace des référents d'un document.

mod_mem_cache (à partir Apache 2.0)
Permet la mise en place d'un cache mémoire.

mod_mime
Détermination du type des documents en fonction de l'extension du fichier.

mod_mime_magic
Détermination du type des documents en fonction de "nombres magiques".

mod_mmap_static (Apache 1.3 et supérieur)
Module expérimental de cache mémoire des fichiers afin d'améliorer les performances.

mod_negotiation
Négociation de contenu.

mod_proxy (Apache 1.1 et supérieur)
Module de cache par proxy.

mod_rewrite (Apache 1.2 et supérieur)
Association des URLs à des fichiers en utilisant des expressions régulières.

mod_setenvif (Apache 1.3 et supérieur)
Définition de variables d'environnement en fonction des informations client.

mod_so (Apache 1.3 et supérieur)
Support des modules dynamiques (.so sur Unix, .dll sur Win32).

mod_spelling (Apache 1.3 et supérieur)
Correction automatique d'erreurs de frappe mineures dans les URLs.

mod_ssl (à partir Apache 2.0)
Permet le cryptage à l'aide des protocoles SSL (*Secure Sockets Layer*) et TLS (*Transport Layer Security*).

mod_status (Apache 1.1 et supérieur)
Affichage de l'état du système.

mod_suexec (>=Apache 2.0)
Permet l'exécution des scripts CGI sous un ID utilisateur (userID) et un ID groupe (groupID) déterminés.

mod_unique_id (>=Apache 2.0)
Permet la création d'une variable d'environnement unique pour chaque requête.

mod_userdir
Permet à chaque utilisateur de posséder un répertoire personnel accessible par une URL du type http://serveur.mondomaine.com/~utilisateur).

mod_unique_id (Apache 1.3 et supérieur)
Génération d'identifiants uniques de requête.

mod_usertrack (Apache 1.2 et supérieur)
Suivi des utilisateurs à l'aide de cookies (remplacement de **mod_cookies**).

mod_vhost_alias (Apache 1.3.7 et supérieur)
Support d'hôtes virtuels dynamiquement configurables.

B. Installation sous Linux

1. Packages RPM (RedHat, Suse...)

Sur le site de la distribution RedHat (http://www.redhat.com/), vous pourrez trouver la dernière version d'Apache :
http://www.redhat.com/swr/i386/httpd-2.0.40-21.i386.html

De même, nous pourrons trouver les versions précédentes d'Apache, ainsi que les différentes versions pour d'autres architectures, à l'aide du moteur de recherche rpmfind :
http://rpmfind.net

Ensuite, une fois une archive rpm récupérée, il suffit de taper la commande suivante :

`# rpm -ivh httpd-2.0.40-21.i386.rpm` (remplacez le nom de l'archive par celui de l'archive que vous avez récupérée).

À la suite de cette commande, plusieurs messages peuvent s'afficher :

– si le package est déjà installé :

```
httpd                package httpd-2.0.40-21.5 is already installed
error: httpd-2.0.40-21.5.i386.rpm cannot be installed
```

Si vous voulez tout de même installer le package par-dessus, utilisez l'option `--replacepkgs` sur la ligne de commande.

– si le package dépend d'autres packages non installés :

```
failed dependencies:
        gawk-3.1.1-4 is needed by httpd-2.0.40-21.5
```

Ici, par exemple, il manque le package **gawk** que l'on s'empressera d'installer avant de recommencer l'installation d'Apache.

2. Packages DEB (Debian)

La version stable de la distribution Debian (Woody) propose la version d'Apache 1.3.26. Pour l'installer, il suffit de taper la commande suivante :

```
# apt-get install apache
```

Cette commande, suivant votre configuration, vous demandera simplement un des CD-ROMS d'installation, ou téléchargera directement le package ainsi que ses dépendances.

Par défaut, l'installation du package DEB crée une configuration de base dans le répertoire /etc/apache et lance le serveur Apache. On peut s'en assurer en lançant un navigateur web sur le serveur et en tapant l'URL suivante : http://localhost/. Une page doit normalement s'afficher vous souhaitant la bienvenue et donnant quelques détails sur l'installation qui a été faite d'Apache.

3. Les sources

Nous pouvons aussi installer Apache à partir de ses sources. Pour cela, nous devrons passer par une phase de compilation. Après avoir décompressé et désarchivé son archive, nous créerons la configuration, utilisée lors de la compilation, puis compilerons notre serveur. Il ne nous restera qu'à l'installer.

La compilation entre les versions 1.3 et 2.0 diffère légèrement au moment de la configuration. Le script **configure** n'accepte pas les mêmes options au sujet des modules à intégrer ou non.

Téléchargeons tout d'abord les sources d'Apache :

- version 1.3.28 : http://www.apache.org/dist/httpd/apache_1.3.28.tar.gz
- version 2.0.47 : http://www.apache.org/dist/httpd/httpd_2.0.47.tar.gz

Ensuite, décompressons et désarchivons à l'aide de la commande `tar` :

```
$ tar xzvf <nom de l'archive récupérée>
```

Suivant l'archive, nous obtenons un nouveau répertoire apache_1.3.28/ ou httpd_2.0.47/. Entrons dans ce répertoire :

```
$ cd apache_1.3.28
```

ou

```
$ cd httpd_2.0.47
```

Passons maintenant à la création des fichiers de configuration utilisés lors de la compilation. Elle se fait à l'aide du script **configure**. Ce script accepte sur sa ligne de commande un nombre important d'options que l'on peut lister à l'aide de la commande suivante :

```
$ ./configure --help
```

Avant de créer les fichiers de configuration, il faut se poser plusieurs questions. **configure** possède déjà des valeurs par défaut qui sont dans la plupart des cas suffisants.

Tout d'abord, où allons-nous placer nos fichiers ? Par défaut, ils seront placés dans le répertoire /usr/local/apache pour la version 1.3 et /usr/local/apache2 pour la version 2.0. Cet emplacement peut être modifié à l'aide de l'option `prefix`. Si nous voulons placer les fichiers dans /usr/apache/ par exemple, nous exécuterons la commande suivante :

```
$ ./configure --prefix=/usr/apache
```

Une autre façon de faire et qui permet de conserver plusieurs types de configuration est l'édition du fichier **config.layout**. Ce fichier est constitué de blocs `<Layout NOM>...</Layout>`. NOM permet de désigner un type de configuration. C'est ce dernier qui sera utilisé sur la ligne de commande de `configure`. À l'intérieur de ces blocs `<Layout>`, se trouve la définition de plusieurs variables sous la forme :
nom variable: valeur

Voici un exemple de configuration :

```
<Layout maConfig>
  prefix:      /usr/apache
  exec-prefix: $prefix
  .
  .
  .
</Layout>
```

Il ne reste plus qu'à nommer cette configuration :

```
$ ./configure --with-layout=maConfig
```

Ensuite, nous devons nous poser la question des modules à inclure ou non statiquement. Par défaut, certains modules sont déjà inclus. Les options sont différentes suivant la version d'Apache. Pour obtenir la liste des modules par défaut, il suffit de taper la commande :

- pour la version 1.3 :

  ```
  $ ./configure --help | grep yes
  ```

  Les modules dont la valeur est **yes** sont inclus par défaut.

– pour la version 2.0 :

```
$ ./configure --help | grep disable-
```

Donne la liste des modules que l'on peut désactiver, donc qui sont inclus par défaut.

Voyons comment activer (ou inclure) ou désactiver un module :

– pour la version 1.3 :

Pour activer un module faisant partie de la distribution Apache, il suffit d'indiquer sur la ligne de commande configure l'option --enable-module=nom_du_module.

Pour désactiver un module, nous utiliserons l'option --disable-module=nom_du_module.

Deux termes ont une signification particulière :

– all permet d'activer tous les modules ;

– most permet d'activer tous les modules communs à toutes les architectures.

Pour l'instant, nous n'avons vu que le moyen d'inclure statiquement un ou plusieurs modules dans le serveur. Nous avons aussi la possibilité de les inclure dynamiquement par la suite, à l'aide des DSOs. Pour cela, à l'option --enable-module=nom_du_module ; il suffit d'ajouter l'option --enable-share=nom_du_module. Cette dernière possibilité inclut obligatoirement le module **so** statiquement et compile le module à part avec une extension **.so**.

– pour la version 2.0 :

Pour activer un module, il suffit d'utiliser l'option --enable-<nom_du_module> ; et pour désactiver un module, l'option --disable-<nom_du_module>.

Pour activer le module en tant que DSO, il suffit d'ajouter =shared, c'est-à-dire --enable-<nom_du_module>=shared.

Nous avons aussi la possibilité de fournir une liste de modules à l'aide de l'option --enable-modules="module1 module2 ...".

De même, pour inclure une liste de modules en tant que DSOs, nous avons l'option --enable-mods-shared="module1 module2 ...".

Avec Apache 2.0, arrivent les modules multiprocessus. Seul un module MPM peut être activé par architecture (cf. tableau des MPMs dans la section A-2-b).

Ces modules peuvent être sélectionnés à l'aide de --with-mpm=<nom_du_module>.

Exemples de lignes de commande :

Pour obtenir une compilation de tous les modules en tant que DSOs, il suffit de taper pour la version 1.3 d'Apache :

```
$ ./configure --enable-module=all --enable-share=all
```

ou pour la version 2.0 :

```
$ ./configure --enable-mods-shared=all
```

Quelques petits conseils :

- Pensez à inclure le module **so** dans le binaire. Cela permettra à tout moment de charger de nouveaux modules et donc d'accroître les fonctionnalités du serveur sans avoir à le recompiler.
- Compilez un maximum de modules en tant que modules dynamiques (DSO). Cela permet d'avoir un binaire ayant le minimum et de maintenir plusieurs fichiers de configuration chargeant différents modules et donc autant de serveurs web avec des fonctionnalités différentes.
- Si votre serveur web n'est pas très puissant, activez statiquement les modules et donc n'utilisez pas le support DSO.

Une fois cette phase de configuration finie, passons à la compilation. Pour cela, tapons la commande `make` :

```
$ make
===> regex
sh ./mkh  -p regcomp.c >regcomp.ih
gcc -I.  -I../os/unix -I../include   -DLINUX=22 -DUSE_HSREGEX
-DUSE_EXPAT -I../lib/expat-lite -DNO_DL_NEEDED
-DPOSIX_MISTAKE   -c -o regcomp.o regcomp.c
sh ./mkh  -p engine.c >engine.ih
gcc -I.  -I../os/unix -I../include   -DLINUX=22 -DUSE_HSREGEX
-DUSE_EXPAT -I../lib/expat-lite -DNO_DL_NEEDED
-DPOSIX_MISTAKE   -c -o regexec.o regexec.c
gcc -I.  -I../os/unix -I../include   -DLINUX=22 -DUSE_HSREGEX
-DUSE_EXPAT -I../lib/expat-lite -DNO_DL_NEEDED
-DPOSIX_MISTAKE   -c -o regerror.o regerror.c
gcc -I.  -I../os/unix -I../include   -DLINUX=22 -DUSE_HSREGEX
-DUSE_EXPAT -I../lib/expat-lite -DNO_DL_NEEDED
-DPOSIX_MISTAKE   -c -o regfree.o regfree.c
gcc -c  -I./os/unix -I./include   -DLINUX=22 -DUSE_HSREGEX
-DUSE_EXPAT -I./lib/expat-lite -DNO_DL_NEEDED  modules.c
gcc -c  -I./os/unix -I./include   -DLINUX=22 -DUSE_HSREGEX
-DUSE_EXPAT -I./lib/expat-lite -DNO_DL_NEEDED  buildmark.c
gcc  -DLINUX=22 -DUSE_HSREGEX -DUSE_EXPAT -I./lib/expat-lite
-DNO_DL_NEEDED     \
      -o httpd buildmark.o modules.o
modules/standard/libstandard.a main/libmain.a
./os/unix/libos.a ap/libap.a regex/libregex.a lib/expat-lite/
libexpat.a  -lm -lcrypt
$
```

Les lignes précédentes peuvent être différentes suivant le système...

La compilation est finie. Dans notre répertoire **src/** doit se trouver notre binaire : httpd.

Passons à l'installation. Pour cela, connectons-nous en tant que Root et exécutons la commande d'installation :

```
$ su -
password:
# make install
```

Cette dernière commande réalise plusieurs choses : création des répertoires, copie des fichiers de configuration, pages de manuel, etc. Nous pouvons aussi exécuter cette installation à la main.

Nous savons qu'Apache sera démarré par l'utilisateur Root, puis passera sous l'utilisateur défini par la directive `User` dans le fichier de configuration **httpd.conf**. Comme toutes les commandes exécutées par Root, cela demande de faire très attention au niveau de la sécurité ! C'est pourquoi nous allons créer nos répertoires /usr/local/apache/* sous Root et leur donner les bons droits. Pour cela, tapons :

```
# mkdir /usr/local/apache
# cd /usr/local/apache
# mkdir bin conf logs
# chown 0 . bin conf logs
# chgrp 0 . bin conf logs
# chmod 755 . bin conf logs
```

Revenons dans le répertoire **src** de notre archive, puis copions notre binaire et donnons-lui les bons droits :

```
# cp httpd /usr/local/apache/bin
# chown 0 /usr/local/apache/bin/httpd
# chgrp 0 /usr/local/apache/bin/httpd
# chmod 511 /usr/local/apache/bin/httpd
```

Notre serveur web ne doit pas fonctionner sous Root... Pour cela, nous allons créer un nouvel utilisateur et un nouveau groupe nommés **httpd** (le nom n'a pas d'importance) :

```
# adduser
Enter a username to add: httpd
Adding user httpd...
Adding new group httpd (1008).
Adding new user httpd (1008) with group httpd.
Creating home directory /home/httpd.
Copying files from /etc/skel
Enter new UNIX password:
Retype new UNIX password:
passwd: password updated successfully
Changing the user information for httpd
                                                    .../...
```

```
.../...
Enter the new value, or press return for the default
  Full Name []:
  Room Number []:
  Work Phone []:
  Home Phone []:
  Other []:
Is the information correct? [y/n] y
#
```

Ce nouvel utilisateur n'a pas besoin de shell (interpréteur de commandes ou interface utilisateur du système). Éditons donc **/etc/passwd** et remplaçons le shell par `/dev/false` par exemple :

```
# vi /etc/passwd

httpd:x:1008:1008:,,,:/home/pouet:/bin/bash
```

à remplacer par :

```
# vi /etc/passwd

httpd:x:1008:1008:,,,:/home/pouet:/dev/false
```

Si nous exécutons notre serveur web, celui-ci nous indique qu'il ne trouve pas son fichier de configuration :

```
# cd /usr/local/apache/bin
# ./httpd
fopen: No such file or directory
httpd: could not open document config file /usr/local/apache/conf/httpd
.conf
```

Créons donc ce fichier de configuration :

```
# cd /usr/local/apache/conf
# vi httpd.conf
User httpd
Group httpd
ServerName LeNomDeVotreServeur
DocumentRoot /var/www/site_test/
#
```

Quelques explications : Les directives `User` et `Group` indiquent respectivement l'utilisateur et le groupe sous lesquels le serveur web va fonctionner. `ServerName` indique le nom de votre machine. Enfin `DocumentRoot` pointe vers un répertoire qui va contenir les différents documents (fichiers HTML, images, etc) accessibles à l'aide de ce serveur web.

Nous allons créer un petit site de test. Les fichiers de ce site seront placés dans le répertoire /var/www/site_test/. Créons ce répertoire :

```
# mkdir /var/www/site_test
```

Et dans ce répertoire, nous allons placer un fichier html, **index.html** :

```
# cd /var/www/site_test
# vi index.html
<html>
 <head>
  <title>Page d'accueil</title>
 </head>
 <body>
  <center>Coucou, ceci est la page index.html</center>
 </body>
</html>
#
```

Sans ce fichier, notre serveur web listerait le contenu du répertoire /var/www/site_test/.

Démarrons notre serveur web :

```
# /usr/local/apache/bin/httpd
```

Et vérifions, à l'aide de la commande suivante, si nous avons des processus httpd qui tournent :

```
# ps aux | grep http
```

Rien !!! Que se passe-t-il ? Allons voir les logs :

```
# cd /usr/local/apache/logs
# vi error_log
[Fri Dec 13 01:32:49 2002] [error] (2)No such file or directory: could
not open mime types log file /usr/local/apache/conf/mime.types.
```

Notre serveur ne trouve pas le fichier **mime.types**. Ce fichier se trouve dans le répertoire **conf** de notre archive. Copions-le et redémarrons notre serveur :

```
# cp mime.types /usr/local/apache/conf
# /usr/local/apache/bin/httpd
# ps aux | grep httpd
root  3740 0.0  1.5  2048  932 ?  S  01:33   0:00 ./bin/httpd
httpd 3742 0.0  1.5  2060  928 ?  S  01:33   0:00 ./bin/httpd
httpd 3743 0.0  1.5  2060  928 ?  S  01:33   0:00 ./bin/httpd
httpd 3744 0.0  1.7  2088 1028 ?  S  01:33   0:00 ./bin/httpd
httpd 3745 0.0  1.7  2088 1016 ?  S  01:33   0:00 ./bin/httpd
httpd 3746 0.0  1.5  2060  928 ?  S  01:33   0:00 ./bin/httpd
root  3787 0.0  0.8  1260  484 pts/1 S  01:43 0:00 grep httpd
```

Nous voyons bien notre processus httpd, lancé par root, qui a créé cinq autres processus dont l'utilisateur est httpd. Pour vous en assurer, faites :

```
# ps auxf | grep httpd
root  3801  0.0  0.8  1260  476 pts/1 S 01:46  0:00 | \_ grep httpd
root  3740  0.0  1.5  2048  932 ?  S  01:33  0:00 ./bin/httpd
httpd  3742  0.0  1.5  2060  928 ? S  01:33  0:00    \_./bin/httpd
httpd  3743  0.0  1.5  2060  928 ?  S  01:33  0:00    \_./bin/httpd
httpd  3744  0.0  1.7  2088 1028 ?  S  01:33  0:00    \_./bin/httpd
httpd  3745  0.0  1.7  2088 1016 ?  S  01:33  0:00    \_./bin/httpd
httpd  3746  0.0  1.5  2060  928 ?  S  01:33  0:00    \_./bin/httpd
```

On voit bien que les processus de httpd descendent de celui de root.

Après l'installation par packages RPM ou DEB, ou la compilation/installation à l'aide des sources, il ne reste plus qu'à tester notre serveur (cf. D - Tests).

C. Installation sous Windows

1. Téléchargement de l'archive

Nous allons tout d'abord récupérer les binaires sur le site d'Apache. Deux choix s'offrent à nous : une version .exe, contenant l'installeur Windows, et une version .msi. Si vous êtes sous Windows NT4, 95 ou 98, préférez la version .exe, sinon téléchargez la version .msi : Windows ME, 2000 et XP possèdent déjà l'installeur par défaut. Vous pouvez aussi le télécharger à part pour l'installer sous NT ou Windows 9X et télécharger la version .msi :

- Pour Windows NT4.0 :
  http://download.microsoft.com/download/platformsdk/wininst/1.1/NT4/EN-US/InstMsi.exe
- Pour Windows 95 ou 98 :
  http://download.microsoft.com/download/platformsdk/wininst/1.1/W9X/EN-US/InstMsi.exe

En ce qui concerne Windows 95, nous aurons besoin d'installer tout d'abord "Winsock2" :
http://www.microsoft.com/windows95/downloads/contents/WUAdminTools/S_WUNetworkingTools/W95Sockets2/Default.asp

ou

http://www.microsoft.com/windows95/downloads/

À présent, nous pouvons télécharger Apache :

- La version 1.3.28 :

http://nagoya.apache.org/mirror/httpd/binaries/win32/apache_1.3.28-win32-x86-no_src.exe

ou

http://nagoya.apache.org/mirror/httpd/binaries/win32/apache_1.3.28-win32-x86-no_src.msi

– La version 2.0.47 :

http://nagoya.apache.org/mirror/httpd/binaries/win32/apache_2.0.47-win32-x86-no_ssl.exe

ou

http://nagoya.apache.org/mirror/httpd/binaries/win32/apache_2.0.47-win32-x86-no_ssl.msi

2. Installation

Si nous sommes sous Windows 95, installons donc tout d'abord "WinSock2" avant d'installer Apache.

Puis commençons l'installation d'Apache en double cliquant sur le nom du fichier .exe ou .msi téléchargé précédemment.
Une fenêtre s'affiche annonçant la version d'Apache qui va être installée.

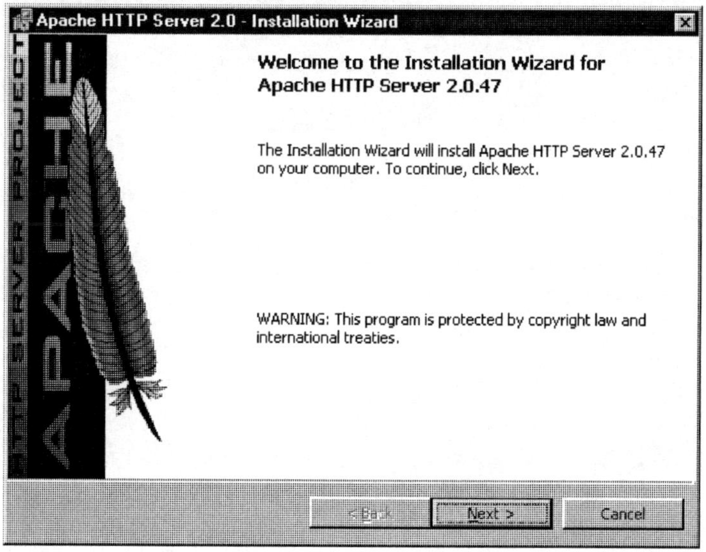

Cliquons sur **Next**.

Apache présente sa licence (lisez-la !). Pour continuer, il faut accepter les termes de cette licence en sélectionnant **I accept the terms in the license agreement**.

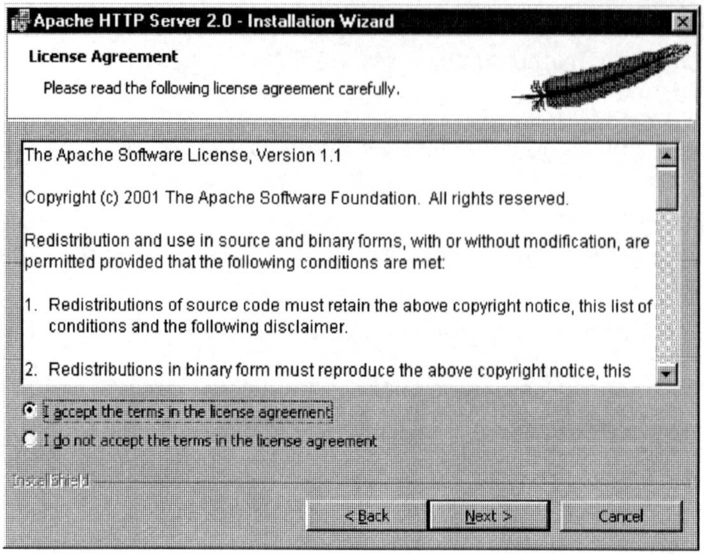

Cliquons ensuite sur **Next**.

Nous arrivons sur une petite présentation du serveur web Apache.

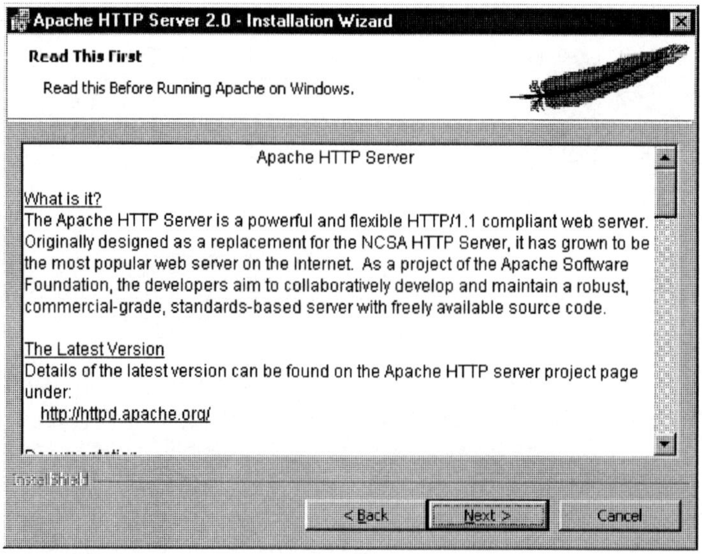

Continuons en cliquant sur **Next**.

Plusieurs informations sont demandées :

1) Le domaine : indiquons ici le domaine sur lequel va fonctionner le serveur, par exemple "mondomaine.com".

2) Le serveur : indiquons ici le nom du serveur suivi du domaine indiqué juste avant, par exemple "www.mondomaine.com", le serveur étant la machine "www".

3) L'adresse mail de l'administrateur, par exemple "admin@mondomaine.com".

4) Les utilisateurs d'Apache. Deux choix sont proposés :
   - **for All Users, on Port 80, as a Service**, si vous désirez qu'Apache soit lancé comme un service et attende les connexions sur le port 80.
   - **only for the Current User, on Port 8080**, s'il s'agit d'un serveur Apache de test qui sera démarré manuellement.

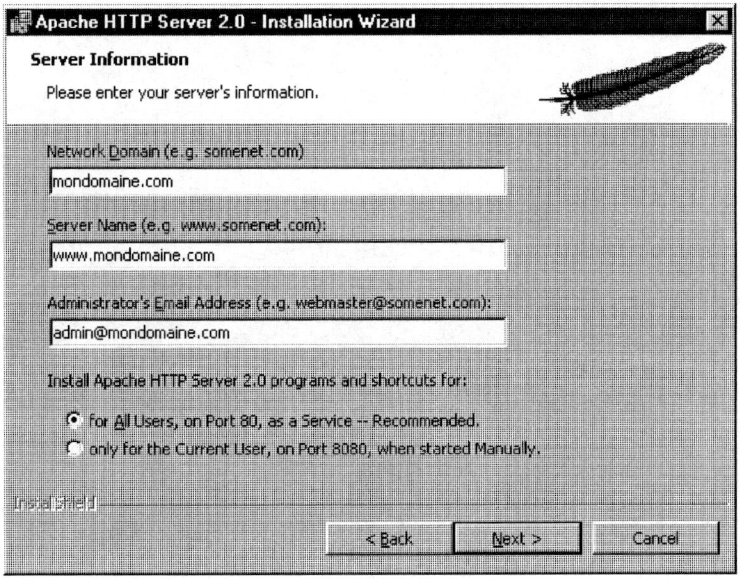

Ensuite, cliquons sur **Next**.

Choisissons le type d'installation : **Typical** installe la totalité des programmes sauf les sources et les librairies permettant le développement de modules. **Custom** permet de personnaliser l'installation.

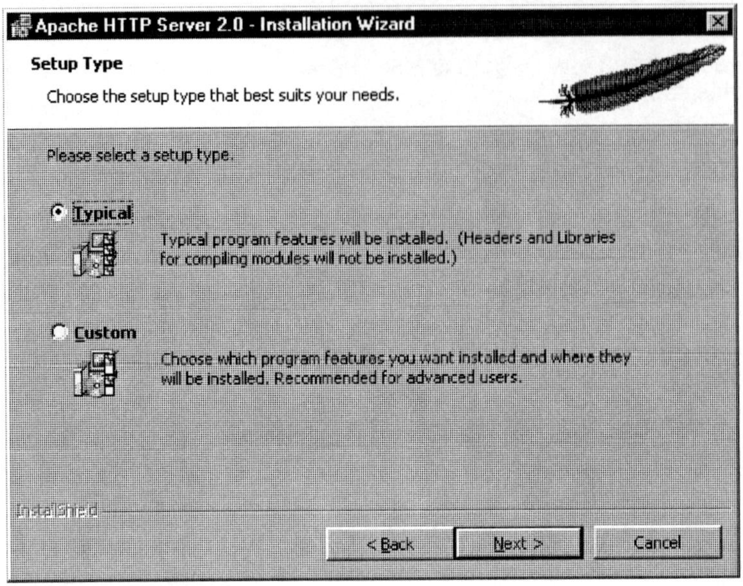

Cliquons sur **Next**.

Indiquons où installer le serveur web. Par défaut, il s'agit du répertoire c:\Program Files\ Apache Group.

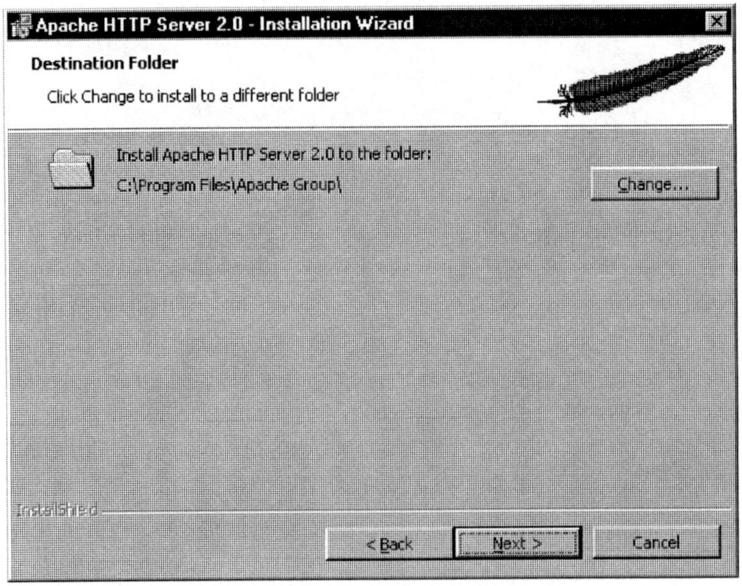

En cliquant sur **Change**, nous allons pouvoir modifier cet emplacement par défaut.

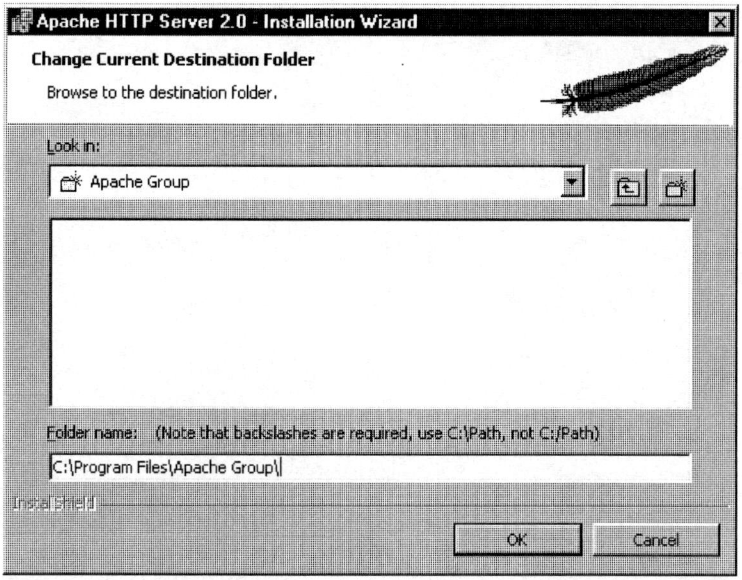

Enfin, nous sommes prêt à installer notre serveur : cliquons sur **Install**.

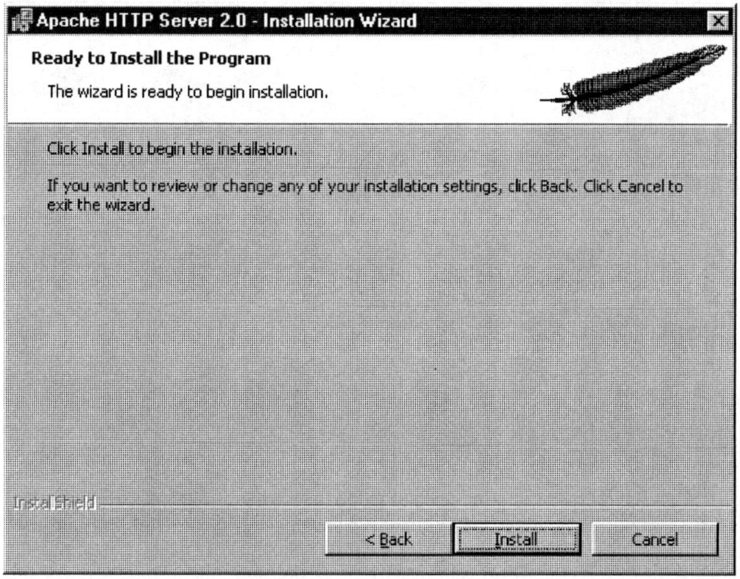

Cette fenêtre montre l'avancement de l'installation. À tout moment, nous pouvons annuler cette installation en cliquant sur **Cancel**.

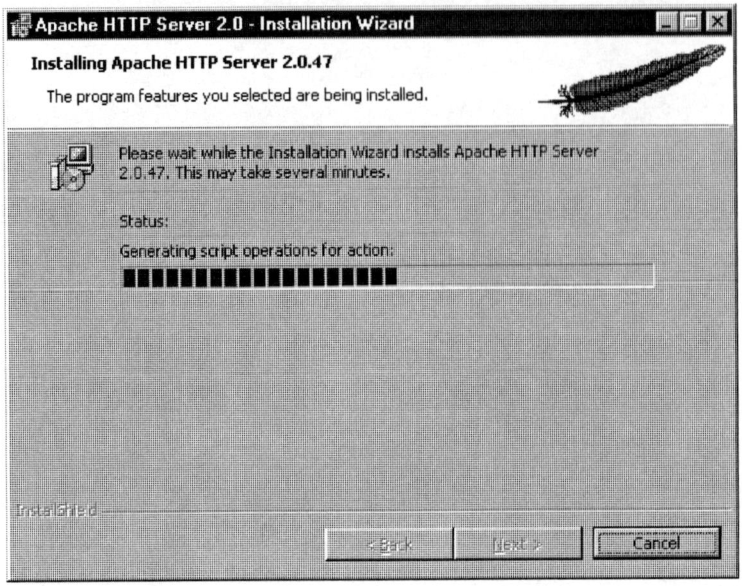

À la fin de l'opération, une fenêtre nous indique que notre serveur a été installé. Cliquons sur **Finish** pour terminer notre installation.

Durant cette installation, les fichiers de configuration sont créés dans le répertoire conf/ et prennent en considération les réponses données aux précédentes questions. Si pour une raison quelconque, ces fichiers existent déjà, ils seraient tout d'abord renommés en ajoutant l'extension **.default** à leur nom, et de nouveaux fichiers seraient créés comme précédemment.

Si plus tard Apache est désinstallé, les fichiers de configuration et logs ne seront pas effacés ! Pour une désinstallation totale, il faudra effacer manuellement le répertoire où a été installé Apache.

3. Exécution d'Apache

Apache peut s'exécuter de deux façons : en tant que service ou dans une console Windows. Avant tout fonctionnement en tant que service, il faut s'assurer qu'Apache fonctionne correctement dans une console Windows.

a. Dans une console Windows (win 9x)

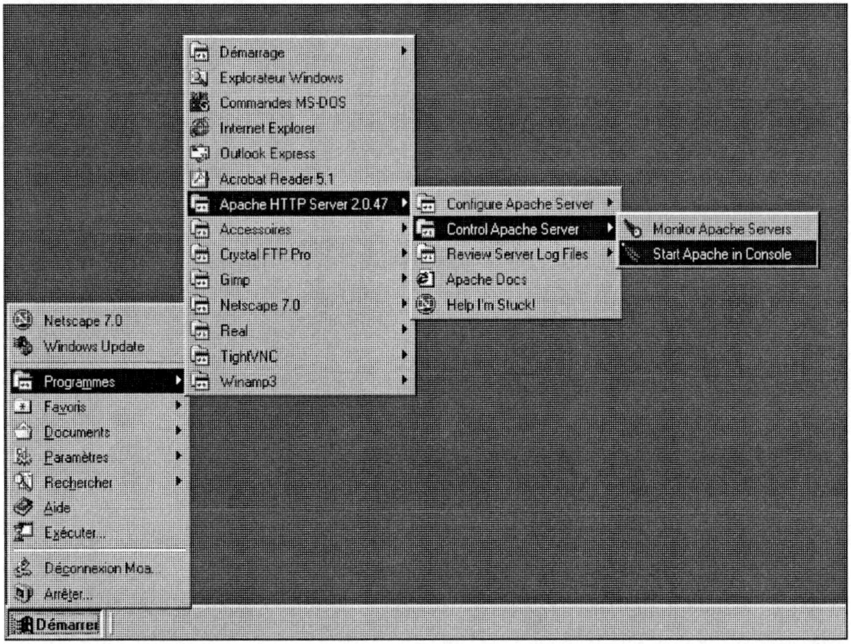

Pour démarrer Apache dans une console Windows, il suffit de cliquer sur **Start Apache in Console** dans le menu **Démarrer - Programmes - Apache HTTP Server - Control Apache Server**.

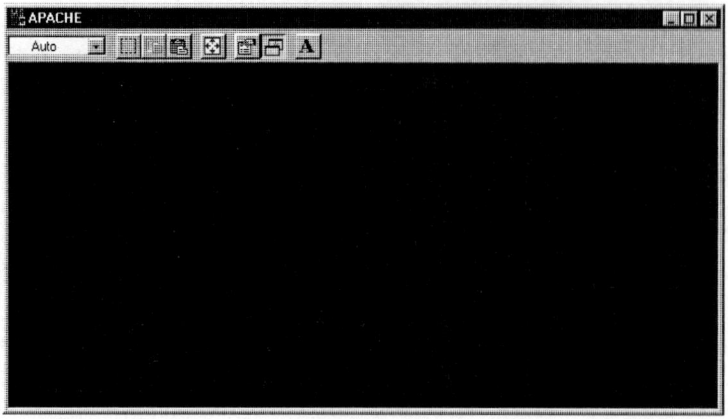

Une console Windows apparaît et Apache y est lancé. Cette console restera active tant qu'Apache fonctionnera. Pour arrêter Apache, nous pouvons cliquer sur **Shutdown Apache console** dans le menu **Démarrer**, ou utiliser les touches [Ctrl] **C**.

b. En tant que service (Win NT)

Lors de l'installation d'Apache, nous avons la possibilité de choisir si nous désirons qu'Apache soit installé en tant que service. Si ce choix n'a pas été fait, il reste tout de même la possibilité de le faire par la suite. Pour cela, il suffira de lancer la commande suivante :

– pour la version 1.3 :

```
apache -i
```

– pour la version 2.0 :

```
apache -k install
```

Par défaut, le service se nomme **Apache** pour la version 1.3 et **Apache2** pour la version 2.0. On peut spécifier un autre nom à l'aide de l'option `-n nom_du_service`.

Si par la suite, nous désirons retirer ce service :

– pour la version 1.3 :

```
apache -u
```

– pour la version 2.0 :

```
apache -k uninstall
```

Si nous désirons spécifier le nom du service à retirer, nous utiliserons la même option que précédemment, c'est-à-dire le `-n nom_du_service`.

La première fois qu'Apache s'exécute en tant que service, il est exécuté par l'utilisateur "System" ! Attention !!! Ce n'est pas très sécurisé. C'est pourquoi il faut créer un autre utilisateur ou compte, lui donner les droits suffisants et utiliser l'option **Log On As:**. Pour cela, ouvrez le menu **démarrer - Paramètres - Panneau de configuration - Services - Apache Service** et cliquez sur **Start** pour accéder à cette configuration.

4. Test sous Windows

Une première chose à faire est d'ouvrir une console Windows puis de se déplacer jusqu'au répertoire d'installation d'Apache. Ensuite, tapons la commande suivante :

```
apache -t
```

ou

```
apache -n "nom du service" -t pour un service particulier
```

Cette commande permet de tester le fichier de configuration et de mettre en évidence des erreurs de syntaxe. Si tout va bien, un message **Syntax OK** apparaît. Dans le cas contraire, un message d'erreur s'affiche donnant quelques indications comme sur la console suivante :

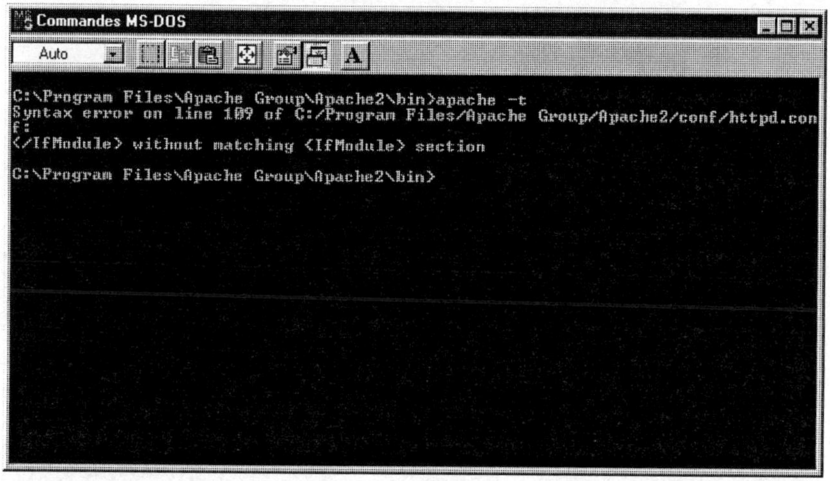

Il ne reste plus qu'à éditer le fichier **C:/Program Files/Apache Group/Apache2/conf/httpd.conf** et à trouver l'erreur...

Si le fichier de configuration semble correct, nous pouvons lancer le serveur :

```
apache -f son_fichier_de_configuration
```

Si à la suite de cette commande, le serveur Apache s'arrête brutalement, il ne nous reste plus qu'à aller consulter les fichiers de logs :

```
cd "\program files\apache group\apache"
more <logs\error.log
```

Enfin, après avoir relancé le serveur web Apache, lançons notre navigateur web favori et tapons l'URL suivante :
http://localhost/ ou http://127.0.0.1/

Cette URL désigne le serveur lui-même. Effectivement, une fois lancé, Apache attend des requêtes sur son port par défaut qui est le 80. Après avoir tapé cette URL, si tout fonctionne correctement, le serveur Apache devrait répondre par une page d'accueil et un lien vers le manuel d'utilisation d'Apache.

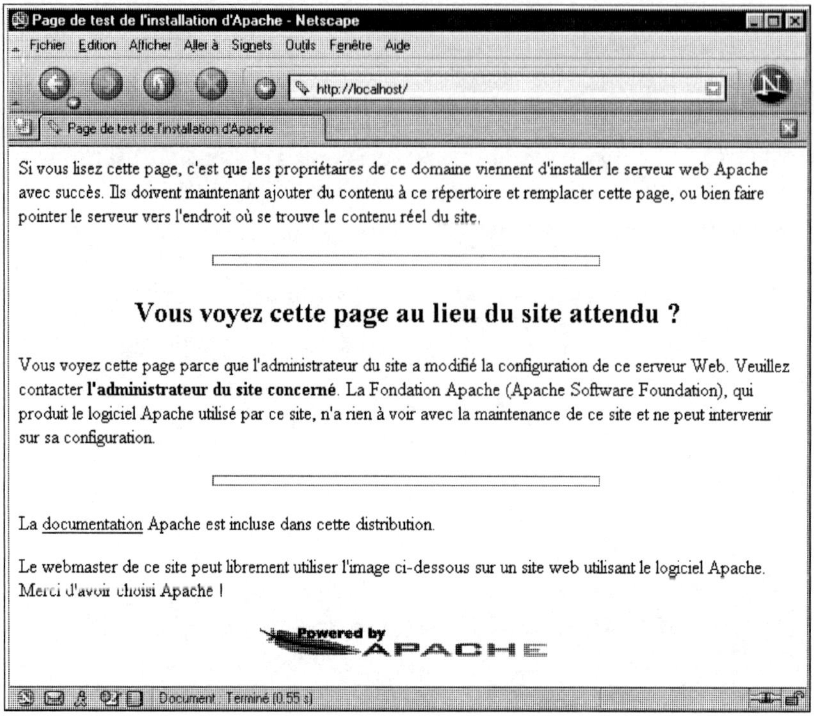

D. Tests

Précédemment, nous avons vu quelques points de tests lors de l'installation manuelle du binaire Apache sous Linux. D'autres tests avec d'autres outils peuvent être effectués.

1. Avec apachectl

`apachectl` est un script fourni avec la distribution Apache. Il permet de contrôler le serveur Apache. Voici ses différentes options :

`start` permet de démarrer le serveur.

`stop` permet d'arrêter le serveur.

`restart` permet de redémarrer le serveur (ou de le démarrer s'il ne l'était pas) en envoyant un signal SIGHUP au démon. De plus, un test sur la configuration est effectué auparavant.

`configtest` permet de tester la configuration du serveur et construit un rapport de toutes erreurs trouvées.

`apachectl` possède d'autres options. Un `man apachectl` vous en apprendra plus !

2. Avec telnet

Nous allons faire appel à nos connaissances du protocole HTTP. À l'aide de l'outil **telnet**, nous allons discuter directement avec le serveur Apache en lui envoyant des requêtes HTTP et en consultant ses réponses.

Connectons-nous tout d'abord au serveur. Il attend par défaut ses requêtes sur le port 80 :

```
$ telnet localhost 80
Trying 127.0.0.1...
Connected to www.
Escape character is '^]'.
GET /
<html>

 <head>
  <title>Ma page</title>
 </head>

 <body>
  <center>
   Bienvenue chez moi !!!
  </center>
 </body>

</html>
Connection closed by foreign host.
$
```

À l'aide de la requête `GET /`, nous avons demandé au serveur de nous envoyer la page index.html se trouvant à la racine de ce dernier. Son contenu s'est alors affiché (`<html>...</html>`) puis la connexion s'est terminée : notre serveur Apache fonctionne correctement !

3. Avec un simple navigateur web

Et oui, un simple navigateur ! Vous pouvez utiliser Internet Explorer, Netscape, galeon, Lynx... Si vous faites le test directement sur le serveur, tapez l'url **http://localhost/** ou **http://127.0.0.1/**. Si le test est fait à partir d'une station présente sur le même réseau, remplacez localhost ou 127.0.0.1 par l'adresse IP du serveur web. Cela permettra déjà de voir si le serveur répond. En cas de problème, il renverra une page d'erreur avec un code d'erreur HTTP.

E. Exemple de placement d'un serveur dans un réseau

À moins que votre serveur web ne soit destiné qu'à des tests de toutes sortes, il faut qu'il soit accessible en dehors de votre réseau. Ici, nous allons voir un exemple : le serveur web sera présent sur une DMZ. Il sera accessible sur l'Internet au travers d'un pare-feu.

1. Présentation du réseau à installer

Notre pare-feu protège un réseau privé, ainsi qu'une DMZ du monde dangereux qu'est l'Internet. Son interface A est connectée à l'Internet. Son adresse IP est celle fournie par le FAI. L'interface B est connectée au réseau privé 192.168.1.0/24. Son adresse IP est 192.168.1.1. Enfin, Son interface C est connectée au réseau DMZ 192.168.2.0/24. Son adresse IP est 192.168.2.1. Le réseau DMZ abrite les différents services accessibles de l'Internet comme un serveur web ou mail.

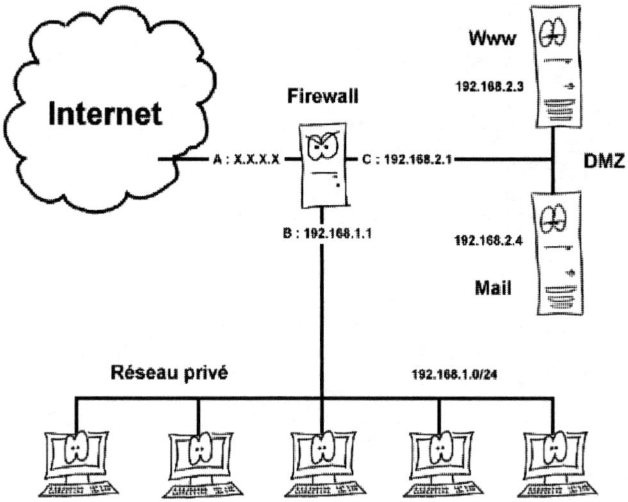

Le pare-feu suit les règles suivantes :

1) Tous les paquets provenant du réseau privé et allant vers des adresses IP correctes passent au travers du pare-feu sans restrictions.

2) Tous les paquets provenant d'Internet et allant vers le réseau privé sont filtrés, et seuls les paquets correspondant à une réponse à une requête provenant du réseau privé y sont autorisés.

3) Tous les paquets provenant d'Internet et allant vers la DMZ sont filtrés, et seuls les paquets destinés aux services de la DMZ accessible d'Internet peuvent passer le pare-feu. De plus, comme en 2), les paquets correspondant à une réponse à une requête provenant de la DMZ y sont autorisés.

4) Tous les paquets provenant de la DMZ et qui sont une réponse valide à des requêtes provenant du réseau privé sont autorisés à rentrer sur le réseau privé.

5) Tous les paquets provenant de la DMZ et allant vers l'Internet, hormis le réseau privé, peuvent traverser le pare-feu sans restrictions.

6) Tous les autres paquets sont interdits.

Les services de la DMZ accessibles de l'Internet utilisent la redirection de ports de façon à sécuriser un maximum notre réseau. Les ports utiles du pare-feu (port 80 pour le web par exemple) sont redirigés vers les mêmes ports sur les serveurs de la DMZ.

De plus, nous ne possédons qu'une seule adresse IP publique dans la majorité des cas (interface A). Or notre réseau (privé et DMZ) contient bon nombre d'ordinateurs qui ont besoin d'accéder à l'Internet. Pour cela, nous ferons appel au **Masquerading** ou NAT (*Network Address Translation*) : une façon de dissimuler notre réseau derrière un pare-feu en ne divulgant jamais les IPs privées et en dissimulant cette dernière avec l'IP publique du pare-feu.

Notre pare-feu utilisera un système OpenBSD 3.2.

2. Cheminement d'un paquet au travers du réseau

L'outil de filtrage d'OpenBSD 3.2 se nomme PF (*Packet Filter*). Il permet de mettre en place des redirections de ports, des translations d'adresses (NAT) et des règles de filtrage agissant sur les couches IP et TCP du modèle TCP/IP.

PF et NAT

La première notion importante à comprendre est "comment PF voit les paquets et les interfaces", qui est différente de la façon dont nous les voyons. PF n'a aucune notion de routage : il ne fait qu'appliquer des règles précises sur les paquets traversant les interfaces du pare-feu. Les règles **in** s'appliquent aux paquets entrant "dans" le pare-feu, tandis que les règles **out** s'appliquent aux paquets qui en sortent.

Voyons le cheminement d'un paquet provenant de notre réseau privé en direction d'une machine présente sur Internet.

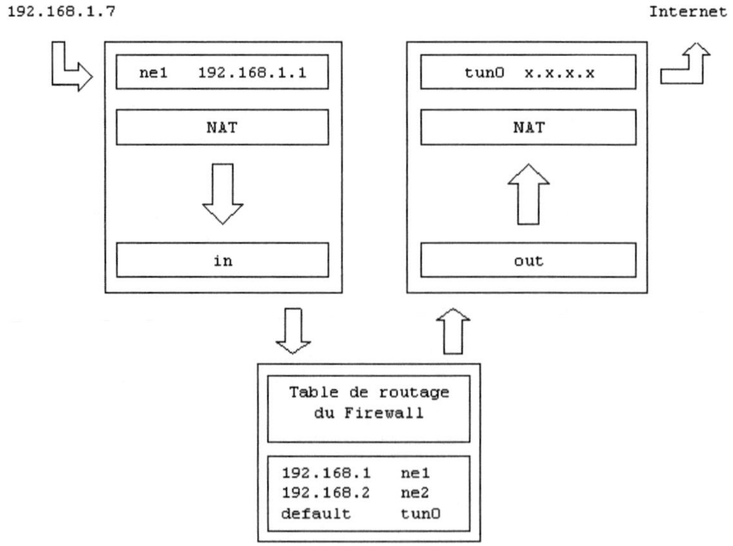

L'ordinateur possédant l'adresse IP 192.168.1.7 envoie une série de paquets à l'interface de la passerelle (notre pare-feu). L'adresse de cette dernière est contenue en local dans la table de routage de l'ordinateur.

Le paquet arrive sur l'interface **ne1** de la passerelle.

Les règles NAT s'appliquant aux paquets entrants se mettent en œuvre et opèrent les translations d'adresse et redirections.

Ensuite, les règles de filtrage PF **in** de l'interface **ne1** s'appliquent.

Les paquets qui sont passés sont maintenant appliqués à la table de routage de la passerelle.

Après cela, les règles de filtrage PF **out** de l'interface **tun0** s'appliquent.

Puis les règles NAT s'appliquant aux paquets sortants opèrent les translations d'adresse et redirections.

Enfin, les paquets sont envoyés sur Internet au travers de l'interface **tun0**.

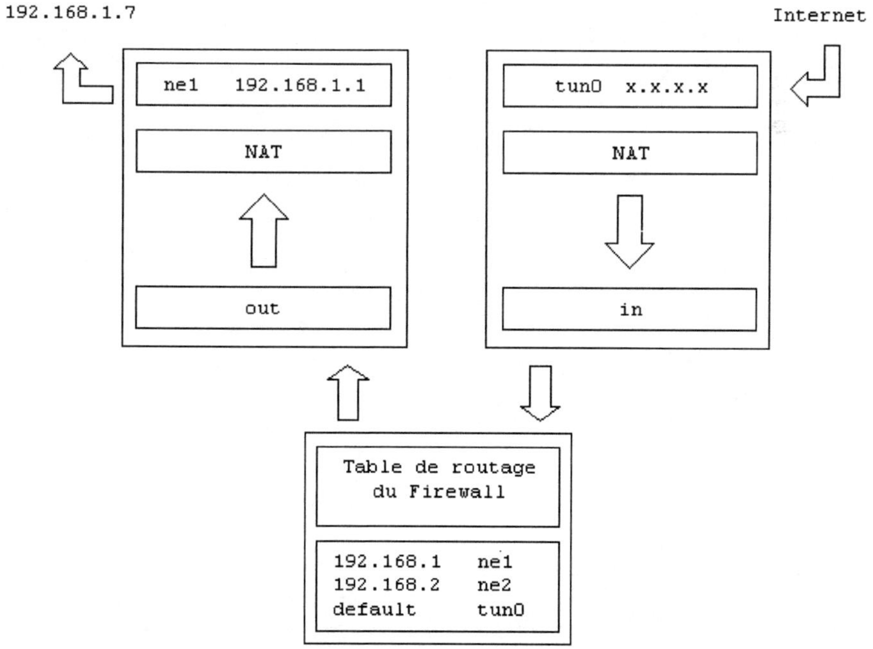

Chemin inverse : de l'Internet vers le réseau privé

3. Configuration du pare-feu (OpenBSD)

Nous n'allons pas voir ici comment installer un système OpenBSD. Toute la documentation nécessaire se trouve sur le site OpenBSD :
http://www.openbsd.org/

Nous pourrons y trouver une documentation très claire et détaillée sur l'art et la manière d'installer ce système, ainsi qu'une FAQ (*Frequently Asked Questions*) et la totalité des sources du système (accessibles par http et FTP).

À l'adresse suivante se trouve un petit article expliquant comment créer son CD bootable OpenBSD 3.2 :
http://www.linuxfrench.net/article.php3?id_article=1073

Et voici l'adresse expliquant tout ce qu'il faut savoir et suivre pour une installation de l'OpenBSD :
http://www.openbsd.org/faq/faq4.html

Préférez la version anglaise du site http://www.openbsd.org qui est plus à jour que sa traduction française.

Une fois OpenBSD 3.2 installé, voyons un peu sa configuration en tant que pare-feu.

a. Généralités

Quelques définitions sont nécessaires :

Redirection de ports

Cette notion permet à un pare-feu de rediriger les paquets arrivant sur une interface donnée pour un port donné (comme le port http 80 par exemple) vers une autre interface et un autre port (qui peut être identique à celui donné en entrée).

Les règles de redirection commencent par le mot clé `rdr`, suivent les conditions d'application de la règle (pour une interface donnée, pour un protocole donné...), vient ensuite l'adresse IP source et son port ou intervalle de ports et enfin l'adresse IP destination et son port ou intervalle de ports. Voyons quelques exemples :

```
rdr on xl1 proto tcp from any to x.x.x.x/32 port 80 ->
192.168.2.3 port 80
```

Ici, nous redirigeons toutes les connexions TCP arrivant sur l'interface **xl1** pour l'adresse x.x.x.x/32 port 80 (http) vers l'adresse 192.168.2.3 sur le même port 80.

```
rdr on le1 proto tcp from 192.168.1.0/24 to x.x.x.x/32 port 80 ->
192.168.2.3 port 80
```

Cette fois-ci nous redirigeons les connexions TCP provenant du réseau local 192.168.1.0/24, arrivant sur l'interface **le1** et en direction de l'adresse x.x.x.x/32 port 80, vers l'adresse 192.168.2.3 port 80.

```
rdr on ne1 proto tcp from 192.168.1.110/32 to 192.168.1.1/32
port 1500:1600 -> 192.168.2.10 port 1500
```

Cette règle redirige les connexions TCP arrivant sur l'interface **xl1**, provenant de la machine 192.168.1.110/32 et en direction de la machine 192.168.1.1/32 sur les ports 1500 à 1600, vers la machine 192.168.2.10 sur le port 1500.

Translation d'adresse (NAT)

NAT permet de dissimuler tout un réseau derrière une adresse IP.
Les règles NAT commencent par le mot clé `nat`. Rien ne vaut quelques exemples :

```
nat on xl1 from 192.168.1.0/24 to any -> x.x.x.x.
nat on xl1 from 192.168.2.0/24 to any -> x.x.x.
```

Considérant que **xl1** est l'interface côté modem du pare-feu, ces deux règles prennent en compte les paquets traversant l'interface **xl1**, provenant des réseaux 192.168.1.0/24 et 192.168.2.0/24, et en direction de n'importe où. Elles effectuent une translation des adresses de ces deux réseaux en l'adresse publique x.x.x.x du pare-feu. En d'autres termes, les deux réseaux 192.168.1.0/24 et 192.168.2.0/24 sont dissimulés derrière l'adresse publique du pare-feu. Les paquets provenant de ces deux réseaux et voulant sortir vers l'Internet verront leur adresse IP modifiée et remplacée par l'adresse IP publique du pare-feu. Toute personne externe aura l'impression que les paquets proviennent d'une seule et même machine avec une adresse publique x.x.x.x.

Les règles de filtrage

Une règle commence par une action. Nous avons en fait déjà vu deux actions : `rdr` et `nat`. Il existe aussi les actions `block` et `pass`, bloquant ou autorisant respectivement le passage des paquets ciblés par la règle. Une autre action existe, `scrub`, permettant de normaliser les paquets. Nous y reviendrons plus tard. Après l'action, nous trouvons différents paramètres comme la direction qui est obligatoirement spécifiée, `in` ou `out`. Voici quelques-uns de ces paramètres :

`log`

permet de logguer les paquets en les envoyant vers l'interface **pflog0**.

`quick`

un paquet passe normalement par toutes les règles définies et seule la dernière lui correspondant est appliquée. À l'aide de `quick`, la règle est appliquée tout de suite, sans que soit prises en compte les règles suivantes.

`on <interface>`

la règle ne s'applique qu'aux paquets passant par cette interface.

`proto <protocole>`

permet de spécifier un protocole particulier (TCP, UDP, ICMP).

`from <IP source> port <port source> to <IP destination> port <port destination>`

spécifie les adresses source et destination des paquets auxquels s'appliquera la règle. La notation CIDR peut être utilisée pour l'adresse IP. L'adresse `any` peut être utilisée pour cibler n'importe quelle adresse IP.

Les ports source et destination peuvent être spécifiés. Il peut s'agir d'un numéro comme 80 (port http) ou d'un nom comme http. Les correspondances entre numéro et nom se trouvent dans le fichier **/etc/services**. De plus, des opérateurs peuvent être utilisés :

= égal à

!= différent de

< strictement inférieur à

<= inférieur ou égal à

> strictement supérieur à

>= supérieur ou égal à

A >< B correspond à > A et < B, c'est-à-dire égal à A+1, A+2..., B-1 ou plus simplement compris entre A et B, A et B n'étant pas compris dans l'intervalle.

A <> B correspond à <A et >B, c'est-à-dire égal à 1, 2, ..., A-1 et B+1, B+2..., 65535 ou plus simplement non compris dans l'intervalle A et B.

`flags <drapeau TCP>`

permet de spécifier les drapeaux TCP pris en compte par la règle à l'aide de leur première règle, c'est-à-dire S pour SYN, A pour ACK, R pour RST, F pour FIN, P pour PSH et U pour URG. Nous pouvons indiquer un ou plusieurs drapeaux à suivre. Un drapeau est exclu à l'aide du caractère /. Par exemple S/SA permet de prendre en compte les drapeaux SYN mais pas les SYN-ACK.

`<famille d'adresse IP>`

deux valeurs sont possibles : `inet` pour IPv4 et `inet6` pour IPv6.

Voyons un exemple de règle :

```
pass in on xl1 proto { tcp, udp } from any to 192.168.2.3 port 80 keep
state
```

Cette règle s'applique aux paquets TCP et UDP entrant par l'interface **xl1**, arrivant de n'importe où et allant vers la machine 192.168.2.3 sur le port 80. Ces paquets sont autorisés à passer. L'option `keep state` sera expliquée plus loin.

La normalisation des paquets

Des règles spéciales permettent de normaliser le trafic et donc de reformer les paquets contenant des ambiguïtés. Ces règles commencent par le mot clé `scrub` :

```
scrub in all
scrub out all
```

Ces deux règles normalisent tous les paquets entrants et sortants.

Le suivi de connexion

PF permet de mettre en place un pare-feu à état. Plutôt que de filtrer tous les paquets faisant partie d'une connexion acceptée, seul le premier paquet est pris en compte. PF garde trace de l'état de cette connexion. Étant acceptée, tous les paquets en faisant partie seront acceptés. Il suffit donc d'ajouter l'option `keep state` à la fin de la règle.

N'hésitez pas à consulter la page de manuel de pf.conf (man pf.conf) pour obtenir plus d'informations ou de précisions !

Passons maintenant à la configuration de notre pare-feu...

b. Configuration

Tout d'abord, effectuons quelques petites modifications de la configuration pour adapter OpenBSD au rôle de pare-feu. Nous allons activer PF et limiter le nombre de services lancés au démarrage. Pour cela, modifions quelques variables dans le fichier **/etc/rc.conf** et donnons-leur les valeurs suivantes :

```
pf=YES                  # Packet filter / NAT
inetd=NO               # almost always needed
ntpd=NO                # run ntpd if it exists
```

Nous pouvons à présent tuer le démon **inetd** à l'aide de la commande suivante :

```
# kill HUP 'cat /var/run/inetd.pid
```

Ensuite, dans le fichier **/etc/sysctl.conf**, enlevons le caractère "#" de commentaire au début de la ligne suivante :

```
net.inet.ip.forwarding=1  # 1=Permit forwarding (routing) of packets
```

Cette ligne permet le routage des paquets d'une interface à une autre.

Ensuite, il faut que nous configurions l'accès à l'Internet à l'aide de PPP. Tout se passe dans le fichier **/etc/ppp.conf** :

```
# PPPoE configuration

default:
  set log Phase Chat IPCP CCP tun command
  set redial 15 0b set reconnect 15 10000

pppoe:
 #
 # Conf ADSL
 set authname login@FAI
 set authkey  motDePasse
 #
                                                    .../...
```

```
.../...
 # modifier l'interface (xl1) si besoin
 set device "!/usr/sbin/pppoe -i xl1"
 disable acfcomp protocomp
 deny acfcomp
 set mtu max 1492
 set speed sync
 enable lqr
 set lqrperiod 5
 set cd 5
 set dial
 set login
 set timeout 0
 add default HISADDR
 #enable dns
 enable mssfixup
```

Dans ce fichier, il faut remplacer `login@FAI` par l'identifiant de connexion que vous aura fourni votre FAI. De même, il faudra remplacer `motDePasse` par votre mot de passe. Enfin, il faudra modifier la ligne `set device !/usr/sbin/pppoe -i xl1`, suivant votre configuration : l'interface xl1 correspond à l'interface connectée au modem ADSL.

Ensuite, il nous faut configurer l'interface reliée au modem ADSL. Prenons par exemple l'interface **`xl1`**. Il suffit de créer un fichier **/etc/hostname.le1** avec une ligne contenant le seul mot `up` :

```
# vi /etc/hostname.le1
up
```

Enfin, dernier fichier à modifier, on ajoute à la fin de `/etc/rc.local` la ligne suivante :

```
ppp -ddial pppoe
```

Il ne nous reste plus qu'à configurer les règles du pare-feu à l'aide de PF (*Packet Filter*) Pour cela, un seul outil : **pfctl**.

- Pour démarrer PF : `# pfctl -e` ;
- Pour arrêter PF : `#pfctl -d` ;
- Pour charger les règles pf : `# pfctl N -R f /etc/pf.conf`.

Pour que les règles soient chargées à chaque démarrage de pppd, ajoutons les lignes suivantes dans /etc/ppp/ppp.linkup :

```
MYADDR:
 ! sh -c "/sbin/pfctl -F all"
 ! sh -c "/sbin/pfctl -N R f /etc/pf.conf"
```

Les règles concernant les redirections et translations d'adresse (NAT), ainsi que les règles de filtrage des paquets sont toutes contenues dans le fichier **/etc/pf.conf** dans la version 3.2 d'OpenBSD (dans les versions 3.0 et 3.1, les redirections et NAT étaient dans le fichier **/etc/nat.conf** et les règles de filtrage dans **/etc/pf.conf**).

Dans ce fichier (/etc/pf.conf), on distingue quatre parties :

- **Partie options** : différentes options contrôlant l'exécution de PF (voir man pf.conf) ;
- **Partie normalisation** : contenant les règles `scrub` ;
- **Partie redirection et NAT** : contenant les règles `rdr` et `nat` ;
- **Partie filtrage des paquets** : contenant les règles `pass`, `block`...

Chacune de ces parties est optionnelle mais leur ordre doit être conservé !

Lors du chargement des règles, des erreurs peuvent se produire. Pour en avoir une description, il suffit d'utiliser l'option `-v` :

```
#  pfctl -v R -N /etc/pf.conf | less
```

c. Le contenu du fichier /etc/pf.conf

```
##########################
#DEFINITION DES VARIABLES#
##########################
#INTERFACES
ExtIF="tun0"
PrvIF="ep1"
DmzIF="ep2"

# IP des machines
ExtIP="61.201.100.140"
WwwSrv="192.168.2.3/32"
MailSrv="192.168.2.4/32"

#RESEAUX
PrvIPs="192.168.1.0/24"
DmzIPs="192.168.2.0/24"

# Adresses interdites depuis l'Internet
NoGoIPs="{ 192.168.0.0/16, 172.16.0.0/12, 127.0.0.0/8,
10.0.0.0/8, 0.0.0.0/8, 169.254.0.0/16, 192.0.2.0/24, 204.152.64.0/23,
224.0.0.0/3, 255.255.255.255/32 }"



###########################
#NORMALISATION DES PAQUETS#
###########################
scrub in all
scrub out all


                                                        .../...
```

```
.../...
###############################
#REGLES DE REDIRECTION ET NAT#
###############################
# NAT
nat on $ExtIF from $PrvIPs to any -> $ExtIP
nat on $ExtIF from $DmzIPs to any -> $ExtIP

# REDIRECTION
# WWW
# provenant de l'ext.
rdr on $ExtIF proto tcp from any to $ExtIP/32 port 80 -> $WwwSrv port 80
rdr on $ExtIF proto udp from any to $ExtIP/32 port 80 -> $WwwSrv port 80
# Provenant du réseau privé
rdr on $PrvIF proto tcp from $PrvIPs to $ExtIP/32 port 80 ->
$DmzSrv port 80
rdr on $PrvIF proto udp from $PrvIPs to $ExtIP/32 port 80 ->
$DmzSrv port 80
# Provenant de la DMZ
rdr on $DmzIF proto tcp from $DmzIPs to $ExtIP/32 port 80 ->
$DmzSrv port 80
rdr on $DmzIF proto udp from $DmzIPs to $ExtIP/32 port 80 ->
$DmzSrv port 80

# MAIL (SMTP + POP)
# provenant de l'ext.
rdr on $ExtIF proto tcp from any to $ExtIP/32 port 25 ->
$MailSrv port 25
rdr on $ExtIF proto udp from any to $ExtIP/32 port 25 ->
$MailSrv port 25
rdr on $ExtIF proto tcp from any to $ExtIP/32 port 110 ->
$MailSrv port 110
rdr on $ExtIF proto udp from any to $ExtIP/32 port 110 ->
$MailSrv port 110
# Provenant du réseau privé
rdr on $PrvIF proto tcp from $PrvIPs to $ExtIP/32 port 25 ->
$MailSrv port 25
rdr on $PrvIF proto udp from $PrvIPs to $ExtIP/32 port 25 ->
$MailSrv port 25
rdr on $PrvIF proto tcp from $PrvIPs to $ExtIP/32 port 110 ->
$MailSrv port 110
rdr on $PrvIF proto udp from $PrvIPs to $ExtIP/32 port 110 ->
$MailSrv port 110
# Provenant de la DMZ
rdr on $DmzIF proto tcp from $DmzIPs to $ExtIP/32 port 25 ->
$DmzSrv port 25                                        .../...
```

```
.../...
rdr on $DmzIF proto udp from $DmzIPs to $ExtIP/32 port 25 ->
$DmzSrv port 25
rdr on $DmzIF proto tcp from $DmzIPs to $ExtIP/32 port 110 ->
$DmzSrv port 110
rdr on $DmzIF proto udp from $DmzIPs to $ExtIP/32 port 110 ->
$DmzSrv port 110



####################
#REGLES DE FILTRAGE#
####################

# Tout passer en local sur le fw
pass in quick on lo0 all
pass out quick on lo0 all

# par défaut, nous bloquons tout
block in log all
block out log all

## INTERNET
# bloque les paquets qui n'ont pas à circuler sur l'Internet
  block in log quick on $ExtIF from $NoGoIPs to any
  block out log quick on $ExtIF from any to $NoGoIPs

# bloque tous les paquets entrant
  block in on $ExtIF all

# nous laissons passer les paquets en direction de la DMZ
  pass in quick on $ExtIF inet proto { tcp, udp } from any to
$WwwSrv port www keep state
  pass in quick on $ExtIF inet proto { tcp, udp } from any to
$MailSrv port { smtp, pop3 } keep state

# bloque tous les paquets sortants
  block out on $ExtIF all

# enfin, on autorise les connexions tcp vers l'extérieur
# Donc nous autorisons le trafic vers l'extérieur
  pass out on $ExtIF inet proto tcp all flags S/SA keep state
  pass out on $ExtIF inet proto { udp, icmp } all keep state


                                                        .../...
```

```
.../...
## RESEAU PRIVE
# Bloque les adresses non routables
  block in quick on $PrvIF from ! $PrivateIPs to any
  block out quick on $PrvIF from any  to ! $PrivateIPs

# bloque tous les paquets entrants et sortants
  block in on $PrvIF all
  block out on $PrvIF all

# Nous autorisons les machines du réseau privé à se
# connecter au firewall
  pass in quick on $PrvIF from $PrivateIPs to $PrvIF/32
  pass out quick on $PrvIF from $PrvIF/32 to $PrivateIPs

# Nous autorisons les connexions tcp vers l'extérieur
  pass in quick on $PrvIF inet proto tcp from $PrivateIPs to any flags
S/SA keep state
  pass in quick on $PrvIF inet proto { udp, icmp } from $PrivateIPs to
any keep state


## RESEAU DMZ
# Bloque les adresses non routables
  block in  quick on $DmzIF from ! $DmzIPs to any
  block out quick on $DmzIF from any  to ! $DmzIPs

# bloque tous les paquets entrants et sortants
  block in log on $DmzIF all
  block out log on $DmzIF all

# Nous autorisons les connexions tcp vers l'extérieur
  pass in quick on $DmzIF inet proto tcp from $DmzIPs to any flags
S/SA keep state
  pass in quick on $DmzIF inet proto { udp, icmp } from $DmzIPs to any
keep state

  block in log on $DmzIF inet from $DmzIPs to $PrivateIPs

  pass out on $DmzIF inet proto tcp from any to $DmzIPs flags S/SA keep
state
  pass out on $DmzIF inet proto { udp, icmp } from any to $DmzIPs keep
state
```

d. Explication du contenu du fichier /etc/pf.conf

Quelques explications tout de même ! Au début du fichier se trouve une série de déclarations de variables que nous utiliserons. Nous y trouvons les interfaces, les réseaux et les adresses IP des serveurs. L'une de ces variables concerne les adresses IP qui ne devraient pas se trouver sur le net :

```
NoGoIPs="{ 192.168.0.0/16, 172.16.0.0/12, 127.0.0.0/8, 10.0.0.0/8,
0.0.0.0/8, 169.254.0.0/16, 192.0.2.0/24, 204.152.64.0/23, 224.0.0.0/3,
255.255.255.255/32 }"
```

Ensuite arrivent les règles de translations d'adresse (NAT) :

```
nat on $ExtIF from $PrvIPs to any -> $ExtIP
nat on $ExtIF from $DmzIPs to any -> $ExtIP
```

Ces deux règles indiquent simplement de modifier les en-têtes des paquets arrivant à l'interface externe du pare-feu (`$ExtIF`), provenant du réseau privé et de la DMZ (`$PrvIPs` et `$DmzIPs`) en direction de n'importe où (any) et de faire en sorte qu'ils proviennent du pare-feu (`$ExtIP`).

Enfin, les règles de redirection suivent. Ces règles vont permettre aux paquets destinés aux différents serveurs en DMZ d'être correctement redirigés. Voyons par exemple les règles concernant notre serveur web :

```
# provenant de l'ext.
rdr on $ExtIF proto tcp from any to $ExtIP/32 port 80 -> $WwwSrv port 80
rdr on $ExtIF proto udp from any to $ExtIP/32 port 80 -> $WwwSrv port 80
```

Nous nous occupons tout d'abord des paquets provenant de l'extérieur (d'Internet). Nous précisons l'interface sur lequel ils arrivent (`$ExtIF`), puis le protocole utilisé (tcp et udp), la provenance (`any`) et la direction, c'est-à-dire l'adresse IP et le port (`$ExtIP/32 port 80`). Enfin, nous indiquons vers où doit-être redirigé ce paquet (`->$WwwSrv port 80`).

```
# Provenant du réseau privé
rdr on $PrvIF proto tcp from $PrvIPs to $ExtIP/32 port 80 ->
$DmzSrv port 80
rdr on $PrvIF proto udp from $PrvIPs to $ExtIP/32 port 80 ->
$DmzSrv port 80
# Provenant de la DMZ
rdr on $DmzIF proto tcp from $DmzIPs to $ExtIP/32 port 80 ->
$DmzSrv port 80
rdr on $DmzIF proto udp from $DmzIPs to $ExtIP/32 port 80 ->
$DmzSrv port 80
```

De même, nous nous occupons des paquets provenant du réseau privé et de la DMZ en les redirigeant directement vers la DMZ.

Ensuite, nous normalisons les paquets en entrée et sortie à l'aide de `scrub`. Après cela, nous autorisons tout le trafic qui reste local au pare-feu à l'aide de ces deux lignes :

```
pass in quick on lo0 all
pass out quick on lo0 all
```

Le mot clé `quick` indique que cette règle s'applique tout de suite si le paquet correspond, sans que les règles suivantes ne soient lues.

Enfin, nous bloquons tous les paquets, si aucune des règles suivantes ne leur correspond, à l'aide des deux lignes :

```
block in log all
block out log all
```

Le mot clé `log` précise que tout paquet bloqué sera logué : cela peut être franchement utile lors de séquence de déboguage des règles du pare-feu.

Pour terminer, nous écrivons les règles de filtrage s'adressant à chaque réseau. Elles sont facilement compréhensibles. Nous ne nous y attarderons pas.

Nous avons maintenant un serveur web Apache correctement installé sur une DMZ, protégée par un pare-feu. Il faut maintenant s'attarder sur la configuration de notre serveur web !

Chapitre 3 : Configuration d'Apache

Voilà notre serveur web Apache installé et fonctionnel ! Voyons maintenant plus en détail sa configuration.

Nous allons tout d'abord voir quels sont ses fichiers de configuration, leur format et où ils se trouvent suivant le système d'exploitation. Ensuite, nous verrons plus en détail les directives de base les plus usitées faisant partie des modules **core** et **mpm** (pour la version 2 d'Apache). Enfin, nous découvrirons des outils graphiques permettant de générer cette configuration. Il s'agit de **Webmin**, **Comanche** ou **TkApache**. Une petite remarque tout de même : jamais aucun outil graphique ne remplacera l'efficacité d'un éditeur de texte tel que **Vim** permettant de modifier directement ces fichiers de configuration !

A. Les fichiers de configuration

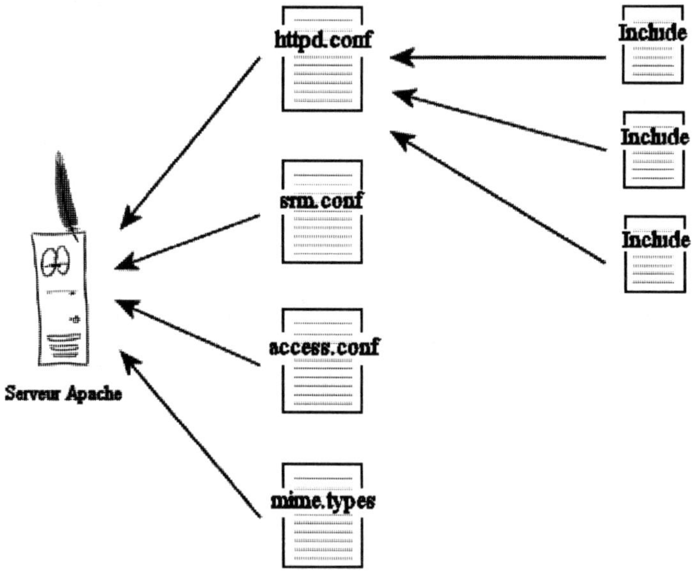

Apache est d'une extrême simplicité : sa configuration consiste à placer des directives dans des fichiers texte particuliers. Le principal se nomme **httpd.conf**. Pour des raisons historiques, nous pourrons trouver d'autres fichiers de configuration nommés **srm.conf** et **access.conf** qui ne sont plus utilisés, la configuration s'effectuant totalement dans le fichier **httpd.conf**. De plus, l'arborescence d'un site web pourra contenir un ou plusieurs fichiers **.htaccess** définissant une configuration propre aux répertoires où ils se trouvent.

Voyons un peu la syntaxe d'un fichier de configuration. Il contient une seule directive par ligne. Si cette dernière doit s'étendre sur plusieurs lignes, le caractère "\" est utilisé pour indiquer que la ligne de directive n'est pas terminée et se continue sur la ligne suivante.

Les directives ne sont pas sensibles à la casse, mais leur arguments le sont parfois !!!

Les lignes commençant par un caractère "#" sont des lignes de commentaires et sont donc ignorées. De même, les tabulations et espaces en début de ligne sont ignorés. Donc n'hésitez surtout pas à commenter et à indenter vos fichiers ! Cela permettra une meilleure compréhension de ces derniers et donc moins d'erreurs et plus de sécurité.

Voyons plus en détail tous ces fichiers de configuration.

1. Le fichier de configuration principal : httpd.conf

httpd.conf se trouve dans le répertoire de configuration défini lors de la compilation du binaire. Il s'agit du répertoire **/usr/local/apache[2]?/etc** par défaut. Sous Debian, il se trouve dans **/etc/apache**, tandis que sous Windows, nous le trouverons dans le répertoire **conf/** du répertoire d'installation d'Apache. Par défaut, il s'agit de **C:/Program Files/Apache Group/Apache[2]?/conf**.

Remarquez que sous Windows, les chemins n'utilisent pas le caractère "\" comme c'est normalement l'habitude sous ce système. Le caractère "/" est par contre utilisé !

Mais nous pouvons indiquer un autre emplacement lors de l'exécution du binaire à l'aide de l'option `-f`.

D'autres fichiers de configuration peuvent être inclus à partir de **httpd.conf** à l'aide de la directive `Include` :

Syntaxe : `Include` *`chemin`*

Cette directive permet d'inclure d'autres fichiers de configuration dans celui où elle se trouve.

`chemin` définit l'emplacement du fichier à inclure. Cet emplacement peut être absolu, c'est-à-dire commençant par un / sous Linux ou par une lettre d'un lecteur (par exemple `C:/`) sous Windows, ou relatif au répertoire désigné comme étant le **ServerRoot**, c'est-à-dire le répertoire **/usr/local/apache[2]?** par défaut, **/etc/apache** sous Debian, ou **C:/Program Files/Apache Group/Apache[2]?/** sous Windows.

Depuis la version 1.3.13, Apache permet de définir un répertoire comme *`chemin`*. Tout fichier contenu dans ce répertoire, ainsi que tous ses sous-répertoires, seront considérés comme fichiers de configuration à inclure. Cela permet une organisation de la configuration d'Apache comme par exemple un fichier incluant les différents modules, un autre avec les options générales, un fichier de configuration par hôte virtuel (**VirtualHost**), etc. Enfin, depuis la version 2.0.41, *`chemin`* peut contenir des caractères de remplacement tels que le caractère * permettant ainsi de définir plusieurs fichiers à l'aide d'une seule directive `Include`.

Le serveur Apache, par défaut, ne peut abriter qu'un seul site web (ou hôte). À l'aide de directives <VirtualHost>, Apache peut abriter plusieurs sites web (ou hôtes virtuels).

Quelques exemples placés dans le fichier **httpd.conf** :

```
# mon fichier de configuration incluant les modules
Include /etc/apache/modules.conf
# mon répertoire contenant un fichier de configuration
# par virtualhost. J'utilise *.conf pour être sûr de
# ne pas inclure d'autres fichiers qui empêcheraient
# Apache de démarrer correctement
Include /etc/apache/virtualHosts/*.conf
```

La commande `apachectl configtest` permet de savoir quels fichiers de configuration sont lus et pris en compte :

```
# apachectl configtest
Processing config file: /etc/apache/modules.conf
Processing config file: /etc/apache/virtualHosts/domaine1.conf
Processing config file: /etc/apache/virtualHosts/domaine2.conf
Processing config file: /etc/apache/virtualHosts/mon_asso.conf
Syntax OK
```

2. Les fichiers .htaccess

Apache permet une gestion décentralisée de la configuration par l'utilisation de fichiers spéciaux à l'intérieur de l'arborescence web. Ces fichiers spéciaux sont généralement appelés **.htaccess**, mais n'importe quel nom peut être défini par la directive `AccessFileName`. Les directives placées dans les fichiers **.htaccess** s'appliquent au répertoire où se trouve le fichier ainsi qu'aux sous-répertoires. Les fichiers **.htaccess** respectent la même syntaxe que les fichiers principaux de configuration. Comme les fichiers **.htaccess** sont lus à chaque requête, les modifications effectuées dans ces fichiers prennent effet immédiatement.

Toutes les directives ne peuvent pas être placées dans les fichiers **.htaccess**. Il faut tout d'abord vérifier leur contexte.

L'administrateur peut contrôler quelles directives peuvent être placées dans les fichiers **.htaccess** en modifiant la directive `AllowOverride` du fichier principal de configuration.

Les fichiers **.htaccess** sont très souvent utilisés pour contrôler l'accès à un répertoire dans l'arborescence web du serveur. Par exemple, l'accès à une ressource web pourra être permise à l'aide d'une procédure d'authentification mise en place à l'aide de ce fichier. Pour plus d'informations à ce sujet, voyez le chapitre 6 traitant de la sécurité.

a. AccessFileName

Syntaxe : `AccessFileName` *`nomFichier [nomFichier] ...`*

Cette directive définit le ou les noms que porteront les fichiers de configuration dans un contexte de répertoire. Par défaut, il s'agit du nom **.htaccess**.

Lorsqu'il retourne un document au client, le serveur cherche le premier fichier de contrôle d'accès existant dans cette liste dans chacun des répertoires du chemin d'accès menant à ce document. Ceci pour déterminer si l'accès est autorisé dans chacun de ces répertoires. Par exemple, si nous avons la ligne suivante dans notre configuration principale :

```
AccessFileName .acl
```

Avant d'envoyer le document /usr/local/web/index.html, le serveur lira les fichiers /.acl, /usr/.acl, /usr/local/.acl et /usr/local/web/.acl à la recherche de directives, sauf si celles-ci ont été désactivées par la présence des lignes suivantes :

```
<Directory />
  AllowOverride None
</Directory>
```

b. AllowOverride

Syntaxe :
`AllowOverride` *`All|None|type de directive [type de directive] ...`*

Lorsque le serveur trouve un fichier **.htaccess** (comme spécifié par `AccessFileName`) il doit savoir quelles directives déclarées dans ce fichier peuvent outrepasser les droits fixés par des directives précédentes.

Si la directive est définie à `None`, les fichiers **.htaccess** sont ignorés. Dans ce cas, le serveur n'essaie même pas de lire les fichiers **.htaccess**.

Si la directive est définie à `All` toutes les directives possibles dans un contexte de répertoire sont autorisées dans les fichiers **.htaccess**.

Il existe plusieurs groupes de directives :

`AuthConfig`

Autorise l'usage de la directive `Authorization` (`AuthDBMGroupFile`, `AuthDBMUserFile`, `AuthGroupFile`, `AuthName`, `AuthType`, `AuthUserFile`, `Require`, etc.).

`FileInfo`

Autorise l'usage de directives contrôlant l'accès aux types de document (`AddEncoding`, `AddLanguage`, `AddType`, `DefaultType`, `ErrorDocument`, `LanguagePriority`, etc.).

`Indexes`

Autorise l'usage de directives contrôlant l'indexation des répertoires (`AddDescription`, `AddIcon`, `AddIconByEncoding`, `AddIconByType`, `DefaultIcon`, `DirectoryIndex`, `FancyIndexing`, `HeaderName`, `IndexIgnore`, `IndexOptions`, `ReadmeName`, etc.).

`Limit`

Autorise l'usage de directives contrôlant les accès de certains hôtes (`allow`, `_deny` et `order`).

`Options`

Autorise l'usage de directives contrôlant certaines fonctionnalités spécifiques des répertoires (`Options` et `XBitHack`).

3. Le fichier MIME

Un dernier fichier de configuration est lu par Apache. Il s'agit du fichier contenant les types MIME.

MIME (*Multipurpose Internet Mail Extensions*) est une extension du protocole de messagerie SMTP. Il permet l'échange de différents types de données comme du son, des images, de la vidéo et bien d'autres encore, en plus du texte inclus dans le protocole original (SMTP : *Simple Mail Transfert Protocol*). C'est en 1991 que Nathan Borenstein de Bellcore propose à l'IETF (*Internet Engineering Task Force*, organisation contrôlant et définissant les protocoles standards de l'Internet) d'étendre le protocole SMTP pour que les serveurs et clients présents sur l'Internet puissent reconnaître et utiliser toutes sortes de données autres que du simple texte.

Les serveurs web insèrent des en-têtes MIME permettant aux clients web, c'est-à-dire les navigateurs comme Internet Explorer, Netscape, etc, de lancer une application pour lire un type particulier de données. La plupart de ces applications font partie du navigateur lui-même ou sont ajoutées au navigateur en tant que plug-ins.

Les nouveaux types MIME sont enregistrés auprès de l'IANA (*Internet Assigned Numbers Authority*).

Nous trouverons les types MIME dans le fichier **/etc/mime.types** sous Debian, ou dans le répertoire de configuration d'Apache. Ce fichier est défini à l'aide de la directive `TypesConfig`, faisant partie du module **mod_mime**, dans **httpd.conf**. Par défaut, il s'agit du fichier **mime.types** fourni avec les sources d'Apache. Il peut être aussi récupéré à l'adresse suivante, chargé de maintenir cette liste :
http://www.isi.edu/in-notes/iana/assignments/media-types/media-types

Ce fichier ne doit pas être édité ! Si l'ajout ou le remplacement d'un type MIME est nécessaire, il faut alors utiliser la directive `AddType`, provenant elle aussi du module **mod_mime**, dans le fichier de configuration **httpd.conf**.

a. TypesConfig

Syntaxe : `TypesConfig` *`chemin`*

Cette directive définit le fichier contenant les types MIME.

`chemin` indique l'emplacement de ce fichier. Par défaut, sa valeur est `conf/mime.types`.

Ce fichier est un simple fichier texte avec un type MIME et ses extensions par ligne. Ces lignes sont de la forme suivante :

```
TypeMIME extension extension ...
```

b. AddType

Syntaxe :

`AddType typeMIME extension [extension] ...`

Cette directive ajoute la définition d'un nouveau type MIME et les extensions qui lui sont associées.

typeMIME est le code MIME du type de média à prendre en compte pour les documents se terminant par une des extensions listées, une fois les extensions sémantiquement associées aux métainformations d'encodage et de langues supprimées (voir les directives `AddEncoding` et `AddLanguage`).

extension est la liste des extensions associées au type MIME, insensible à la casse. De plus, le point . au début de l'extension est facultatif.

Voici un exemple définissant les fichiers contenant des images GIF :

```
AddType image/gif .gif
```

Il est recommandé d'ajouter des nouveaux types MIME via la directive `AddType` plutôt qu'en modifiant le fichier **TypesConfig**.

B. Les directives de type bloc du module core

Les directives, d'une manière générale, sont globales au serveur. Certaines d'entre elles permettent d'appliquer une configuration particulière seulement à une partie du serveur. Il s'agit des directives de type bloc. Il en existe plusieurs, s'appliquant à un répertoire, un fichier... Elles définissent un bloc commençant par `<nom_de_la_directive paramètres>` et finissant par `</nom_de_la_directive>`. Suivant les directives, il peut y avoir des paramètres indiquant par exemple un répertoire, un fichier, une url...

1. Le système de fichiers et l'espace web

Les directives de type bloc s'appliquent à un espace particulier. Celui-ci peut être une partie du système de fichiers, ou un espace de type web.

Le système de fichiers est l'arborescence des répertoires et fichiers telle qu'elle est vue par le système d'exploitation. Des chemins tels que `/etc/apache` ou `C:/Program Files/Apache Group/Apache/conf` désignent bien les répertoires `/etc/apache` ou `C:\Program Files\Apache Group\Apache\conf` présents sur le disque dur.

L'espace web désigne l'arborescence telle qu'elle est vue par les clients web comme les navigateurs Internet. Prenons un exemple : soit un serveur web Apache dont le site web est placé dans le répertoire `/var/www` sous Linux, ou `C:\Program Files\Apache Group\Apache\htdocs` sous Windows. Alors, l'espace web `/dir1/` désigne en fait le répertoire `/var/www/dir1/` sous Linux, ou `C:\Program Files\Apache Group\Apache\htdocs\dir1\` sous Windows, sur le système de fichiers. Ce n'est qu'un exemple !

L'espace web peut très bien ne pas désigner un fichier ou répertoire présent sur le système de fichiers puisque ces derniers peuvent être générés dynamiquement par différents moyens comme une base de données ou un script.

2. Les directives de type bloc agissant sur le système de fichiers

a. Directory

Syntaxe :

```
<Directory chemin_du_répertoire>
...
</Directory>
```

Cette directive fait partie du module **core** d'Apache. Nous la trouverons dans la configuration générale d'Apache ainsi qu'à l'intérieur de la directive bloc `<Virtualhost>` que nous verrons plus loin dans ce même chapitre.

Les directives `<Directory>` et `</Directory>` permettent de construire un bloc regroupant d'autres directives appliquées à un répertoire particulier ainsi qu'à ses sous-répertoires.

`chemin_du_répertoire` désigne le chemin absolu du répertoire auquel s'applique la directive `<Directory>`. Ce chemin peut contenir un motif, comme ceux employés lors de l'utilisation du shell Unix. Dans un motif, le caractère ? remplace n'importe quel caractère, tandis que * remplace n'importe quelle suite de 0 ou plusieurs caractères. Une plage de caractères peut être indiquée à l'aide des caractères `[ ]`. Voici un exemple :

```
<Directory /var/www/*/dir/>
    Options Indexes Includes FollowSymLinks MultiViews
    AllowOverride None
    Order allow,deny
    Allow from all
</Directory>
```

L'exemple précédent s'applique aux répertoires `/var/www/dir1/dir/`, `/var/www/dir2/dir`, etc, ainsi qu'à leurs sous-répertoires.

Le chemin peut aussi être indiqué à l'aide d'expressions régulières, à condition d'ajouter le caractère ~ devant, comme dans l'exemple suivant :

```
<Directory ~"^/var/www/[A-Za-z]{3}">
   Options Indexes FollowSymLinks
</Directory>
```

L'exemple précédent s'applique aux répertoires contenus dans le répertoire `/var/www/` dont le nom est composé de trois lettres minuscules ou majuscules.

Plusieurs blocs `<Directory>` peuvent s'appliquer à un même répertoire. Dans ce cas, la directive avec le plus court chemin s'applique d'abord, puis celle avec le chemin plus long et ainsi de suite, et sont combinées aux directives contenues dans les fichiers **.htaccess**.

Rien ne vaut un bon exemple :

```
<Directory /var/www/>
   AllowOverride None
</Directory>
<Directory /var/www/dir1/*>
   AllowOverride FileInfo
</Directory>
```

Ces deux blocs peuvent être appliqués au répertoire **/var/www/dir1/dir2/** par exemple. Tout d'abord les directives du premier bloc seront appliquées car le chemin est le plus court (/). `AllowOverride None` désactive l'utilisation d'un fichier **.htaccess** dans le répertoire /. Puis les directives du second bloc seront appliquées. `AllowOverride FileInfo` permet de prendre en compte les directives `FileInfo` du fichier **/var/www/dir1/.htaccess**, ainsi que des fichiers **.htaccess** des sous-répertoires. Donc les directives `FileInfo` des fichiers **.htaccess** à partir du répertoire **/var/www/dir1** seront appliquées en dernier. Un petit résumé :

1) Application de `AllowOverride None` au répertoire **/var/www/** ;

2) Application de `AllowOverride FileInfo` au répertoire **/var/www/dir1/** ;

3) Application des directives `FileInfo` des fichiers **.htaccess** dans le répertoire **/var/www/dir1/** et sous-répertoires.

b. DirectoryMatch

Syntaxe :

```
<DirectoryMatch regex>
  ...
</DirectoryMatch>
```

La directive `<DirectoryMatch>` est identique à la directive `<Directory>`. La seule différence est qu'elle n'accepte qu'une expression régulière en tant que paramètre.

```
<DirectoryMatch "^/var/www/docs[1-9]{1}">
   Options Indexes FollowSymLinks
</DirectoryMatch>
```

L'exemple précédent s'applique aux répertoires dont le nom est **docs** suivi d'un chiffre allant de 1 à 9, contenus dans le répertoire **/var/www/**, c'est-à-dire les répertoires **/var/www/docs1**, **/var/www/docs2**, **/var/www/docs3**, ..., **/var/www/docs9**.

c. Files

Syntaxe :

```
<Files nom_du_fichier>
  ...
<Files>
```

Cette directive fait partie du module **core** d'Apache. Nous la trouverons dans la configuration générale d'Apache ainsi qu'à l'intérieur de la directive bloc `<Virtualhost>` et `<Directory>`, et les fichiers **.htaccess**.

Elle permet de contrôler l'accès au fichier donné en paramètre. Cette directive est identique à la directive `<Directory>` au niveau de la syntaxe du paramètre `nom_du_fichier`. Celui-ci peut contenir un motif ou une expression régulière en y ajoutant le caractère ~.

```
<Files ~ "^\.ht">
    Order allow,deny
    Deny from all
</Files
```

L'exemple précédent permet de cacher tout fichier commençant par `.ht` aux clients web. Les fichiers concernés sont par exemple les fichiers **.htaccess** qui contiennent bien souvent des informations confidentielles.

d. FilesMatch

Syntaxe :

```
<FilesMatch regex>
...
</FilesMatch>
```

La directive `<FilesMatch>` fonctionne comme la directive `<Files>`. La seule différence concerne le paramètre : il s'agit ici d'une expression régulière !

```
<FilesMatch "^pouet$"
    ForceType application/x-httpd-php
</FilesMatch>
```

L'exemple précédent force le serveur web à interpréter tous les fichiers nommés "pouet" en tant que scripts PHP.

3. Les directives de type bloc agissant sur l'espace web

a. Location

Syntaxe :

```
<Location URL>
 ...
</Location>
```

Cette directive fait partie du module **core** et nous la retrouverons dans la configuration générale du serveur Apache, ainsi qu'à l'intérieur d'un bloc `<VirtualHost>`.

La directive `<Location>` est identique à la directive `<Directory>` mais ici elle s'applique à une URL. De plus, l'URL peut désigner un fichier tout comme un répertoire, ou un ensemble de fichiers à l'aide d'un motif. Elle accepte elle aussi les expressions régulières, précédées du caractère ~.

L'URL est de la forme /`chemin/` et ne contient pas `http://serveur` à son début, sauf dans le cas d'un proxy où l'URL aura la forme `scheme://serveur/chemin`.

Les blocs `<Location>` sont traités dans l'ordre d'apparition dans le fichier de configuration général, après que soient traitées les directives `<Directory>`, les fichiers **.htaccess** et enfin les directives `<Files>`.

b. LocationMatch

syntaxe :

```
<LocationMatch regex>
  ...
</LocationMatch>
```

La directive <LocationMatch> s'apparente à la directive <Location> sauf qu'elle n'accepte qu'une expression régulière en tant que paramètre.

4. VirtualHost

syntaxe :

```
<VirtualHost adresse[:port] [adresse[:port]] ...>
  ...
</VirtualHost>
```

Tout d'abord une petite explication à propos des hôtes virtuels (Virtual Host). La configuration d'hôtes virtuels permet au serveur Apache de gérer plusieurs sites web.

Il existe deux façons de configurer un hôte virtuel : selon son adresse IP ou selon son nom. Avec la première méthode, chaque hôte virtuel possède une adresse IP. Si le serveur possède plusieurs hôtes virtuels, il doit donc pouvoir répondre à chacune de ces adresses IP. Cela peut se faire par exemple sous Linux en attribuant plusieurs adresses IP à une même carte réseau à l'aide des alias IP. Enfin, avec la seconde méthode, le serveur Apache ne possède qu'une seule adresse IP. Les hôtes virtuels ne se différencient que par leur nom. Voyons plus en détail chacune de ces méthodes...

a. Hôtes virtuels basés sur l'adresse IP

Le serveur Apache doit posséder une adresse IP par hôte virtuel. Pour cela, il peut posséder plusieurs cartes réseau, ou permettre à une seule carte réseau d'avoir plusieurs adresses IP à l'aide des alias. Voyons comment procéder pour cette seconde façon de faire sous Linux :

Tout d'abord, il nous faut un noyau Linux compilé avec le support de l'option **IP Aliasing**. Nous n'allons pas voir ici toute la procédure de compilation d'un nouveau noyau Linux. Juste pour information, voici une URL documentant cela :
http://www.freenix.fr/unix/linux/HOWTO/Kernel-HOWTO.html

La distribution Debian permet de compiler un noyau puis d'en faire un package que nous pourrons installer/désinstaller facilement. Vous trouverez des informations aux adresses :
http://www.ifrance.com/ustilago/compil_noyau.html
http://www.debian-fr.org/article/articleview/14/1/2

Une fois notre noyau compilé, si l'option **IP Aliasing** a été compilée en tant que module, nous devons charger ce dernier. Connectons-nous en tant que Root et lançons la commande `insmod` :

```
$ su
password:
# insmod ip_alias
```

Nous pouvons vérifier le bon chargement du module à l'aide de la commande `lsmod` exécutée en tant que Root.

Ensuite, configurons nos adresses IP. Prenons l'exemple d'un ordinateur avec une seule carte réseau sur laquelle nous allons placer deux adresses IP (celles de 2 hôtes virtuels par exemple) : 192.168.1.10 et 192.168.1.45. Exécutons les commandes suivantes en tant que Root :

```
# ifconfig eth0 192.168.1.10
# ifconfig eth0:0 192.168.1.45
```

L'adresse 192.168.1.10 est l'adresse principale, tandis que l'adresse 192.168.1.45 est un alias.

Enfin, il ne reste plus qu'à configurer les routes :

```
# route add net 192.168.1.0 dev eth0
# route add host 192.168.1.10 dev eth0
# route add host 192.168.1.45 dev eth0:0
```

Afin de conserver toute cette configuration après un redémarrage du serveur, nous pouvons inclure toutes ces commandes passées précédemment dans le fichier **/etc/rc.d/rc.local** pour les système SysV (RedHat par exemple). En ce qui concerne Debian, chaque interface est configurée dans le fichier **/etc/network/interfaces**. Il suffit d'y ajouter nos alias :

```
# vi /etc/network/interfaces
auto eth0
iface eth0 inet static
  address 192.168.1.10
  netmask 255.255.255.0
  network 192.168.1.0
  broadcast 192.168.1.255
  gateway 192.168.1.1

auto eth0:0
iface eth0:0 inet static
  address 192.168.1.45
  netmask 255.255.255.0
  network 192.168.1.0
  broadcast 192.168.1.255
  gateway 192.168.1.1
```

Nous savons maintenant comment attribuer plusieurs adresses IP à notre serveur. Revenons à la configuration de nos hôtes virtuels basés sur l'adresse IP.

Prenons comme exemple la mise en place de deux hôtes virtuels : site1.mondomaine.com d'adresse IP 192.168.1.10 et site2.autredomaine.com d'adresse IP 192.168.1.45. Nous devons ajouter deux blocs `<VirtualHost>` pour chacun de ces sites :

```
<VirtualHost 192.168.1.10>
  DocumentRoot /var/www/site1
  ServerName site1.mondomaine.com
</VirtualHost>

<VirtualHost 192.168.1.45>
  DocumentRoot /var/www/site2
  ServerName site2.autredomaine.com
</VirtualHost>
```

La directive `DocumentRoot` indique l'emplacement des fichiers du site sur le disque dur du serveur. La directive `ServerName` indique le nom du site.

Les hôtes virtuels héritent de la configuration générale sauf pour les directives redéfinies dans les blocs `<VirtualHost>`. Dans ces blocs, nous devons trouver au minimum les directives `DocumentRoot` et `ServerName`.

Si les DNS sont bien renseignés, les adresses IP données en tant qu'arguments aux blocs `<VirtualHost>` peuvent être remplacées respectivement par les noms des sites.

b. Hôtes virtuels basés sur le nom

Ici, chaque hôte se différencie par son nom. Nous devons tout d'abord indiquer au serveur Apache sur quelle adresse IP et optionnellement sur quel port ce dernier peut accepter des requêtes, à l'aide de la directive `NameVirtualHost`. Elle est suivie de l'adresse IP puis du port si besoin. L'adresse IP peut être remplacée par un '*' désignant n'importe quelle adresse IP et port. Attention ! La directive `NameVirtualHost` n'indique pas sur quelle adresse IP et quel port le serveur écoute ! Les directives `BindAddress` et `Listen` que nous verrons plus tard sont utilisées pour cela. Sachez que si nous désignons à l'aide de la directive `NameVirtualHost` une adresse non écoutée par le serveur Apache, les hôtes virtuels resteront inaccessibles.

Ceci étant fait, il ne nous reste plus qu'à insérer un bloc `<VirtualHost>` pour chaque hôte virtuel. L'argument sera identique à celui de la directive `NameVirtualHost`. Tout comme les hôtes virtuels basés sur l'adresse IP, ces blocs devront contenir au minimum les directives `ServerName` et `DocumentRoot`.

```
NameVirtualHost *

<VirtualHost *>
    ServerName site1.mondomaine.com
    DocumentRoot /var/www/site1
</VirtualHost>
                                                    .../...
```

```
.../...
<VirtualHost *>
    ServerName site2.autredomaine.com
    DocumentRoot /var/www/site2
</VirtualHost>
```

c. Hôtes virtuels basés sur l'adresse IP ou sur le nom ?

Pourquoi utiliser plus l'un que l'autre ? Il est généralement admis qu'il vaut mieux utiliser des hôtes virtuels basés sur le nom plutôt que ceux basés sur l'adresse IP à moins de conditions particulières. Effectivement, basés sur le nom, les hôtes virtuels n'utilisent qu'une seule et même adresse IP. Ce qui est raisonnable dans ces temps où les adresses IP se font rares. L'utilisation d'hôtes virtuels basés sur l'adresse IP se justifie dans les conditions suivantes :

- Si l'on veut supporter de très anciens navigateurs. Les hôtes virtuels basés sur le nom utilisent les en-têtes HTTP contenant le nom de l'hôte. Ces en-têtes sont conformes à la norme HTTP1.1, et implémentés comme extension dans la norme HTTP1.0. Les anciens navigateurs ne supportant que les normes HTTP inférieures à 1.0 ne peuvent afficher des sites basés sur une configuration d'hôtes virtuels différenciés par le nom.
- Si l'on veut mettre en place un site sécurisé par SSL. En raison des spécifications SSL, les hôtes virtuels basés sur le nom sont impossibles.
- Si le système d'exploitation utilisé ou le matériel n'est capable de faire la différence entre deux sites que suivant leur adresse IP.

5. IfDefine

Syntaxe :

```
<IfDefine test>
 ...
</IfDefine>
```

Cette directive permet une configuration conditionnelle de notre serveur. Les directives insérées dans un bloc `<IfDefine>` ne seront prises en compte que si le test est vrai.

La directive bloc `<IfDefine>` pourra être insérée dans la configuration générale du serveur, ainsi qu'à l'intérieur des blocs `<VirtualHost>` et `<Directory>`, et dans les fichiers **.htaccess**.

Le test donné en paramètre à la directive `<IfDefine>` peut avoir deux formes :

- *variable*
- *! variable*

Dans la première forme, le test est vrai si *variable* est définie. Tandis que dans la seconde forme, le test ne sera vrai que si *variable* n'est pas définie.

Les variables sont définies sur la ligne de commande lors de l'exécution du serveur Apache à l'aide de l'option -D. Voyons un exemple :

Lancement du serveur avec comme variable **virtual** :

```
# httpd -D virtual
```

Dans le fichier de configuration **httpd.conf** :

```
...
<IfDefine virtual>
    <VirtualHost 192.168.1.10>
        ServerName virtual.domaine.com
        DocumentRoot /var/www/virtual
    </VirtualHost>
</IfDefine>
```

Ici, l'hôte virtuel **virtual.domaine.com** ne sera pris en compte que si le serveur Apache s'exécute avec la variable **virtual** définie sur la ligne de commande.

6. IfModule

Syntaxe :

```
<IfModule test>
  ...
</IfModule>
```

Cette directive permet une configuration conditionnelle de notre serveur. Les directives insérées dans un bloc <IfModule> ne seront prises en compte que si le test est vrai.

La directive bloc <IfModule> pourra être insérée dans la configuration générale du serveur, ainsi qu'à l'intérieur des blocs <VirtualHost> et <Directory>, et dans les fichiers **.htaccess**.

Le test donné en paramètre à la directive <IfDefine> peut avoir deux formes :

- *nom_du_module*
- *! nom_du_module*

Dans la première forme, le test est vrai si le module *nom_du_module* est inclus dans le serveur Apache, de façon statique lors de la compilation ou de façon dynamique à l'aide de la directive LoadModule. Tandis que dans la seconde forme, le test ne sera vrai que si le module *nom_du_module* n'est pas inclus.

Le *nom_du_module* est le nom du fichier de ce module avant la compilation comme par exemple mod_rewrite.c

Voici un exemple :

```
...
<IfModule mod_userdir.c>
   UserDir public_html
</IfModule>
```

Ici, si le module **mod_userdir.c** a été inclus dans le serveur Apache, la directive `UserDir` sera prise en compte et permettra à tout utilisateur ayant un répertoire **public_html/** dans son répertoire **home** de créer son site web sur le serveur.

Un autre exemple :

```
<IfModule mod_dir.c>
   DirectoryIndex index.html index.htm index.shtml index.cgi index.php
index.php3
</IfModule>
```

Si le module **mod_dir.c** a été inclus, la directive `DirectoryIndex` sera prise en compte. Elle permet, si l'URL du navigateur pointe vers un répertoire du site, d'afficher le contenu d'un des fichiers donnés en paramètre s'il existe. Par exemple, si l'URL est **http://monsite.mondomaine.com/** et que le fichier **index.html** existe à la racine de ce site, c'est donc le fichier **http://monsite.mondomaine.com/index.html** qui sera affiché.

7. Limit et LimitExcept

Syntaxe :

```
<Limit méthode [méthode ...]>
  ...
</Limit>
```

Cette directive permet de restreindre les contrôles d'accès à certaines méthodes HTTP. Par défaut, ces contrôles s'appliquent à toutes les méthodes.

`méthode` est l'une des méthodes HTTP suivantes : `GET`, `POST`, `PUT`, `DELETE`, `CONNECT`, `OPTIONS`, `PATCH`, `PROPFIND`, `PROPPATCH`, `MKCOL`, `COPY`, `MOVE`, `LOCK` et `UNLOCK`. Attention, ce paramètre est sensible à la casse : Get est différent de GET !

```
<Limit GET PUT DELETE>
   Require valid-user
</Limit>
```

Ici, nous limitons les méthodes `GET`, `PUT` et `DELETE` à un utilisateur correctement authentifié.

L'inverse de la directive `<Limit>` est `<LimitExcept>`. Cette dernière applique des contrôles d'accès à toutes les méthodes ne se trouvant pas en paramètre.

C. Les directives de base des modules core et mpm

Nous ne verrons ici que les directives de base les plus utilisées. Il en existe beaucoup et il ne faut donc pas hésiter à lire la documentation du serveur Apache à leur propos !

1. ServerType

Syntaxe : `ServerType` *`type`*

Cette directive définit la manière dont sera lancé le serveur par le système d'exploitation.

`type` peut avoir deux valeurs :

- **inetd** : le serveur sera exécuté à partir du système inetd. Le fichier **/etc/inetd** devra donc être configuré en conséquence.
- **standalone** : le serveur sera exécuté en tant que démon. Il s'agit du fonctionnement par défaut.

Inetd est un "serveur de serveurs ou "serveur de services". Sous Unix, chaque service (ou serveur) réside en mémoire et attend qu'il soit utilisé : il s'agit d'un démon (daemon : Disk And Execution MONitor). La mémoire est donc utilisée par des processus endormis et à l'écoute. Inetd permet de libérer cette mémoire ! Effectivement, seul ce processus est en mémoire, en attente des demandes de connexion. Inetd lancera alors le service pour lequel la connexion a été établie. Ce service ne réside donc plus continuellement en mémoire, juste à attendre.

2. ServerRoot

Syntaxe : `ServerRoot` *`chemin`*

Cette directive indique où se trouve le serveur. Le répertoire défini par *`chemin`* contient typiquement les répertoires `conf/` et `log/` du serveur.

Si le serveur Apache est lancé avec l'option `-d`, le chemin défini à l'aide de cette dernière remplace le chemin défini à l'aide de la directive `ServerRoot`.

Exemple :

```
ServerRoot /etc/apache
```

3. PidFile

Syntaxe : `PidFile` *`fichier`*

Cette directive définit le fichier où le serveur écrira le PID du processus père engendré lors de son lancement.

`fichier` pointe vers ce fichier. Ce chemin peut être absolu ou relatif au répertoire défini à l'aide de la directive `ServerRoot`.

Exemple :

```
PidFile /var/run/apache.pid
```

4. ServerAdmin

Syntaxe : `ServerAdmin email`

Cette directive définit l'adresse e-mail de l'administrateur du serveur ou d'un hôte virtuel. Cette adresse sera incluse dans les messages d'erreur qui seront envoyés aux clients. Nous retrouverons cette directive dans la configuration générale du serveur ou à l'intérieur d'une directive bloc `<VirtualHost>`.

Exemple :

```
ServerAdmin admin@mondomaine.com
```

5. ResourceConfig

Syntaxe : `ResourceConfig nomDuFichierSrm`

Cette directive définit l'emplacement du fichier de ressource lu après le fichier **httpd.conf**. Sa valeur par défaut est **conf/srm.conf**, relatif à **ServerRoot**.

Historiquement, ce fichier contenait essentiellement les directives autres que celles servant à la configuration du serveur ou les blocs `<Directory>`. Aujourd'hui, il peut contenir toute directive admise au niveau de la configuration du serveur. En fait, ce fichier n'est plus utilisé et reste vide ; toute la configuration se trouvant dans le fichier **httpd.conf**.

La lecture de ce fichier peut être désactivée en indiquant `/dev/null` sous Linux ou `nul` sous Windows en tant que paramètre.

Exemple :

```
ResourceConfig /dev/null
```

6. AccessConfig

Syntaxe : `AccessConfig nomDuFichierAccess`

Cette directive définit l'emplacement du fichier concernant les accès, lu après le fichier de ressource **srm.conf**. Sa valeur par défaut est **conf/access.conf**, relatif à `ServerRoot`.

Historiquement, ce fichier ne contenait que des blocs `<Directory>`. Aujourd'hui, il peut contenir toute directive admise au niveau de la configuration du serveur. Tout comme **srm.conf**, ce fichier n'est plus utilisé et reste vide ; tout étant dans le fichier **httpd.conf**.

La lecture de ce fichier peut être désactivée en indiquant `/dev/null` sous Linux ou `nul` sous Windows en tant que paramètre.

Exemple :

```
AccessConfig nul
```

7. ServerName

Syntaxe : `ServerName` *`nomduserveur:port`*

Nous retrouverons cette directive au niveau de la configuration générale du serveur ainsi qu'à l'intérieur de la directive bloc `<VirtualHost>`.

Cette directive permet de définir le nom pleinement qualifié du serveur et accessoirement son port. Ce nom est principalement utilisé pour les URLs de redirection.

Si aucune directive `ServerName` n'est renseignée dans la configuration du serveur, ce dernier tentera de déterminer son nom en effectuant une recherche inverse sur son IP. De même, si aucun port n'est précisé, le serveur utilisera le port indiqué dans la requête. C'est pourquoi il est important de définir cette directive dans la configuration du serveur pour éviter d'avoir quelques surprises !

Exemple d'utilisation :

```
ServerName site1.mondomaine.com:80
```

8. ServerAlias

Syntaxe : `ServerAlias` *`alias`*

Cette directive n'est utilisée que pour les hôtes virtuels, c'est-à-dire à l'intérieur d'une directive bloc `<VirtualHost>`.

Elle permet de définir plusieurs noms pour un seul hôte virtuel.

Exemple :

```
<VirtualHost *>
    ServerName site1.mondomaine.com
    ServerAlias site1 site.mondomaine.com mondomaine.com
</VirtualHost>
```

Ici, l'hôte virtuel pourra être appelé avec les noms suivants : site1, site1.mondomaine.com, site.mondomaine.com et mondomaine.com.

9. DocumentRoot

Syntaxe : `DocumentRoot` *`chemin`*

Cette directive se retrouve dans la configuration générale du serveur et à l'intérieur des directives `<VirtualHost>`.

Elle permet d'indiquer le répertoire racine sur le disque dur où se trouve le site web servi par le serveur. Le *`chemin`* ne contient pas de / à la fin.

Exemple :

```
ServerName site1.mondomaine.com:80
DocumentRoot /var/www
```

Ici, l'URL http://site1.mondomaine.com/index.html pointe sur le fichier **/var/www/index.html**.

10. Options

Syntaxe : `Options [+|-]option [+|-]option ...`

Cette directive active ou désactive certaines fonctions particulières à un répertoire. Nous la retrouvons dans la configuration générale du serveur, à l'intérieur des blocs `<VirtualHost>`, dans les fichiers **.htaccess** et surtout à l'intérieur des blocs `<Directory>`.

Le paramètre `option` indique les fonctions à activer ou désactiver. Ses valeurs sont :

- `None` : aucune option n'est activée.
- `All` : toutes les options sont activées sauf `MultiViews`.
- `ExecCGI` : l'exécution des scripts CGI est autorisée.
- `FollowSymLinks` : le serveur est autorisé à suivre les liens symboliques dans ce répertoire.

> Même si le serveur suit le lien symbolique, il ne doit pas changer le chemin d'accès afin de ne pas entrer en contradiction avec les sections `<Directory>`.

- `Includes` : les inclusions par Server-Side-Include (SSI) sont permises.
  Les Inclusions Côté serveur (*Server Side Include* ou SSI) sont des directives placées dans les pages HTML. Elles sont évaluées, c'est-à-dire remplacées par leur valeur, à chaque appel de ces pages par les clients. Nous verrons plus en détail les SSIs dans le chapitre consacré au web dynamique.
- `IncludesNOEXEC` : les SSI sont autorisés, à l'exception des commandes `#exec` et `#include` des scripts CGI.
- `Indexes` : permet au serveur de générer une page html listant le contenu du répertoire si aucun fichier défini par la directive `DirectoryIndex` (index.html par exemple) n'existe dans ce dernier.
- `MultiViews` : un contenu négocié en MultiViews est permis.
  Une ressource pointée par une URL peut avoir plusieurs représentations, par exemple être en plusieurs langues. Cette représentation est sélectionnée suivant les préférences du client. L'option `MultiViews` active la prise en compte de ces préférences et donc des différentes représentations d'une même ressource. Nous les verrons plus en détail dans le chapitre consacré au web dynamique.
- `SymLinksIfOwnerMatch` : le serveur suivra les liens symboliques uniquement si le fichier visé ou le répertoire visé appartient au même utilisateur que le lien lui-même.

Après ces quelques explications, revenons à notre directive `Options`. Nous venons de voir les différentes valeurs de ses paramètres. Ces paramètres peuvent être précédés du signe + ou -. Une option précédée du signe + se combine aux options déjà activées pour ce répertoire ou son parent. Le signe - la désactive. Voyons un exemple :

```
<Directory /var/www/docs>
Options Indexes FollowSymLinks
</Directory>
<Directory /var/www/docs/spec>
Options Includes
</Directory>
```

Seul `Includes` sera activée pour le répertoire `/var/www/docs/spec`.

```
<Directory /var/www/docs>
Options Indexes FollowSymLinks
</Directory>
<Directory /var/www/docs/spec>
Options +Includes -Indexes
</Directory>
```

Ici, les options `FollowSymLinks` et `Includes` sont activées pour le répertoire `/var/www/docs/spec`.

11. User et Group

Syntaxe : `User` *`id-utilisateur`*
`Group` *`id-groupe`*

Ces deux directives permettent au serveur Apache, une fois qu'il a été lancé par l'utilisateur Root, de continuer à fonctionner sous un utilisateur défini par l'*`id-utilisateur`* et un groupe défini par l'*`id-group`*, ayant des droits plus restrictifs que l'utilisateur et groupe Root. Effectivement, d'un point de vue sécurité, un serveur Apache fonctionnant avec les droits Root permettrait à un pirate d'obtenir ces mêmes droits dans le cas d'une attaque réussie !

L'`id-utilisateur` (UID) et l'*`id-groupe`* (GID) peuvent être désignés de deux façons :

- à l'aide du nom de l'utilisateur ou du groupe ;
- à l'aide du numéro identifiant de l'utilisateur ou du groupe précédé du caractère "#". Ces numéros peuvent être récupérés dans les fichiers **/etc/passwd** et **/etc/group** des systèmes Linux.

Exemple :

```
User www-user
Group www-group
```

Ici, le serveur Apache fonctionnera avec les droits de l'utilisateur `www-user` et du groupe `www-group`.

```
User #33
Group #33
```

Ici, le serveur fonctionnera avec les droits utilisateur et groupe dont les identifiants sont 33.

12. Listen

Syntaxe : `Listen [IP:]port`

La directive `Listen` indique au serveur sur quelle adresse *IP* et quel *port* attendre les requêtes. Par défaut, le serveur écoute sur toutes les adresses IP. Depuis la version 2.0 d'Apache, cette directive est obligatoire : sans elle, le serveur ne démarre pas.

Plusieurs directives `Listen` peuvent être définies pour que le serveur puisse écouter sur plusieurs adresses IP ou ports.

Exemple :

```
Listen 80
Listen 8080
```

Ici, le serveur acceptera des requêtes sur les ports 80 et 8080 de toutes ses interfaces IP.

```
Listen 192.168.1.10:8080
```

Ici, le serveur n'acceptera que les requêtes se présentant sur l'interface d'adresse IP 192.168.1.10 et de port 8080.

13. BindAddress

Syntaxe : `BindAddress IP | * | nomdedomaine`

Cette directive permet d'indiquer au serveur sur quelle adresse IP écouter. Un * indique au serveur d'accepter les requêtes sur n'importe quelle interface IP. Un nom de domaine peut aussi être indiqué.

Nous ne pouvons définir qu'une seule directive `BindAddress`. Pour un contrôle plus fin, il vaut mieux utiliser la directive `Listen` !

La directive `BindAddress` est utilisée conjointement avec la directive `Port` pour définir l'adresse IP et le port d'écoute du serveur Apache.

14. Port

Syntaxe : `Port port`

Cette directive indique au serveur Apache sur quel `port` écouter. `port` est un nombre compris entre 0 et 65535. Les ports de 0 à 1024 sont réservés à des protocoles officiels, comme par exemple le port 80 associé au protocole HTTP. Le fichier **/etc/services** contient une liste des ports déjà définis.

Cette directive ne sera pas prise en compte si une directive `Listen` ou `BindAddress` définissant un port est déjà présente.

D. Les directives à propos des modules

Le serveur Apache étant un serveur modulaire, nous avons besoin de directives nous permettant par exemple d'ajouter, de retirer des modules de ce dernier. Nous allons en voir quelques-unes.

1. AddModule

Syntaxe : `AddModule` *`module [module ...]`*

Cette directive est utilisée pour mettre en service des modules intégrés au serveur Apache. Effectivement, ce dernier peut contenir une liste de modules compilés statiquement. Cette liste pourra être effacée à l'aide de la directive `ClearModuleList`.

2. ClearModuleList

Syntaxe : `ClearModuleList`

Cette directive permet d'effacer la liste des modules actifs. Cette liste pourra être reconstruite à l'aide de la directive `AddModule`.

3. AddModuleInfo

Syntaxe : `AddModuleInfo` *`module info`*

Cette directive fait partie du module **mod_info** et permet d'ajouter des informations au sujet d'un module particulier lors de l'affichage HTML des informations à propos du serveur Apache.

`module` est le nom du module en question, tandis que `info` est une chaîne de caractères précisant l'information à propos de ce dernier.

Exemple :

```
AddModuleInfo mod_auth.c 'See <A
HREF="http://www.apache.org/docs/mod/mod_auth.html">http://www.apache.
org/docs/mod/mod_auth.html</A>'
```

Une configuration particulière est nécessaire pour utiliser ce module **mod_info**. Nous devons au minimum ajouter ce qui suit dans le fichier de configuration **httpd.conf** :

```
<Location /serveur-info>
   SetHandler serveur-info
</Location>
```

Les informations à propos du serveur seront alors accessibles à l'aide de l'URL suivante : http://notreserveur.mondomaine.com/serveur-info.

Évidemment, à l'intérieur de cette directive `<Location>`, nous pouvons ajouter une directive `<Limit>` de façon à limiter l'accès à cette ressource.

4. IfModule

Nous avons déjà vu cette directive dans le point B - 6 au sujet des directives de type bloc. Je vous renvoie donc à ce point.

5. LoadModule

Syntaxe : `LoadModule` *`module chemin`*

Cette directive fait partie du module **mod_so** permettant le chargement dynamique des modules. Elle permet le chargement des modules dans la liste des modules actifs en effectuant un lien avec le fichier objet de ce module.

`module` est l'identifiant du module (souvent son nom) que nous pourrons trouver dans sa documentation.

`chemin` pointe sur le fichier objet de ce module, c'est-à-dire le module compilé en tant que librairie objet externe au serveur Apache.

Exemple :

```
LoadModule config_log_module /usr/lib/apache/1.3/mod_log_config.so
LoadModule mime_magic_module /usr/lib/apache/1.3/mod_mime_magic.so
```

E. Les directives à propos des fichiers de log

Les logs permettent de conserver une trace de tout ce qui se passe sur votre serveur : connexions, erreurs... Le serveur Apache dispose de directives permettant de configurer ces traces.

1. Logs contenant les erreurs

a. ErrorLog

Syntaxe : `ErrorLog` *`chemin`*

Cette directive permet de définir où seront envoyés les messages d'erreur du serveur Apache.

`chemin` peut être donné sous différentes formes :

- un fichier : le serveur Apache enverra les messages d'erreur dans ce fichier. Si ce chemin ne commence pas par un /, il sera alors relatif au répertoire défini par la directive `ServerRoot` ;

- une commande : pour cela, il suffit d'ajouter le caractère | devant la commande. Les messages d'erreur seront alors envoyés à cette commande ;
- la valeur `syslog` : si le système le permet, le serveur Apache utilisera syslogd pour gérer ses logs d'erreur.

Syslog : il s'agit d'un service de log. Le démon syslog (syslogd) attend les logs de différents services et programmes s'exécutant à un moment donné. Il lit le fichier spécial /dev/log qui se comporte comme une file d'attente et où les logs des autres démons et programmes s'accumulent.

Quelques exemples :

```
ErrorLog /var/log/apache/error.log
```

Ici, les erreurs iront dans le fichier `/var/log/apache/error.log`.

```
ErrorLog "|/root/bin/monprogramme"
```

Les erreurs seront disponibles sur l'entrée standard de `monprogramme`. Ce dernier peut par exemple les envoyer par mail à l'administrateur du serveur...

```
ErrorLog syslog
```

Ici, nous utilisons syslog pour traiter nos logs.

b. LogLevel

Syntaxe : `LogLevel` *`niveau`*

Cette directive permet d'ajuster le niveau des erreurs qui seront conservées.

Plusieurs niveaux sont disponibles. Par ordre décroissant :

Niveau	Exemple
`emerg`	Urgences - le système est inutilisable.
`alert`	Une action doit être entreprise immédiatement.
`crit`	Conditions critiques.
`error`	Cas d'erreur.
`warn`	Avertissement.
`notice`	Normal mais condition significative.
`info`	Pour information.
`debug`	Message de débogage

Lorsqu'un niveau est défini, tous les messages d'erreur des niveaux supérieurs seront logués. Par exemple, si nous définissons le niveau `error`, nous retrouverons dans nos logs les messages des niveaux `emerg`, `alert`, `crit` et `error`.

Voici un exemple de message d'erreur :

```
[Mon Feb 17 01:00:41 2003] [error] [client 192.168.1.3] File does not
exist: /var/www/monsite/image.png
```

Ce message comporte plusieurs parties :

- la première, `[Mon Feb 17 01:00:41 2003]`, indique la date à laquelle s'est produite l'erreur ;
- la seconde, `[error]`, indique le niveau de l'erreur.
- la troisième, `[client 192.168.1.3]`, indique l'adresse IP du client qui a généré cette erreur.
- Enfin, la quatrième partie donne une description de l'erreur. Ici, le fichier `/var/www/monsite/image.png`, demandé par le client, n'existe pas.

2. Logs concernant les accès

Le module **mod_log_config** fournit une solution flexible pour loguer les requêtes faites au serveur Apache. Ce module permet de mettre en place des logs personnalisés. Voici les directives principales de ce module :

a. LogFormat

Syntaxe : `LogFormat` *`format identifiant`*

Cette directive permet de définir le format des logs d'accès.

format est une chaîne de caractères comportant des variables qui seront remplacées par le serveur Apache. Ces variables sont les suivantes :

Variable	Description
`%...`	Adresse IP du client.
`%...A`	Adresse IP locale.
`%...B`	Nombre d'octets envoyés en excluant les en-têtes HTTP.
`%...b`	Identique à %...B sauf qu'ici le nombre d'octets sera indiqué dans le format CLF, c'est-à-dire un "-" à la place d'un "0" lorsqu'aucun octet n'est envoyé.
`%...c`	Statut de la connexion une fois la réponse envoyée : 'X' = connexion terminée avant l'envoi de la réponse. '+' = connexion active après l'envoi de la réponse. '-' = connexion terminée après l'envoi de la réponse.
`%...{VAR}e`	Contenu de la variable d'environnement VAR.

Variable	Description
%...f	Un fichier.
%...h	Le client.
%...H	Le protocole de la requête.
%...{VAR}i	Le contenu de la variable VAR contenue dans l'en-tête de la requête.
%...l	Identité distante (à partir de identd, si fournie). identd est un service permettant d'obtenir des informations sur les utilisateurs d'une machine.
%...m	La méthode de la requête.
%...{VAR}n	Le contenu de la variable VAR provenant d'un autre module.
%...{VAR}o	Le contenu de la variable VAR contenue dans l'en-tête de la réponse à la requête.
%...p	Le port canonique du serveur qui a traité la requête.
%...P	l'ID du processus qui a traité la requête.
%...q	La chaîne de caractères contenant les données d'un formulaire (The query string).
%...r	La première ligne de la requête.
%...s	Le statut. Pour les requêtes qui sont redirigées, il s'agit du statut de la requête originale. Pour obtenir le statut de la dernière requête, il faut utiliser `%...>S`.
%...t	Date au format anglais.
%...{Format}t	Date au format défini par `Format`. Ce dernier est du style strftime(3).
%...T	Le temps qu'a mis le serveur à traiter la requête, en secondes.
%...u	L'utilisateur distant (cf. chapitre 6 - A - 4 - Le module mod_auth ; peut être boggué si le statut (%s) est 401).
%...U	L'URL de la requête sans les "query strings".
%...v	Le nom canonique du serveur qui a traité la requête (cf. la directive `ServerName`).
%...V	Le nom du serveur suivant la configuration définie par la directive `UseCanonicalName`.

Les ... peuvent contenir une condition représentant les codes des statuts HTTP précédés ou non du caractère ! signifiant une négation. Par exemple, `%400,501{User-agent}i` sera remplacé par le contenu de la variable User-agent provenant des requêtes, dans les cas d'erreurs HTTP 400 et 501.

Cette chaîne de caractères accepte aussi les caractères de contrôle de type C comme `/n` pour une nouvelle ligne et `/t` pour une tabulation. Enfin, les caractères " et / doivent être précédés d'un \ pour être correctement affichés.

Voici quelques exemples de *`format`* :

Common Log Format (CLF) : `"%h %l %u %t \"%r\" %>s %b"`
Common Log Format pour les hôtes virtuels : `"%v %h %l %u %t \"%r\" %>s %b"`

Agent (Browser) log format : `"%{User-agent}i"`

Enfin, *`identifiant`* est une chaîne de caractères permettant d'identifier ce format. Cet identifiant sera utilisé avec la directive `CustomLog`.

b. CustomLog

Syntaxe : `CustomLog` *`chemin format`*

Cette directive permet de définir où seront envoyés les logs concernant les accès.

`chemin` peut prendre plusieurs formes :

- un fichier dans lequel seront écrits les différents messages. Ce chemin peut être relatif au répertoire défini à l'aide de la directive `ServerRoot` ou absolu.
- un pipe permettant de rediriger ces messages vers un programme à l'aide du caractère |.

`format` est l'identifiant d'un format défini à l'aide de la directive `LogFormat` ou un format défini avec cette même directive.

Quelques exemples :

```
LogFormat "%h %l %u %t \"%r\" %>s %b" common
CustomLog /var/log/apache/access.log common
```

La première ligne définit le format nommé `common` tandis que la seconde ligne définit le fichier dans lequel iront ces messages.

```
CustomLog /var/log/apache/access.log "%h %l %u %t \"%r\" %>s %b"
```

Cette ligne est identique à l'exemple précédent.

F. Les outils simplifiant la configuration

Apache est le serveur web le plus présent sur l'Internet. Il n'est donc pas étonnant que de nombreux outils aient été développés pour simplifier sa configuration. En voici quelques-uns.

1. Webmin

Vous trouverez le site officiel de Webmin à l'adresse suivante : http://www.webmin.com.

a. Présentation

Webmin est un ensemble de scripts CGI écrits en Perl, associé à une interface web, permettant l'administration d'une station ou d'un serveur Linux avec n'importe quel navigateur supportant les tableaux et les formulaires, comme Netscape Navigator, Galeon, Opera ou Internet Explorer.

Webmin est constitué de modules, chacun s'occupant de l'administration d'un serveur particulier. Nous trouverons un module pour configurer un serveur DNS, un autre pour configurer un serveur de temps, un autre plus général permettant de configurer la station Linux (ajout d'utilisateurs...). Parmi ces modules, celui permettant la configuration d'un serveur web Apache va particulièrement nous intéresser.

b. Installation

Bien que des packages existent, il est recommandé de procéder à une installation à partir des sources. Plusieurs raisons à cela :

- le bénéfice de travailler avec la dernière version stable de Webmin ;
- l'installation de Webmin est très propre : tout est contenu dans le répertoire d'installation sauf les fichiers de configuration et les logs. On peut donc simplement placer notre Webmin où on le désire sur le serveur.

Packages RPM

Le package RPM peut être récupéré à l'adresse suivante :
http://prdownloads.sourceforge.net/webadmin/webmin-1.070-1.noarch.rpm?download

Une fois le package récupéré, il suffit de lancer la commande suivante en tant qu'utilisateur Root pour installer Webmin :

```
# rpm-U webmin-1.070-1.noarch.rpm
```

Cette commande va installer Webmin dans le répertoire /usr/libexec/webmin. Pour s'y connecter, lançons notre navigateur préféré et tapons l'URL suivante :

http://localhost:10000/ si nous sommes sur le serveur

ou

http://IP_ou_nom_du_serveur:10000/ si nous sommes sur une autre machine et que notre serveur y est accessible.

Une demande d'authentification est demandée. Le package RPM a automatiquement créé un compte administrateur pour Webmin avec comme login "root" et comme mot de passe celui de votre compte Root.

À partir des sources (tar.gz)

Le fichier **tar.gz** peut être récupéré à l'adresse :
http://prdownloads.sourceforge.net/webadmin/webmin-1.070.tar.gz?download

Une fois récupéré, connectons-nous en tant que Root et lançons les commandes suivantes :

```
$ su -
password:
# cp webmin-1.070-1.noarch.tar.gz /usr/local
# cd /usr/local
# tar xzvf ./webmin-1.070-1.noarch.tar.gz
# cd webmin-1.070
# ./setup.sh
```

Le script **setup.sh** va nous poser quelques questions de façon à créer les répertoires et fichiers de configuration utiles au bon fonctionnement de Webmin :

```
***********************************************************************
*     Welcome to the Webmin setup script, version 1.070     *
***********************************************************************
Webmin is a web-based interface that allows Unix-like
operating systems and common Unix services to be easily administered.

Installing Webmin in /usr/local/share/webmin-1.070 ...

***********************************************************************
Webmin uses separate directories for configuration files and log files.
Unless you want to run multiple versions of Webmin at the same time
you can just accept the defaults.

Config file directory [/etc/webmin]: <ENTER>
Log file directory [/var/webmin]: <ENTER>

***********************************************************************
Webmin is written entirely in Perl. Please enter the full
path to the Perl 5 interpreter on your system.

Full path to perl (default /usr/bin/perl):
Testing Perl ...
Perl seems to be installed ok

***********************************************************************
Operating system name:    Debian Linux
Operating system version: 3.0
                                                              .../...
```

```
.../...
************************************************************
Webmin uses its own password protected web server to provide
access to the administration programs. The setup script needs to know :
 - What port to run the web server on. There must not be another
web server already using this port.
 - The login name required to access the web server.
 - The password required to access the web server.
 - If the webserver should use SSL (if your system supports it).
 - Whether to start webmin at boot time.

Web server port (default 10000): <ENTER>
Login name (default admin): <ENTER>
Login password: <VOTRE MOT DE PASSE>
Password again: <VOTRE MOT DE PASSE>
The Perl SSLeay library is not installed. SSL not available.
Start Webmin at boot time (y/n):y

************************************************************
Creating web server config files..
..done

Creating access control file..
..done

Inserting path to perl into scripts..
..done

Creating start and stop scripts..
..done

Copying config files..
..done

Configuring Webmin to start at boot time..
Created init script /etc/init.d/webmin
..done

Creating uninstall script /etc/webmin/uninstall.sh ..
..done

Changing ownership and permissions ..
..done
                                                          .../...
```

```
.../...
Running postinstall scripts ..
..done

Attempting to start Webmin mini web server..
Starting Webmin server in /usr/local/share/webmin-1.070
..done

***********************************************************
Webmin has been installed and started successfully. Use your web
browser to go to

  http://<NOM DE LA MACHINE>:10000/

and login with the name and password you entered previously.
```

Mise en place du mot de passe administrateur

Et si nous n'arrivons pas à nous connecter car nous nous sommes trompé de mot de passe ou que nous l'avons oublié ?

Heureusement tout est prévu ! Dans le répertoire d'installation de Webmin (**/usr/local/share/webmin-1.070/** dans notre cas) se trouve un petit script Perl permettant de configurer notre compte administrateur. Il s'agit du script **changepass.pl**.

Ce script a besoin de trois paramètres :

- tout d'abord le chemin du répertoire contenant les fichiers de configuration de Webmin (**/etc/webmin**) ;
- le nom du compte administrateur (admin) ;
- et enfin le mot de passe en clair.

Ce qui nous donne par exemple, sous Root :

```
# changepass.pl /etc/webmin admin toto
```

Lancement et arrêt de Webmin

Parfois, nous aurons besoin de redémarrer ou tout simplement arrêter le serveur Webmin. Pour cela, chaque distribution possède ses propres facilités pour le démarrage ou l'arrêt de ces services. Ces facilités sont pour la plupart supportées par Webmin et mises en place lors de l'installation. Par exemple, sous Debian :

- pour arrêter Webmin : `# /etc/init.d/webmin stop`
- pour lancer Webmin : `# /etc/init.d/webmin start`

Mais, quel que soit le système d'exploitation ou la distribution Linux, Webmin est installé avec ses propres scripts de démarrage et d'arrêt. Ils se trouvent dans le répertoire d'installation de Webmin. Il s'agit des scripts **start** et **stop** qui permettent respectivement de démarrer et d'arrêter Webmin.

c. Utilisation

Connexion à Webmin

Après cela, il ne nous reste plus qu'à lancer notre navigateur préféré et à taper l'URL suivante pour se connecter à Webmin :

http://localhost:10000/ si nous sommes sur le serveur

ou

http://IP_ou_nom_du_serveur:10000/ si nous sommes sur une autre machine et que notre serveur y est accessible.

Dans les champs **Username** et **Password**, nous entrons nos login et mot de passe administrateur.

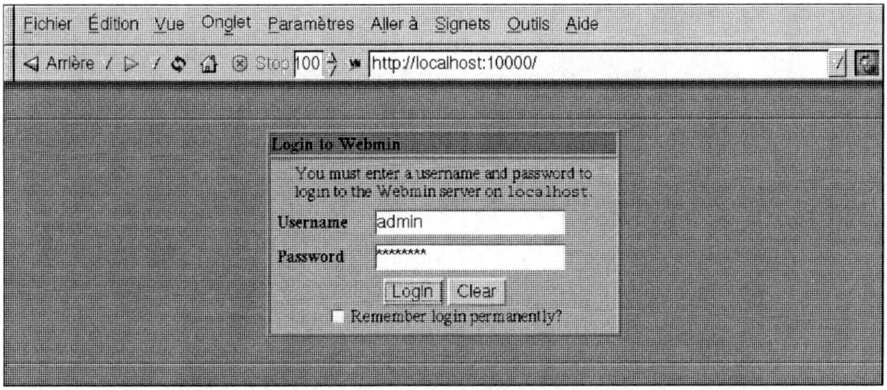

Nous avons la possibilité, en cochant la case **Remember login permanently?**, de laisser notre navigateur remplir ces champs la prochaine fois de façon automatique. Évidemment, d'un point de vue sécurité, cette option est à bannir !

Pour se connecter, il suffit alors de cliquer sur le bouton **Login**.

Une fois connectés, la première chose que nous allons faire avant de découvrir Webmin est de changer l'interface pour qu'elle apparaisse en français. Pour cela, cliquons sur **Webmin Configuration** :

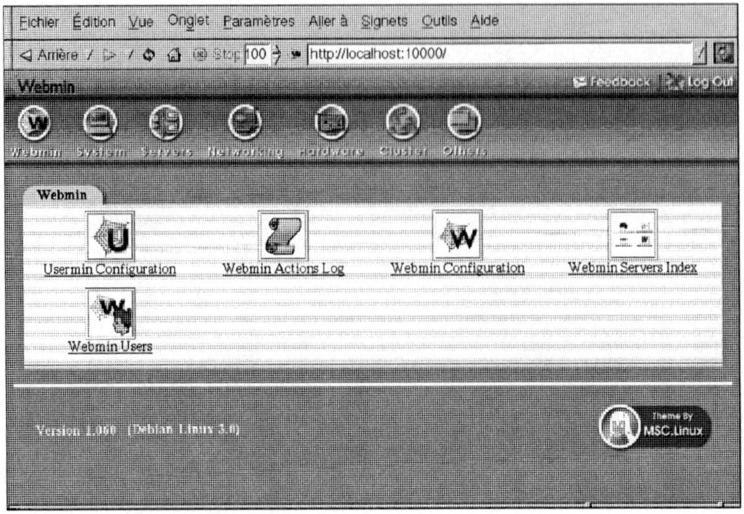

Puis sur **Language** :

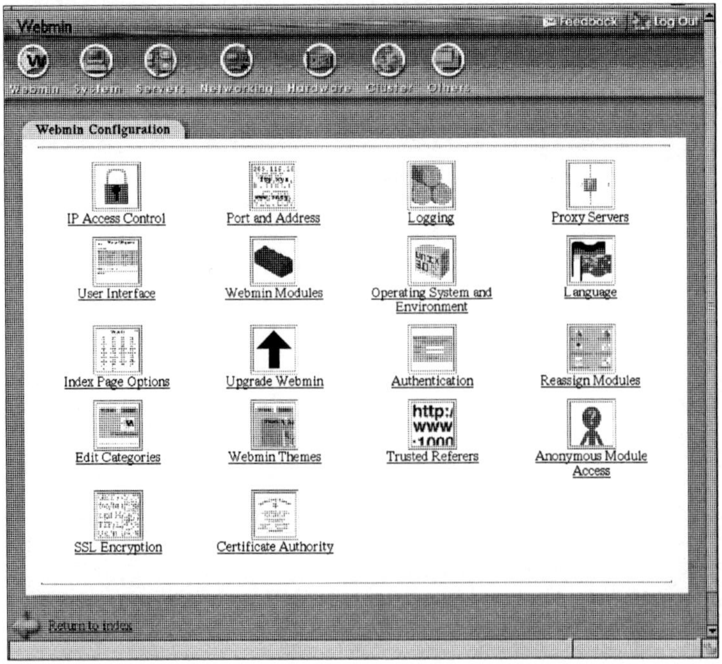

Enfin, sélectionnons la langue française et cliquons sur **Change Language** :

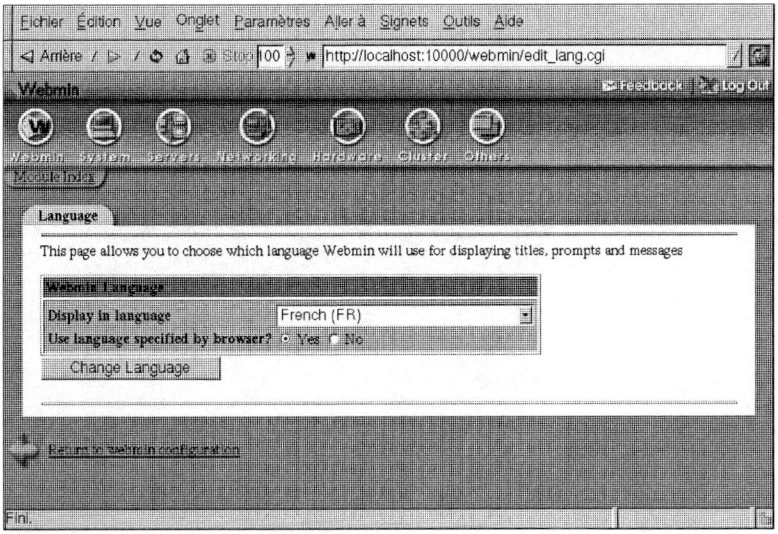

Vue d'ensemble

Après nous être authentifiés, nous arrivons sur la page d'accueil de Webmin qui concerne sa configuration, le contrôle de ses logs, les comptes utilisateur (administrateur et autres) de Webmin, etc. Nous ne nous y attarderons pas, la documentation de Webmin étant très bien faite.

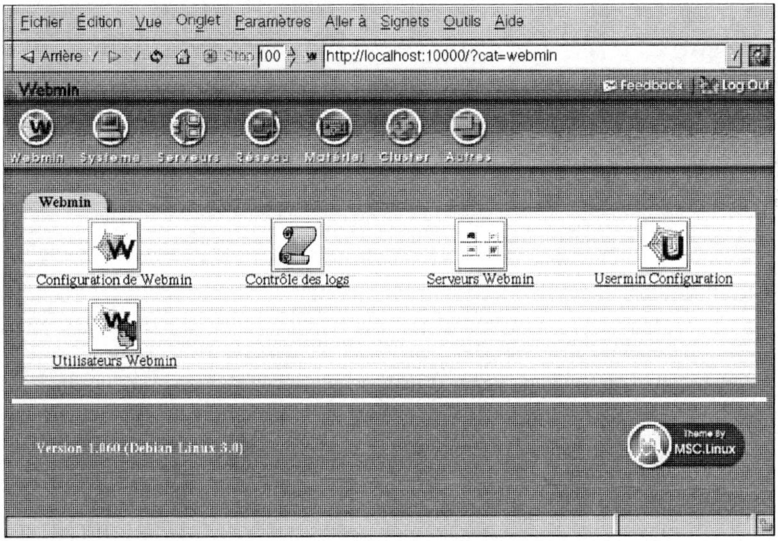

En haut de cette page, cliquons sur **Serveurs** :

Nous nous retrouvons en face des différents modules de Webmin permettant la configuration de différents serveurs. Tous ne sont obligatoirement installés sur votre machine ! En bas, cliquons sur le module **Serveur Web Apache**.

Le module Apache

La première fois que nous cliquons sur cette icône, Webmin nous demande quels modules Apache ont été compilés :

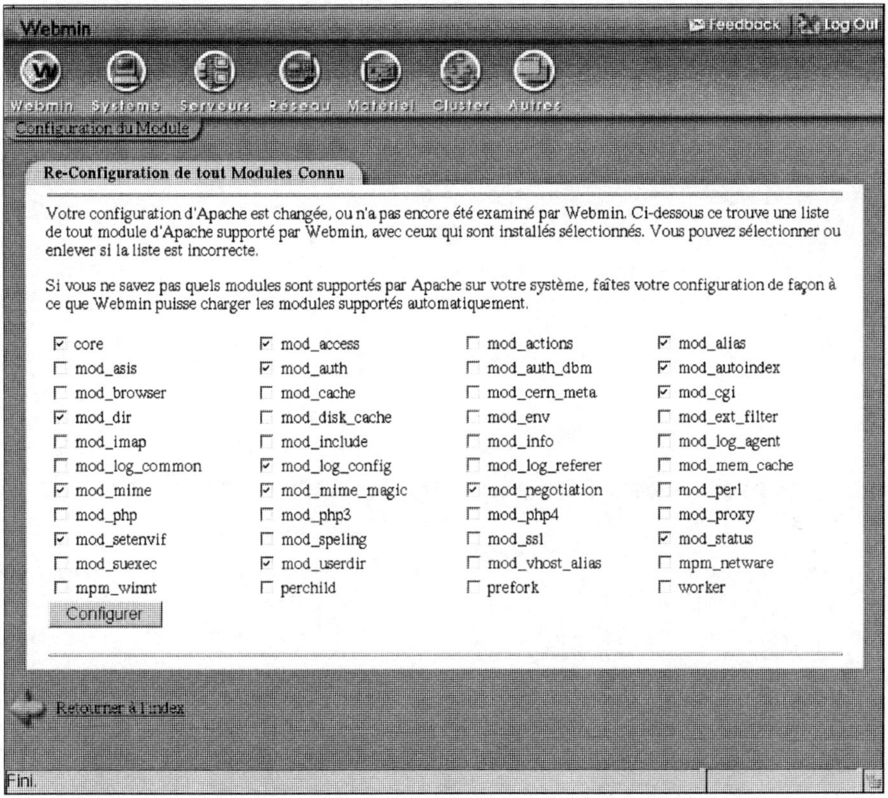

Une fois notre configuration des modules supportés effectuée, cliquons sur **Configurer**. À tout moment, nous pourrons revenir à cette page pour y modifier cette configuration.

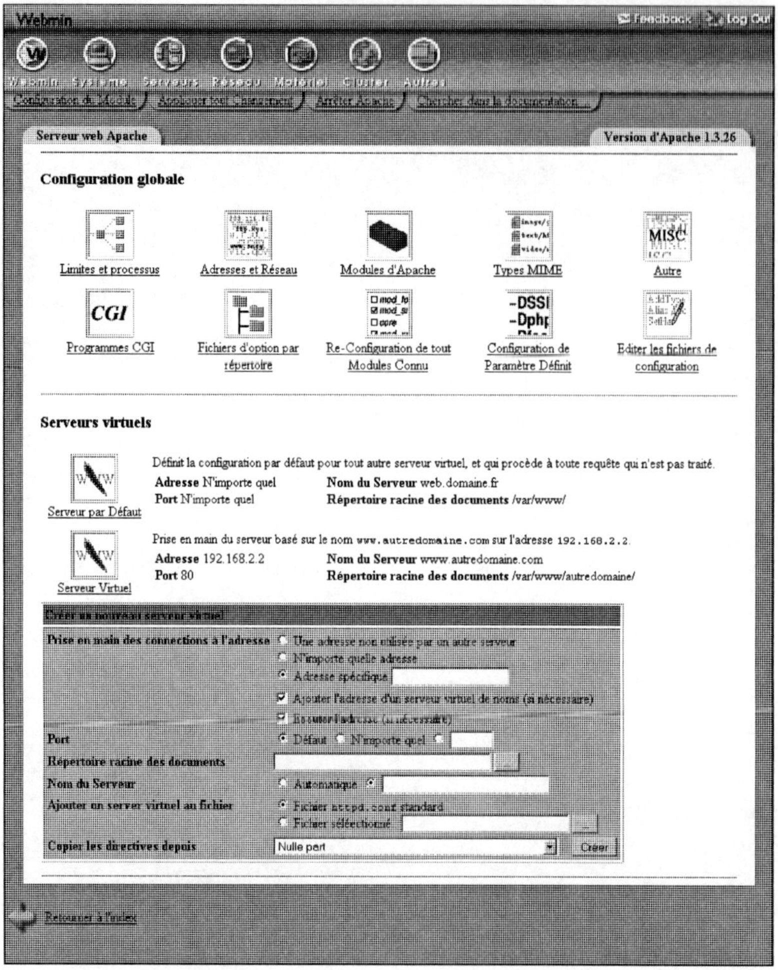

La page du module Apache est divisée en deux parties : la configuration globale et les hôtes virtuels. La première partie concerne toute la configuration qui s'applique d'une manière générale à la totalité du serveur Apache, c'est-à-dire à tous les hôtes virtuels que ce dernier pourra abriter et à son fonctionnement propre. Si nous désirons plus spécifiquement configurer une option particulière pour un hôte virtuel, nous utiliserons la seconde partie de cette page d'accueil, ce que nous verrons plus loin.

Configuration globale

Il s'agit donc de la première partie de la page d'accueil du module Apache. La configuration globale concerne le fonctionnement du serveur ainsi que la configuration générale partagée par tous les hôtes virtuels.

Voyons chacune des icônes :

Limites et processus (Processes and limits)

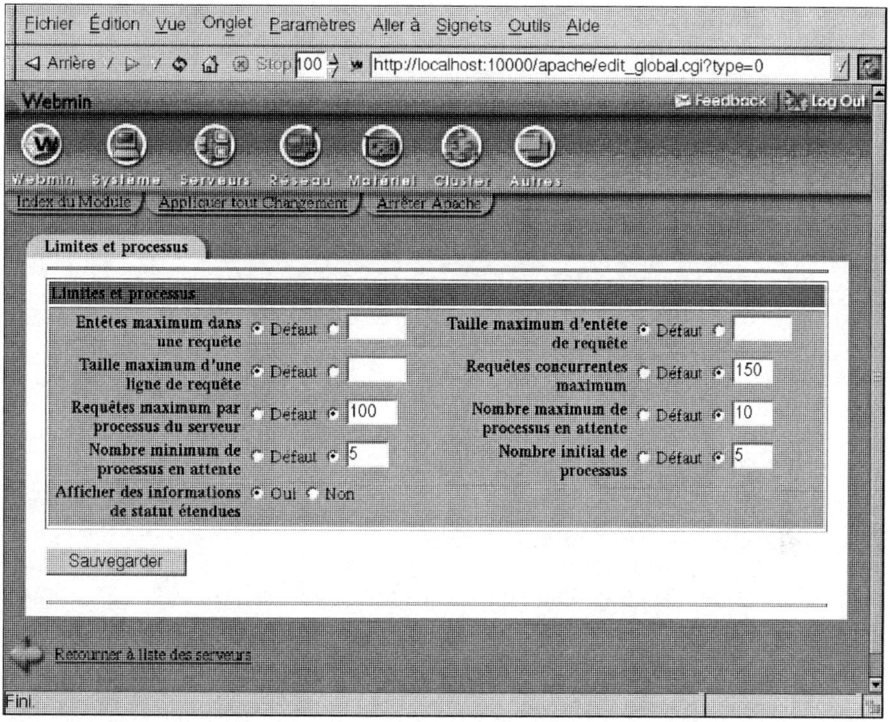

Cette page permet de mettre en place certaines limites du serveur Apache pour pallier par exemple un manque de mémoire ou de puissance de la machine. Généralement, les valeurs par défaut suffisent.

Ces limites sont de deux sortes : les limites concernant la taille des en-têtes des requêtes http et celles concernant les processus lancés sur la machine. Effectivement, Apache lance un processus httpd par connexion : s'il y a 20 connexions, nous aurons 20 processus.

Voyons plus en détail chacune des options :

Entêtes maximum dans une requête (Maximum headers in request)

Dans chaque requête avec le serveur, le client web envoie un certain nombre d'en-têtes officielles et non officielles. Ce nombre ne cesse d'augmenter, permettant d'identifier le client web, gérer le cache, etc. Cette option modifie la directive `LimitRequest-Fields`. Sa valeur par défaut de 100 est largement suffisante.

Taille maximum d'une ligne de requête (Maximum request line size)

À l'aide de cette option, nous allons pouvoir indiquer la taille maximale de la ligne de requête HTTP. Cette ligne contient la méthode HTTP, l'URI et la version du protocole HTTP. La valeur par défaut est de 8190 octets. Cette option modifie la directive `LimitRequestLine`.

Taille maximum d'entête de requête (Maximum request header size)

Apache dispose d'un cache dans lequel il place l'en-tête reçue. La taille de ce cache est définie par cette option. Sa valeur par défaut est de 8190 octets, qui est normalement la valeur maximale autorisée. Cette option modifie la directive `LimitRequestFieldSize`.

Requêtes concurrentes maximum (Maximum concurrent request)

Nous définissons ici le nombre maximal de processus-fils httpd pouvant tourner en même temps, c'est-à-dire le nombre maximal de requêtes que le serveur Apache peut accepter à un moment donné. Par défaut, sa valeur est de 256. Cette option affecte la directive `MaxClients`.

La valeur 256 est une valeur maximale ! Pour avoir une valeur supérieure à 256, il faudra se plonger dans le code source d'Apache et le recompiler ! Consultez la directive `MaxClients` pour avoir plus d'informations.

Requêtes maximum par processus du serveur (Maximum requests per server process)

Ici, nous définissons le nombre de requêtes auxquelles peut répondre un processus-fils httpd avant d'être éliminé. Ce nombre est de 0 par défaut, indiquant que le processus-fils ne meurt jamais. Cette option modifie la directive `MaxRequestperChild`. Consultez cette directive pour apprendre les avantages d'une valeur non nulle !

Nombre maximum de processus en attente (Maximum spare server processes)

Cette option indique le nombre maximal de processus-fils httpd en attente de requête que le serveur laissera vivants. Par défaut, le serveur ne laissera que 10 processus-fils en attente. Cette option concerne la directive `MaxSpareServers`.

Nombre minimum de processus en attente (Minimum spare server processes)

Identique à l'option précédente, mais il s'agit ici du nombre minimal, permettant au serveur Apache d'avoir toujours un certain nombre de processus-fils prêts à répondre. La valeur par défaut est de 5. Cette option modifie la directive `MinSpareServers`.

Nombre initial de processus (Initial server processes)

Au démarrage du serveur, un certain nombre de processus-fils httpd sont lancés, prêts à répondre aux requêtes. Ce nombre par défaut est de 5. Cette option concerne la directive `StartServers`.

Afficher des informations de statut étendues (Display extended status information)

Cette option est un peu différente de toutes les autres car elle ne concerne pas une mise en place de limite. Elle est liée au module **mod_status** qui permet d'obtenir de nombreuses informations sur les processus, la charge CPU, les requêtes, etc. Ces informations sont consultables à l'aide de l'url http://monserveur.mondomaine.com/server-status. Cette option modifie la directive `extendedStatus`.

Adresses et Réseau (Networking and Addresses)

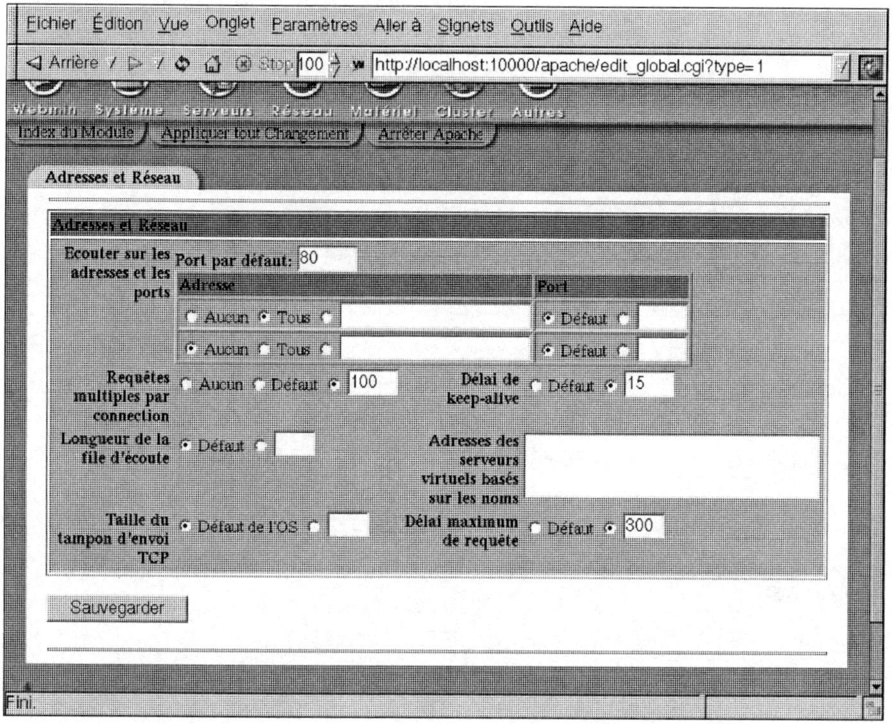

Ici, nous allons pouvoir configurer les adresses IP et ports sur lesquels le serveur Apache écoutera. Nous pourrons aussi mettre en place quelques limites à ce sujet.

Écouter sur les adresses et les ports (Listen on addresses and ports)

Cette option définit les adresses IP et ports sur lesquels le serveur Apache écoute et attend les requêtes HTTP. Par défaut, le serveur écoute le port 80 de toutes les adresses IP. Ces options concernent les directives `Listen` et `Port`.

Requêtes multiples par connection (Multiple requests per connection)

Le serveur Apache peut supporter les connexions persistantes si l'option **KeepAlive** est activée. Ici, nous définissons le nombre maximal de requêtes supportées par une connexion. Par défaut, 100 requêtes sont acceptées. Une valeur 0 indique que le nombre de requêtes pour une seule connexion n'est pas limité. Cette option est liée à la directive `MaxKeepAliveRequests`.

Délai de keep-alive (Keep-alive timeout)

Ici, nous indiquons le nombre de secondes pendant lesquelles le serveur Apache attend avant de terminer une connexion si aucune requête n'arrive. Par défaut, le serveur attend 15 secondes. Cette option est liée à la directive `KeepAliveTimeout`.

Longueur de la file d'écoute (Listen queue length)

Cette option définit la longueur de la file d'attente des connexions en suspend. Par défaut, il s'agit d'une valeur de 511. Cette option est liée à la directive `ListenBacklog`.

Adresses des serveurs virtuels basés sur les noms (Addresses for name virtual servers)

Ici, nous définissons la ou les adresses IP auxquelles répondront les hôtes virtuels basés sur le nom. Il s'agit de la directive `NameVirtualHost`.

Taille du tampon d'envoi TCP (TCP send buffer size)

Cette option définit la taille du cache concernant les paquets TCP envoyés. La valeur par défaut est celle déterminée pour le système d'exploitation sur lequel tourne le serveur Apache. Cette option est liée à la directive `SendBufferSize`.

Délai maximum de requête (Request timeout)

Nous définissons ici le nombre de secondes pendant lesquelles le serveur attend une requête avant de fermer une connexion. Cette option est liée à la directive `TimeOut`.

Modules d'Apache (Apaches Modules)

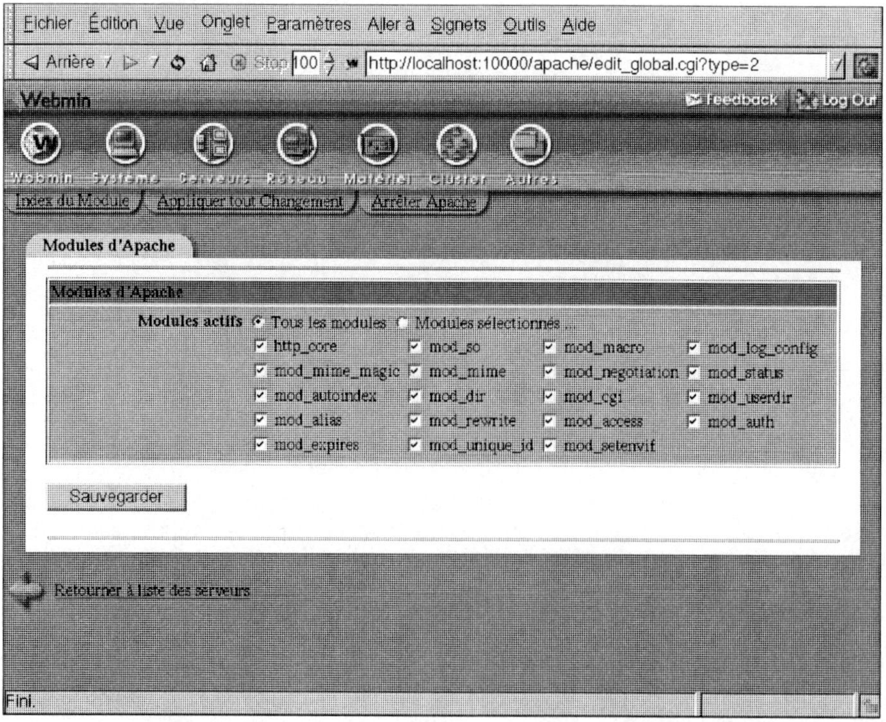

Ici, nous allons pouvoir sélectionner les modules que nous voulons charger lors du démarrage du serveur Apache.

Types MIME (MIME Types)

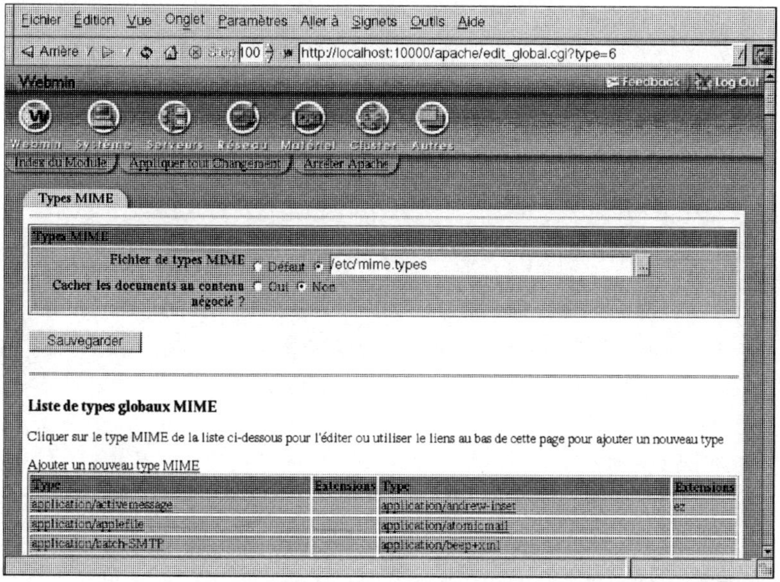

Cette page est divisée en deux parties. Une première partie permet de définir le fichier dans lequel se trouvent les définitions des types MIME. La seconde partie liste tous les types MIME définis.

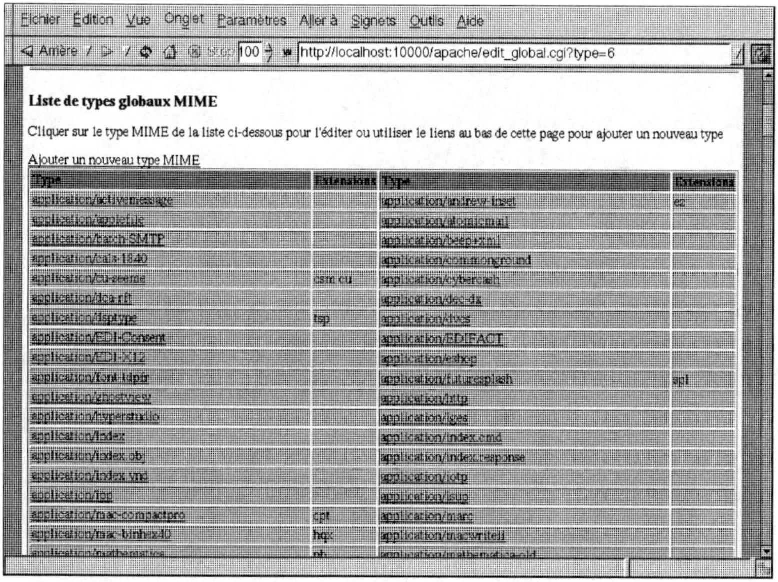

En haut de la liste, un lien permet d'ajouter de nouveaux types MIME et d'y associer certaines extensions.

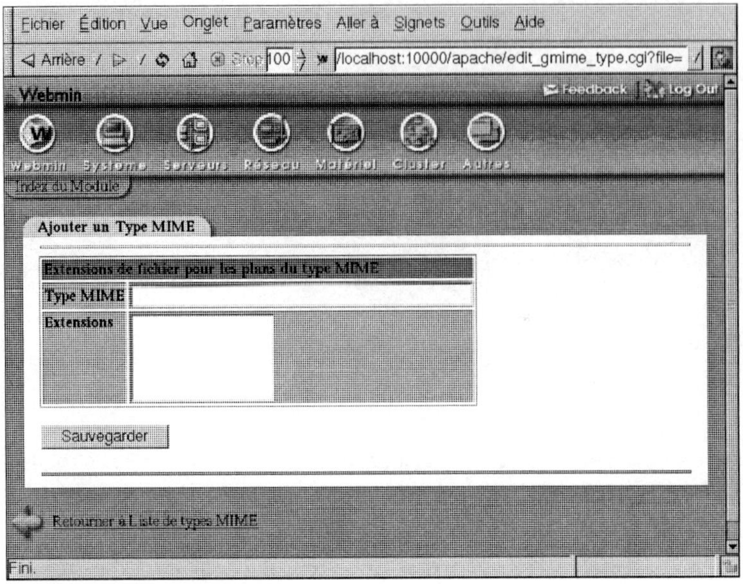

Autre (Miscellaneous)

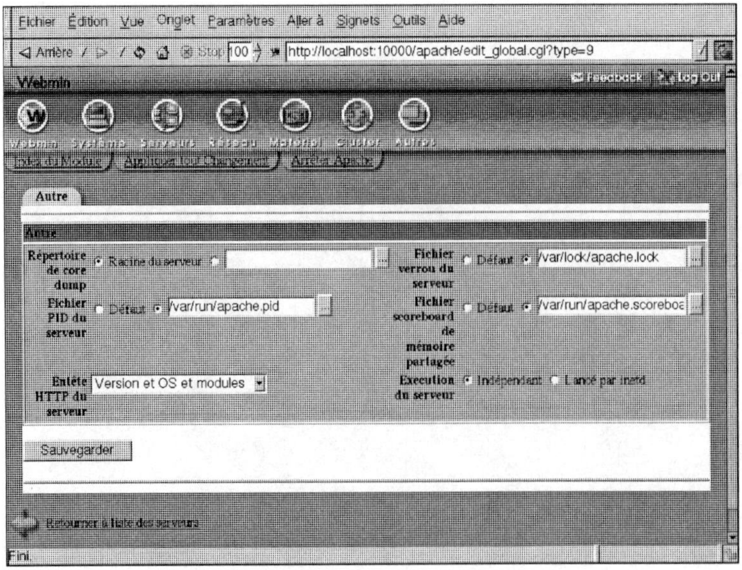

Nous retrouvons ici des options diverses qui n'avaient pas leur place dans les autres catégories...

Répertoire de core dump (Core dump directory)

C'est dans ce répertoire que le serveur Apache écrira ses fichiers **coredump**. Ces derniers sont des fichiers contenant de nombreuses informations sur les crash du serveur, informations utilisées pour le débogage de ce dernier. Attention, il faut que ce répertoire soit accessible en écriture à l'utilisateur exécutant le serveur Apache ! Par défaut, ce répertoire est le même que celui défini par la directive `ServerRoot`. Cette option est liée à la directive `CoreDumpDirectory`.

Fichier verrou du serveur (Server lock file)

Cette option définit le fichier de verrou du serveur Apache. Ce fichier permet du fait de sa présence d'empêcher le lancement d'une nouvelle instance du serveur Apache. Elle est liée à la directive `LockFile`.

Fichier PID du serveur (Server PID file)

Cette option définit le fichier PID du serveur et elle est liée à la directive `PidFile`.

Fichier scoreboard de mémoire partagée (Shared memory scoreboard file)

Certaines architectures ont besoin d'un fichier permettant la communication entre le processus père et les processus fils du serveur. Cette option définit ce fichier. Elle est liée à la directive `ScoreBoardFile`.

Entête HTTP du serveur (Server HTTP header)

Cette option définit le champ `Server` qui sera envoyé dans les en-têtes HTTP aux clients. Elle est liée à la directive `ServerTokens`.

Exécution du serveur (Server execution)

Cette option définit le démarrage du serveur Apache : soit comme un démon, soit à l'aide du système inetd. Cette option est liée à la directive `ServerType`.

Programmes CGI (CGI Programs)

CGI (*Common Gateway Interface*) est un standard décrivant l'interface entre un serveur HTTP comme Apache et des applications externes activées par ce dernier. On parle plus souvent du script CGI, l'application externe exécutée par le serveur à la demande du client (un navigateur web).

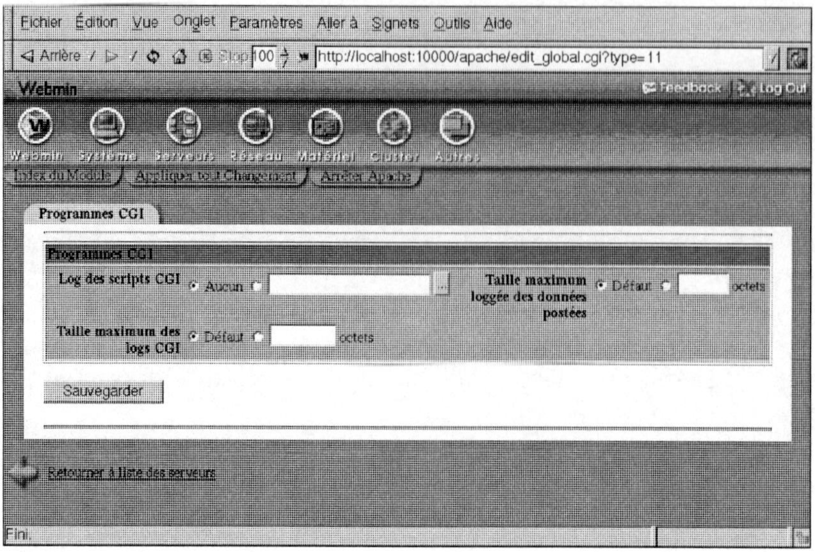

Log des scripts CGI (CGI Script Log)

Cette option définit le répertoire où sera créé le fichier de log d'erreurs. Si aucun répertoire n'est indiqué, aucun fichier de log ne sera créé. Cette option correspond à la directive `ScriptLog`.

Taille maximum loggée des données postées (Maximum logged post data size)

Les données provenant de requêtes PUT ou POST inscrites dans les fichiers de log peuvent être limitées au niveau taille. Effectivement, ces données peuvent être énormes. Leur taille limite par défaut est de 1024 octets. Cette option correspond à la directive `ScriptLogBuffer`.

Taille maximum des logs CGI (Maximum CGI log post size)

Cette option permet de limiter la taille du fichier de log. Une fois cette taille atteinte, plus aucune erreur n'est inscrite dans ce fichier. Cette option correspond à la directive `ScriptLogLength`.

Fichiers d'option par répertoire (Per-directory Options Files)

Apache permet de mettre en place une configuration particulière par répertoire. Pour cela, il suffit d'entrer le chemin du répertoire ainsi que du fichier dans le champ de saisie puis de cliquer sur **Créer un fichier d'options (Create Options File)**. Par convention, ces fichiers sont nommés **.htaccess**, mais ce nom peut être modifié dans la configuration d'Apache. Ces fichiers .htaccess permettent aussi de configurer l'accès et donc l'authentification au répertoire où ils se trouvent.

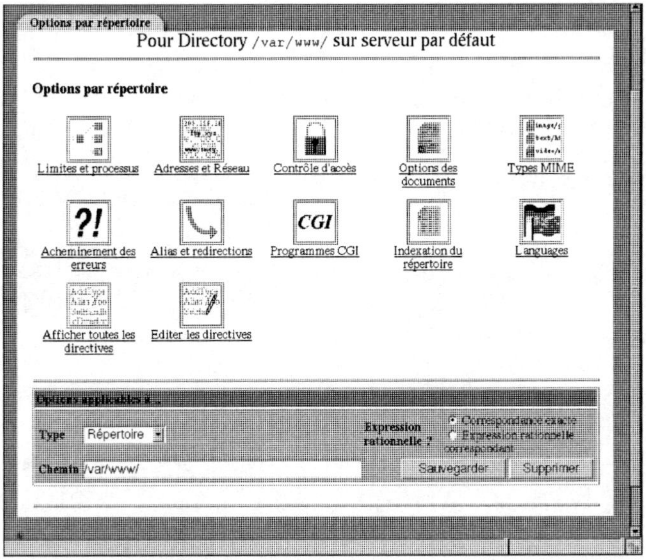

Nous retrouvons ici des icônes déjà vues dans la configuration générale du serveur.

Editer les directives (Edit Config Files)

Enfin, cette icône va nous permettre d'éditer directement le fichier de configuration **httpd.conf**.

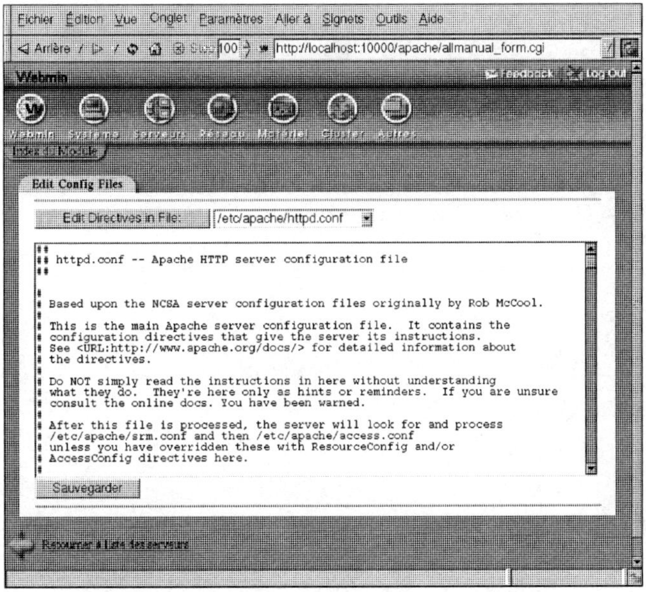

Serveurs virtuels

La seconde partie de la page d'accueil du module Apache concerne les hôtes virtuels. Tout d'abord, nous trouvons la liste des hôtes virtuels configurés et quelques informations les concernant : leur adresse et port d'écoute, leur nom, leur répertoire racine.

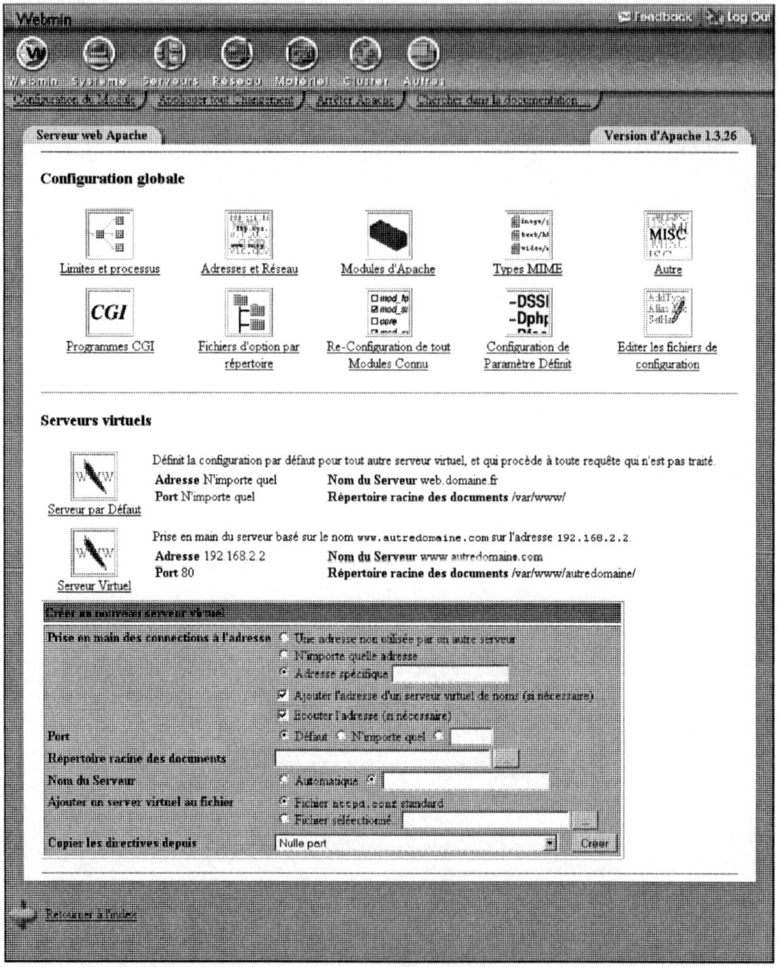

Adresse et **Port (Address** and **Port)**

Ces options permettent de définir l'adresse IP d'écoute ainsi que le port. Par défaut, il s'agit du port 80.

Racine du document (Document Root)

Nous définissons ici le répertoire racine de l'hôte virtuel. Cette option correspond à la directive `DocumentRoot`.

Nom du serveur (Server Name)

Avec un hôte virtuel basé sur le nom, nous définissons ici le nom auquel répondra le serveur Apache. S'il n'est pas spécifié, Apache tentera de le déduire à l'aide de l'adresse IP, ce qui est dangereux et conduit souvent à des mauvais fonctionnements ! Cette option correspond à la directive `ServerName`.

Il est possible de modifier la configuration par défaut en modifiant celle du premier serveur qui se trouve être le serveur par défaut.

Il ne faut surtout pas oublier que chaque hôte virtuel possède sa propre configuration ! En cliquant sur leur icône, nous nous retrouvons sur une page contenant les mêmes icones que pour la configuration générale. Voyons un peu plus en détail tout cela.

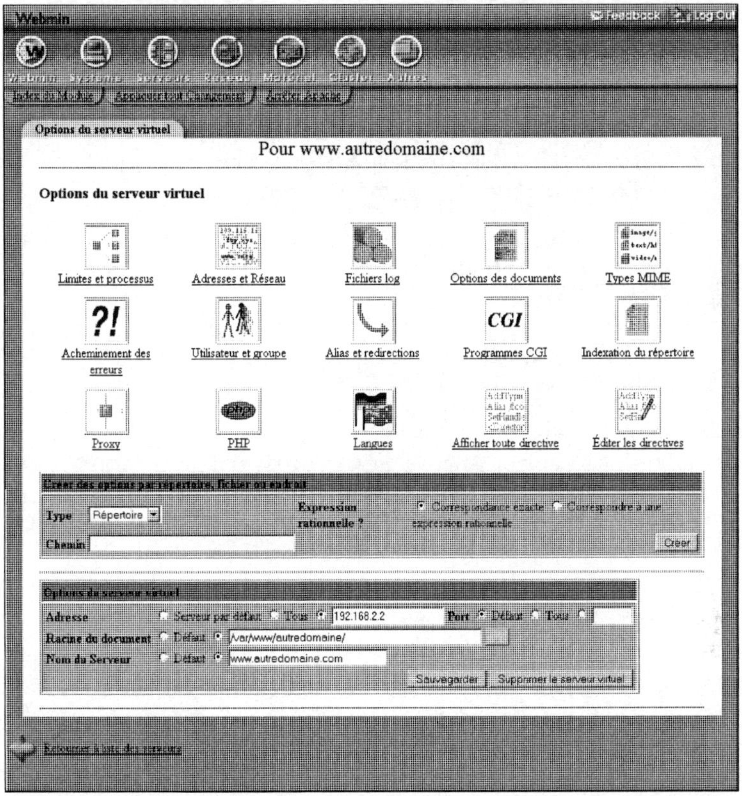

Fichiers log

Les fichiers de log sont très importants car ils permettent de conserver un regard sur le bon ou mauvais fonctionnement du serveur. Apache permet de définir chaque hôte virtuel comme un serveur web indépendant et donc d'obtenir des fichiers de log pour chacun d'eux. Chaque fichier pouvant avoir un nom et un format différent !

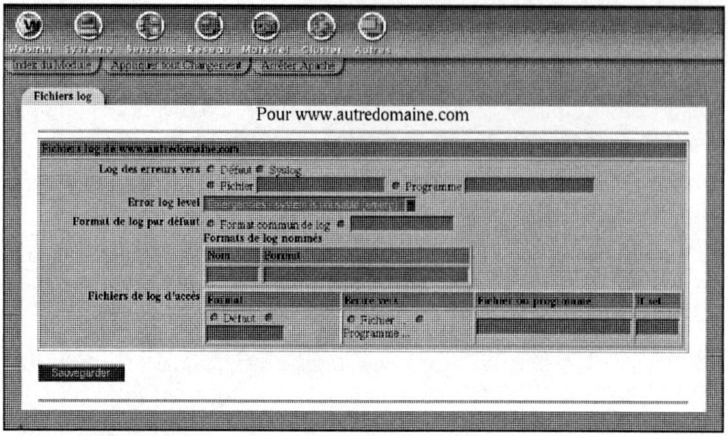

Log des erreurs vers (Error log to)

Cette option définit où seront envoyés les logs pour cet hôte virtuel. Par défaut, il s'agit du démon **syslog**. Cette option est à mettre en correspondance avec la directive `ErrorLog`.

Fichier log du navigateur (Browser log file)

Cette option, visible uniquement si le module mod-log-agent est chargé, définit l'emplacement d'un fichier où seront logués les en-têtes userAgent des requêtes. Cela permet de conserver une trace par exemple des navigateurs web se connectant à votre serveur et d'en déduire des statistiques à leur sujet. Cette option définit la directive `AgentLog`.

Format de log par défaut (Default log format)

Cette option indique au serveur Apache le format dans lequel il doit écrire ses logs. Par défaut, il s'agit du format (*Common Log Format*). Pour indiquer un autre format, il y a deux possibilités : indiquer une chaîne représentant ce format ou indiquer le nom du format. Ces deux possibilités sont expliquées dans l'option suivante. Cette option correspond à la directive `CustomLog`.

Formats de log nommés (Named log formats)

Un format nommé est un format défini par l'administrateur du serveur auquel a été donné un nom permettant de le réutiliser. Il s'agit simplement d'une chaîne de caractères contenant plusieurs variables qui seront remplacées par le serveur. Par exemple, le format par défaut correspond à la chaîne suivante :

`%h %l %u %t \"%r\" %>s %b`

Pour plus d'informations au sujet des variables, consultez la directive `LogFormat` qui se rapporte à cette option.

Fichiers de log d'accès (Access log files)

Cette option va nous permettre de définir d'autres fichiers de log, nous permettant ainsi de séparer nos différents logs. Nous pouvons par exemple créer un fichier de log pour l'accès à certains éléments d'une page comme les images par exemple. Cette option correspond à la directive `TransferLog`.

Ne pas enregistrer les références depuis (Don't log references from)

Cette option, disponible si le module mod-log-referer est chargé, permet de mettre en place une liste de noms ou domaines qui ne seront pas logués. Par exemple, si nous souhaitons ne pas loguer tout ce qui provient de notre propre site mondomaine.com de manière à ne pas fausser nos statistiques, il suffira d'indiquer mondomaine.com dans la liste des domaines à ne pas loguer. Cette option correspond à la directive `RefererIgnore`.

Fichier log des référents (Referer log file)

Cette option, disponible si le module mod-log-referer est chargé, définit où seront loguées les informations concernant les référents. Il peut s'agir d'un fichier ou d'un programme. Elle correspond à la directive `RefererLog`.

Options des documents (Document Options)

Voyons maintenant l'icône **Options des documents** des hôtes virtuels. Ici, nous allons avoir accès aux options traitant des permissions et emplacements sur le système de fichiers et l'espace web de l'hôte virtuel.

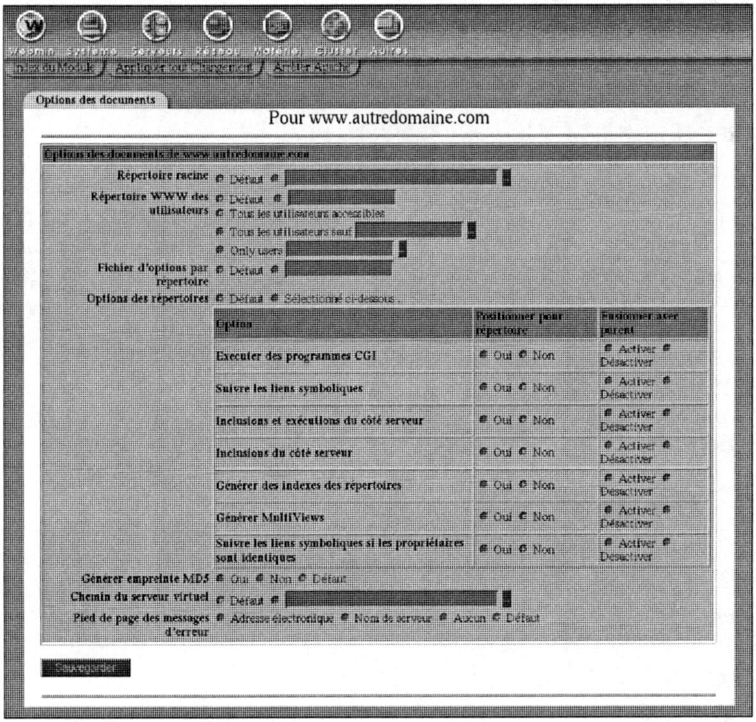

La première ligne correspond à l'emplacement du site web sur le système de fichiers : le **Répertoire racine**. Ce dernier est renseigné lors de la création de l'hôte virtuel et correspond à la directive `DocumentRoot`.

Répertoire WWW des utilisateurs (User WWW directory)

Apache permet aux comptes utilisateur de la machine de posséder un emplacement où ils peuvent publier des documents HTML. Cette option renseigne cet emplacement qui peut avoir plusieurs formes. Il peut s'agir d'un emplacement relatif (ne commençant pas par /). Si nous prenons l'exemple d'un répertoire **htdocs** pour l'utilisateur **toto**, le serveur Apache transformera ce chemin relatif en chemin absolu suivant **~toto/htdocs**. Si nous sommes sur le domaine **mondomaine.com** avec comme serveur web **www**, l'accès aux pages de l'utilisateur **toto** se fera à l'aide de l'URL suivante : **http://www.mondomaine.com/~toto/**. L'autre forme est un chemin absolu, c'est-à-dire commençant par un /. Si ce chemin est **/var/htusers** par exemple, le serveur Apache le complétera par le nom du compte utilisateur, **/var/htusers/toto** par exemple. Enfin, le caractère "*" peut être utilisé pour remplacer le nom du compte utilisateur dans le chemin. Par exemple, **/home/*/htdocs** sera transformé en **/home/toto/htdocs** pour l'utilisateur **toto**. Cette option correspond à la directive `UserDir`.

Les champs suivants sont directement liés à l'option précédente. Ils permettent d'activer ou désactiver la publication HTML pour un ou plusieurs comptes utilisateur. En sélectionnant **Tous les utilisateurs accessibles** (All users accessible), tous les utilisateurs sans exception peuvent publier. Tandis que **Tous les utilisateurs sauf** (All users except) autorise la publication sauf pour les comptes utilisateur indiqués. Enfin, **Only users** n'autorise la publication que pour les comptes utilisateur indiqués.

Fichier d'options par répertoire (Per-directory options file)

Nous retrouvons ici la même chose que précédemment au sujet des fichiers **.htaccess**. À l'aide de cette option, nous pouvons indiquer le nom d'un fichier afin que, s'il est présent dans un répertoire et qu'il contient des directives, ces dernières écrasent les directives de la configuration générale, mais simplement pour ce répertoire. Cette option correspond à la directive `AccessFileName` et sa valeur par défaut est **.htaccess**.

Options des répertoires (Directory options)

Nous allons pouvoir ici mettre en place certaines options pour un répertoire particulier ainsi que ses sous-répertoires (à moins que ces derniers ne contiennent des fichiers **.htaccess** modifiant ces options). Il s'agit de la directive `Options`. Par défaut, seule l'option **Generer MultiViews** n'est pas active.

Voici un résumé rapide des différentes options :

- **Exécuter des programmes CGI** (Execute CGI programs) (ExecCGI) : autorise l'exécution de scripts CGI dans ce répertoire.
- **Suivre les liens symboliques** (Follow symbolic links) (FollowSymLinks) : le serveur pourra suivre les liens symboliques présents dans ce répertoire.
- **Inclusions et exécutions du côté serveur** (Server-side includes and execs) (Includes) : les inclusions par Server-Side-Include (SSI) sont permises.
- **Inclusions du côté serveur** (Server-Side Includes) (IncludesNOEXEC) : les SSI sont permises mais les commandes `#exec` et `#include` ne sont pas autorisées dans les scripts CGI.

- **Générer des indexes des répertoires** (Generate directory indexes) (Indexes) : lorsqu'un répertoire est accessible, qu'il ne contient aucun fichier index et qu'une URL pointe sur lui, le serveur Apache génère un tel fichier listant le contenu du répertoire.
- **Générer MultiViews** (Generate Multiviews) (MultiViews) : un contenu négocié est permis, permettant par exemple d'avoir un même document dans plusieurs langues, pointé par une seule et même URL. C'est le programme client (le navigateur) qui négocie avec le serveur quel est le document dont il a besoin (si le navigateur a été configuré pour afficher tout d'abord les pages en français, ce dernier tentera d'obtenir les pages en français, puis en anglais, etc, suivant la configuration du client).
- **Suivre les liens symboliques si les propriétaires sont identiques** (Follow symbolic links if owners match) (`SymLinksIfOwnerMatch`) : le serveur Apache sera autorisé à suivre les liens symboliques si et seulement si le possesseur du répertoire ou fichier pointé par le lien est le possesseur du lien.

Attention à l'héritage de ces options ! Seule l'option spécifiée dans un répertoire s'applique à ce dernier, sans prendre en compte les options mises en place dans le répertoire parent, à moins que ne soit activée l'option **Fusionner avec parent** (**Merge with parent**). Un petit exemple pour expliquer cela : considérons le répertoire **/home/toto/htdocs** possédant toutes les options décrites précédemment. Si le répertoire **/home/toto/htdocs/scripts** ne possède que l'option **ExecCGI**, ce dernier ne possèdera que cette option et pas les options **SymLinks**, **Indexes**, etc. Par contre, si l'option **Fusionner avec parent (Merge with parent)** avait été activée, ce sous-répertoire aurait hérité des mêmes options que son parent sauf celles désactivées.

Générer empreinte MD5 (Generate MD5 digests)

Cette option met en place la génération de l'en-tête Content-MD5, pour chaque requête adressée au serveur, conforme aux RFC 1864 et 2616. MD5 est un algorithme permettant de calculer un nombre résumant une longueur quelconque de données. La moindre modification dans ces dernières modifiera le résumé MD5. Ici, le client pourra s'assurer, une fois les données reçues que ces dernières n'ont pas subi d'altérations durant le transport. Attention tout de même à l'utilisation de cette option : les performances du serveur peuvent chuter du fait que ce calcul a lieu pour chaque réponse provenant du noyau du serveur Apache. Ce calcul n'a pas lieu pour les requêtes servies par les modules Apache.

Chemin du serveur virtuel (Virtual server path)

Certains vieux navigateurs sont incapables de gérer les hôtes virtuels basés sur le nom et ne reconnaissent donc un site que par son adresse IP. Par défaut, ils n'afficheront donc que le premier hôte virtuel défini sur le serveur. Une façon de contourner ce problème est d'associer un répertoire à chaque hôte virtuel ainsi que le permet cette option. Prenons un exemple : soit le serveur par défaut **www.mondomaine.com**. Ce serveur Apache abrite aussi un hôte virtuel **www.autredomaine.com**. Avec un client web ne supportant pas les hôtes basés sur le nom, ce dernier affichera le site **www.mondomaine.com** même si l'URL est **www.autredomaine.com**. Affectons le répertoire **/autredomaine** à ce dernier. Alors l'URL **http://www.mondomaine.com/autredomaine** permettra d'accéder à ce site. Ce n'est pas très beau, mais permet d'accéder au site... Mais pas d'inquiétude, ce genre de clients a tendance à disparaître.

Pied de page des messages d'erreur (Error message footer)

Cette option permet d'ajouter un pied de page à tous les documents générés par le serveur (pages d'erreurs, pages d'info, proxy...). Cette option correspond à la directive `ServerSignature` et est désactivée par défaut.

Acheminement des erreurs (error Handling)

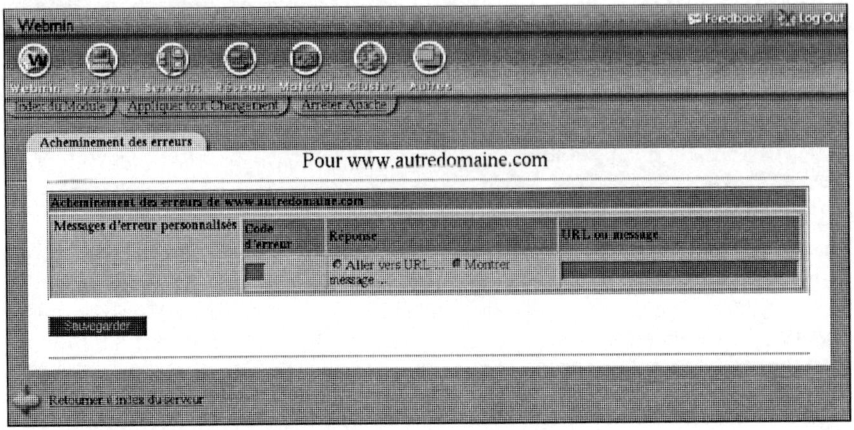

Dans le cas d'une erreur, Apache peut être configuré pour afficher un certain message suivant le type de l'erreur ou tout simplement rediriger le client vers une autre page locale ou extérieure au site. Pour afficher un message particulier pour un code d'erreur précis, il suffit d'entrer le code (404...), puis le message ou l'URL de redirection désirée.

Utilisateur et groupe (User and Group)

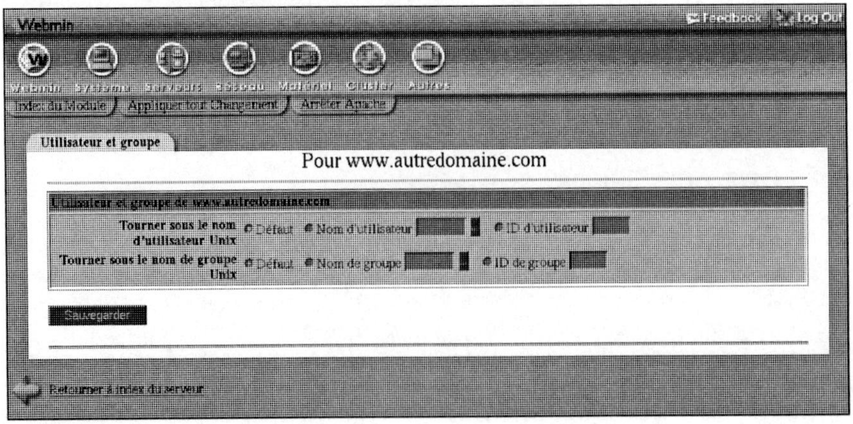

Ici, nous allons pouvoir définir l'utilisateur et le groupe sous lesquels le serveur Apache va s'exécuter. Veillez à choisir un utilisateur et un groupe ayant des droits limités et suffisants ! Cela correspond aux directives `User` et `Group`.

Alias et redirections (Aliases and Redirects)

Apache met à disposition plusieurs formes d'alias et de redirections permettant de simplifier les URLs et d'accéder à des parties du système de fichiers se trouvant en dehors de la racine du site web. Cela permet aussi par exemple de rediriger les utilisateurs vers une page temporaire dans le cas d'une maintenance d'un site.

Voici les différentes options :

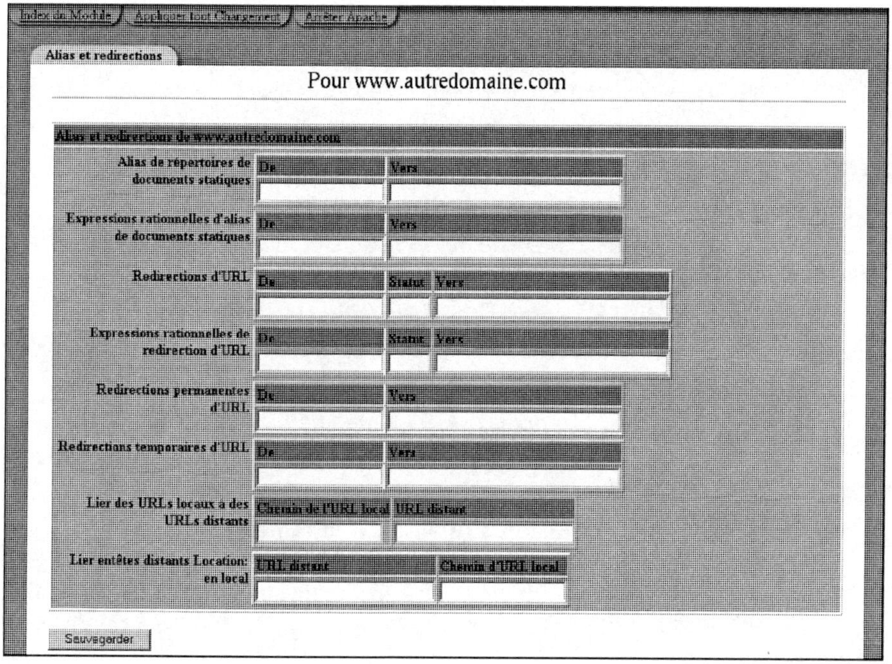

Alias de répertoires de documents statiques (Document directory aliases)

Les alias permettent d'atteindre d'autres répertoires ou fichiers ne se trouvant pas dans le répertoire, ou sous-répertoire, racine du site. Attention ! Un alias se terminant par un / aura besoin de ce / dans l'URL pour que la translation se fasse ! Cette option correspond à la directive `Alias`.

Expressions rationnelles d'alias de documents statiques (Regexp document directory aliases)

Cette option est identique à la précédente sauf qu'elle accepte des expressions régulières. Elle correspond à la directive `AliasMatch`.

Redirections d'URL (URL redirects)

Cette option permet de rediriger une ancienne URL vers une nouvelle. Cette dernière est envoyée au client. À la place d'une URL, nous pouvons spécifier l'un des codes de statut suivants :

301	Déplacement permanent
302	Déplacement temporaire
303	La ressource a été remplacée
410	La ressource n'est plus disponible. Avec ce statut, l'URL de redirection peut être omise.

Cette option correspond à la directive `Redirect`.

Expressions rationnelles de redirection d'URL (Regexp URL redirects)

Cette option est identique à la précédente sauf qu'elle accepte des expressions régulières. Elle correspond à la directive `RedirectMatch`.

Redirections permanentes d'URL (Permanent URL redirects)

Cette option est identique à la précédente avec un code de statut 301. Elle correspond à la directive `RedirectPermanent`.

Redirections temporaires d'URL (Temporary URL redirects)

Même principe avec cette fois le code 302. Elle correspond à la directive `RedirectTemp`.

Lier des URLs locaux à des URLs distants (Map local to remote URLs)

Cette option permet de mapper le contenu d'un serveur dans l'espace du serveur web local. Le serveur local n'agit pas comme un proxy conventionnel mais apparaît comme un miroir du site distant. Prenons l'exemple de notre serveur web, **http://www.mondomaine.com**, et d'un site distant, **http://www.autredomaine.com**. Définissons l'URL locale **/miroir/autredomaine** et le site distant **http://www.autredomaine.com**. l'utilisateur pourra donc accéder à ce dernier en utilisant l'URL suivante **http://www.mondomaine.com/miroir/autredomaine**. Cette option correspond à la directive `ProxyPass`.

Lier entêtes distants Location: en local (Map remote Location: headers to local)

Cette option permet la mise en place de la fonction inverse de la précédente. Elle permet d'ajuster la valeur de l'en-tête Location provenant des réponses de redirection http lorsqu'Apache est utilisé en tant que reverse proxy. Cette option correspond à la directive `ProxyPassReverse`.

Prenons un exemple pour expliquer nos deux options précédentes, sur notre serveur www.mondomaine.com :

```
ProxyPass /miroir/autredomaine/
http://www.autredomaine.com/

ProxyPassReverse /miroir/autredomaine/
http://www.autredomaine.com/
```

Un client voulant accéder à **http://www.mondomaine.com/miroir/autredomaine/pages** accédera en fait au site **http://www.autredomaine.com/pages**. Mais que se passe-t-il si ce dernier a décidé de rediriger **pages** vers **nouvelles_pages** ? Voilà à quoi sert la seconde ligne : notre serveur **www.mondomaine.com** prend en compte les redirections envoyées par **www.autredomaine.com** et les transforme en **/miroir/autredomaine/nouvelles_pages**.

Indexation du répertoire (Directory Indexing)

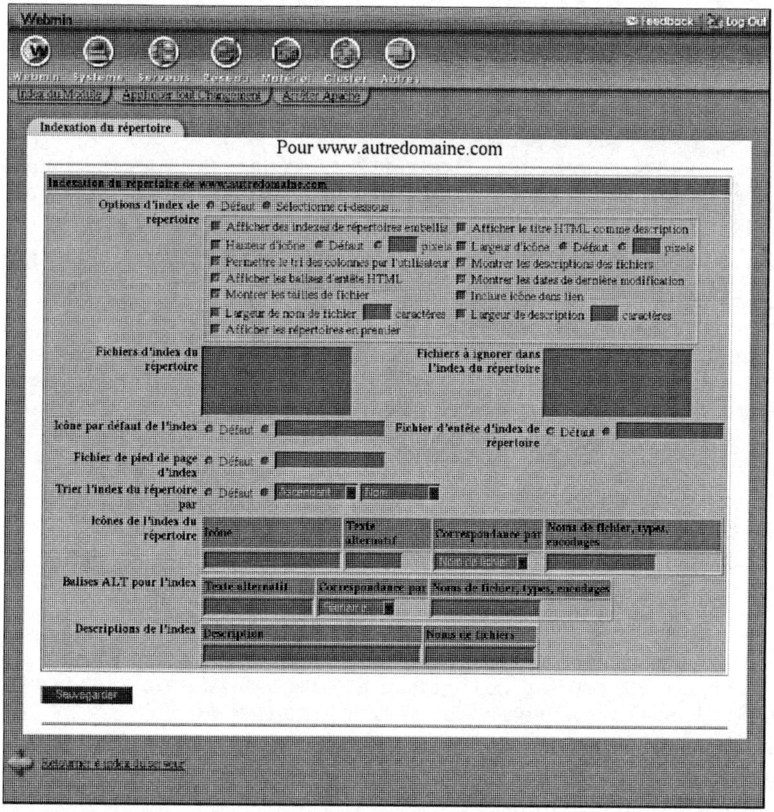

Un index est simplement une page générée par le serveur, affichant le contenu du répertoire. Cette page est générée lorsqu'il n'existe aucun fichier index dans ce répertoire. Il s'agit généralement d'un fichier index.html. Ici, nous allons pouvoir configurer la génération de ce genre de page :

Options d'index de répertoire (Directory index options)

Cette option permet de définir l'apparence des fichiers index générés par Apache. Elle correspond à la directive `IndexOptions` et ses valeurs sont :

- **Afficher des indexes de répertoires embellis** (Display fancy directory indexes) (FancyIndexing) : permet de lister le contenu du répertoire et d'associer une icône à chaque répertoire et fichier s'y trouvant.
- **Afficher le titre HTML comme description** (Display HTML title as description) (ScanHTMLTitles) : si les fichiers de ce répertoire contiennent un titre au format HTML, ce dernier sera affiché à la place du nom du fichier.
- **Hauteur d'icône** (Icon height) (IconHeight) : si les icônes sont affichées dans le fichier d'index, cette option permet de définir leur hauteur.
- **Largeur d'icône** (Icon width) (IconWidth) : identique à l'option précédente. Ici, c'est la largeur des icônes.
- **Permettre le tri des colonnes par l'utilisateur** (Allow user sorting of columns) (SuppressColumnSorting) : par défaut, Apache génère un index où l'utilisateur pourra ordonner les colonnes suivant la date de dernière modification ou suivant la taille en cliquant sur le lien dédié en haut de la colonne. Cette option supprime ce lien.
- **Montrer les descriptions des fichiers** (Show file descriptions) (SuppressDescription) : permet d'afficher ou non une description des fichiers contenus dans le répertoire.
- **Afficher les balises d'entête HTML** (Output HTML header tags) (SuppressHTMLPreamble) : si pour générer la page d'index, Apache utilise un fichier d'en-tête (configuré dans cette même page ou à l'aide de la directive `HeaderName`), ce dernier sera inséré au début de la page d'index à la suite des balises <html><head>. Cette option désactive l'ajout de ces balises et affiche donc tout d'abord le contenu du fichier d'en-tête : ce dernier doit donc contenir les balises <html>, <head>... pour former avec l'index une page HTML correcte.
- **Montrer les dates de dernière modification** (Show last modified times) (SuppressLastModified) : permet d'afficher ou non la date de dernière modification des fichiers ou répertoires.
- **Montrer les tailles de fichier** (Show file sizes) (SuppressSize) : permet ou non d'afficher la taille des fichiers.
- **Inclure icône dans lien** (Include icon in link) (IconsAreLinks) : inclut les icônes dans les liens lors de la génération de l'index par le serveur Apache.
- **Largeur de nom de fichier** (Filename width) (NameWidth) : permet de définir la taille en caractères des noms des fichiers qui seront affichés. Une valeur '*' indique au serveur Apache d'utiliser la taille du plus long nom.
- **Largeur de description** (Description width) (DescriptionWidth) : identique à l'option précédente mais il s'agit ici de la description des fichiers et répertoires.

– **Afficher les répertoires en premier** (Display directories first) (FoldersFirst) : permet d'afficher les répertoires avant les fichiers.

Fichiers d'index du répertoire (Directory index files)

Cette option permet d'indiquer quel fichier utiliser en tant que fichier index. Si un client entre l'URL d'un répertoire, le serveur Apache affichera le contenu de ce fichier s'il le trouve, sinon il génèrera un fichier index listant le contenu du répertoire. Par convention, il s'agit des fichiers index.html, index.html, index.php, index.cgi... Cette option correspond à la directive `DirectoryIndex`.

Fichiers à ignorer dans l'index du répertoire (Files to ignore in directory index)

Si un fichier index est généré, cette option permet de lister les fichiers ou répertoires à ne pas faire apparaître dans la liste. Elle correspond à la directive `IndexIgnore`.

Icône par défaut de l'index (Directory index default icon)

Lorsque Apache génère un fichier d'index et qu'il reconnaît le type de fichier, il ajoute une icône identifiant ce dernier. Dans le cas d'un type inconnu, cette option permet de définir une icône à afficher. Elle correspond à la directive `DefaultIcon`.

Fichier d'entête d'index de répertoire (Directory index header file)

Cette option permet de définir un fichier d'en-tête à inclure au début du fichier index généré par le serveur. Cette option correspond à la directive `HeaderName`.

Fichier de pied de page d'index (Directory index footer file)

Cette option permet de définir un fichier à inclure à la suite de l'index généré par le serveur. Elle correspond à la directive `ReadmeName`.

Trier l'index du répertoire par (Sort directory index by)

Cette option permet de sélectionner la manière dont le serveur Apache va ordonner son index : de façon croissante (Ascending) ou décroissante (Descending), suivant le nom du fichier, la date de dernière modification, la taille du fichier ou sa description. Cette option correspond à la directive `IndexOrderDefault`.

Icônes de l'index du répertoire (Directory index icons)

Ici, nous allons pouvoir sélectionner les icônes que nous afficherons ainsi que le texte qui sera affiché dans le cas d'un client non graphique. **Icon** est le chemin vers ce fichier image, tandis que **Alt** correspond au texte. **Match by** permet de déterminer dans quelles conditions sera affichée cette icône. Ce peut être un nom de fichier, un type MIME. Cette option correspond aux directives `AddIcon`, `AddIconByEncoding` et `AddIconByType`. Par exemple, si nous désirons une icône particulière pour tous les types d'images, il suffira d'indiquer le type MIME image/*. Il est recommandé d'utiliser au maximum les types MIME plutôt que les noms de fichier.

Deux noms particuliers permettent de définir une icône particulière aux répertoires et lignes vides. Il s'agit respectivement des noms ^^DIRECTORY^^ et ^^BLANKICON^^. Cette dernière est utilisée par le serveur pour formater la liste.

Balises ALT pour l'index (Directory index ALT tags)

Tout comme l'option précédente, celle-ci permet de définir les textes qui seront affichés par type de fichier. Elle correspond à la directive `AddAlt`, `AddAltByEncoding` et `AddAltByType`.

Descriptions de l'index (Directory index descriptions)

Ici, nous allons pouvoir définir la description à afficher pour un type de fichier particulier. Cette option correspond à la directive `AddDescription`.

Proxy (Proxying)

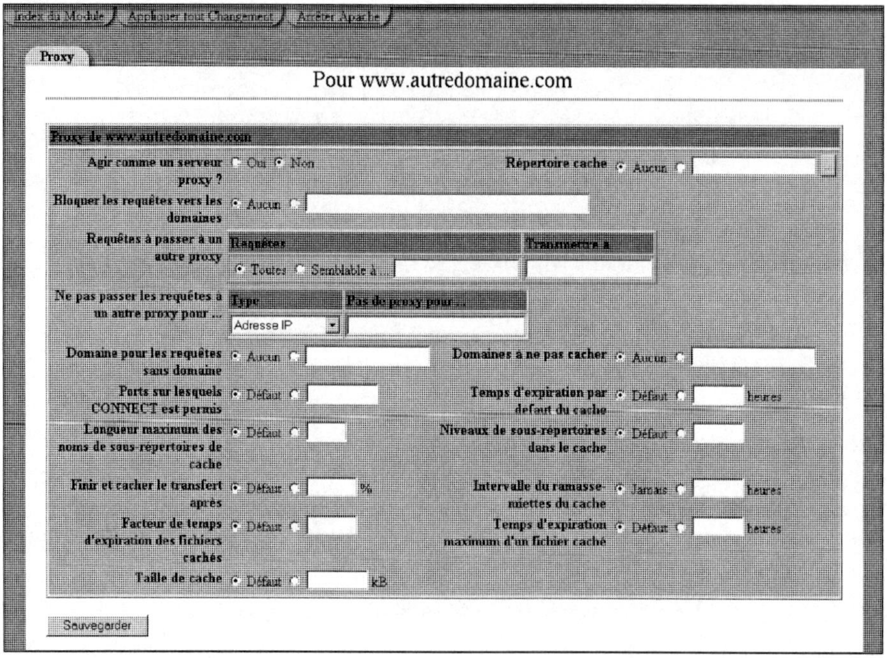

Cette page concerne le module **mod_proxy**, permettant au serveur Apache de se comporter comme un vrai proxy HTTP. Bien que Squid soit un meilleur choix en tant que proxy, Apache peut rendre de nombreux services dans ce domaine. Voyons ses options :

Agir comme un serveur Proxy ? (Act as proxy server?)

Cette option permet d'activer la fonction proxy du serveur Apache. Cette activation n'est pas requise pour l'utilisation de la directive ProxyPass. Elle correspond à la directive `ProxyRequests` et est désactivée par défaut.

Répertoire cache (Cache directory)

Cette option définit le répertoire où seront enregistrés les fichiers mis en cache. Attention, ce répertoire doit être accessible en écriture à l'utilisateur sous lequel fonctionne le serveur Apache. Si elle n'est pas activée, la fonction proxy du serveur est en service, mais pas la mise en cache. Cette option correspond à la directive `CacheRoot`.

Bloquer les requêtes vers les domaines (Block requests to domains)

Permet de définir une liste de mots, hôtes ou domaines. Toute requête contenant un de ces mots, hôtes ou domaines sera bloquée par le proxy. De plus, au démarrage de ce dernier, celui-ci met en cache les adresses IP qu'il parvient à résoudre à partir de cette liste. Donc, même à partir de leur adresse IP, ils seront bloqués par le proxy. Cette option correspond à la directive `ProxyBlock`.

Requêtes à passer à un autre proxy (Requests to pass to another proxy)

Cette option définit les proxies distants auxquels seront envoyées les requêtes contenant les mots ou domaines listés ici. Cette option correspond à la directive `ProxyRemote`.

Ne pas passer les requêtes à un autre proxy pour ... (Don't pass requests to another proxy for)

Nous allons pouvoir définir ici une liste de domaines, d'adresses IP ou d'hôtes qui seront "servis" directement, sans passer par le proxy. Cette option correspond à la directive `NoProxy` et est souvent utilisée en intranet.

Domaine pour les requêtes sans domaine (Domain for requests with no domain)

Cette option définit le domaine auquel appartient le proxy. Si une requête vers un hôte est envoyée sans domaine, celui-ci sera ajouté à l'hôte. Cette option correspond à la directive `ProxyDomain` et est souvent utilisée en intranet.

Domaines à ne pas cacher (Domains not to cache)

Si le cache est mis en fonction, nous pouvons lister ici les domaines qui ne seront pas mis en cache. Cette option est très utile pour les domaines locaux où un cache serait inutile. Elle correspond à la directive `NoCache`.

Ports sur lesquels CONNECT est permis (Ports to which CONNECT is allowed)

Nous allons ici indiquer les ports sur lesquels la méthode CONNECT du proxy est autorisée. Par défaut, les ports 443 (https) et 563 (snews) sont ouverts si aucun de ces ports n'est indiqué ici. Attention, il ne faut pas oublier d'indiquer le port https si cette option est renseignée. Elle correspond à la directive `AllowCONNECT`.

Temps d'expiration par défaut du cache (Cache default expiry time)

Si un objet est mis en cache et que son protocole ne supporte pas la notion de temps expiré en cache ou que ce champ n'est pas renseigné dans le protocole, cette option définit le temps en heures durant lequel l'objet sera mis en cache. Cette option correspond à la directive `CacheDefaultExpire` et sa valeur par défaut est d'une heure.

Longueur maximum des noms de sous-répertoires de cache (Cache directory name length)

Cette option définit la taille en caractères des sous-répertoires du cache. Elle correspond à la directive `CacheDirLength` et sa valeur par défaut est de 1.

Niveaux de sous-répertoires dans le cache (Cache directory levels)

Cette option définit la profondeur maximale des sous-répertoires en cache. Cette option correspond à la directive `CacheDirLevels` et sa valeur par défaut est de 3.

Finir et cacher le tranfert après (Finish and cache transfer after)

Si un transfert est annulé avant sa fin, mais que le pourcentage de ce transfert est supérieur à celui indiqué par cette option, le serveur Apache continuera le transfert de façon a obtenir la totalité de l'objet à mettre en cache. Une valeur de 0 indique l'utilisation de la valeur par défaut qui est de 90%. Une valeur de 100 indique que le serveur ne mettra en cache un objet que si le transfert s'est correctement passé. Une valeur entre 60 et 90 est conseillée. Cette option correspond à la directive `CacheForceCompletion`.

Intervalle de ramasse-miettes du cache (Cache garbage collection interval)

Cette option permet de 'nettoyer' périodiquement le cache, c'est-à-dire d'effacer certains fichiers en cache si l'espace occupé est supérieur à celui indiqué par l'option **Taille de cache (Cache size)**. Cette option accepte un nombre décimal. Par exemple, 0.5 indique que le nettoyage se fera toutes les 30 minutes. Si cette option n'est pas définie, le cache continuera à grandir. Elle correspond à la directive `CacheGcInterval` et n'est pas définie par défaut.

Facteur de temps d'expiration des fichiers cachés (Cached file expiry time factor)

Si le serveur d'origine ne fournit pas une date d'expiration pour un objet, Apache permet de calculer une estimation de cette date en multipliant la date de dernière modification par un facteur défini par cette option. Elle correspond à la directive `CacheLastModifiedFactor` et sa valeur par défaut est de 0.1.

Temps d'expiration maximum d'un fichier caché (Cached file maximum expiry time)

Cette option définit un certain nombre d'heures au bout desquelles le serveur Apache vérifiera si l'objet mis en cache n'a pas été mis à jour sur le serveur d'origine. Elle correspond à la directive `CacheMaxExpire` et sa valeur par défaut est de 24 heures.

Taille de cache (Cache size)

Dans le cas où l'option **Cache garbage collection interval** a été définie, cette option définit la taille maximale du cache en kilo octets. Elle correspond à la directive `CacheSize` et sa valeur par défaut est de 5 ko.

2. Comanche

a. Présentation

D'ou vient le nom Comanche ? En fait, il s'agit d'une réduction de COnfiguration MANager for apaCHE. Comanche est un outil graphique permettant la configuration d'Apache (pas seulement d'ailleurs).

La dernière version 3.0b4 peut être récupérée sous forme binaire pour diverses plates-formes (Windows, Linux, FreeBSD...) à l'adresse suivante :
http://www.comanche.org/downloads/

Nous y trouverons aussi le code source de l'application, distribuée sous licence Apache (http://www.apache.org/LICENSE.txt)

Nous n'allons pas voir en détail toute l'application, seulement les parties les plus importantes !.

b. Installation

Sous Windows, après avoir téléchargé l'archive à l'adresse http://www.comanche.org/downloads, il suffit de la décompresser à l'aide d'un utilitaire comme **winzip** (http://www.winzip.com/). Un répertoire **comanche3-0b4/** est créé dans lequel nous trouverons le binaire **comanche.exe** à exécuter.

Sous Linux, après avoir récupéré l'archive **tar.gz**, il suffit de lancer la commande suivante :

```
$ tar -xzvf comanche3.0b4-x86-linux-glibc2.tar.gz
```

Un répertoire **comanche-3-0b4** est créé dans lequel se trouve le binaire ELF **comanche3.0b4**.

c. Utilisation

Démarrer Comanche

Sous Windows

Il suffit de double cliquer sur le binaire **comanche.exe**. Aucune configuration n'est nécessaire pour son bon fonctionnement si Apache est déjà installé. Effectivement, Comanche lit dans la base de registre tout ce dont il a besoin pour démarrer. Une fenêtre avec un bouton **Comanche** apparaît.

Sous Linux

Après avoir exécuté la commande `./comanche3.0b4`, il suffit de cliquer sur le bouton **Comanche** pour lancer l'outil de configuration **Comanche**. Puisque cet outil de configuration peut être vu comme un plugin, nous l'appellerons comme tel dans ce chapitre.

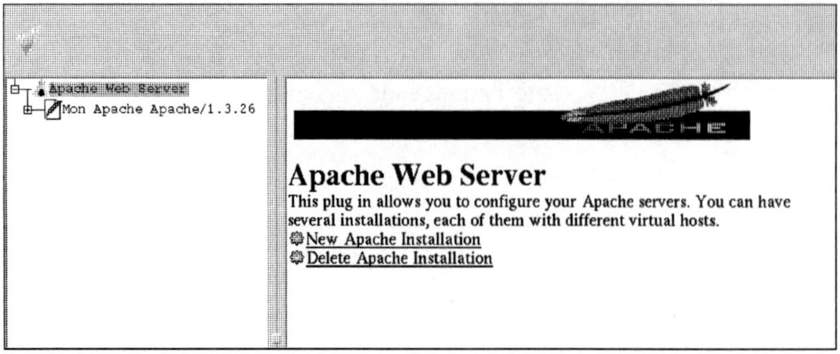

Avant utilisation, le plugin a besoin d'être configuré. Pour cela, cliquons sur **New Apache Installation**.

Nous devons donner un identifiant à notre installation, par exemple, **Mon Apache**.

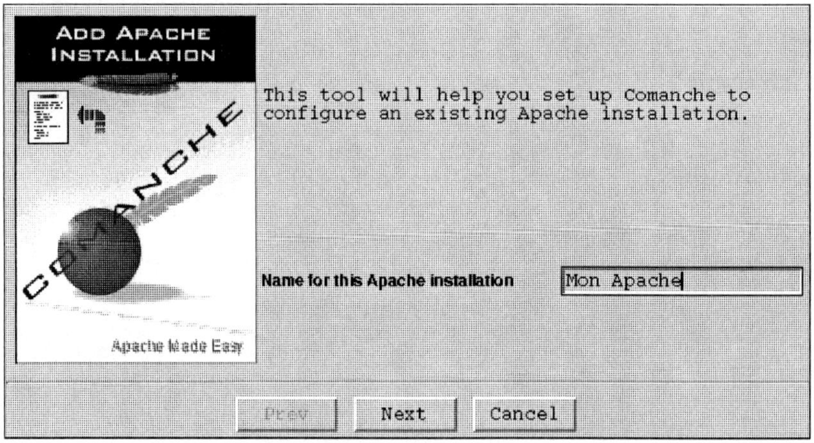

Ensuite, il faut indiquer quel type d'installation d'Apache a été effectuée :

- **I installed Apache under** : à choisir si l'installation d'Apache a été faite à partir des sources et que les répertoires par défaut ont été conservés.
- **Use the one bundled with my system** : si Apache a été installé avec le système, il suffit de le sélectionner ici.
- **The files are in non-standard locations** : si aucune des deux précédentes solutions ne convient, sélectionnez cette option pour indiquer où se trouvent les binaires et fichiers de configuration d'Apache.

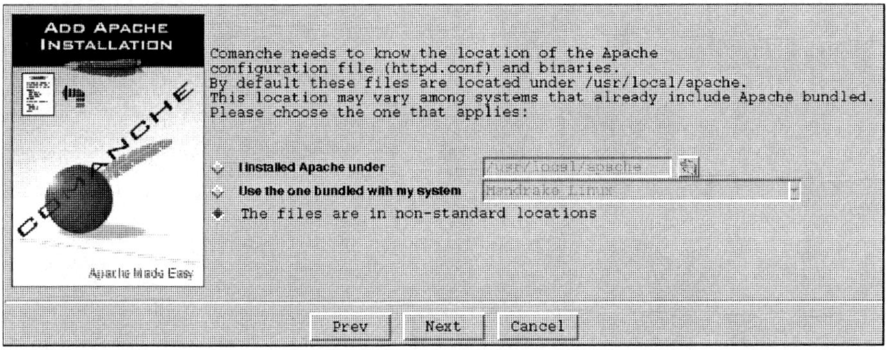

Ensuite, suivant le choix précédent, nous indiquons l'emplacement des binaires et fichiers de configuration.

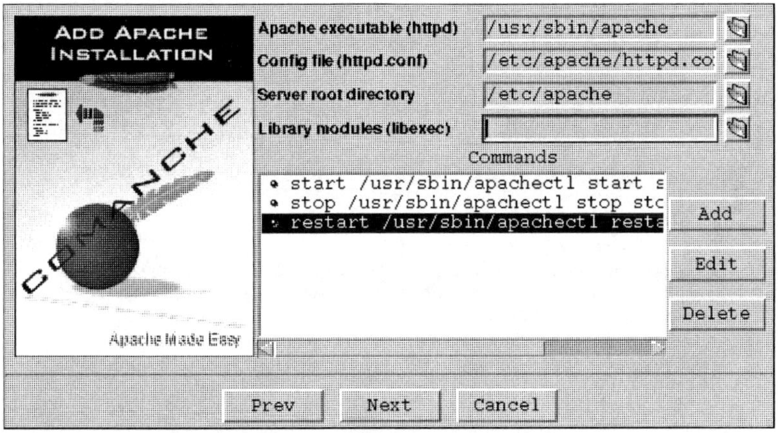

Pour un système Debian, nous avons :

Apache executable : `/usr/sbin/apache`
Config file (httpd.conf) : `/etc/apache/httpd.conf`
Server root directory : `/etc/apache`
Library modules (libexec) : `/lib`
commande start : `/usr/sbin/apachectl start`
commande stop : `/usr/sbin/apachectl stop`
commande restart : `/usr/sbin/apachectl restart`

Si tout est correct, un petit message de félicitations s'affiche...

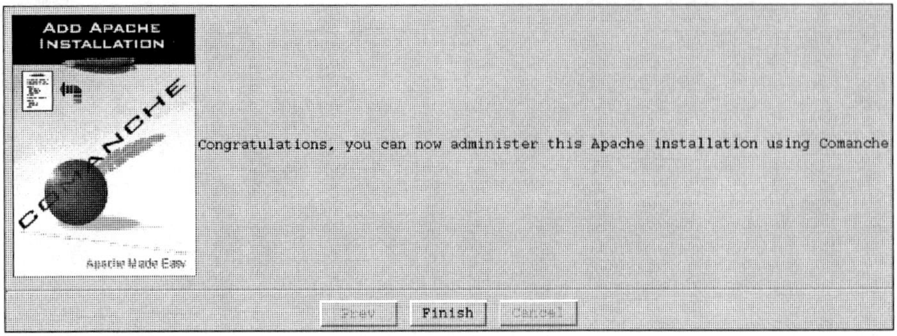

Le module Apache

La fenêtre est divisée en deux parties : la partie de gauche permet de naviguer dans la configuration du serveur à l'aide d'une interface ressemblant à l'Explorateur Windows, tandis que la partie de droite affiche les informations au sujet du nœud sélectionné à gauche. En cliquant avec le bouton droit sur un nœud, un menu propre au nœud s'affiche permettant sa configuration.

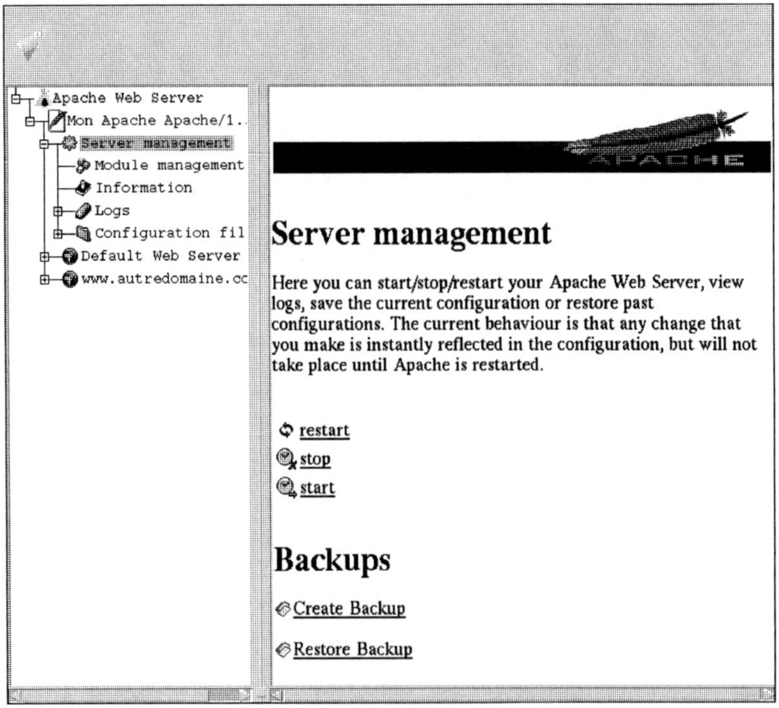

Le nœud **Server management** permet à l'aide des liens **restart**, **stop** et **start** à droite de redémarrer, arrêter ou démarrer le serveur Apache.

Nous allons maintenant configurer la partie générale de notre serveur web. Pour cela, déployons l'arborescence de **Mon Apache** et sélectionnons **Default Web Server**.

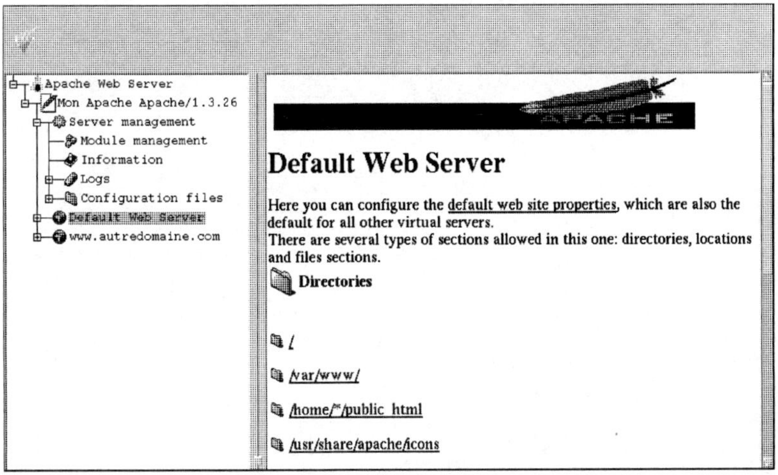

Dans la partie droite, cliquons sur le lien **default web site properties**, ou cliquons avec le bouton droit sur le nœud et sélectionnons **Configure**.

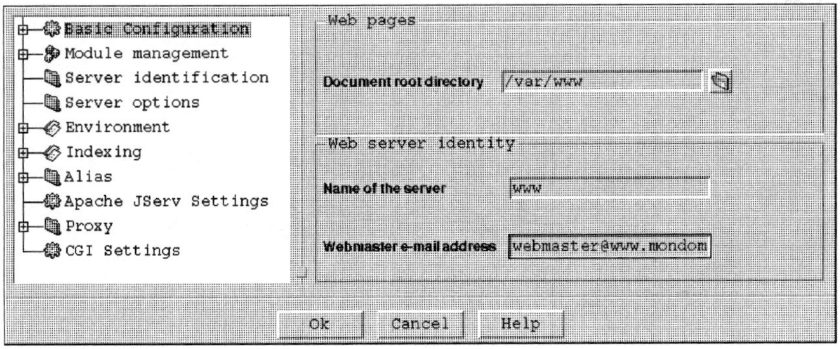

Dans la nouvelle fenêtre, sélectionnons **Basic Configuration**.

À droite, nous trouvons les champs suivants :

- **Document root directory** : emplacement sur le système de fichiers du site par défaut, c'est-à-dire des pages HTML de ce dernier.
- **Name of the server** : nom du serveur.
- **Webmaster e-mail address** : l'adresse mail de l'administrateur du site.

En déployant l'arborescence sous **Basic Configuration**, nous trouvons d'autres options :

Listening

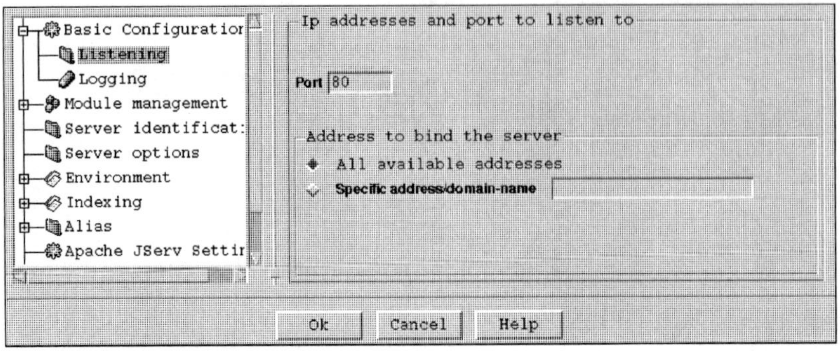

Ici, nous allons pouvoir indiquer sur quel port et quelle adresse IP le serveur Apache écoute. Par défaut, il écoute sur le port 80 (port http) et sur toutes les adresses IP. Nous pouvons indiquer une adresse IP particulière en sélectionnant l'option **Specific address domain name**.

Logging

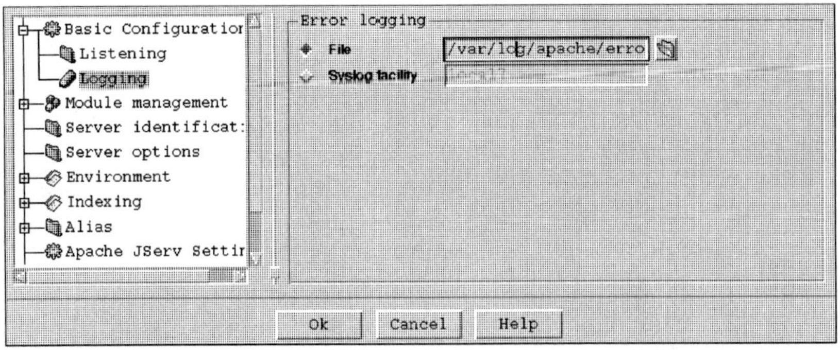

Ici, nous avons la possibilité d'indiquer dans quel fichier Apache va écrire ses erreurs : soit un fichier texte, soit Syslog.

La configuration générale continue...

Module management

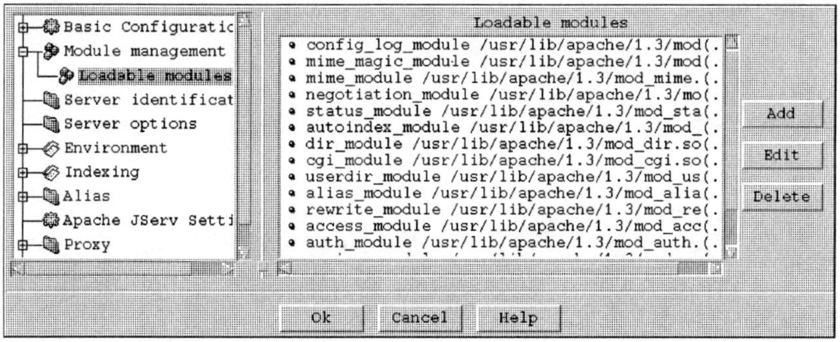

Cette option permet d'éditer la liste des modules chargés lors du démarrage d'Apache.

Alias et CGI

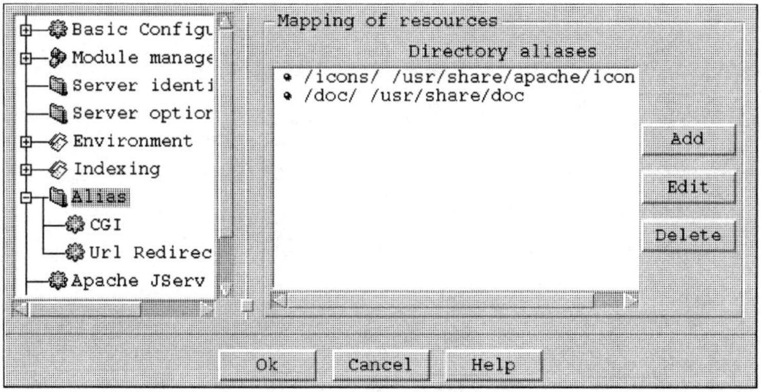

Ici vont pouvoir être définis les alias, permettant par exemple d'atteindre des répertoires extérieurs à l'arborescence du site. Nous avons comme exemple ici l'URL http://www.mon-domaine.com/icons/ permettant d'atteindre le répertoire **/usr/share/apache/icons/** extérieur à l'arborescence du serveur web qui se trouve par défaut sous **/var/www**.

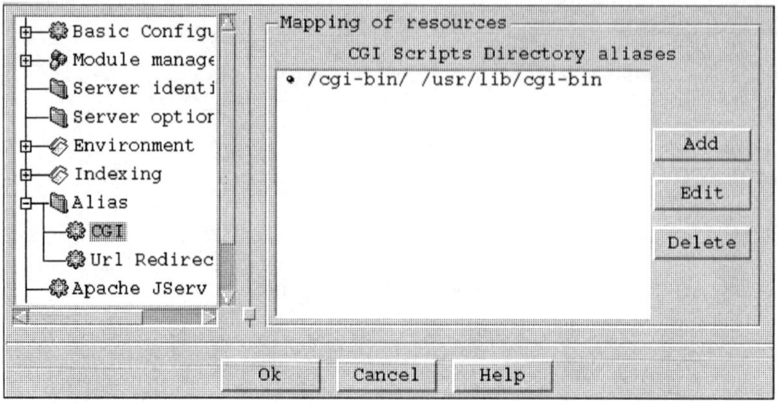

CGI permet de faire exactement la même chose qu'Alias à une différence près : ces répertoires contiendront des scripts CGI qui seront exécutés par le serveur web et dont leur sortie sera envoyée au client. Pour plus d'informations sur les CGI, voyez le chapitre 4 - A. les concernant.

Comanche permet aussi de mettre en place des hôtes virtuels. Ces derniers hériteront de la configuration générale précédente.

Pour créer un hôte virtuel, il suffit tout d'abord de sélectionner le serveur web (**Mon Apache**) à gauche, puis de cliquer sur le lien **Create a new virtual host** à droite.

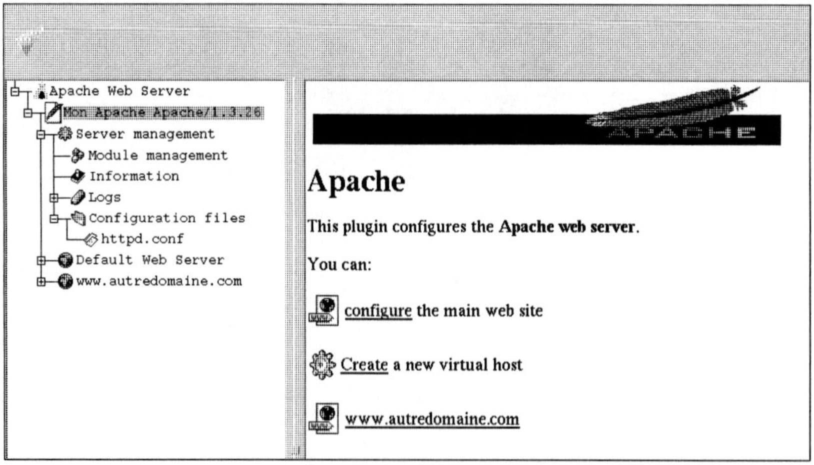

Une nouvelle fenêtre s'affiche dans laquelle il faut indiquer le nom du nouvel hôte virtuel.

Le nouveau nœud apparaît à gauche, il possède les mêmes nœuds que **Default Web Server**.

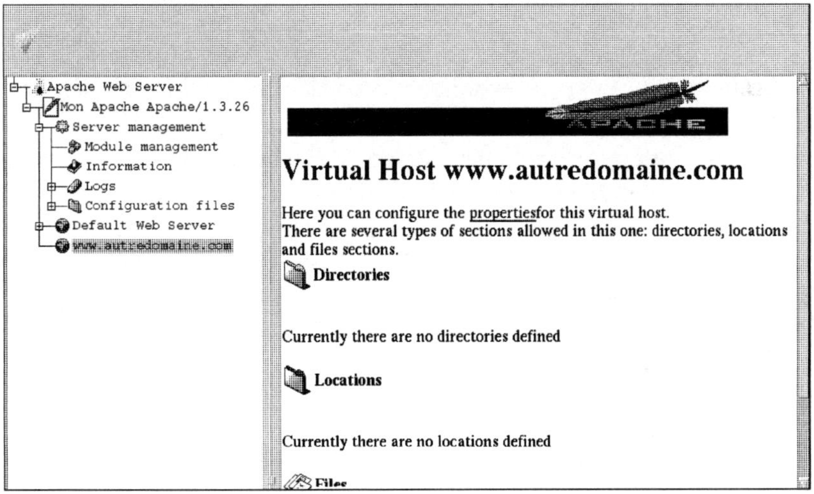

3. TkApache

a. Présentation

TkApache est un outil graphique développé à l'aide de Perl et Tk par Lance Dillon et Michael Holve. Il permet de simplifier la configuration d'un serveur Apache. Nous pouvons le trouver dans sa version 1.0 sur son site, à l'URL :
http://ultra.litpixel.com:82/TkApache/

b. Installation

TkApache peut être récupéré à l'URL suivante :
http://ultra.litpixel.com:82/TkApache/tkapache-1.0a.tar.gz

Une fois cette archive récupérée et placée où vous désirez installer le programme, il suffit de lancer les commandes suivantes en tant que Root :

```
# tar -xzvf tkapache-1.0a.tar.gz
# cd tkapache1-0a/
# ./tkapache
```

TkApache a été développé à l'aide de Perl et de Tk. C'est pourquoi il a besoin pour fonctionner correctement d'au minimum :

- Perl 5.004+ ;
- Perl::Tk (Tk800.011.tar.gz) ;
- Data::Dumper (inclus dans Perl 5.005).

Les deux derniers sont des modules Perl et peuvent être récupérés sur le site http://www.cpan.org/

Configuration

La première fois que TkApache est lancé, celui-ci affiche une fenêtre grâce à laquelle nous allons le configurer. Pour cela, il suffit de remplir les différents champs :

- **Server Root** : emplacement du binaire du serveur Apache est installé.
- **Apache Conf** : emplacement des fichiers de configuration du serveur Apache.
- **Apache Binary** : nom du binaire.
- **TkApache** : emplacement où est installé TkApache.
- **TkAPache.conf** : fichier de configuration de TkApache.
- **PS Command** : commande lancée pour lister les processus (voir la fenêtre **Process** de TkApache).
- **Logging** : permet de conserver les logs de TkApache.

c. Utilisation

La fenêtre TkApache est divisée en plusieurs onglets :

Global Options

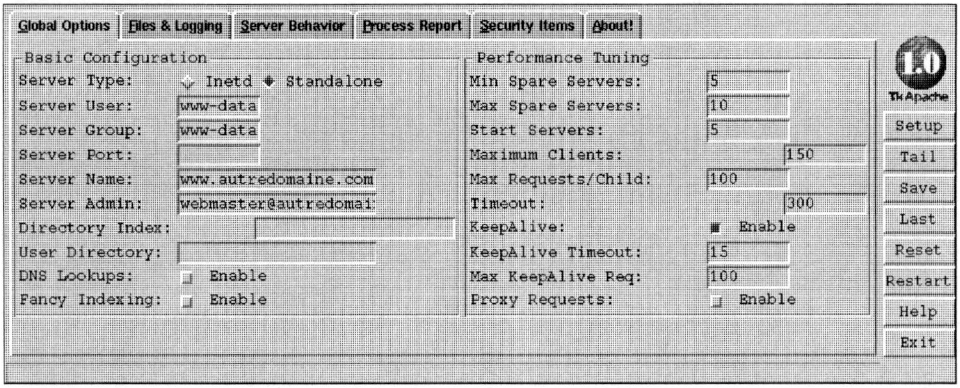

Nous retrouvons ici la configuration globale de notre serveur Apache comme son type, sous quel utilisateur et groupe il s'exécute, son port d'écoute, etc.

Files & Logging

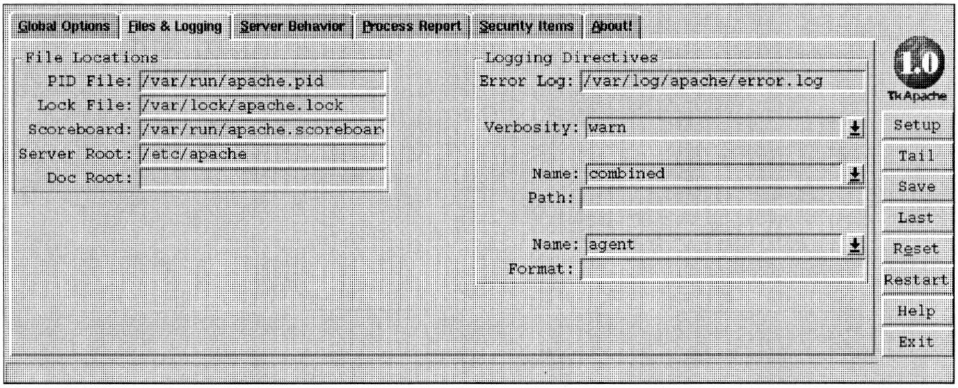

Ici, nous retrouvons toute la configuration ayant trait aux fichiers, c'est-à-dire leur emplacement et leur format. Nous y trouvons les options relatives aux fichiers de log, ainsi qu'à d'autres emplacements de fichiers comme le **Server Root** ou **PID File**, etc.

Server Behavior

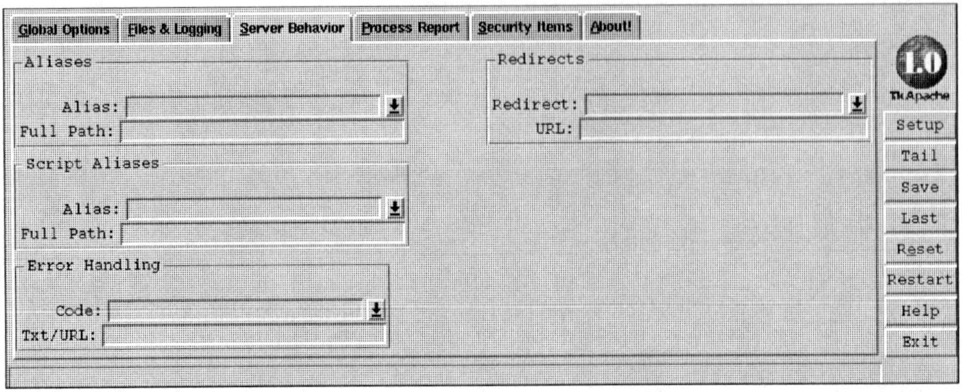

Cette partie concerne les alias, CGI et redirections du serveur Apache.

Process Report

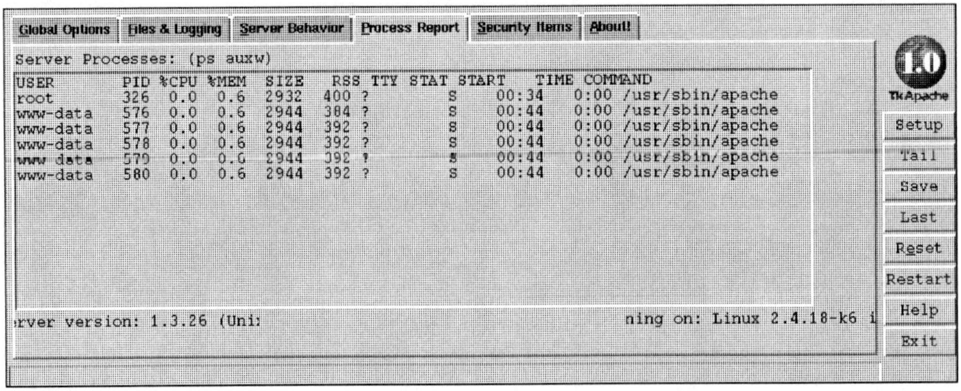

Cet onglet nous montre la sortie de la commande **PS command** configurée lors de la première utilisation de TkApache. Cette sortie est filtrée pour n'afficher que ce qui concerne les processus propres au serveur Apache.

Security Items

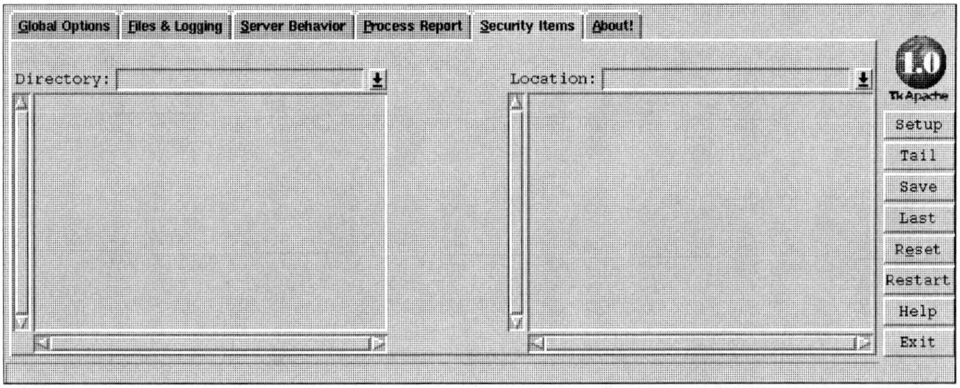

Cet onglet concerne les élements de sécurité des blocs <Directory> et <Location>.

About!

Enfin, cette fenêtre nous renseigne sur TkApache.

À droite, se trouvent différents boutons :

Setup permet d'afficher la toute première fenêtre de configuration rencontrée au tout début.

Tail permet d'ouvrir une fenêtre dans laquelle il est possible de consulter les logs du serveur Apache.

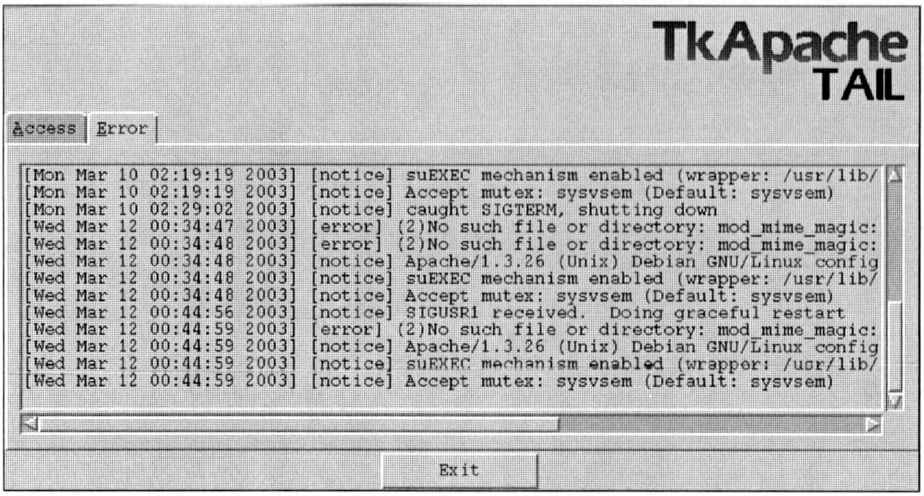

Save enregistre les modifications apportées à la configuration du serveur. Si l'option "read-only" a été activée, un fichier de configuration est créé dans le répertoire de travail (répertoire à partir duquel a été exécuté TKApache).

Last permet d'enregistrer ou charger des types de configuration.

Reset permet d'effacer les modifications de configuration faites depuis le dernier "Save" (relit le fichier de configuration du serveur).

Restart rédémarre le serveur Apache.

Help lance un navigateur Internet et affiche le page d'aide du site de TKApache.

Exit sort du programme.

Chapitre 4 : Le Web dynamique

A. Introduction

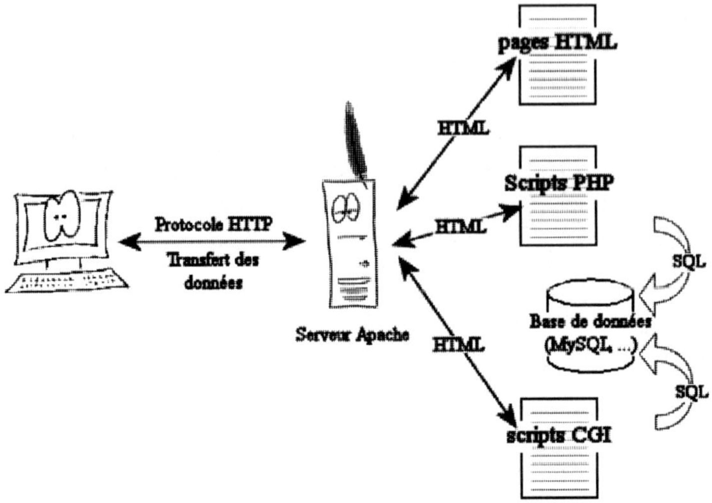

Le serveur Apache peut être configuré pour mettre à disposition des clients un contenu dynamique. Effectivement, le serveur envoie des pages HTML, mais ce langage reste statique. Il existe de nombreuses possibilités permettant de générer une page HTML en fonction de paramètres d'entrée divers.

Un contenu dynamique peut être de deux types :

- **Généré par le client**
  Le serveur envoie une page HTML contenant le plus souvent une "application" qui sera exécutée côté client, générant alors la page HTML finale qui sera affichée. Pour cela, le langage Javascript (DHTML), directement intégré à la page HTML, permet par exemple d'afficher une date, de faire apparaître des images ou des animations. Nous pouvons aussi utiliser le langage JAVA (attention, il n'a rien à voir avec Javascript !) permettant de créer des applets JAVA, applications intégrées à la page HTML. Cette façon de faire a ses défauts et qualités. Son principal défaut est sa dépendance par rapport au client, mais sa principale qualité est une meilleure interactivité. Nous ne verrons pas ici ce type de contenu puisqu'il n'a rien à voir avec la configuration d'un serveur web.
- **Généré par le serveur puis envoyé au client**
  Le serveur va tout d'abord générer une page HTML en fonction de paramètres d'entrée, puis enverra cette page au client. Le gros avantage de ce type de contenu est son indépendance vis-à-vis du client puisque celui-ci ne reçoit qu'une page HTML. Par contre, l'interactivité s'en trouve diminuée. C'est ce genre de contenu que nous allons voir dans les points suivants. Nous verrons tout d'abord les CGI (*Common Gateway Interface*) et ses langages, puis PHP (*Hypertext Preprocessor*) souvent associé avec une base de données comme par exemple MySQL. Ensuite, nous parlerons des SSI et terminerons par les contenus négociés. Nous verrons comment mettre en place tout cela sur une serveur web Apache.

B. Les CGI (Common Gateway Interface)

1. Qu'est-ce que CGI ?

CGI (*Common Gateway Interface*) est un standard décrivant l'interface entre un serveur HTTP comme Apache et des applications externes activées par ce dernier. On parle plus souvent du script CGI, l'application externe exécutée par le serveur à la demande du client (un navigateur web).

2. Les scripts CGI et leurs langages

a. Principe

Le fonctionnement d'un script CGI reste très simple : il lit sur son entrée standard ses données s'il y en a, et renvoie sur sa sortie standard ce qui sera affiché par le client.

Cette sortie peut être de différentes sortes : du HTML, une image... mais elle doit suivre au moins une règle obligatoire : avant d'envoyer ses données sur sa sortie standard, le script CGI doit tout d'abord générer un en-tête HTTP ou une partie de celui-ci. Cette sortie se divise donc en deux parties séparées par une ligne blanche : un en-tête HTTP puis les données.

Il existe deux types de script CGI suivant l'en-tête généré :

- script **Parsed Header** : le script ne génère pas tout l'en-tête et laisse le serveur Apache le compléter. Une seule ligne est obligatoire et spécifie le type de données qui sera envoyé au client ; il s'agit du champ `Content-type:` suivi du type MIME. Voici un exemple de ce que pourrait renvoyer un script CGI générant une page HTML :
  ```
  Content-type: text/html
  ```
  Ici, le type `text/html` est le type MIME standard pour un document HTML.
- script **Non Parsed Header** : le script fournit un en-tête HTTP complet, ce qui fait que le serveur Apache n'interviendra pas.

Voyons maintenant quelques-uns des langages utilisés pour la création de ces scripts. Nous verrons plus tard dans ce chapitre, au niveau des exemples de scripts CGI comment les mettre en place...

b. Le langage C

Le langage C est né au début des années 70 grâce à Denis Ritchie des laboratoires Bell. Il est lié à la conception du système Unix, mais est présent sur d'innombrables plates-formes du fait de sa puissance et de sa simplicité d'implémentation. Il s'agit d'un langage de haut niveau, efficace et portable, mais aussi proche du langage machine puisqu'il peut manipuler des objets de bas niveau. Malgré de nombreux atouts, ce langage reste peut-être trop permissif, et il n'est pas rare de se trouver face à des programmes totalement illisibles et donc difficiles à déboguer ! Ce langage reste tout de même l'un des langages les plus utilisés dans la programmation système, et même dans beaucoup d'autres domaines tels que le multimédia, les jeux, etc. Il s'agit vraiment d'un langage généraliste et surtout incontournable !

Voici un exemple tout simple de programme C, qui une fois compilé, nous donnera notre script CGI :

```
#include <stdio.h>

main(int argc, char ** argv)
{
/* en-tête : le type de données qui va suivre */
/* ici une page HTML */
printf("Content-type: text/html\n\n");

/* la donnée = une page HTML*/
printf("<HTML><HEAD><TITLE>Exemple CGI en C</TITLE></HEAD>\n");
printf("<BODY><H1>Bonjour toi !</H></BODY></HTML>\n");
}
```

Une fois ceci copié dans un fichier **bonjour.c**, nous devons le compiler pour obtenir un exécutable :

```
$ gcc bonjour.c -o bonjour
```

(ou `gcc bonjour.c -o bonjour.exe` sous Windows. gcc pour Windows peut être téléchargé à l'URL : http://www.cygwin.com/. Une autre version existe aussi à l'adresse : http://www.delorie.com/djgpp/.)

Ce script CGI ne fait qu'une chose : afficher la phrase "Bonjour toi !". Nous verrons plus loin comment mettre en place les scripts CGI pour les tester.

c. Perl

Perl est un langage interprété créé par Larry WALL. Il est optimisé pour scanner des fichiers, en extraire des informations et sortir des rapports à partir de ces informations. C'est pourquoi son nom signifie "Practical Extraction and Report Language".

Voyons notre exemple précédent cette fois-ci en Perl :

```
#!/usr/bin/perl

print "Content-type: text/html\n\n";

print "<html><head><title>Example CGI en Perl</title></head>\n";
print "<body><h1>Bonjour toi !</h1></body></html>\n";
```

Il existe mille et une façons de faire la même chose en Perl :)

d. Python

Python est un langage portable, dynamique, extensible et gratuit, qui permet une approche modulaire et orientée objet de la programmation. Python est développé depuis 1989 par Guido van Rossum et de nombreux contributeurs bénévoles et passionnées.

```
#!/usr/bin/python

print "Content-Type: text/plain\n\n"
print "<html><head><title>Example CGI en Python</title></head>\n"
print "<body><h1>Bonjour toi !</h1></body></html>"
```

e. Shell Bash

Bash est un des langages de commande, ou shell, présent sous Linux.

```
#/bin/bash
echo "Content-type: txt/html"
echo
echo "<html>"
echo "<head><title>Script CGI tout simple</title></head>"
echo "<body><center>Bonjour toi !</center></body>"
echo "</html>"
```

Certains de ces langages possèdent des bibliothèques de fonctions spécifiques à la programmation CGI, permettant de simplifier cette dernière. Ces bibliothèques permettent par exemple de récupérer facilement les variables d'un formulaire.

3. Les directives concernant les CGI

Nous allons tout d'abord voir comment configurer notre serveur Apache pour que ce dernier prenne en compte les CGI. Apache dispose de deux modules utiles aux CGIs : **mod_alias** et **mod_cgi**. Le premier permet de créer des liens entre une URL et le système de fichiers. Ce module fournit la directive `ScriptAlias` qui va nous permettre de placer nos scripts à un emplacement sécurisé du système de fichiers. Le second va permettre l'exécution des programmes externes.

Tout fichier possédant le type MIME **application/x-httpd-cgi** ou le descripteur de fichier (handler) **cgi-script** sera traité comme un script CGI et sera donc exécuté par le serveur web. Un fichier possède ces attributs s'il possède une extension définie par la directive `AddType` ou s'il se trouve dans le répertoire défini par la directive `ScriptAlias`. Attention ! Bien que possédant les bons attributs, les fichiers ne se trouvant pas dans le répertoire défini par `ScriptAlias` ne seront pas exécutés, à moins que la configuration du serveur ne possède la ligne :

```
Options ExecCGI
```

autorisant l'exécution de script CGI pour un ou plusieurs répertoires.

Voyons plus précisément toutes ces directives :

a. ScriptAlias

Syntaxe : `ScriptAlias url chemin`

Cette directive définit le répertoire désigné par `chemin` comme étant un répertoire contenant des scripts CGI. Tout fichier dans ce répertoire sera donc exécuté par le serveur Apache et sa sortie envoyée au client. `url` est un alias pointant sur ce répertoire et permettant d'accéder aux différents scripts à l'aide d'un navigateur par exemple.

Prenons l'exemple suivant :

```
ScriptAlias /cgi_bin/ /usr/local/apache/cgi-bin/
```

Si le serveur Apache reçoit l'URL http://site.mondomaine.com/cgi-bin/script.pl, il exécutera le script **/usr/local/apache/cgi-bin/script.pl** et enverra sa sortie au client.

Et comment faire si nous désirons exécuter des scripts CGIs ne se trouvant pas dans le répertoire défini par `ScriptAlias` ? Les deux directives suivantes vont nous aider et sont requises pour nous permettre cela.

b. AddHandler

Syntaxe : `AddHandler` *`nom_du_handler extension [extension ...]`*

Cette directive fait partie du module **mod_mime** et nous pourrons la retrouver au niveau de la configuration générale du serveur, ainsi qu'à l'intérieur de blocs `<VirtualHost>` et `<Directory>`, ou dans des fichiers **.htaccess**.

Elle permet d'associer une ou plusieurs extensions à un descripteur de fichier (handler). Par exemple :

```
AddHandler cgi-script .cgi
```

Cette ligne permet de définir tout fichier ayant l'extension .cgi comme étant un script CGI. Attention, l'extension est sensible à la casse ! De plus, cette directive ne suffit pas à ce que le script soit exécuté : il faut aussi définir la directive `Options +ExecCGI`.

c. Options

Pour la description de cette directive, reportez-vous au chapitre 3, section C-10.

d. Configuration à l'aide d'un fichier .htaccess

Les fichiers **.htaccess** permettent de décentraliser la configuration du répertoire où ils se trouvent. Le serveur Apache vérifie la présence d'un fichier **.htaccess** et applique les directives s'y trouvant au répertoire qui le contient. La prise en compte des fichiers **.htaccess** est activée à l'aide de la directive `AllowOverride` de la configuration générale.

Nous désirons autoriser l'exécution des scripts CGI pour un répertoire donné. Pour cela, nous pouvons utiliser un fichier **.htaccess** que nous placerons dans ce dernier. Tout d'abord, nous devons placer la directive suivante dans la configuration générale :

```
AllowOverride Options
```

Cette directive autorise les directives `Options` à l'intérieur d'un **.htaccess**.

Enfin, dans notre fichier **.htaccess**, nous placerons :

```
Options +ExecCGI
```

4. Exemples de script CGI

Maintenant que nous avons configuré notre serveur correctement pour qu'il puisse exécuter les scripts CGI, voyons quelques exemples de script.

Ces scripts seront copiés dans un répertoire ayant les droits d'exécution CGI au niveau du serveur. Nous considérerons qu'il s'agit du répertoire **/usr/lib/cgi-bin**, configuré à l'aide des lignes suivantes au niveau de la configuration générale du serveur :

```
ScriptAlias /cgi-bin/ /usr/lib/cgi-bin/
<Directory /usr/lib/cgi-bin/>
    AllowOverride None
    Options ExecCGI
    Order allow,deny
    Allow from all
</Directory>
```

N'oublions pas de charger les modules **cgi** et **alias** si besoin est :

```
LoadModule cgi_module /usr/lib/apache/1.3/mod_cgi.so
LoadModule alias_module /usr/lib/apache/1.3/mod_alias.so
```

À cela, s'ajoute un handler pour les CGIs. Nous considérerons que les fichiers ayant les extensions **.cgi**, **.sh** et **.pl** sont des scripts CGI. À cela, nous ajoutons la prise en compte des fichiers **.shtml** en tant que fichiers HTML contenant des commandes SSI. Reportez-vous au point sur les SSI dans ce même chapitre pour plus d'informations. Ici, nous en aurons besoin pour exécuter certains scripts CGI lors du chargement de la page HTML.

```
<IfModule mod_mime.c>
    AddHandler cgi-script .cgi .sh .pl

    AddType text/html .shtml
    AddHandler server-parsed .shtml
</IfModule>
```

Pour prendre en compte SSI, nous avons aussi besoin de charger son module (modifiez le chemin suivant votre installation) et d'activer l'option `Includes` pour le répertoire où nous mettrons nos fichiers **.shtml** (la racine du site par exemple):

```
LoadModule includes_module /usr/lib/apache/1.3/mod_include.so

<Directory /var/www/>
    Options Includes
    AllowOverride None
    Order allow,deny
    Allow from all
</Directory>
```

Ensuite, nous ferons en sorte que le possesseur de ce script soit celui défini par la directive `User` du serveur. Nous ferons de même pour le groupe. Prenons par exemple notre programme précédent, bonjour.pl en Perl :

```
# chown www-user.www-group ./bonjour.pl
```

Enfin, nous leur donnerons les droits de lecture et d'exécution :

```
# chmod 550 ./bonjour.pl
```

Si nous avons placé ce script dans le répertoire **/usr/lib/cgi-bin/** et si dans notre navigateur nous entrons l'URL http://site1.mondomaine.com/cgi-bin/bonjour.pl, nous obtiendrons le message "Bonjour toi !" au centre de la page.

Voyons maintenant quelques exemples de script plus construits dans ces différents langages et leur explication :

Compteur au format texte du nombre de visites de la page HTML en Perl

Voici la source de ce script :

```
#!/usr/bin/perl

print "Content-type: text/plain\n\n";

open (FIC, "<compteur.dat") || &error;
$compteur = <FIC>;
close(FIC);

$compteur++;
print "$compteur";

open (FIC, ">compteur.dat") || &error;
print FIC "$compteur";
close(FIC);
                                                    .../...
```

```
.../...
exit;

sub error
{
  print "error : Could not open data file.<br>";
  exit;
}
```

Quelques explications :
La première ligne indique où trouver l'interpréteur Perl. La seconde ligne envoie sur la sortie standard l'en-tête HTML spécifiant le type des données qui seront envoyées. Les trois lignes suivantes ouvrent le fichier **compteur.dat** en lecture, placent son contenu dans la variable **compteur** puis ferment le fichier. Ensuite, nous incrémentons la valeur récupérée à l'aide de la ligne `$compteur++;` puis nous l'affichons. Les trois lignes suivantes ouvrent le fichier **compteur.dat** en écriture, y écrivent la valeur de la variable **compteur** puis ferment le fichier. Enfin, `exit;` permet de sortir du script. En fin de script, est définie une fonction `error` permettant d'afficher un message d'erreur si l'ouverture du fichier **compteur.dat** pose problème (`|| &error`).

Voyons comment tester notre script maintenant. Copions-le dans le répertoire CGI et donnons-lui les bons droits et propriétaires :

```
# cp compteur.pl /usr/lib/cgi-bin/
# cd /usr/lib/cgi-bin/
# chown www-user www-group ./compteur.pl
# chmod 550 ./compteur.pl
```

Ensuite, créons un fichier **compteur.dat** dans ce même répertoire, accessible en écriture :

```
# touch compteur.dat
# chown www-user www-group ./compteur.dat
# chmod 770 ./compteur.pl
```

Enfin, nous allons créer une page HTML contenant une commande SSI nous permettant d'exécuter notre script CGI lors de son chargement :

```
# cd /var/www
# vi compteur.shtml

<html>
 <head>

  <title>Essai de mon script CGI compteur.pl en Perl</title>
 </head>
                                                        .../...
```

```
.../...
 <body>
  <div align="center">
   Cette page a été visitée <!--#Exec cgi="cgi-bin/compteur.pl"--> fois
  </div>
 </body>

</html>
```

Maintenant dans notre navigateur préféré, nous tapons l'URL suivante (à modifier suivant votre domaine) : http://www.mondomaine.com/compteur.shtml. Et à chaque rafraîchissement de cette page, notre compteur doit s'incrémenter !

Whois en Bash

La commande `whois` permet d'obtenir des informations sur un nom de domaine. Des options sont disponibles :

`-h host`

permet de définir un serveur sur lequel se connecter pour obtenir les différentes informations.

`-p port`

permet de définir le port sur lequel se connecter.

`-H`

permet de ne pas afficher des informations propres à l'organisme chargé d'enregistrer les noms de domaine.

`-V`

augmente le nombre d'informations affichées.

Voici notre page HTML :

```
<html>
 <head>
  <title>Whois en Bash</title>
 </head>

 <body>
  <div align="center">
   <form action="cgi-bin/whois.sh" method="GET">
    Whois : <input name="whois" type="text"><br />
    Host to connect : <input name="host" type="text"><br />
    Port to connect : <input name="port" type="int"><br />
    Be Verbose <input type="checkbox" value="1" name="verbose"><br />
    Not display the legal disclaimers some registries like to show you
    <input type="checkbox" value="1" name="H"><br />
    <input type="submit" value="Whois">
   </form>
  </div>
 </body>

</html>
```

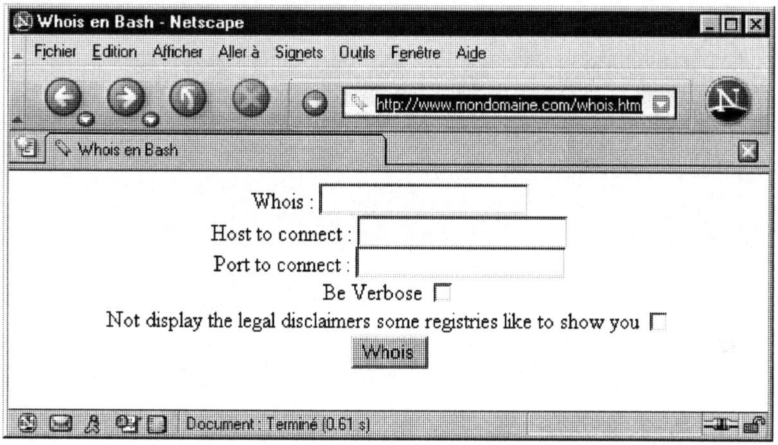

Normalement, seul le champ `Whois` est requis ! Voyons maintenant le source de notre script en Bash :

```
#!/bin/bash

echo "Content-Type: text/html"
echo

# si la requête est nulle
if [ -z "$QUERY_STRING" ]  && [ -r whois.html ];then
  cat whois.html
else

# sinon on analyse :)
WHOIS=`echo $QUERY_STRING | awk -F "&" '{print $1}' | awk -F
"=" '{print $2}'`
HOST=`echo $QUERY_STRING | awk -F "&" '{print $2}' | awk -F
"=" '{print $2}'`
PORT=`echo $QUERY_STRING | awk -F "&" '{print $3}' | awk -F
"=" '{print $2}'`
VERBOSE=`echo $QUERY_STRING | awk -F "&" '{print $4}' | awk -F
"=" '{print $2}'`
H=`echo $QUERY_STRING | awk -F "&" '{print $5}' | awk -F
"=" '{print $2}'`

  echo "<HTML>"
  echo " <HEAD>"
  echo "  <TITLE>"
  echo "   whois : $WHOIS"
  echo "</TITLE>"
  echo "</HEAD>"

  echo "<BODY>"

  echo " <div align=\"center\">"
  echo "  <table width=\"600\" border=\"0\">"
  echo "   <tr><td><b>"

  OPTION=""
  if [ -n "$HOST" ];then
   OPTION="$OPTION -h $HOST"
  fi
  if [ -n "$PORT" ];then
   OPTION="$OPTION -p $PORT"
  fi
  if [ $VERBOSE ];then                                    .../...
```

```
.../...
    OPTION="$OPTION -V"
   fi
   if [ $H ];then
    OPTION="$OPTION -H"
   fi

   whois $OPTION "$WHOIS" 2>&1 | perl -ne 's/\n/<br \/>/; print'
   echo "    </b></td></tr>"
   echo "   </table>"
   echo " </div>"

   echo "</BODY>"
   echo "</HTML>"

fi
```

Évidemment, ce script pourrait être optimisé, plus précis, etc. mais nous préférons rester simple. Voici maintenant les quelques explications :

`#!/bin/bash` indique où trouver l'interpréteur Bash.

```
echo "Content-Type: text/html"
echo
```

Envoie sur la sortie standard l'en-tête HTML suivi d'une ligne vide.

```
if [ -z "$QUERY_STRING" ]  && [ -r whois.html ];then
  cat whois.html
```

Nous testons si la variable d'environnement `QUERY_STRING` contenant les valeurs des différents champs est vide et si la page `whois.html` existe. Dans un cas positif, on réaffiche la page `whois.html` à l'aide d'un `cat`. Dans un cas négatif, on continue avec ce qui suit le `else`.

```
else
WHOIS=`echo $QUERY_STRING | awk -F "&" '{print $1}' | awk -F
"=" '{print $2}'`
HOST=`echo $QUERY_STRING | awk -F "&" '{print $2}' | awk -F
"=" '{print $2}'`
PORT=`echo $QUERY_STRING | awk -F "&" '{print $3}' | awk -F
"=" '{print $2}'`
VERBOSE=`echo $QUERY_STRING | awk -F "&" '{print $4}' | awk -F
"=" '{print $2}'`
H=`echo $QUERY_STRING | awk -F "&" '{print $5}' | awk -F
"=" '{print $2}'`
```

Ici, nous récupérons les valeurs des différents champs contenus dans la variable QUERY_STRING. Elle est de la forme :
variable=valeur&variable2=valeur2& etc

Le premier awk de chaque ligne décompose la variable au niveau du caractère & et récupère la première partie, puis la seconde, etc. Enfin le second awk de chaque ligne décompose la partie récupérée au niveau du signe = et renvoie son contenu de droite, c'est-à-dire la valeur, qui sera placée dans sa variable (WHOIS, HOST, etc).

```
echo "<HTML>"
echo " <HEAD>"
echo "  <TITLE>"
echo "   whois : $WHOIS"
echo "</TITLE>"
echo "</HEAD>"
echo "<BODY>"
echo " <div align=\"center\">"
echo "  <table width=\"600\" border=\"0\">"
echo "   <tr><td><b>"
```

Ici, nous envoyons sur la sortie standard le début de la page HTML qui sera affichée.

```
OPTION=""
if [ -n "$HOST" ];then
 OPTION="$OPTION -h $HOST"
fi
if [ -n "$PORT" ];then
 OPTION="$OPTION -p $PORT"
fi
if [ $VERBOSE ];then
 OPTION="$OPTION -V"
fi
if [ $H ];then
 OPTION="$OPTION -H"
fi
```

Nous construisons la variable OPTION avec les valeurs récupérées précédemment.

```
whois $OPTION "$WHOIS" 2>&1 | perl -ne 's/\n/<br \/>/; print'
```

Nous appelons la commande whois suivie de ses options et du nom de domaine recherché. Nous faisons en sorte que tout soit renvoyé sur la sortie standard, même les erreurs, à l'aide de 2>&1. Ensuite, cette sortie est envoyée à une commande Perl remplaçant toutes les fins de ligne par un tag HTML <br />.

```
echo "   </b></td></tr>"
echo "  </table>"
echo " </div>"
echo "</BODY>"
echo "</HTML>"

fi
```

Enfin, on termine la page HTML et le IF-ELSE du début.

La mise en place du script est identique à ce que nous avons vu précédemment (copie dans le répertoire **/usr/lib/cgi-bin**, changement des droits et du propriétaire, copie de la page html vers le répertoire racine du site...).

Voici ce que nous donne ce script comme résultat de recherche :

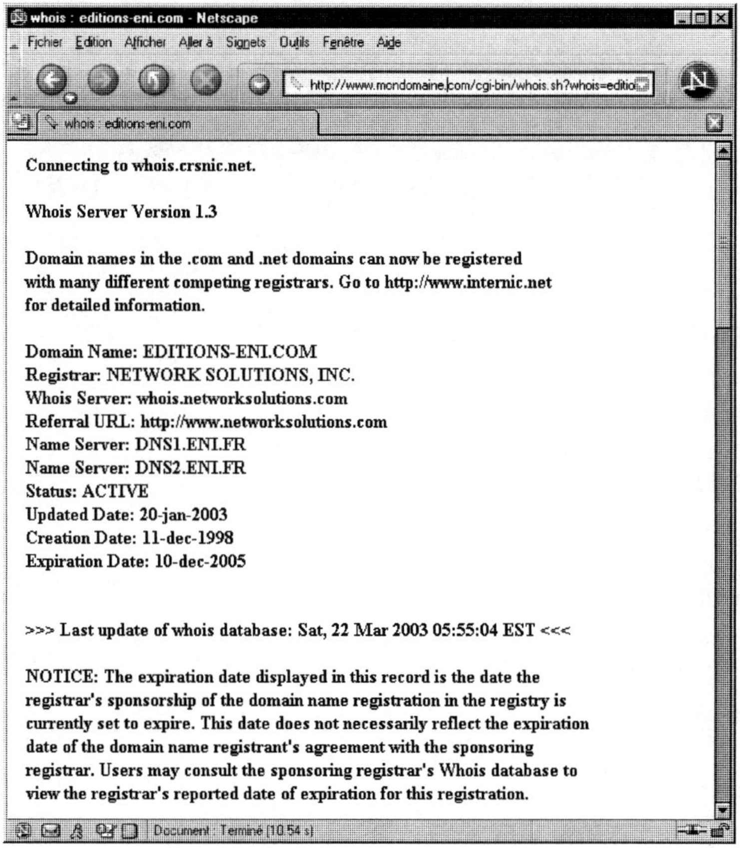

Nous vous avons présenté ici des exemples tout simples. N'oublions pas que pour chaque langage, il existe des bibliothèques permettant de faire bien plus ! Par exemple, nous trouverons pour Perl un nombre important de modules sur le site http://www.cpan.org. Nous trouverons notamment le module CGI.pm. N'hésitez pas à parcourir le web à la recherche de tel module ou bibliothèque !

5. Déboguer

Il arrive toujours un moment où notre script CGI ne fonctionne pas ! Il faut alors trouver pourquoi. Les fichiers de log nous aideront souvent à trouver notre erreur. Nous les verrons dans le point suivant. Voyons tout d'abord les erreurs les plus fréquentes :

a. Permission des scripts

Si notre serveur Apache affiche un message "Forbidden" lors d'un accès au script, c'est que nous sommes en face d'un problème de permission sur ce dernier. Effectivement, il ne faut pas oublier que le serveur exécute ce script en tant qu'utilisateur défini par la directive `User`. Le script doit donc posséder des droits suffisants permettant à cet utilisateurs de l'exécuter et si besoin aussi d'accéder en écriture à certains fichiers (voyez notre compteur texte dans le point précédent).

Un bon moyen de s'assurer que le script possède des droits suffisants est de se connecter en tant qu'utilisateur défini par Apache et d'exécuter son script.

b. Affichage du code source du script

Il se peut que lors de l'appel du script, son code source s'affiche : notre serveur Apache est donc mal configuré ! Plusieurs points à vérifier :

1. Est-ce que le module CGI est bien chargé ?
2. Est-il placé dans un répertoire possédant le droit d'exécuter des scripts CGI ?
3. Le handler CGI est-il bien configuré ? Le script possède-t-il la bonne extension ?

c. Content-type

Surtout il ne faut pas oublier l'en-tête HTML que tout script CGI doit envoyer. Le minimum à envoyer est le champ `Content-type` qui spécifie le type de donnée : vérifiez la valeur de ce champ !

d. Quelques petits trucs et astuces

Pour terminer, voici quelques petits trucs :

- N'hésitez pas à parsemer votre script d'instructions `print` (ou `echo` suivant le langage) permettant de définir où l'erreur se produit. La méthode "print('toto')" a fait ses preuves : elle fonctionne ;-)
- Chaque langage a ses spécificités permettant de simplifier la recherche d'erreurs et de les éviter : utilisez-les ! Par exemple, Perl possède l'option `-w` qui permet d'afficher des messages d'alarme sur la syntaxe du script. En utilisant aussi l'instruction `use strict` en Perl, cela permet d'éviter de nombreuses erreurs !
- Le serveur web met à disposition des scripts quelques variables d'environnement bien utiles. Vous pourrez trouver leur description à l'adresse : http://hoohoo.ncsa.uiuc.edu/cgi/env.html. Une autre manière d'obtenir la valeur de ces variables est d'écrire un script CGI les affichant.

Voici un exemple en Perl :

```
#!/usr/bin/perl
 print "Content-type: text/html\n\n";
 print "<html><head><title>Variables d'environnement</title></head>
<body>";
 foreach $key (keys %ENV) {
  print "$key --> $ENV{$key}<br>";
 }
 print "</body></html>";
exit;
```

N'hésitez pas à insérer la partie `foreach...{}` au début de vos scripts, après l'envoi de l'en-tête HTML. Cela permet de vérifier les valeurs passées à votre script !

6. Les logs CGI

Les fichiers de logs vont nous permettre de savoir tout ce qui se passe sur notre serveur Apache en ce qui concerne les CGIs et donc de cibler nos erreurs quand il y en aura. Nous allons tout d'abord voir le format de ces fichiers, puis comment les mettre en place à l'aide de directives spécifiques.

Une fois notre serveur correctement configuré, toutes les erreurs CGI seront loguées. Chacune de ces erreurs génère une série de lignes dont les deux premières sont au format suivant :

```
%% [date] ligne_de_requête
%% statut_HTTP nom_du_script_CGI
```

Dans le cas où le script ne pourrait être exécuté, le fichier de log contiendra les deux lignes suivantes :

```
%%error
message_d'erreur
```

Enfin, si le script retourne des informations incorrectes, comme un mauvais en-tête, nous trouverons les informations suivantes dans le fichier de log :

```
%request
ici, toutes les requête reçues
%response
tous les en-têtes générés par le script CGI
%stdout
la sortie standard du script CGI
%stderr
les erreurs générées par le script CGI
```

Voyons maintenant les directives du module **mod_cgi** permettant la mise en place de ces logs :

a. ScriptLog

Syntaxe : `ScriptLog` *`fichier`*

Cette directive permet de définir le fichier dans lequel seront loguées les erreurs.

`fichier` est le chemin absolu vers le fichier de log, ou relatif (ne commençant pas par /) au répertoire défini par la directive `ServerRoot`.

Ce fichier de log sera utilisé avec les droits de l'utilisateur défini à l'aide de la directive `User`. C'est pourquoi il faut s'assurer que les droits pour y accéder sont suffisants !

Voici un exemple :

```
ScriptLog /var/log/apache/error.log
```

b. ScriptLogLength

Syntaxe : `ScriptLogLength` *`octets`*

Cette directive définit la taille en octets du fichier de log. Par défaut, la valeur est 10385760. Si cette taille est atteinte, plus aucune erreur ne sera écrite dans ce fichier !

c. ScriptLogBuffer

Syntaxe : `ScriptLogBuffer` *`octets`*

Cette directive définit la taille des requêtes PUT ou POST qui seront loguées de façon à ce que le fichier de log ne grossisse pas trop vite. Par défaut, il s'agit de 1024 octets.

C. PHP et MySQL

Nous allons maintenant introduire le couple PHP/MySQL qui va nous permettre de dynamiser notre contenu HTML. À la différence des scripts CGI qui sont placés en dehors de l'arborescence du site, les pages PHP seront placées dans cette arborescence.

Nous allons tout d'abord voir ce que sont PHP et MySQL. Ensuite, nous les installerons et verrons la configuration d'Apache pour qu'il les prenne en compte. Enfin, quelques exemples très simples vous permettront de vous faire une idée plus précise du fonctionnement de ces deux outils maintenant quasi-incontournables de l'Internet.

1. Présentation de PHP et MySQL

a. PHP (http://www.php.net)

Les prémices du langage PHP sont apparus en 1994 sur le site de Rasmus Lerdof. À l'époque, ils ne servaient qu'à garder trace des consultations de son CV. C'est début 1995 que la première version publique fut disponible. Elle fut améliorée durant l'année 95 et la version 2 sortit, nommée PHP/FI. Elle permettait l'analyse des formulaires HTML (FI : *Form Interpreter*) et supportait les bases mSQL. La popularité de ce langage ne cessa d'augmenter durant les années 96 et 97. L'analyseur fut totalement réécrit par Zeev Suraski et Andi Gutmans : la version 3 apparut alors, nommée PHP. Aujourd'hui, PHP utilise le moteur d'analyse Zend et se trouve dans sa version 4. Ce langage ne cesse de s'améliorer et de s'étendre d'un point de vue fonctionnalités.

PHP est un langage de script exécuté côté serveur. La grande différence avec ce que nous avons vu au sujet des scripts CGI est que son code est inclus dans la page HTML, entre un balise de début et de fin de script. PHP permet de faire énormément de choses comme générer des documents PDF, des images, des contenus HTML, gérer divers protocoles... De plus, il supporte aujourd'hui de nombreuses bases de données comme par exemple InterBase, Oracle, Sybase, PostgreSQL, MySQL...

b. MySQL (http://www.mysql.com)

MySQL est un serveur open-source de base de données SQL (*Structured Query Language*) multiutilisateur et multitraitement. Ses grandes qualités sont sa rapidité et sa robustesse. De plus, il est plutôt simple d'utilisation et peut gérer de très grandes bases de données.

2. Installation et configuration de PHP

a. Sous Linux

Sous Linux, le package PHP dépend de la distribution utilisée. Par exemple, pour Debian, l'installation PHP consiste à un appel à `apt-get` pour installer le package .deb :

```
$ su -
password:
# apt-get install php4
```

Nous allons voir une installation plus généraliste à partir des sources, mais il ne faut pas hésiter à utiliser le package propre à la distribution utilisée car celui-ci a été fait de façon à ce que PHP fonctionne correctement dans cette dernière en respectant par exemple son arborescence.

Installation

Tout d'abord, récupérons les dernières sources tar.gz sur le site PHP :
http://www.php.net/downloads.php

Il existe différentes façons de compiler et d'installer PHP. Il peut être intégré au binaire httpd du serveur Apache, être compilé en tant que module ou en tant qu'exécutable CGI, etc. Nous ne verrons que la méthode permettant d'obtenir le module Apache.

Occupons-nous de l'archive PHP :

```
$ tar -xzvf php-x.x.x.tar.gz
```

Allons dans le répertoire ainsi créé et configurons la compilation. Nous allons indiquer que nous désirons gérer des bases de données MySQL à l'aide de l'option `--with-mysql` et que nous désirons obtenir un module Apache à l'aide de l'option `--with-apxs`. L'option `--with-config-file-path` nous permet d'indiquer où sera placé le fichier de configuration de PHP. Ensuite, nous lançons la compilation à l'aide de la commande `make` :

```
$ cd ../php-x.x.x
$ ./configure --with-mysql --with-apxs --with-config-file-path=/etc/php
creating cache ./config.cache
checking for Cygwin environment... no
checking for mingw32 environment... no
checking for working sed... sed
checking host system type... i586-pc-linux-gnu
Updated php_version.h
checking for gcc... gcc
checking whether the C compiler (gcc  ) works... yes
...
creating main/internal_functions_cli.c

+--------------------------------------------------------------+
|                    *** WARNING ***                           |
|                                                              |
| You chose to compile PHP with the built-in MySQL support.   |
| If you  are compiling a server module, and intend to use    |
| other server modules that also use MySQL (e.g,              |
| mod_auth_mysql, PHP 3.0, mod_perl) you must NOT rely on     |
| PHP's built-in MySQL support, and instead build it with     |
| your local MySQL support files, by adding --with-mysql=     |
| /path/to/mysql to your configure line.                      |
+--------------------------------------------------------------+
| License:                                                     |
| This software is subject to the PHP License, available in   |
| this distribution in the file LICENSE. By continuing this   |
| installation  process, you are bound by the terms of this   |
| license agreement.                                          |
| If you do not agree  with the terms of  this license, you   |
| must abort the installation process at this point.          |
+--------------------------------------------------------------+
|                       *** NOTE ***                           |
|        The default for register_globals is now OFF!         |
|                                                              |
| If your application  relies on register_globals being ON,  |
| you should explicitly set it to on in your php.ini file.    |
| Note that you are strongly encouraged to read               |
| http://www.php.net/manual/en/security.registerglobals.php   |
| about the  implications of having register_globals set to   |
| on, and avoid using it if possible.                         |
+--------------------------------------------------------------+     .../...
```

```
.../...
Thank you for using PHP.
$ make
/bin/sh libtool --silent --mode=compile gcc  -Iext/ctype/ -I/home/miky/
php-4.3.1/ext/ctype/ -DPHP_ATOM_INC -I/home/miky/php-4.3.1/include -
I/home/miky/php-4.3.1/main -I/home/miky/php-4.3.1 -I/home/miky/php-4.3.1/
Zend -I/home/miky/php-4.3.1/ext/xml/expat  -DLINUX=22 -DEAPI -DTARGET=
"apache" -DDEV_RANDOM=/dev/random -DUSE_HSREGEX -D_LARGEFILE_SOURCE
-D_FILE_OFFSET_BITS=64 -I/home/miky/php-4.3.1/TSRM  -g -O2  -prefer-pic
 -c /home/miky/php-4.3.1/ext/ctype/ctype.c -o ext/ctype/ctype.lo

$
```

N'hésitez surtout pas à prendre connaissance des options de `configure`. Elles permettent d'activer de nombreuses fonctionnalités de PHP comme par exemple la prise en compte de la librairie graphique **gd** avec l'option `--with-gd` suivie du chemin où se trouve installée cette dernière, ou la prise en compte d'autres bases de données, etc.

Si par hasard, lors de la configuration l'exécutable **apxs** n'est pas trouvé et qu'il est effectivement présent sur notre serveur, nous pouvons indiquer son chemin à la suite de l'option `--with-apxs` :

`--with-apxs=/usr/bin/apxs par exemple`

De même, si MySQL n'a pas été installé dans son répertoire par défaut (**/usr/local**), on peut indiquer le chemin d'accès du répertoire à la suite de l'option `--with-mysql` :

`--with-mysql=/usr/bin par exemple`

Enfin, passons sous Root pour installer la librairie **libphpx.so** obtenue et son fichier de configuration **php.ini** :

```
$ su -
password:
# make install
Installing PHP CLI binary:        /usr/local/bin/
Installing PHP SAPI module
[activating module 'php4' in /etc/apache/httpd.conf]
cp libs/libphp4.so /usr/lib/apache/1.3/libphp4.so
chmod 755 /usr/lib/apache/1.3/libphp4.so
cp /etc/apache/httpd.conf /etc/apache/httpd.conf.bak
cp /etc/apache/httpd.conf.new /etc/apache/httpd.conf
rm /etc/apache/httpd.conf.new
Installing shared extensions:     /usr/local/lib/php/extensions/
no-debug-non-zts-20020429/
Installing PEAR environment:      /usr/local/lib/php/
[PEAR] Archive_Tar    - installed: 0.9
[PEAR] Console_Getopt - installed: 1.0
[PEAR] PEAR           - installed: 1.0b3                     .../...
```

```
.../...
[PEAR] DB              - installed: 1.3
[PEAR] HTTP            - installed: 1.2
[PEAR] Mail            - installed: 1.0.1
[PEAR] Net_SMTP        - installed: 1.0
[PEAR] Net_Socket      - installed: 1.0.1
[PEAR] XML_Parser      - installed: 1.0
[PEAR] XML_RPC         - installed: 1.0.4
Installing build environment:     /usr/local/lib/php/build/
Installing header files:          /usr/local/include/php/
Installing helper programs:       /usr/local/bin/
  program: phpize
  program: php-config
  program: phpextdist
```

Configuration

Tout d'abord, configurons notre serveur Apache pour qu'il prenne en compte PHP. Pour cela, dans son fichier de configuration **httpd.conf**, nous devrons trouver les lignes suivantes :

Pour PHP 3 : `AddType application/x-httpd-php3 .php3`

Pour PHP 4 : `AddType application/x-httpd-php .php`

Ces lignes permettent au serveur Apache de reconnaître des fichiers portant l'extension **.phpx** comme étant des fichiers comportant des commandes PHP. L'extension est ici une suggestion : nous pouvons mettre ce que nous voulons !

```
LoadModule php4_module libexec/libphp4.so
```

permettant de charger le module PHP4 (remplacez 4 par 3 s'il s'agit de la version 3 de PHP).

Enfin, si à un endroit du fichier **httpd.conf** la directive `ClearModuleList` est utilisée, nous devrons trouver en plus la ligne suivante :

```
AddModule mod_php4.c
```

Notre serveur Apache est configuré. Voyons maintenant la configuration de PHP dans le fichier **php.ini** (**php3.ini** pour la version 3 de PHP).

Les lignes commençant par le caractère ";" sont des commentaires et sont donc ignorées. De même les lignes de la forme `[NOM]` ne sont que des balises indiquant une section et sont donc ignorées. Normalement, ce fichier doit être correctement configuré. Voyons seulement la signification de certaines variables par type :

Les options du langage PHP :

`engine = on|off` : permet d'activer ou désactiver la prise en charge de PHP par Apache

```
engine = On
```

short_open_tag = on|off : permet de placer des commandes PHP dans un fichier HTML entre les tags <? et ?>. Si cette option n'est pas activée, seuls les tags <?php...?> et <script>...</script> sont reconnus.

```
short_open_tag = On
```

asp_tags = on|off : permet d'utiliser les tags ASP <% ... %> en place des tags <?php...?>.

```
asp_tags = Off
```

open_basedir = liste de répertoires : permet de limiter l'espace où PHP peut ouvrir des fichiers. Plusieurs répertoires peuvent être indiqués en les séparant par un caractère : (; sous Windows).

```
open_basedir = /var/www/site1/temp/ : '/var/www/temp/
```

disable_functions = liste de fonctions : permet de désactiver une liste de fonctions PHP. Cette liste utilise le caractère "," pour séparer les différentes fonctions.

include_path = liste de répertoires : permet d'indiquer une liste de répertoires où PHP ira chercher les fichiers à inclure à l'aide des commandes PHP require() et include(). Ces répertoires sont séparés par un caractère ":" (; sous windows).

```
include_path = /php/includes/
```

Les options concernant les ressources :

max_execution_time = entier : permet d'indiquer en secondes le temps maximal d'exécution d'un script PHP.

```
max_execution_time = 30
```

memory_limit = entier : permet d'indiquer la taille maximale de la mémoire que pourra utiliser un script PHP.

```
memory_limit = 8M
```

Transfert des fichiers :

file_uploads = on|off : permet d'autoriser ou non l'upload de fichier sur le serveur.

```
file_uploads = On
```

upload_tmp_dir = répertoire : permet d'indiquer un répertoire où seront uploadés les fichiers.

```
upload_file = /var/temp
```

upload_max_filesize = entier : permet d'indiquer la taille maximale des fichiers qui peuvent être uploadés.

```
upload_max_filesize = 2M
```

Les options concernant les erreurs :

Nous pouvons indiquer quelles seront les erreurs copiées dans le fichier de log à laide d'un champ de bits. Chaque type d'erreur correspond à une variable indiquée ci-dessous :

- `E_ALL` : les erreurs et avertissements ;
- `E_ERROR` : les erreurs d'exécution ;
- `E_WARNING` : les avertissements d'exécution ;
- `E_PARSE` : les erreurs de code PHP ;
- `E_NOTICE` : possibilité d'une erreur dans le code PHP. Celle-ci peut être intentionnelle ;
- `E_CORE_ERROR` : les erreurs fatales ayant lieu lors du démarrage de PHP ;
- `E_CORE_WARNING` : les avertissements ayant lieu durant le démarrage de PHP ;
- `E_COMPILE_ERROR` : les erreurs de compilation ;
- `E_COMPILE_WARNING` : les avertissements de compilation ;
- `E_USER_ERROR` : message d'erreur utilisateur ;
- `E_USER_WARNING` : message d'avertissement utilisateur ;
- `E_USER_NOTICE` : message d'avertissement utilisateur d'une possibilité d'erreur dans le code PHP (elle peut être intentionnelle).

Ces différentes erreurs peuvent être prises en compte ou non en les combinant à l'aide d'opérateurs binaires :

- | OU binaire ;
- & ET binaire ;
- ~ NON binaire ;
- ! NON booléen.

Enfin, nous utiliserons l'option `error_reporting` pour indiquer ces types d'erreur. Voyons un exemple permettant de loguer toutes les erreurs sauf celles concernant les erreurs probablement intentionnelles :

```
error_reporting = E_ALL & ~E_NOTICE
```

ou permettant seulement le log des erreurs et non des avertissements :

```
error_reporting = E_COMPILE_ERROR|E_ERROR|E_CORE_ERROR
```

`display_errors = on|off` : permet d'afficher les erreurs sur une page HTML lorsqu'elles se produisent lors de l'exécution d'un script PHP. Attention ! Il faut éviter d'activer cette option sur un site en production !

```
display_errors = Off
```

`error_log = fichier` : permet d'indiquer dans quel fichier seront logués les erreurs et avertissements définis.

Ce ne sont que quelques options ! La documentation de PHP et ses exemples de fichiers de configuration en présentent beaucoup d'autres. Il ne faut donc pas hésiter à les consulter.

En fait, toute la configuration de PHP4 peut aussi être effectuée ou modifiée à partir du fichier de configuration d'Apache, c'est-à-dire **httpd.conf**. Pour cela, il suffit de placer certaines directives entre les directives bloc `<IfModule mod_php4.c>` et `</IfModule>`. Ces directives sont de la forme suivante :

```
php_value variable valeur
```

`variable` est le nom de la variable qui peut être présente dans le fichier **php.ini**.

```
php_flag variable on|off
```

Cette directive est utilisée pour activer (`on`) ou désactiver (`off`) une option. Son nom est `variable`.

```
php_admin_value variable valeur
```

Cette directive est identique à la directive `php_value` à la seule différence près qu'elle ne peut être utilisée que dans le fichier de configuration d'Apache, et non dans un fichier **.htaccess**.

```
php_admin_flag variable on|off
```

Cette directive est identique à la directive `php_flag` mais comporte la même différence que pour `php_adim_value`.

Voici un petit exemple que nous pourrons trouver dans le fichier **httpd.conf** :

```
<IfModule mod_php4.c>
  php_value include_path ".:/usr/local/lib/php"
  php_flag safe_mode on
</IfModule>
```

Pour PHP3, il suffit de remplacer `mod_php4.c` par `mod_php3.c`. Tandis que les directives de configuration sont de la forme suivante :

```
php3_variable valeur
```

Exemple :

```
<IfModule mod_php3.c>
  php3_include_path ".:/usr/local/lib/php"
  php3_safe_mode on
</IfModule>
```

b. Sous Windows

Installation

Tout d'abord, récupérons l'exécutable qui va nous permettre d'effectuer cette installation, à l'adresse suivante :
http://www.php.net/downloads.php

Préférez la version **Installer** qui s'installe très facilement. La version proposée en archive ZIP apporte des extensions supplémentaires et les API Apache, ainsi que le module PHP. La version **Installer** n'installe en fait que la version CGI de PHP. Nous allons voir ces deux méthodes et tout d'abord la version **Installer**.

Une fois l'exécutable récupéré, double cliquons sur le nom de ce fichier et suivons l'installation :

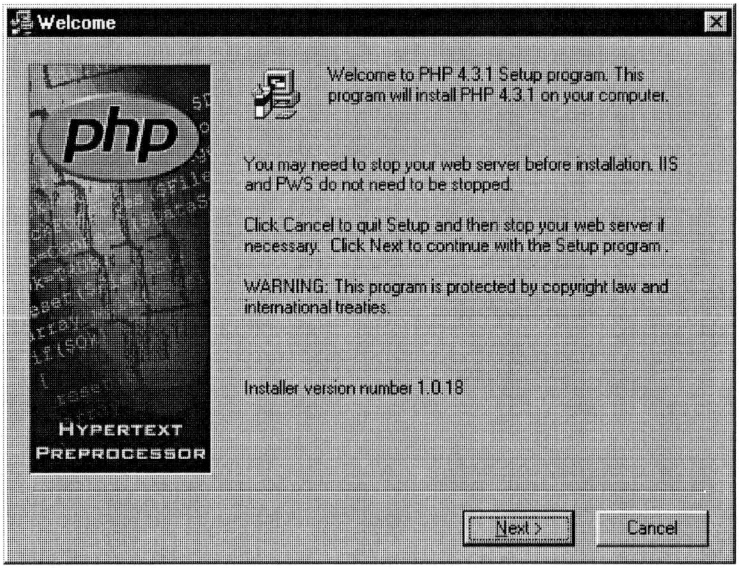

Cliquons sur **Next** pour passer à la suite.

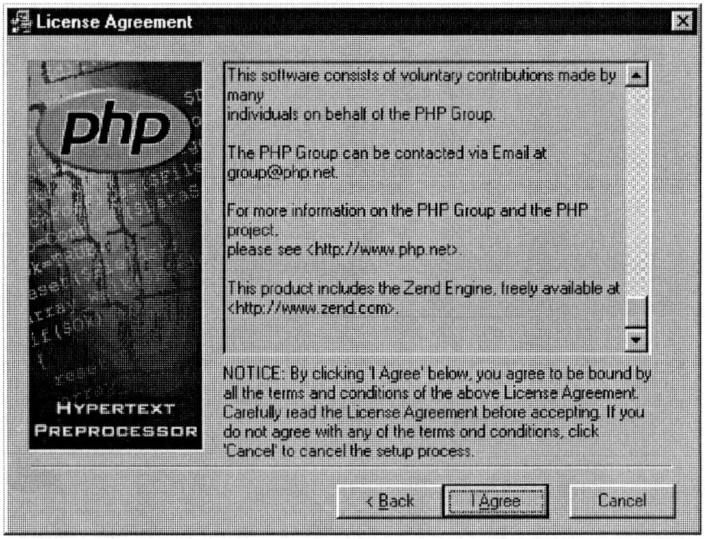

Nous voici face à la licence d'utilisation de PHP : lisons-la attentivement... Enfin, puisque nous sommes d'accord, cliquons sur **I Agree** pour continuer.

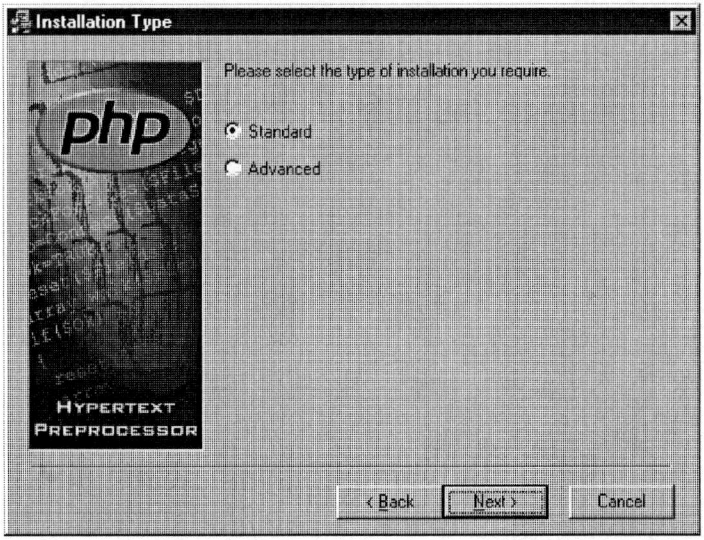

Nous choisissons ici le type d'installation que nous désirons. L'installation **Standard** configure et installe PHP dans un répertoire que nous lui indiquerons, tandis que l'installation avancée (**Advanced**) amènera des questions supplémentaires permettant une configuration automatique plus personnalisée. Après avoir choisi, cliquons sur **Next**.

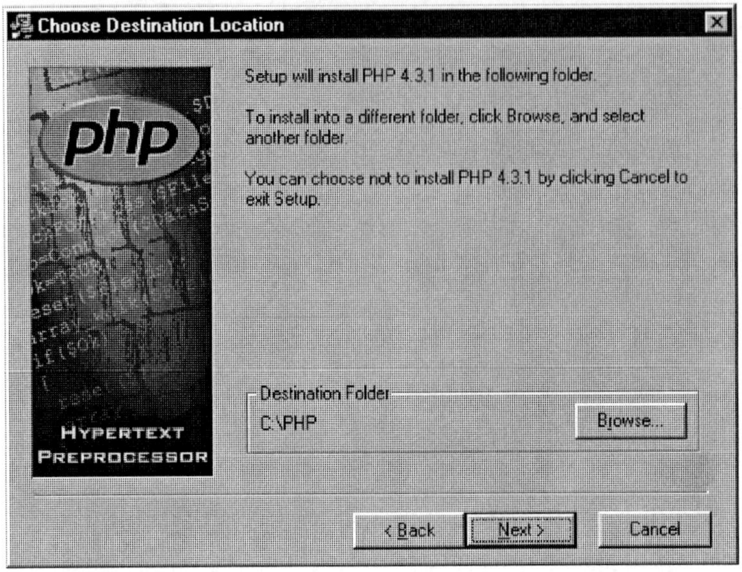

Après avoir indiqué dans quel répertoire nous désirons installer PHP, cliquons sur **Next**.

Si nous avons sélectionné l'option **Avancée**, la procédure d'installation va tout d'abord nous poser quelques questions supplémentaires :

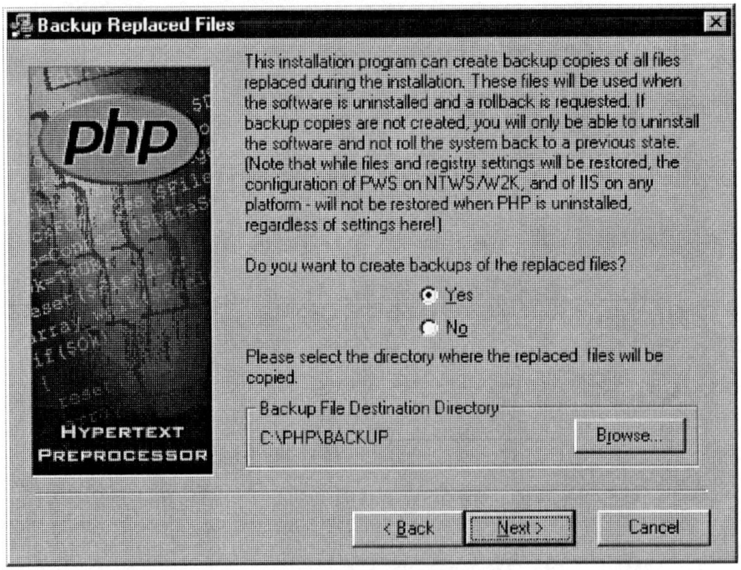

Nous indiquons ici le répertoire dans lequel seront copiés tous les fichiers qui seront remplacés par cette installation. Cliquons ensuite sur **Next**.

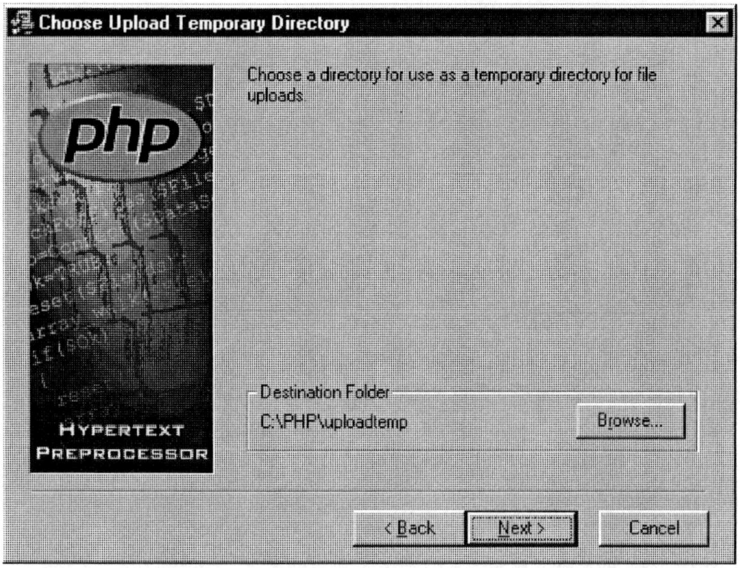

Ensuite, nous indiquons le répertoire temporaire où seront copiés les fichiers lors des transferts.

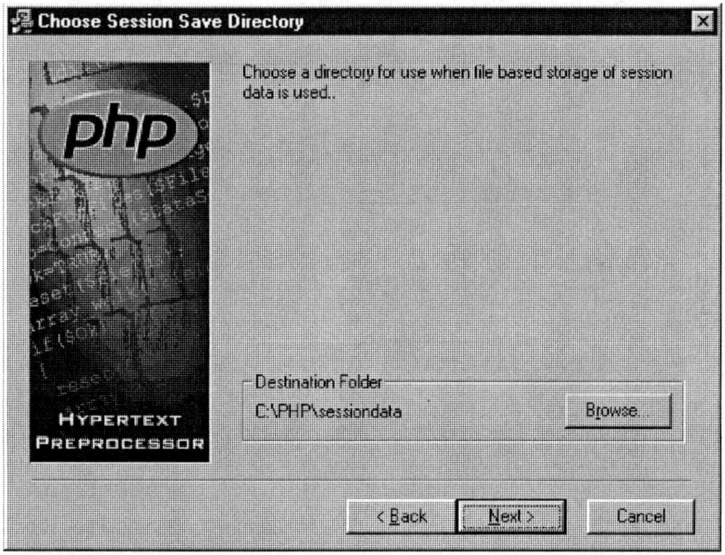

Enfin, nous indiquons le répertoire qui servira aux sessions lors de l'utilisation de ces dernières avec PHP.

Nous revenons maintenant dans la procédure d'installation normale :

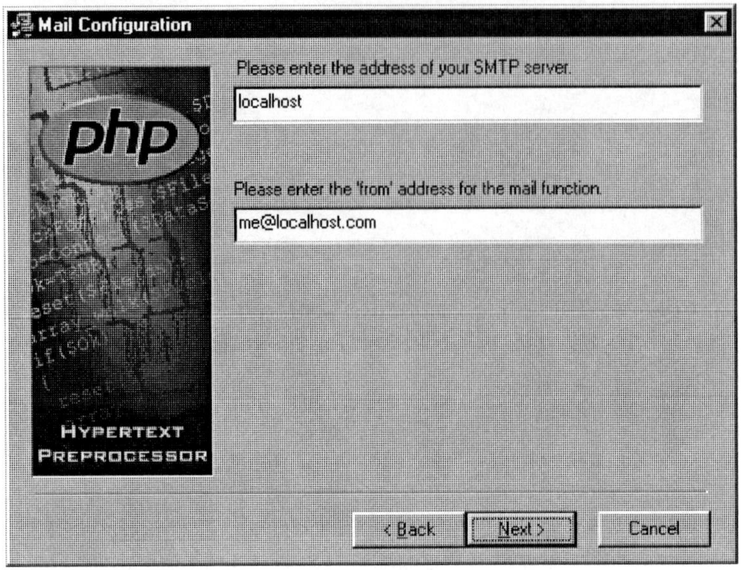

Nous indiquons ici l'adresse d'un serveur SMTP qui permettra d'envoyer des mails, et l'adresse e-mail de l'administrateur. Cliquons ensuite sur **Next**.

Si l'option **Avancée** a été sélectionnée au démarrage de l'installation, nous arrivons sur la fenêtre suivante :

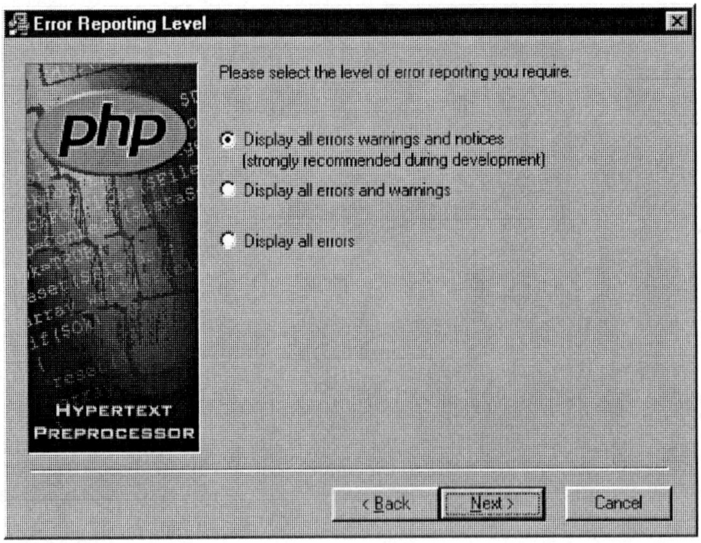

Nous indiquons le niveau d'erreur que nous désirons voir logué. Cliquons ensuite sur **Next**.

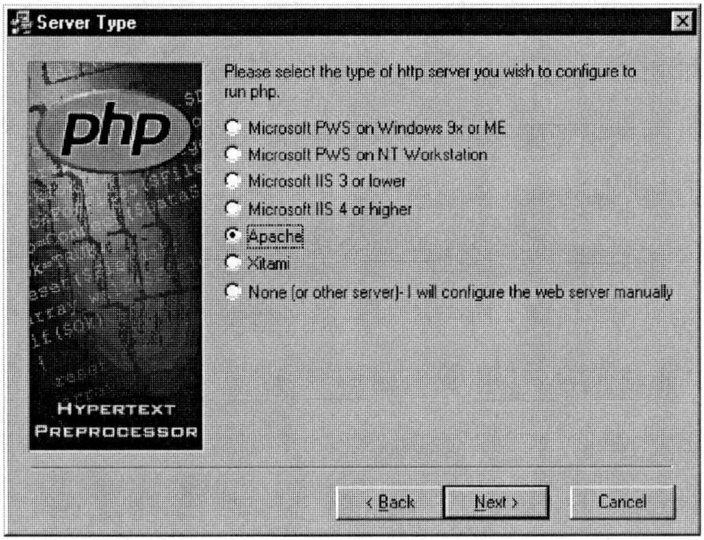

Il nous faut choisir notre serveur Web : activons l'option **Apache** et cliquons sur **Next**.

Si nous avons sélectionné l'installation avancée, nous arrivons sur la fenêtre suivante :

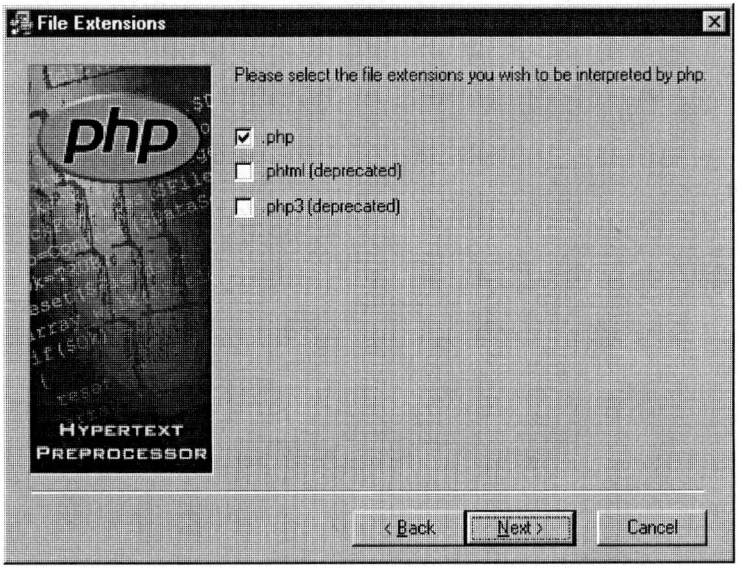

Nous indiquons ici l'extension des fichiers censés contenir des commandes PHP. Enfin cliquons sur **Next**.

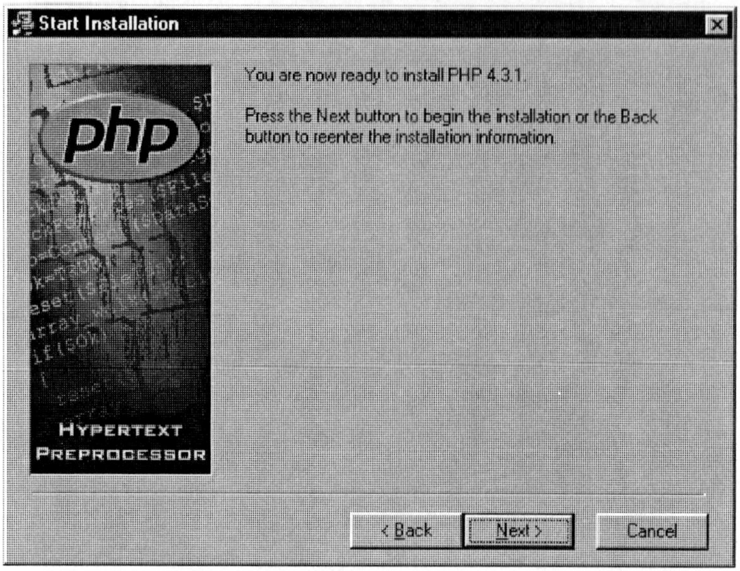

Un dernier clic sur **Next** lancera l'installation.

Pour terminer, un message nous indique que tout s'est passé correctement :

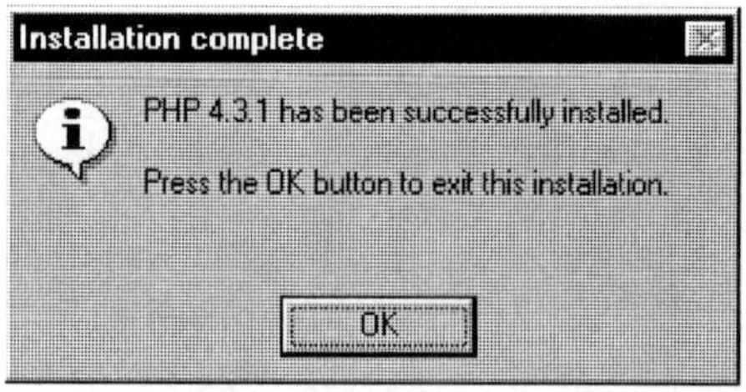

un second message nous demande de redémarrer Windows :

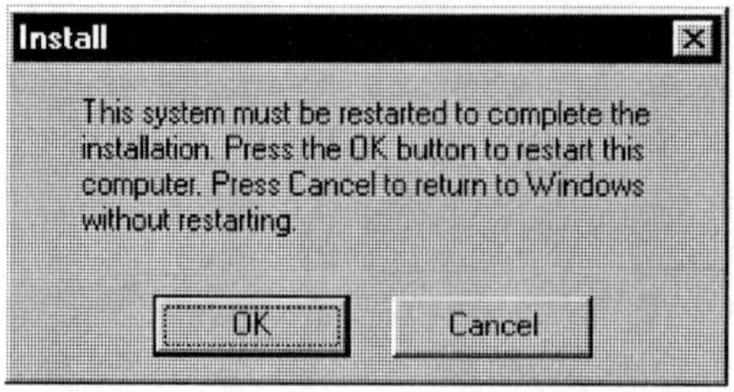

Si nous préférons installer PHP en tant que module Apache, il nous faut télécharger la version ZIP de PHP4. Avec notre outil préféré (WinZIP par exemple), décompressons l'archive dans le répertoire `C:\php` par exemple.

Ensuite, il faut s'assurer que différents fichiers .dll sont accessibles. Normalement, dans le répertoire `C:\`, doivent se trouver l'exécutable **php.exe** ainsi que le fichier **php4ts.dll**. Pour mettre en place le module PHP pour Apache, nous devons copier le fichier **php4apache.dll** contenu dans le répertoire **c:\php\isapi** vers le répertoire **c:\php**.

Enfin, nous devons copier le fichier **php.ini-dist** ou **php.ini-recommended** dans le répertoire **C:\windows** sous le nom **php.ini**.

Passons maintenant à la configuration.

Configuration

La configuration sous Windows est identique à celle sous Linux. Seules quelques différences sont à signaler.

Tout comme sous Linux, nous devons indiquer à Apache qu'il doit utiliser PHP. Si nous avons installé PHP en tant que module (version ZIP), nous devrons retrouver les lignes suivantes dans le fichier **httpd.conf** :

```
LoadModule php4_module c:/php/php4apache.dll
AddModule mod_php4.c
```

Si PHP a été installé en tant qu'application CGI (version **Installer** exécutable), nous devrons avoir les lignes suivantes :

```
ScriptAlias /php/ "c:/php/"
Action application/x-httpd-php "/php/php.exe"
```

Enfin, quel que soit le type de l'installation, nous devons indiquer l'extension des fichiers contenant les commandes PHP à l'aide de la ligne suivante :

```
AddType application/x-httpd-php .php
```

Enfin, nous devons éditer le fichier **C:\windows\php.ini** et modifier la variable **extension_dir** pour lui indiquer le répertoire où se trouvent les extensions. Dans notre cas, **C:\php**.

3. Installation et configuration de MySQL

a. Sous Linux

Installation

Récupérons tout d'abord l'archive à l'adresse suivante :
http://www.mysql.com/downloads/mysql-3.23.html

L'archive existe en deux versions : une version binaire comportant le serveur MySQL déjà compilé et une version source comportant les sources du serveur MySQL. Nous allons voir comment traiter ces deux archives.

À cela, il ne faut pas oublier les packages propres à chaque distribution. Sur le site de MySQL, nous trouverons les packages RPM (RedHat, Suse...). Pour installer le serveur et les clients permettant d'accéder à ce dernier :

```
$ su -
password:
# rpm -i MySQL-3.23.56-1.i386.rpm
# rpm -i MySQL-client-3.23.56-1.i386.rpm
```

Pour les distributions Debian :

```
$su -
password:
# apt-get install mysql-client mysql-common mysql-server
```

Revenons à nos archives. Voyons comment installer le serveur si nous avons téléchargé l'archive binaire.

Comme tout programme, il n'est pas sécurisé de l'exécuter en tant qu'utilisateur Root. Il vaut mieux, pour la sécurité de notre serveur, créer un utilisateur spécifique : appelons-le "mysql". De même, créons un groupe "mysql" :

```
$ su -
password:
# groupadd mysql
# useradd -g mysql mysql
```

Nous allons installer MySQL dans **/usr/local**. Tapons les commandes suivantes qui vont nous permettre tout d'abord de désarchiver en tant que Root ce que nous venons de télécharger puis de renommer le répertoire ainsi créé en **mysql** :

```
# cd /usr/local
# tar -xzvf mysql-3.23.56-pc-linux-i686.tar.gz
# ln -s mysql-3.23.56-pc-linux-i686 mysql
# cd mysql
```

Dans ce répertoire, nous trouvons l'arborescence suivante :

bin	Répertoire contenant les programmes client et le serveur **mysqld**.
data	Répertoire contenant les fichiers de log ainsi que les bases de données.
include	Répertoire contenant les différents fichiers **.h**.
lib	Répertoires contenant les différentes librairies.
scripts	Répertoire contenant le script **mysql_install_db** permettant la mise en place de la base de données de base.
share/mysql	Répertoire contenant les fichiers de messages d'erreur en différentes langues.
sql-bench	Répertoire contenant différents scripts permettant de faire des tests de performance (benchmarks).

Nous allons maintenant mettre en place la base de départ en exécutant le script **mysql_install_db** :

```
# scripts/mysql_install_db
Preparing db table
Preparing host table
Preparing user table
Preparing func table
Preparing tables_priv table
Preparing columns_priv table
Installing all prepared tables
030327 14:19:56  mysqld: Shutdown Complete

To start mysqld at boot time you have to copy support-files/mysql.server
to the right place for your system

PLEASE REMEMBER TO SET A PASSWORD FOR THE MySQL root USER !
This is done with:
mysqladmin -u root  password 'new-password'
mysqladmin -u root -h www  password 'new-password'
See the manual for more instructions.

You can start the MySQL daemon with:
cd /usr/local/mysql ; /usr:local/mysql/bin/safe_mysqld &

You can test the MySQL daemon with the benchmarks in the 'sql-bench'
directory:
cd sql-bench ; run-all-tests

Please report any problems with the /usr/local/mysql/bin/mysqlbug
script!

The latest information about MySQL is available on the web
at http://www.mysql.com
Support MySQL by buying support/licenses at https://order.mysql.com
```

Enfin, il ne nous reste plus qu'à donner les bons droits à ces différents fichiers de manière à sécuriser notre serveur :

```
# chown -R root .
# chown -R mysql data
# chgrp -R mysql .
```

Voyons maintenant la procédure d'installation à partir des sources. Ici aussi nous devrons créer un utilisateur et groupe spécifique nommés "mysql". La seule chose qui diffère est la phase de compilation, absente précédemment. Nous allons donc tout d'abord désarchiver, puis nous placer dans le nouveau répertoire et lancer la configuration de la compilation :

```
$ tar -xzvf mysql-3.23.56.tar.gz
$ cd mysql-3.26.56
$ ./configure
checking build system type... i586-pc-linux
checking host system type... i586-pc-linux
checking target system type... i586-pc-linux
checking for a BSD-compatible install... /usr/bin/install -c
checking whether build environment is sane... yes
checking for gawk... no
checking for mawk... mawk
...

config.status: executing default commands

MySQL has a Web site at http://www.mysql.com/ which carries details on
the latest release, upcoming features, and otherinformation to make
your work or play with MySQL more productive. There you can also find
information about mailing lists for MySQL discussion.
Remember to check the platform specific part of the reference manual
for hints about installing MySQL on your platform. Also have a look at
the files in the Docs directory.
Thank you for choosing MySQL!
```

Le script de configuration accepte de nombreux arguments. Pour en obtenir la liste :

```
$ ./configure --help
```

Vient ensuite la phase de compilation et d'installation :

```
$ make
cd include; make link_sources
make[1]: Entering directory '/usr/src/mysql-3.23.56/include'
/bin/cp ../config.h my_config.h
make[1]: Leaving directory '/usr/src/mysql-3.23.56/include'
echo timestamp > linked_include_sources
cd libmysql; make link_sources
...
make[3]: Rien à faire pour 'all-am'.
make[3]: Leaving directory '/usr/src/mysql-3.23.56/os2'
make[2]: Leaving directory '/usr/src/mysql-3.23.56/os2'
make[1]: Leaving directory '/usr/src/mysql-3.23.56'
                                                                  .../...
```

```
.../...
$su -
password:
# make install
Making install in /usr/local
make[1]: Entering directory '/usr/src/mysql-3.23.56'
make[2]: Entering directory '/usr/src/mysql-3.23.56'
make[2]: Rien à faire pour 'install-exec-am'.
make[2]: Rien à faire pour 'install-data-am'.
...
make[3]: Rien à faire pour 'install-exec-am'.
make[3]: Rien à faire pour 'install-data-am'.
make[3]: Leaving directory '/usr/src/mysql-3.23.56/os2'
make[2]: Leaving directory '/usr/src/mysql-3.23.56/os2'
make[1]: Leaving directory '/usr/src/mysql-3.23.56/os2'
```

Par défaut, MySQL s'installe dans **/usr/local/bin** et le démon **mysqld** dans **/usr/local/libexec**.

Créons notre nouvel utilisateur et groupe puisque nous travaillons en tant que root :

```
# groupadd mysql
# useradd -g mysql mysql
```

Enfin, créons la base de départ :

```
# ./scripts/mysql_install_db
Preparing db table
Preparing host table
Preparing user table
Preparing func table
Preparing tables_priv table
Preparing columns_priv table
Installing all prepared tables
030327 14:19:56  mysqld: Shutdown Complete

To start mysqld at boot time you have to copy support-files/mysql.server
to the right place for your system

PLEASE REMEMBER TO SET A PASSWORD FOR THE MySQL root USER !
This is done with:
mysqladmin -u root  password 'new-password'
mysqladmin -u root -h www  password 'new-password'
See the manual for more instructions.

You can start the MySQL daemon with:
cd /usr/local/mysql ; /usr:local/mysql/bin/safe_mysqld &
                                                                  .../...
```

```
.../...
You can test the MySQL daemon with the benchmarks in the 'sql-bench'
directory:
cd sql-bench ; run-all-tests

Please report any problems with the /usr/local/mysql/bin/mysqlbug
script!

The latest information about MySQL is available on the web at
http://www.mysql.com
Support MySQL by buying support/licenses at https://order.mysql.com
```

Nous devons encore copier un fichier de configuration dans le répertoire `/etc` :

```
# cp support-files/my-medium.cnf /etc/my.cnf
```

Et pour terminer cette installation à partir des sources, donnons les bons droits à nos différents fichiers :

```
# chown -R root /usr/local/mysql
# chown -R mysql /usr/local/mysql/data
# chgrp -R mysql /usr/local/mysql
```

Une fois installé, le serveur MySQL peut être lancé à l'aide de la commande `safe_mysqld` que nous trouverons dans le répertoire **bin/** dans la version binaire et **scripts/** dans la version source :

```
# safe_mysqld --user=mysql &
```

Après avoir démarré le serveur, une chose importante à faire est de modifier le mot de passe de l'administrateur MySQL à l'aide de la commande suivante :

```
# mysqladmin -u root password 'votreNouveauMotDePasse'
```

Configuration

Tout se passe dans un fichier nommé **my.cnf**. Il peut y en avoir plusieurs et ils sont lus dans l'ordre suivant :

`/etc/my.cnf`

Il s'agit du fichier de configuration par défaut contenant toute la configuration globale du serveur ou des serveurs MySQL contenus sur cette machine.

`DATADIR/my.cnf`

DATADIR est le répertoire des données du serveur MySQL (/usr/local/mysql/data). Ce fichier permet une configuration d'un serveur MySQL particulier (il peut y avoir plusieurs serveurs MySQL sur une même machine).

`-defaults-extra-file=`

Cette option permet de spécifier un fichier de configuration.

`~/.my.cnf`

Ce fichier est placé dans le répertoire Home d'un utilisateur et permet donc de spécifier une configuration propre à un utilisateur.

Ces fichiers permettent la configuration des programmes suivants : **mysql**, **mysqladmin**, **mysqld**, **mysqld_safe**, **mysql.server**, **mysqldump**, **mysqlimport**, **mysqlshow**, **mysqlcheck**, **myisamchk** et **myisampack**.

Nous y trouverons des lignes aux formats suivants :

`#commentaire`

Toutes les lignes commençant par les caractères "#" ou ";" sont des commentaires et sont donc ignorées.

`[groupe]`

groupe est le nom d'un des programmes supportés par ces fichiers de configuration ou d'un groupe pour lequel nous désirons définir certaines options. À la suite d'une telle ligne, toutes les lignes `option` ou `set-variable` seront appliquées à ce groupe et ce jusqu'à la fin du fichier ou une nouvelle ligne `groupe`. Le groupe 'client' permet de spécifier des options pour tous les programmes clients.

`option`

Cette ligne est équivalente à l'option `'--option'` présente sur la ligne de commande du serveur MySQL.

`option=valeur`

Cette ligne est équivalente à l'option `'--option=valeur'` présente sur la ligne de commande du serveur MySQL.

`set-variable = variable=valeur`

Cette ligne est équivalente à l'option `'--set-variable variable=valeur'` présente sur la ligne de commande du serveur MySQL. Ce format n'est utilisé que pour définir des variables utilisées par le démon **mysqld**.

Voyons maintenant quelques-unes des options. Attention, toutes les options ne peuvent être appliquées à n'importe quel programme ! Pour voir quelles options un programme supporte, il suffit d'appeler ce programme avec l'option `'--help'`.

Voyons un exemple :

```
# section concernant tous les programmes clients
[client]
# le mot de passe qui sera utilisé à chaque connexion
password = votreMotDePasse
# le port par défaut sur lequel se connectera les clients
port = 3306
                                                    .../...
```

```
.../...
# Maintenant les sections propres à chaque programme
# le demon mysqld
[mysqld]
# le port sur lequel écoute le serveur
port = 3306
# option désactivant l'utilisation du verrouillage système
skip-locking

# taille du buffer pour les blocs d'index
set-variable = key_buffer=16K
# taille maximale d'un paquet
set-variable = max allowed_packet=1M
# taille de pile pour chaque thread
set-variable = thread_stack=64K
# nb total de tables ouvertes par tous les threads
set-variable = table_cache=4
# taille du buffer alloué pour les tris
set-variable = sort_buffer=64K
# taille du buffer entre 2 requêtes
set-variable = net_buffer_length=2K
#
server-id = 1

[mysqldump]
# pour ne pas mettre en cache les requêtes et afficher de suite
# les résultats
quick
set-variable = max_allowed_packet=16M

[mysql]
no-auto-rehash

[isamchk]
set-variable = key_buffer=8M
set-variable = sort_buffer=8M

[myisamchk]
set-variable = key_buffer=8M
set-variable = sort_buffer=8M
```

Voici des explications sur les options que nous retrouvons souvent :

`ansi_mode`

Option `--ansi` du démon mysqld permettant d'exécuter MySQL en mode ansi.

`back_log`

Taille de la file d'attente des connexions TCP/IP le temps que MySQL gère un nouveau thread.

`basedir`

Option `--basedir`. Il s'agit du répertoire d'installation de MySQL.

`bdb_cache_size`

Sécifique aux tables BDB (tables de type BerkeleyDB). Taille allouée au cache d'index et de lignes pour les tables BDB. Si ce type de table n'est pas utilisé, il vaut mieux exécuter le démon mysqld avec l'option `--skip-bdb` pour ne pas gaspiller de mémoire.

`bdb_log_buffer_size`

Sécifique aux tables BDB (tables de type BerkeleyDB). Taille allouée au buffer d'historique pour les tables BDB.

`bdb_home`

Sécifique aux tables BDB (tables de type BerkeleyDB). Option `--bdb-home`. Répertoire où se trouvent les bases de données Berkely (**/usr/local/var** ou le répertoire **data** du répertoire d'installation de MySQL par défaut).

`bdb_max_lock`

Sécifique aux tables BDB (tables de type BerkeleyDB). Le nombre maximal de verrous (1000 par défaut) actifs simultanément sur une table BDB.

`bdb_logdir`

Sécifique aux tables BDB (tables de type BerkeleyDB). Option `--bdb-logdir`. Répertoire où se trouvent les fichiers de log au sujet des bases Berkeley.

`bdb_shared_data`

Sécifique aux tables BDB (tables de type BerkeleyDB). Option `--bdb-shared-data`. Permet de partager les tables Berkeley.

`bdb_tmpdir`

Sécifique aux tables BDB (tables de type BerkeleyDB). Option `--bdb-tmpdir`. Répertoire temporaire utilisé par les tables Berkeley.

`binlog_cache_size`

Taille du cache gérant les commandes SQL durant les transactions. Une valeur assez importante permet d'utiliser des transactions de grande taille sur plusieurs requêtes.

`character_set`

Le jeu de caractères par défaut.

`character_sets`

Les jeux de caractères supportés.

`connect_timeout`

Nombre de secondes durant lequel le serveur MySQL attend avant de conclure à un Bad handshake (problème de connexion).

`datadir`

Option `--datadir`. Répertoire où se trouvent les bases de données.

`delay_key_write`

Activée par défaut, cette option permet la prise en compte de l'option `delay_key_write` de la commande CREATE TABLE. Une table dont l'option `delay_key_write` est à 1 n'écrira pas ses index sur le disque avant que le fichier contenant la base ne soit refermé. Cela accélère donc la mise à jour des index et donc aussi la consultation de la table.

`delayed_insert_timeout`

Durée d'attente du thread INSERT DELAYED avant qu'il ne cesse.

INSERT DELAYED : lors de l'utilisation de l'option `DELAYED` dans une commande `INSERT`, l'utilisateur reçoit tout de suite un acquittement. La ligne sera alors insérée lorsque la table ne sera plus utilisée par un autre processus. Un autre avantage est que ces commandes `INSERT` sont regroupées et écrites d'un seul bloc quand la table devient libre.

`delayed_queue_size`

Taille de la file d'attente (en nombre de lignes) pour la gestion des lignes INSERT DELAYED.

`flush`

Option --flush. Permet, après chaque requête SQL, la synchronisation sur le disque dur de tous les changements effectués.

`flush_time`

Nombre de secondes indiquant quand les tables sont régulièrement fermées, permettant ainsi la libération de ressources et la synchronisation des données sur les disques durs.

`have_bdb`

Active le support des tables Berkeley.

`have_ssl`

Active le chiffrage SSL.

`init_file`

Option `--init-file`. Spécifie un fichier dans lequel des commandes SQL sont placées et exécutées lors du démarrage du serveur.

`key_buffer_size`

Taille du buffer utilisé par les blocs d'index.

`language`

Langue des messages d'erreur.

`large_file_support`

Active le support des très grands fichiers (si mySQL a été compilé avec cette option).

`locked_in_memory`

option `--memlock`. Permet le verrouillage en mémoire.

`log`

Active les logs des requêtes.

`lower_case_table_names`

Si cette option est à 1, les noms des tables sont mis en minuscules avant d'être stockées sur le disque.

`max_allowed_packet`

Taille maximale d'un paquet. Le buffer de messages est initialisé à la taille de la valeur `net_buffer_length` octets, mais peut s'agrandir jusqu'à la valeur `max_allowed_packet` octets lorsque cela est nécessaire. Le protocole actuel limite `max_allowed_packet` à 16 Mo.

`max_binlog_cache_size`

Si une transaction à plusieurs requêtes requiert plus que cette quantité de mémoire, le client recevra une erreur appropriée ("Multi-statement transaction required more than 'max_binlog_cache_size' bytes of storage").

`max_binlog_size`

Taille maximale (1 Go par défaut) de l'historique binaire avant qu'un autre ne commence. Nous ne pouvons indiquer de valeur inférieure à 1 Ko et supérieure à 1 Go.

`max_connections`

Nombre maximal de clients simultanés autorisés.

`max_connect_errors`

Au bout de `max_connect_errors` connexions interrompues d'un hôte, l'accès lui est interdit. Vous pouvez débloquer cet hôte à l'aide de la commande `FLUSH HOSTS`.

`max_delayed_threads`

Nombre maximal de threads permettant de gérer les commandes `INSERT DELAYED`. Si ce nombre est atteint, la commande `INSERT DELAYED` sera prise en compte sans l'option `DELAYED`.

`max_heap_table_size`

Limite la taille des tables en mémoire à cette taille en octets.

`max_join_size`

Taille maximale en lignes que peut lire une jointure sans qu'une erreur ne soit retournée.

`max_sort_length`

Nombre d'octets à utiliser lors des tris des colonnes BLOB ou TEXT.

max_write_lock_count
: Nombre maximal de verrous en écriture.

net_buffer_length
: Taille du buffer entre deux requêtes, taille qui peut augmenter jusqu'à max_allowed_packet octets lors d'une requête.

net_read_timeout
: Nombre de secondes d'attente d'une nouvelle lecture avant de considérer la fin de la connexion.

net_retry_count
: Si la connexion sur un port est interrompue, cette option indique le nombre de nouveaux essais de reconnexion.

open_files_limit
: Nombre maximal de pointeurs de fichier alloués par MySQL.

port
: Option --port. Indique sur quel port le serveur MySQL attend les connexions TCP/IP.

record_buffer
: Taille en octets du buffer alloué aux recherches séquentielles.

query_buffer_size
: Taille en octets du buffer alloué aux requêtes.

safe_show_databases
: Permet de cacher les tables aux utilisateurs ne possédant pas des droits suffisants sur ces dernières.

server_id
: Option --server-id. Identifiant du serveur.

skip_locking
: Active l'utilisation du système de verrouillage interne.

skip_networking
: N'autorise que les connexions locales.

skip_show_databases
: Empêche les utilisateurs d'exécuter une commande SHOW DATABASES s'ils n'ont pas les droits PROCESS_PRIV.

slow_launch_time
: Si la création d'un thread prend plus de slow_launch_time secondes, le compteur de threads lent (Slow_launch_threads) est incrémenté de 1.

`socket`
: La socket Unix utilisée par le serveur.

`sort_buffer`
: Taille du buffer alloué à chaque thread pour effectuer les tris.

`table_cache`
: Nombre total de tables ouvertes par tous les threads.

`table_type`
: Type de table par défaut.

`thread_cache_size`
: Nombre de threads à conserver en cache.

`thread_stack`
: Taille de pile pour chaque thread.

`timezun`
: Décalage horaire du serveur.

`tmp_table_size`
: Si une table temporaire excède cette taille en mémoire, MySQL la convertira automatiquement en table MyISAM sur le disque.

`tmpdir`
: Répertoire utilisé pour les tables temporaires et les fichiers temporaires.

`version`
: Numéro de version du serveur.

`wait_timeout`
: Nombre de secondes d'inactivité d'une connexion avant qu'elle ne soit fermée.

b. Sous Windows

Installation sous Windows 9x (95, 98, Me)

Tout d'abord récupérons l'archive ZIP pour Windows :
http://www.mysql.com/downloads/mysql-4.0.html

À l'aide d'un outil tel que Winzip par exemple, décompressons l'archive dans un répertoire temporaire puis exécutons le programme **setup.exe** :

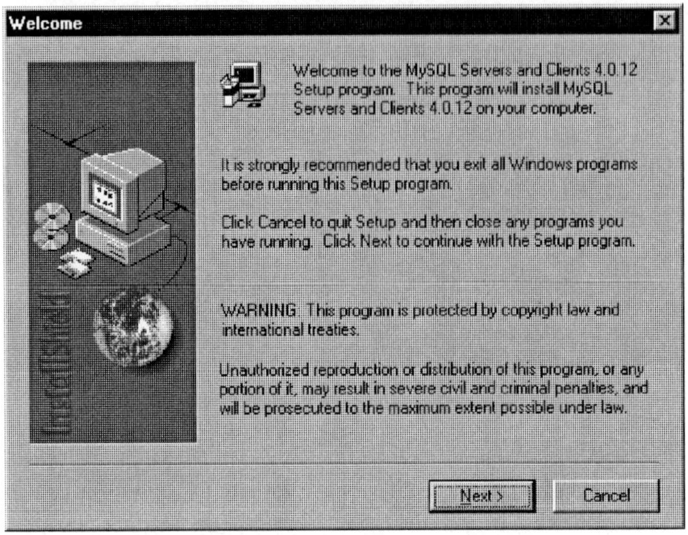

Cliquons sur **Next** pour passer à la suite.

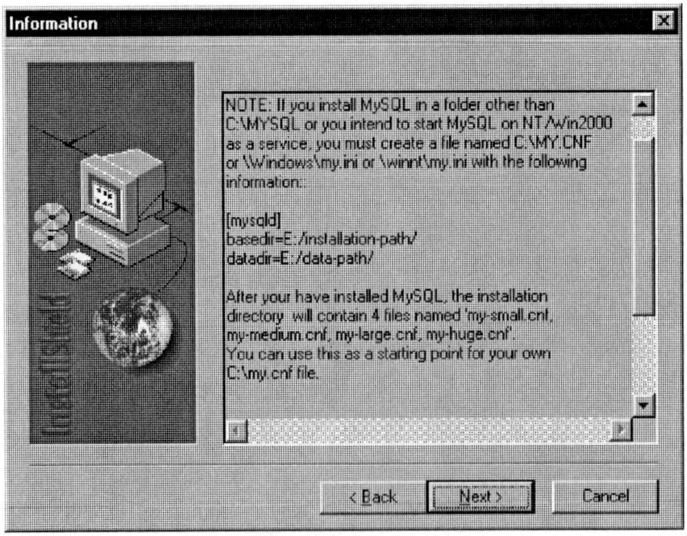

Par défaut, MySQL pour Windows est configuré pour fonctionner dans le répertoire C:\mysql\. Dans le cas où nous voulons l'installer dans un autre répertoire, il faudra modifier la configuration comme indiqué ici c'est-à-dire modifier les valeurs des variables **basedir** et **datadir** du fichier de configuration **my.ini**. Cliquons sur **Next**.

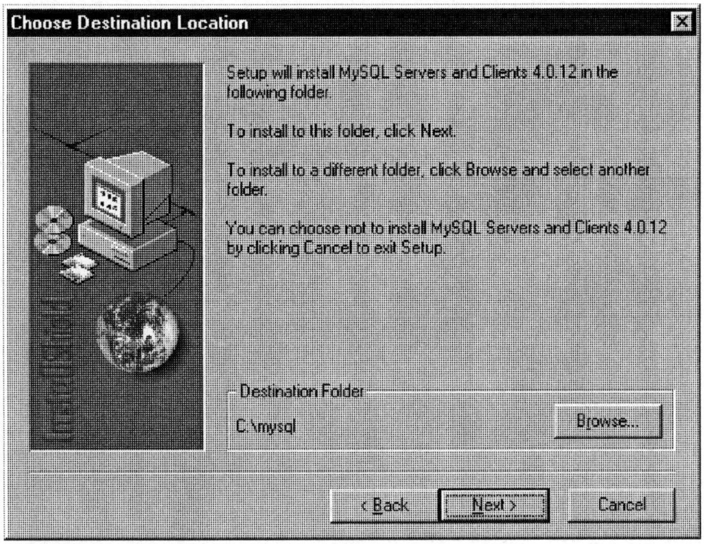

Nous pouvons modifier ici le répertoire d'installation. Par défaut, il s'agit de **C:\mysql**. Une fois ce répertoire choisi, cliquons sur **Next**.

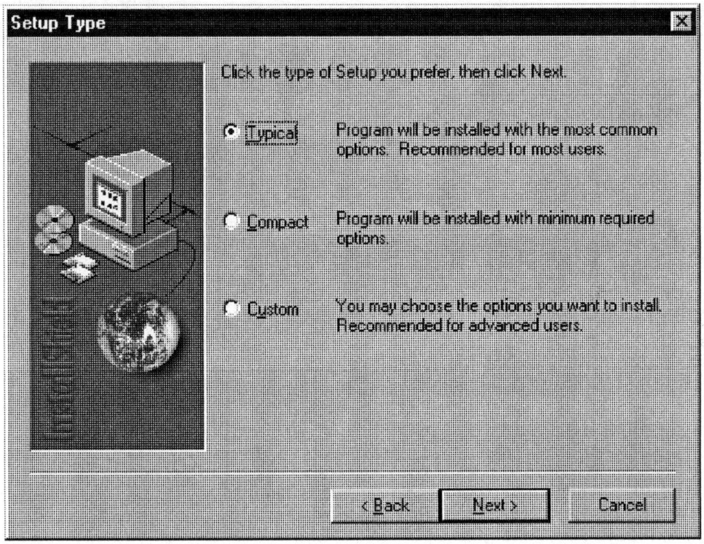

Nous choisissons ensuite notre type d'installation. **Typical** sera suffisant. Si l'espace disque se trouve restreint, **Compact** sera un très bon choix. Enfin **Custom** nous permettra de choisir ce que nous désirons installer entre les programmes serveur, clients, documentations, etc. Cliquons sur **Next** une fois ce choix effectué.

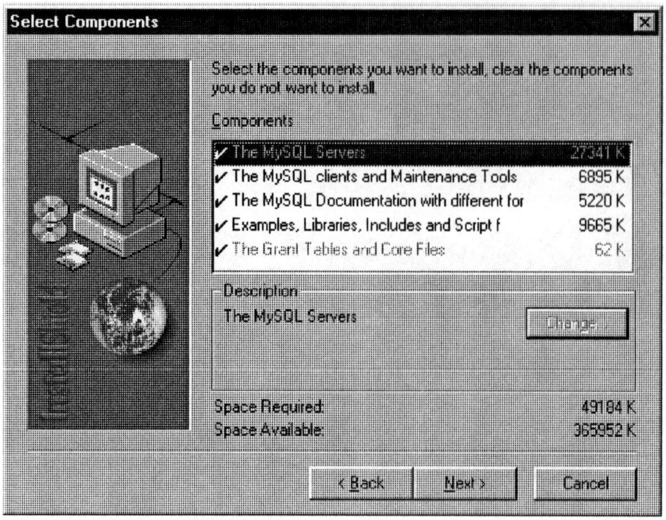

Si le type d'installation choisie est **Custom**, nous pouvons choisir ici les programmes qui vont être installés. Les lignes grises sont les composants qui doivent être installés. Les lignes en gras indiquent les composants pouvant être installés ou non : il suffit de cliquer sur le signe 'V' en début de ligne pour installer ou non ce composant. Procédons ensuite à l'installation en cliquant sur **Next**.

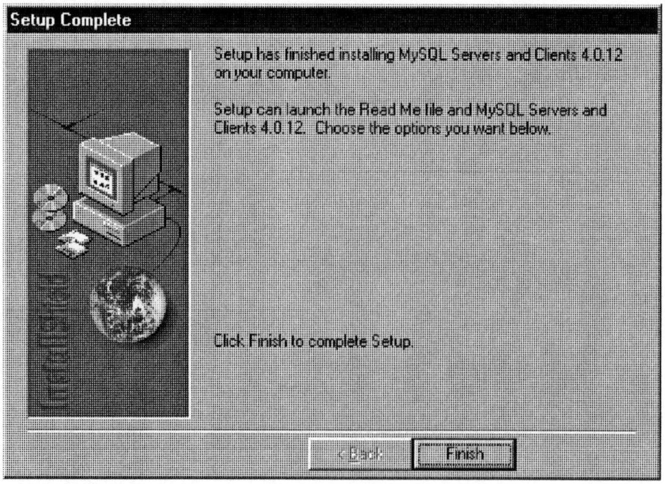

Un message nous indique que tout s'est bien passé :)

MySQL utilise TCP/IP pour fonctionner. Sous Windows 95, nous devons installer Winsocks 2 qui pourra être récupéré sur le site de Microsoft (http://www.microsoft.com).

Ensuite, nous devons installer le support TCP/IP s'il ne l'est pas encore :

Ouvrons le panneau de configuration (**Démarrer** - **Paramètres** - **Panneau de configuration**) et double cliquons sur l'icône 

.

Dans l'onglet **Configuration**, cliquons sur le bouton **Ajouter** pour obtenir la fenêtre de sélection du type de composant réseau et sélectionnons **Protocole** :

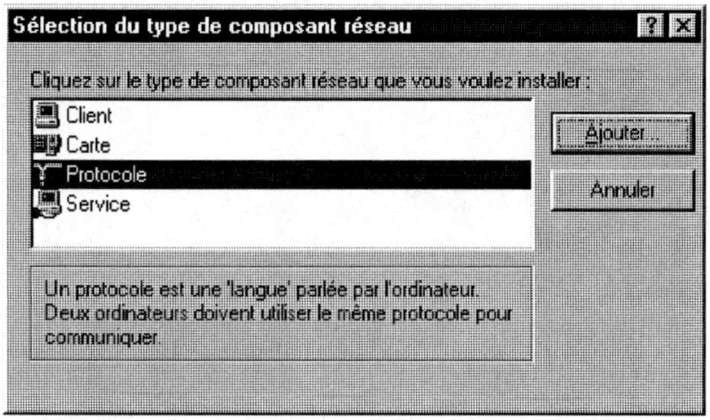

Cliquons sur le bouton **Ajouter** pour faire apparaître la fenêtre de sélection du protocole réseau.

Sous la rubrique **Constructeurs**, sélectionnons **Microsoft** et sous la rubrique **Protocoles réseau**, sélectionnons **TCP/IP**.

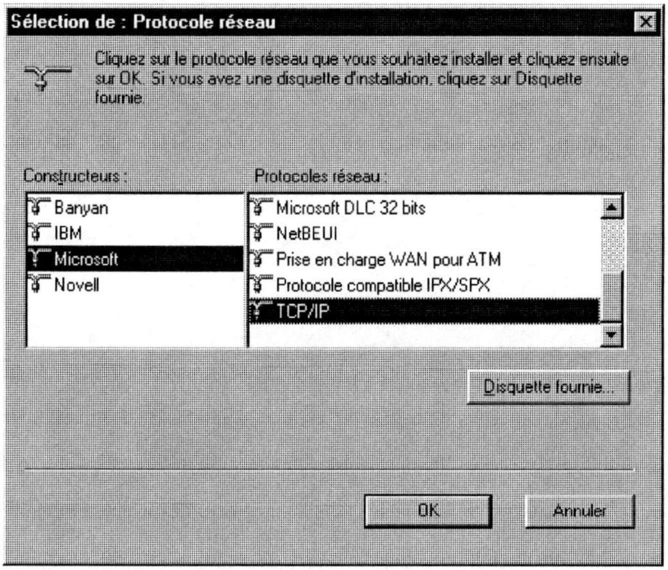

Enfin, cliquons sur le bouton **OK**.

Le protocole TCP/IP s'installe. Il faut généralement redémarrer l'ordinateur pour qu'il soit pris en compte.

Nous pouvons maintenant exécuter notre serveur MySQL en tapant la commande suivante dans une fenêtre DOS :

```
C:\mysql\bin\mysqld
```

Si des problèmes surviennent, le fichier **C:\mysql\data\mysql.err** contient les messages d'erreur qui pourront nous aider.

Pour arrêter le serveur :

```
C:\mysql\bin\mysqladmin -u root shutdown
```

Installation sous Windows NT et 2000

L'installation sous Windows NT ou 2000 est identique à l'installation précédente. Seul le fonctionnement (démarrage, arrêt) de MySQL reste différent. À cela, nous devrons ajouter au minimum le service pack 3 sous NT pour obtenir un support TCP/IP correct.

Le démon sous NT se nomme **mysqld-nt**.

mysqld-nt est le démon optimisé pour Windows NT. Les autres démons (**mysqld** et **mysqld-opt**) peuvent aussi être utilisés mais ils ne pourront pas être installés en tant que service et n'utiliseront pas les tubes nommés.

Le serveur MySQL fonctionnera le plus souvent en tant que service. Pour l'installer en tant que tel, si MySQL est déjà en fonctionnement, nous devons tout d'abord l'arrêter à l'aide de la commande suivante :

```
C:\mysql\bin\mysqladmin -u root shutdown
```

Ensuite, en tant qu'administrateur, nous pourrons installer le service à l'aide de la commande suivante :

```
C:\mysql\bin\mysqld-nt --install
```

Si nous ne désirons pas que le service soit lancé à chaque redémarrage du serveur, nous pouvons utiliser la commande d'installation suivante :

```
C:\mysql\bin\mysql-nt --install-manual
```

Le service a été installé sous le nom MySQL. Il pourra être démarré à l'aide de l'utilitaire **Services** (**Panneau de configuration**) ou à l'aide de la commande :

```
NET START MySQL
```

Une fois démarré, le service peut être arrêté à l'aide de la commande `mysqladmin`, à partir de l'utilitaire **Services** ou en utilisant la commande :

```
NET STOP MySQL
```

Configuration

La configuration sous Windows est exactement la même que sous Linux. Les mêmes options sont utilisées. Les chemins utilisent le caractère "/" comme sous Linux.

MySQL pour Windows permet de nommer de deux façons le fichier de configuration : **my.ini** ou **my.cnf** comme sous Linux. Le premier doit se trouver dans le répertoire **C:\Windows**. Tandis que le second se trouvera à la racine **C:**. MySQL recherchera ses fichiers dans cet ordre.

4. Exemple d'utilisation

Nous allons mettre en place un petit site permettant la création de compte, la sauvegarde des informations et l'authentification à l'aide de PHP et MySQL. Nous n'expliquerons pas ici les langages PHP et MySQL : il ne s'agit que d'un exemple permettant de démontrer les fonctionnalités de ces outils ! De plus, nous resterons très simple au niveau programmation, c'est-à-dire que de nombreux tests sur les informations entrées seront par exemple "oubliés" ainsi que l'optimisation de cet exemple...

Voyons tout d'abord la structure de notre table **Utilisateurs** qui nous permettra de sauvegarder toutes les informations concernant un utilisateur :

Utilisateurs	
Id	Identifiant unique auto-incrémenté
Login	Login de l'utilisateur
Password	Mot de passe de l'utilisateur
Nom	
Prénom	
Adresse	
Téléphone fixe	
Téléphone portable	

Nous allons maintenant la créer dans une base de données nommée **exemple**. Pour cela, créons un fichier texte décrivant la table en langage SQL et nommons-le **exemple.mysql** :

```
DROP TABLE IF EXISTS utilisateurs;
CREATE TABLE utilisateurs (
  id int(6) NOT NULL auto_increment,

  login varchar(20) NOT NULL,
  passwd varchar(40) NOT NULL,
  nom varchar(40),
  prenom varchar(40),
  adresse varchar(255),
                                                  .../....
```

```
.../...
  fixe varchar(20),
  portable varchar(20),
  KEY id (id)
);
```

Créons notre base puis notre table (remplacez `user` et `password` suivant votre configuration pour accéder à votre serveur MySQL) :

```
# echo "CREATE DATABASE exemple;" | mysql -u user -ppassword
# mysql -u user -ppassword exemple < exemple.mysql
```

Si nous désirons voir si tout s'est correctement déroulé, il suffit de se connecter à la base **exemple** et de lister les tables présentes, ainsi que ses champs :

```
# mysql -u user -ppasswd exemple
 Reading table information for completion of table and column
 names. You can turn off this feature to get a quicker startup
 with -A

 Welcome to the MySQL monitor.  Commands end with ; or \g.
 Your MySQL connection id is 1451 to server version: 3.23.49-log

 Type 'help;' or '\h' for help. Type '\c' to clear the buffer.

 mysql> SHOW TABLES;
 +-------------------+
 | Tables_in_exemple |
 +-------------------+
 | utilisateurs      |
 +-------------------+
 1 row in set (0.00 sec)

 mysql> SHOW COLUMNS FROM utilisateurs;
 +--------+------------+----+-----+---------+----------------+
 |Field   |Type        |Null| Key | Default | Extra          |
 +--------+------------+--- +-----+---------+----------------+
 |id      |int(6)      |    | MUL | NULL    | auto_increment |
 |login   |varchar(20) |    |     |         |                |
 |passwd  |varchar(40) |    |     |         |                |
 |nom     |varchar(40) |YES |     | NULL    |                |
 |prenom  |varchar(40) |YES |     | NULL    |                |
 |adresse |varchar(255)|YES |     | NULL    |                |
 |fixe    |varchar(20) |YES |     | NULL    |                |
 |portable|varchar(20) |YES |     | NULL    |                |
 +--------+------------+--- +-----+---------+----------------+
                                                        .../...
```

```
.../...
 8 rows in set (0.04 sec)

 mysql> exit;
 Bye
 #
```

Voyons maintenant la structure de nos pages HTML/PHP. Nous aurons besoin d'une page d'accueil **index.php** proposant l'authentification et un lien vers la création de compte, une page **form_creation.php** proposant le formulaire de création et un fichier **creation.php** permettant de le créer. Enfin, un dernier fichier **authentification.php** consultera la base, vérifiera les paramètres de connexion et affichera soit les informations de l'utilisateur si les login et mot de passe sont corrects, soit un message d'erreur dans le cas contraire.

Voici la page d'accueil **index.php** :

```
<html>
 <head><title>Accueil</title></head>
 <body>
 <div align="center">
 <table width="300" border="1">
  <tr><td align="center"><b>Authentification</b></td></tr>
  <tr>
   <td>

   <?php
    if($msg){
      print('<div align="center"><font color="red">'.$msg."</font>
</div><br />\n");
    }
   ?>
    <table width="100%" border="0">
     <tr>
     <form action="authentification.php" method="post">
      <td>Login : </td>
      <td><input type="text" name="login" size="10" maxlength="20"></td>
     </tr>
     <tr>
      <td>Mot de passe : </td>
      <td><input type="password" name="passwd" size"10" maxlength="40">
</td>
     </tr>
     <tr>
      <td align="center" colspan="2">
       <input type="submit" value="Connexion">
      </td>
     </form>
                                                                   .../...
```

```
.../...
     </tr>
     <tr><td colspan="2"> </td></tr>
     <tr>
      <td align="center" colspan="2">
       <a href="./form_creation.php">Créer un compte.</a>
      </td>
     </tr>
    </table>
   </td>
  </tr>
 </table>
 </div>
 </body>
</html>
```

Et voici le résultat de cette page :

Voyons maintenant notre formulaire de création de compte : **form_creation.php** :

```
<html>
 <head><title>Création d'un compte</title></head>
 <body>

 <div align="center">
  <h1>Création d'un compte</h1>

  <i>(les champs avec un <font color="red">*</font> sont obligatoires.)
</i>
  <br />
 </div>
                                                                  .../...
```

```
.../...
 <br />
 <form action="./creation.php" method="post">
 <div align="center">
 <table width="600" border="1"><tr><td>
  <table width="100%" border="0">

  <?php
   if($msg){
     print('<tr><td colspan="2" align="center"><font color="red">
'.$msg."</font></td></tr>\n");
   }
  ?>

   <tr>
    <td>Login <font color="red">*</font> : </td>
    <td><input type="text" name="login" size="20" maxlength="20"></td>
   </tr>
   <tr>
    <td>Mot de passe <font color="red">*</font> : </td>
    <td><input type="password" name="passwd" size"20" maxlength="40"></td>
   </tr>
   <tr>
    <td>Vérification du mot de passe <font color="red">*</font> : </td>
    <td><input type="password" name="verif" size"20" maxlength="40"></td>
   </tr>
   <tr>
    <td>Nom : </td>
    <td><input type="text" name="nom" size="20" maxlength="40"></td>
   </tr>
   <tr>
    <td>Prénom : </td>
    <td><input type="text" name="prenom" size="20" maxlength="40"></td>
   </tr>
   <tr>
    <td>Adresse : </td>
    <td><input type="text" name="adresse" size="40" maxlength="255"></td>
   </tr>
   <tr>
    <td>téléphone fixe : </td>
    <td><input type="text" name="fixe" size="20" maxlength="20"></td>
   </tr>
   <tr>
    <td>téléphone portable : </td>
    <td><input type="text" name="portable" size="20" maxlength="20"></td>
                                                                  .../...
```

```
.../...
   </tr>
   <tr><td colspan="2"> </td></tr>
   <tr>
    <td align="center" colspan="2">
     <input type="submit" value="Création du compte">
    </td>
   </tr>
  </table>
 </td></tr></table>
 </div>
 </form>
 </body>
</html>
```

Et voici notre page de création :

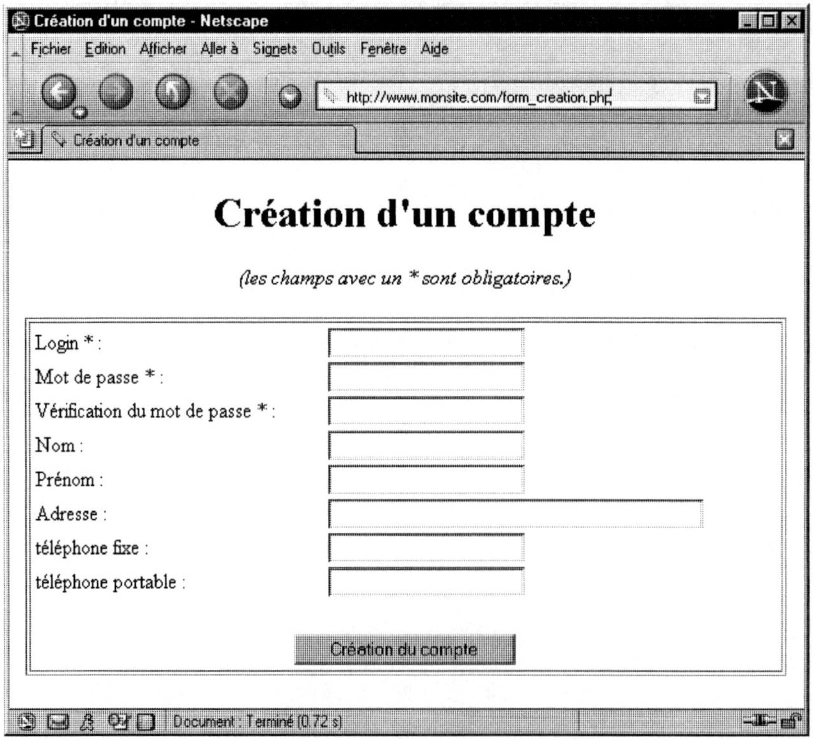

Nous vous présentons maintenant le script PHP permettant la création du compte. Tout d'abord, il vérifie que les champs obligatoires ne sont pas vides, ensuite que le mot de passe est identique à celui tapé dans le champ "vérif". Ceci étant fait, il ouvre une connexion à la base de données et vérifie que cet utilisateur n'existe pas déjà. Si ce n'est pas le cas, il ajoute une entrée à la table **Utilisateurs**, ferme la connexion et affiche un message indiquant que tout s'est correctement passé :

```
<?php

#vérification des champs
if($login == ""){
  $msg = urlencode("Le champ Login: doit être rempli !");
  header("Location: http://www.monsite.com/form_creation.php?msg=$msg");
  exit;
}

if($passwd == ""){
  $msg = urlencode("Le champ Mot de passe: doit être rempli !");
  header("Location: http://www.monsite.com/form_creation.php?msg=$msg");
  exit;
}

if($verif == ""){
  $msg = urlencode("Le champ permettant la vérification du mot de passe
 doit être rempli !");
  header("Location: http://www.monsite.com/form_creation.php?msg=$msg");
  exit;
}

if($passwd != $verif){
  $msg = urlencode("La vérification du mot de passe a échoué !");
  header("Location: http://www.monsite.com/form_creation.php?msg=$msg");
  exit;
}

#connexion à la base
$connexion = mysql_connect("localhost","user","password");
if(!$connexion){
  $msg = urlencode("Pb de connexion à la base...");
  header("Location: http://www.monsite.com/form_creation.php?msg=$msg");
  exit;
}

mysql_select_db('exemple',$connexion);
                                                              .../...
```

```
.../...
$mysql_result = mysql_query("SELECT login FROM utilisateurs ;") ;
while ($ligne = mysql_fetch_array($mysql_result)){
  if($login == $ligne["login"]){
    mysql_close($connexion);
    $msg = urlencode("Ce login a déjà été pris, désolé...");
    header("Location: http://www.monsite.com/form_creation.php?msg=$msg
");
    exit;
  }
}

$requete = "INSERT INTO utilisateurs (login,passwd,nom,prenom,adresse,
fixe,portable) VALUES ('$login','$passwd','$nom','$prenom','$adresse',
'$fixe','$portable')";
$mysql_result = mysql_query("$requete");
mysql_close($connexion);


if($mysql_result){
  $msg = urlencode("Le compte $login a été créé...");
  header("Location: http://www.monsite.com/index.php?msg=$msg");

  exit;
}
else{
  $msg = urlencode("Le compte $login n'a pas été créé... Pb de base..."
);
  header("Location: http://www.monsite.com/form_creation.php?msg=$msg");
  exit;
}

?>
```

Enfin, voici notre fichier **authentification.php** qui va tout d'abord se connecter à la base de données et vérifier si le compte existe bien. Si c'est le cas, il vérifie si le mot de passe est correct. Si tout va bien, il affichera les informations du compte ; dans le cas contraire, il redirigera le client vers la page d'accueil avec un message d'erreur :

```
<?php

#connexion à la base
$connexion = mysql_connect("localhost","user","password");
if(!$connexion){
      $msg = urlencode("Pb de connexion à la base...");
      header("Location: http://www.pirio.org/essaiphp/index.php?msg=$msg");
                                                                  .../...
```

```
.../...
}

mysql_select_db('exemple',$connexion);

$mysql_result = mysql_query("SELECT * FROM utilisateurs WHERE
login='$login' AND passwd='$passwd';");

print(mysql_error($connexion));

$nb_result = mysql_num_rows($mysql_result);

if(!$nb_result){
      mysql_close($connexion);
      $msg = urlencode("Aucun compte avec ce login ou mot de passe...");
      header("Location: http://www.pirio.org/essaiphp/index.php?msg=$msg");
}
elseif($nb_result > 1){
      mysql_close($connexion);
      $msg = urlencode("Pb de recherche dans la base...");
      header("Location: http://www.pirio.org/essaiphp/index.php?msg=$msg");
}
else{

      $result = mysql_fetch_array($mysql_result);
      mysql_close($connexion);

      $out  = "<html><head><title>Informations du compte $login
</title></head>\n";
      $out .= ' <body><div align="center"><h1>Informations du compte
'.$login.'</h1></div><br />'."\n";
      $out .= " <br />\n";
      $out .= " ID : ".$result['id']."<br />\n";
      $out .= " Login : $login<br />\n";
      $out .= " Mot de passe : $passwd<br />\n";
      $out .= " Nom : ".$result['nom']."<br />\n";
      $out .= " Prénom : ".$result['prenom']."<br />\n";
      $out .= " Adresse : ".$result['adresse']."<br />\n";
      $out .= " Téléphone fixe : ".$result['fixe']."<br />\n";
      $out .= " Téléphone portable : ".$result['portable']."<br />
<br />\n";
      $out .= ' <div align="center"><a href="./index.php">Retour à
la page d\'accueil</a></div>'."\n";
      $out .= " </body>\n";
      $out .= "</html>";
                                                                  .../...
```

```
.../...
        print($out);
}

exit;

?>
```

Et voici ce que la page des informations donne :

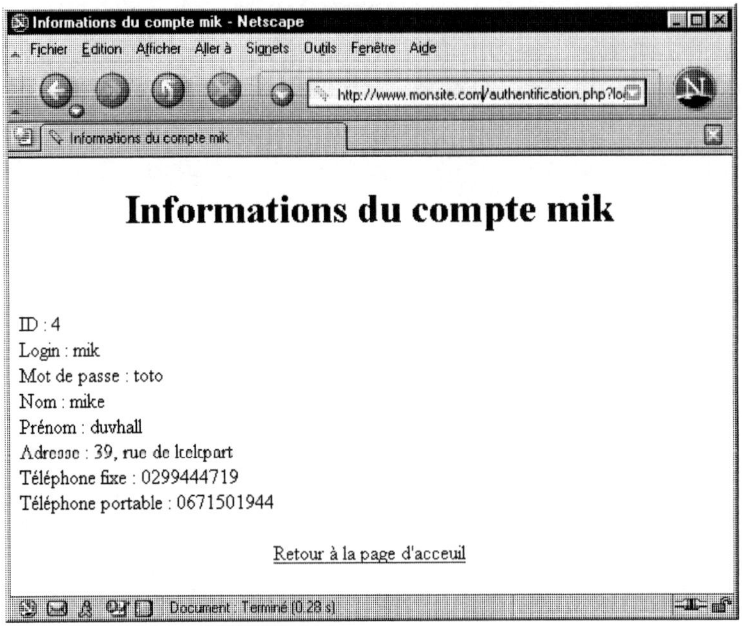

D. SSI (Server Side Includes)

1. Définition

Les SSI sont des commandes placées dans un fichier HTML. Elles sont évaluées par le serveur avant que la page ne soit envoyée au client. Cela permet d'insérer un contenu dynamique dans des pages HTML dont une partie reste statique.

2. Configuration

Le serveur Apache a besoin de quelques points de configuration pour activer les fonctionnalités des SSI.

Tout d'abord, nous devons activer l'option `Includes` à l'aide de la directive `Options` (déjà vue pour les CGI). Nous devrons placer la ligne suivante dans notre fichier **httpd.conf** ou **.htaccess** :

```
Options +Includes
```

SSI est maintenant activé. Maintenant, il faut indiquer au serveur Apache quels sont les fichiers censés contenir des commandes SSI. Ceci est effectué à l'aide des deux lignes suivantes :

```
AddType text/html .shtml
AddHandler server-parsed .shtml
```

Ici, toutes les pages HTML ayant une extension .shtml seront analysées à la recherche de commandes SSI. L'extension peut être différente mais il n'est pas conseillé d'indiquer .html ou .htm. Effectivement, dans ce cas, toutes nos pages HTML seraient analysées par le moteur SSI et cela engendrerait certainement un ralentissement au niveau de l'affichage de ces dernières !

Une autre façon de faire et qui permet d'analyser que certains fichiers HTML sans pour autant avoir une extension différente pour les fichiers contenant des commandes SSI est l'utilisation de la directive `XBitHack` :

XBitHack

Syntaxe : `XbitHack` *[On|Off|All]*

Cette directive fait partie du module **mod_include** et nous pourrons la retrouver au niveau de la configuration générale ou à l'intérieur des directives bloc `<VirtualHost>` ou `<Directory>`. Nous pourrons aussi placer cette directive dans un fichier **.htaccess**.

Cette directive permet d'activer la recherche de commandes SSI dans les fichiers possédant le type MIME text/html et ayant le bit d'exécution au niveau utilisateur positionné à 1.

Son paramètre peut prendre l'une des trois valeurs suivantes :

- `Off` : désactive cette fonction ;
- `On` : active cette fonction. Tout fichier ayant le droit d'exécution au niveau utilisateur est considéré comme un document SSI ;
- `Full` : identique à On, mais il faut aussi que le bit d'exécution au niveau groupe soit positionné à 1. Dans ce cas, le champ `Last-Modified` correspondant à la date de dernière modification du fichier sera envoyé au client. Cela permet aux clients et proxies de procéder à la mise en cache de ces documents. Attention tout de même : si notre document s'avère être différent à chaque clic par exemple, il ne vaut mieux pas utiliser ce paramètre !

Par défaut, `XBitHack` est désactivé.

Revenons à notre configuration. Pour activer cette fonctionnalité, il suffit donc de placer la ligne suivante dans notre fichier **httpd.conf** :

```
XBitHack On
```

Puis nous devons positionner le bit d'exécution utilisateur des fichiers HTML contenant des commandes SSI :

```
# chmod u+x monFichier.html
```

Évidemment, sous Windows, ce bit d'exécution n'existe pas, ce qui limite l'utilisation de cette méthode à des systèmes comme Linux...

3. Les commandes SSI

Syntaxe de ces commandes :

```
<!--#commande paramètre=valeur  paramètre2=valeur ...-->
```

Voyons les différentes commandes :

a. config

Cette commande permet de configurer le moteur SSI. Ses paramètres :

`errmsg`

Permet d'indiquer un message qui sera envoyé en cas d'erreur. Par défaut, ce message est "an error occurred while processing this directive". Vous pouvez le changer, par exemple :

```
<!--#config errmsg="<b><i>Une erreur SSI est survenue</i></b>" -->
```

Le message "Une erreur SSI est survenue" apparaîtra en gras et en italique.

`sizefmt`

Permet d'indiquer le format dans lequel sera affichée la taille d'un fichier. Les deux valeurs possibles sont `bytes` pour afficher la taille en octets et `abbrev` pour afficher la taille en Ko ou Mo suivant la taille.

`timefmt`

Permet d'indiquer le format des dates qui seront affichées. Les variables suivantes permettent de modifier le format par défaut :

- `%a` : Jour de la semaine abrégé ;
- `%A` : Jour de la semaine complet ;
- `%b` : Nom du mois abrégé ;
- `%B` : Nom du mois complet ;
- `%c` : Format de la date et heure défini par défaut sur votre serveur ;
- `%d` : Jour au format décimal (0 à 31) ;
- `%H` : Heure au format 24 heures (00 à 23) ;
- `%I` : Heure au format 12 heures (00 à 11) ;
- `%j` : Jours de l'année au format décimal (001 à 366) ;
- `%m` : Mois au format décimal (00 à 12) ;
- `%M` : Minute au format décimal (01 à 60) ;
- `%p` : Affiche am ou pm ;

- `%S` : Secondes au format décimal (01 à 60) ;
- `%U` : Numéro de la semaine de l'année en cours, au format décimal, en prenant le premier dimanche de l'année comme début de la première semaine ;
- `%w` : Jour de la semaine au format décimal, dimanche étant égal à 0 ;
- `%W` : Numéro de la semaine de l'année en cours, au format décimal, en prenant le premier lundi de l'année comme début de la première semaine ;
- `%x` : Format de la date défini par défaut sur le serveur sans l'heure ;
- `%X` : Format de l'heure défini par défaut sur le serveur sans la date ;
- `%y` : Année sous forme décimale abrégée (00 à 99) ;
- `%Y` : Année sous forme décimale complète (0000 à 9999) ;
- `%Z` : Fuseau horaire.

Voici un exemple :

```
<!--#config timefmt="(derni&egrave;re mise à jour le %d/%m/%Y &agrave;
%H:%M)" -->
```

Cet exemple affichera la chaîne : (dernière mise à jour le 10/03/2003).

b. echo

Cette commande permet d'afficher la valeur des variables d'inclusion listées plus loin. Ses paramètres :

`var`

Indique la variable à afficher.

`encoding`

Ce paramètre spécifie comment Apache doit encoder une variable avant de l'afficher. Ses valeurs possibles sont `none` pour aucun encodage, `url` pour procéder à un encodage identique à celui effectué sur les URLs (appelé aussi %-encoding en anglais) et enfin `entity` pour un encodage identique à celui effectué sur les caractères spéciaux dans un document HTML. Cette dernière valeur est celle par défaut. L'encodage prend effet sur les variables indiquées après ce paramètre et jusqu'à ce qu'un autre encodage soit spécifié ou que la commande `echo` ne se termine (avec la suite de caractères -->).

c. exec

Cette commande permet d'exécuter une commande shell ou un script CGI. Elle peut être désactivée à l'aide de l'option `NOEXEC` de la directive `Option`.

`cgi`

Spécifie une URL (encodée) pointant sur un script CGI. Si l'URL ne commence pas par le caractère '/', elle sera considérée comme relative au document contenant la commande.
Les variables d'environnement `PATH_INFO` et `QUERY_STRING` sont disponibles pour le script CGI. Aucune indication ne peut être spécifiée dans l'URL. En plus des variables d'environnement CGI, les variables d'inclusion sont aussi disponibles.

`cmd`

Exécute la commande spécifiée à l'aide du shell `/bin/sh`. Cette commande (ou script shell) bénéficie des variables d'inclusion ainsi que des variables d'environnement CGI.

d. fsize

Cette commande permet d'afficher la taille d'un fichier. Ses paramètres :

`file`

spécifie le chemin relatif au document du fichier dont nous voulons afficher la taille.

`virtual`

spécifie une URL (encodée) relative au document.

e. flastmod

Cette commande affiche la date de dernière modification du fichier indiqué. Ses paramètres sont identiques à la commande `fsize`.

f. include

Permet d'inclure le fichier indiqué dans le document SSI. Ses paramètres :

`file`

Indique le chemin relatif au document SSI du fichier à inclure. Ce chemin ne peut contenir ../ (référence au répertoire parent) et ne peut être absolu. Le fichier ne peut donc être externe à l'arborescence du site ou placé dans un répertoire parent de celui dans lequel se trouve le document SSI.

`virtual`

Ce paramètre est plus flexible que le paramètre précédent. Il permet de spécifier une URL (encodée) pointant sur le fichier à inclure. Si cette URL ne commence pas par un '/', elle est considérée comme relative au document SSI.

Si l'URL pointe sur un script CGI, celui-ci sera exécuté et sa sortie incluse dans le document SSI. Les paramètres du script peuvent être placés dans l'URL (ce qui n'était pas possible avec la commande `exec`). Voici un exemple :

```
<!--#include virtual="./script.cgi?var=valeur" -->
```

g. printenv

Cette commande permet d'afficher toutes les variables d'environnement.

h. set

Cette commande permet d'attribuer une valeur à une variable. Ses paramètres :

`var`

Spécifie le nom de la variable.

`value`

Spécifie la valeur de la variable

Un exemple :

```
<!--#set var="category" value="help" -->
```

i. if/elif/else/endif

Ces commandes permettent de contrôler l'exécution des commandes SSI ou l'affichage de balises HTML suivant certaines conditions indiquées à l'aide du paramètre `expr`.

`If` permet d'exécuter le bloc suivant si sa condition est remplie. Ce bloc se termine par `endif`, `elif` ou `else`.

`else` permet d'exécuter le bloc suivant si la condition du `if` le précédant n'a pas été remplie. Ce bloc se termine par un `endif`.

`elif` permet d'exécuter le bloc suivant si la condition du `if` le précédant n'a pas été remplie et si la condition spécifiée à sa suite est remplie. Ce bloc se termine par un `endif`, `else` ou `elif`.

Voici leur syntaxe :

```
<!--#if expr="condition" -->
<!--#elif expr="condition" -->
<!--#else -->
<!--#endif -->
```

La condition peut être de la forme suivante :

`chaîne`

vraie si cette chaîne n'est pas vide.

```
chaîne1 = chaîne2
chaîne1 != chaîne2
chaîne1 < chaîne2
chaîne1 <= chaîne2
chaîne1 > chaîne2
chaîne1 >= chaîne2
```

Compare la chaîne1 à la chaîne2. Si la seconde chaîne est de la forme /chaîne2/ alors une expression régulière est prise en compte.

`(condition)`

vraie si condition est vraie.

`! condition`

vraie si condition est fausse.

`condition1 && condition2`

vraie si condition1 ET condition2 sont vraies.

`condition1 || condition2`
vrai si une des deux conditions est vraie.

j. Les variables d'inclusion

Nous avons parlé précédemment de variables d'inclusion disponibles pour certaines commandes. Les voici :

`DATE_GMT` : La date de Greenwich
`DATE_LOCAL` : La date locale
`DOCUMENT_NAME` : Le nom du document parsé
`DOCUMENT_URI` : L'URL du document parsé
`LAST_MODIFIED` : La date de dernière modification du document parsé.

Enfin, une dernière précision avant de voir un exemple d'utilisation. Le moteur SSI permet la substitution de variables à l'intérieur des chaînes de caractères. Il suffit pour cela d'ajouter un $ au début du nom de la variable. Voici un exemple :

```
<!--#set var="date" value="Il est $DATE_LOCAL" -->
```

La variable `date` contient la chaîne 'Il est " suivie de la date locale.

Si nous désirons afficher un caractère $ dans la chaîne, ce dernier devra être échappé à l'aide du caractère \ :

```
<!--#set var="prix" value="1024\$" -->
```

Ici, la variable `prix` contient la chaîne "1024$".

Si la valeur d'une variable doit être placée à l'intérieur d'un mot, le nom de la variable peut être placé entre parenthèses :

```
<!--#set var="fichier" value="$(DOCUMENT_NAME)-$(LAST_MODIFIED)" -->
```

La variable `fichier` contient le nom du fichier suivi du caractère '-' et se termine par la date de dernière modification.

4. Exemple

Voici un exemple permettant d'insérer un en-tête et un pied de page à un document HTML.

Voyons tout d'abord le fichier contenant l'en-tête. Appelons-le **entete.shtml** :

```
<html>
 <head><title> <!--#echo var="titre" --> </title></head>
 <body>
  <div align="center">
  [<!--#if expr="$DOCUMENT_NAME = index.html" -->
   <b>Home</b>
  <!--#else -->
   <a href="http://www.monsite.com/">Home</a>
                                                              .../...
```

```
.../...
  <!--#endif -->]
  [<!--#if expr="$DOCUMENT_NAME = page1.html" -->
   <b>Page1</b>
  <!--#else -->
   <a href="http://www.monsite.com/page1.html">Page1</a>
  <!--#endif -->]
  [<!--#if expr="$DOCUMENT_NAME = page2.html" -->
   <b>Page2</b>
  <!--#else -->
   <a href="http://www.monsite.com/Page2.html">Page2</a>
  <!--#endif -->]
  <br /><br />
  <div align="center"><h1><!--#echo var="titre" --></div>
  <br /><br />
```

Cet en-tête affiche simplement le titre du document en gras et centré en haut. Ce titre est défini dans le document qui effectue l'inclusion de l'en-tête. À cela, nous ajoutons une série de liens pointant vers les différentes pages HTML du site. Le test permet de ne pas afficher le lien de la page actuellement visitée, mais juste son nom en gras.

Passons au pied de page :

```
  <br /><br />
  <hr>
  <div align="center">
   <a href="mailto:webmaster@monsite.com">Ecrire au Webmaster</a> -
<!--#echo var="DATE_LOCAL" -->
  </div>
 </body>
</html>
```

Ce pied de page affiche tout d'abord une ligne horizontale. Au-dessous se trouvent un lien permettant d'envoyer un mail au webmaster du site et la date du jour, centrés dans la page.

Enfin, voyons le format des pages index.html, page1.html et page2.html. Prenons comme exemple la page index.html :

```
<!--#set var="titre" value="Page d'accueil"-->
<!--#include virtual="entete.shtml" -->

Bla Bla Bla Bla Bla Bla Bla Bla Bla Bla Bla Bla Bla Bla Bla Bla Bla Bla
 Bla Bla Bla Bla Bla Bla Bla Bla Bla Bla Bla Bla Bla Bla ...

<!--#include virtual="pieddepage.shtml" -->
```

Voici le résultat :

E. Contenu négocié

La compréhension de cette notion peut être difficile, mais pour l'utiliser, nous n'avons pas besoin de la connaître parfaitement.

Nous allons tout d'abord définir cette notion et son vocabulaire, puis voir comment l'utiliser. Ensuite, nous verrons plus en détail comment Apache négocie ces contenus. Enfin, nous détaillerons un exemple d'utilisation.

1. Définition

Pour définir cette notion, prenons un exemple : un document HTML peut être présent sous différentes langues : français, anglais... Apache peut choisir automatiquement la meilleure représentation à délivrer au client suivant les préférences envoyées par son navigateur : il s'agit de la négociation d'un contenu par notre serveur.

Voyons le vocabulaire que nous utiliserons. Une **ressource** est un objet demandé par un client à un serveur. Cette ressource peut être un document HTML, une image... Elle peut exister sous différentes formes appelées **représentations** ou **variantes**. Nous utiliserons ce dernier terme. Le choix d'une variante particulière d'une ressource résulte de l'application d'un algorithme de la part du serveur. Les paramètres différenciant ces différentes variantes sont les **dimensions** de négociation.

2. Configuration

Pour négocier un contenu, c'est-à-dire choisir une variante d'une ressource parmi d'autres, le serveur doit connaître les dimensions de chacune des variantes. Il existe deux façons de configurer cela :

- à l'aide d'un fichier dans lequel ces dimensions sont listées. Il s'agit d'un fichier de **transcodage de types**.
- à l'aide de la fonctionnalité **MultiViews** activée à l'aide de la directive `Option`.

a. Le fichier de transcodage de type

La première chose à faire est d'indiquer au serveur Apache quels sont les fichiers de ce type. Pour cela, nous allons utiliser un handler permettant d'associer une extension à ce type de fichier. Nous allons donc utiliser la directive `AddHandler` :

```
AddHandler type-map .var
```

Tous les fichiers ayant une extension .var seront donc considérés comme des fichiers de transcodage de type utilisés lors de la négociation de contenu.

Avant de voir le format de ce type de fichier, nous allons tout d'abord voir quels sont les champs d'en-tête que le client envoie au serveur pour lui indiquer ses préférences. Apache supporte la négociation de contenu telle qu'elle est décrite au niveau http/1.1. Il supporte les champs `Accept`, `Accept-Language`, `Accept-Charset` et `Accept-Encoding` dans les en-têtes de requêtes http. Un client préférant une version française d'un document inclurait le champ suivant dans sa requête :

```
Accept-Language: fr
```

Un autre exemple serait un client demandant de préférence un document français mais acceptant aussi le document en anglais. En plus de cela, il préfèrerait un document HTML à un document texte brut. Voici ce que sa requête pourrait contenir :

```
Accept-Language: fr; q=1.0, en; q=0.5
Accept: text/html; q=1.0, text/*; q=0.5
```

Passons à notre fichier de transcodage. Ce fichier contient une entrée par variante. Elle est constituée d'une ou plusieurs lignes d'en-tête au format RFC 822. Chaque entrée est séparée par une ligne vide. Le fichier peut commencer par une entrée représentant la ressource. Ce n'est qu'une convention qui n'est pas obligatoire. Voici un exemple de fichier :

```
URI: foo

URI: foo.en.html
Content-type: text/html; qs=0.5
Content-language: en

URI: foo.fr.html
Content-type: text/html; charset=iso-8859-2; qs=1.0
Content-language: fr
```

Dans ce fichier, nous définissons la ressource foo. Cette ressource possède deux variantes caractérisées par leur URI : foo.en.html et foo.fr.html. A leur suite, nous trouvons le type des documents (text/html) ainsi que la langue (anglais pour le premier et français pour le second). Le document français sera préféré par défaut puisqu'il possède une valeur de "qualité subjective" (qs) supérieure à celle du document en anglais. La valeur qs peut aller de 0.000 à 1.000. Une valeur de 0.000 indique que la variante ne sera jamais sélectionnée !

Voici la liste complète des champs d'en-tête reconnus dans un tel fichier :

`URI`
: Indique l'URI du fichier contenant la variante. Ces URI sont obligatoirement relatives au fichier de transcodage et doivent pointer sur des fichiers auxquels le client aurait accès s'ils étaient adressés directement.

`Content-type`
: Spécifie le type du média. Nous pouvons y adjoindre le jeu de caractères, des paramètres de niveau et de qualité (qs). La combinaison du type du média et du jeu de caractères est aussi souvent appelée type MIME.

`Content-language`
: Indique la langue de la variante, spécifiée sous la forme du code standard de langue d'Internet (`en` pour l'anglais, `kr` pour le coréen, etc.).

`Content-encoding`
: Indique l'encodage de la variante. Pour des fichiers compressés (le seul cas qui conduit couramment à l'utilisation de ce champ), l'encodage de contenu vaudra `x-compress`, ou `x-gzip`, selon le cas.

`Content-length`
: Spécifie la taille du fichier. Les clients peuvent demander à recevoir un certain type de média seulement si la taille de la variante correspondante n'est pas trop grande ; la technique consistant à spécifier cette taille dans le fichier de transcodage permet au serveur de traiter ce paramètre de requête et de faire les bons choix sans avoir à ouvrir le fichier.

b. Multiviews

Cette fonctionnalité est activée à l'aide de l'option `MultiViews` de la directive `Option` que nous pourrons retrouver à l'intérieur de directives `<Directory>`, `<Location>`, `<Files>` ou `<VirtualHost>`, ainsi que dans des fichiers **.htaccess** si ces derniers sont supportés. Il suffira donc de placer la ligne suivante dans notre fichier de configuration :

```
Option +MultiViews
```

Mais qu'est-ce donc que MultiViews ? Prenons un exemple pour expliquer cette notion ! Soit un client demandant la ressource http://www.monsite.com/dir/fic.html. Si nous allons dans le répertoire dir/ contenu dans l'arborescence du site, nous voyons qu'il n'existe pas de fichier fic.html mais par exemple une série de fichiers : fic.fr.html, fic.en.html, fic.de.html, etc. En fait, chacun de ces fichiers est dans la langue indiquée : français pour fr, anglais pour en (english), allemand pour de (deutsch), etc. Si la fonctionnalité MultiViews a été activée pour ce répertoire, le serveur Apache va rassembler tous les fichiers fic.* et va servir au client celui le plus proche de ses préférences. Mais comment fait-il pour choisir ? Et bien nous devons spécifier au serveur Apache ce que représentent les différentes extensions .fr, .en, etc (il peut y en avoir beaucoup d'autres). Pour ce faire, nous utilisons les directives `AddLanguage`, `AddEncoding`, `AddType`. Nous pourrons par exemple trouver les lignes suivantes dans notre fichier de configuration :

```
AddLanguage fr                  .fr
AddLanguage en                  .en
AddLanguage de                  .de
AddEncoding x-compress          .Z
AddType     application/pdf     .pdf
```

Les trois premières lignes attribuent respectivement les extensions .fr, .en et .de aux langues française, anglaise et allemande. La quatrième ligne attribue l'extension .Z au type de fichier compressé et enfin la cinquième ligne attribue l'extension .pdf au type MIME application/pdf.

3. Les méthodes de négociation

Il existe deux méthodes permettant de sélectionner une variante :

- Le serveur dirige la négociation **à l'aide d'un algorithme**. Ce dernier lui permet de faire ressortir une variante plus appropriée qu'une autre. Parfois, le serveur peut modifier les facteurs de qualité d'une dimension particulière de manière à obtenir un meilleur résultat. L'algorithme et cette modification sont expliqués plus loin dans ce point.
- **La négociation de contenu transparente** (*Transparent Content Negotiation*) est utilisée lorsque le client la demande, suivant le mécanisme défini dans la RFC 2295. L'algorithme utilisé est alors propre au client.

a. Les dimensions de négociation

Voici les différentes dimensions de négociation qui seront utilisées dans l'algorithme :

- **Type Média** : le navigateur affiche ses préférences dans un champ `Accept:` de l'en-tête. Un facteur de qualité peut être associé à chaque préférence ainsi qu'à chaque description de variante.
- **Langage** : le navigateur affiche ses préférences en matière de langue dans un champ `Accept-Language:` de l'en-tête. Chaque choix peut être associé à un facteur de qualité. Les variantes peuvent être associées à aucune, une ou plusieurs langues.
- **Encodage** : le navigateur affiche ses préférences par le champ `Accept-Encoding:` de l'en-tête.

- **Jeu de caractères** : le navigateur affiche ses préférences dans un champ `Accept-Charset:` de l'en-tête. Les variantes peuvent mentionner un jeu de caractères comme paramètre du type de média.

b. L'algorithme de négociation

Ce point n'est pas indispensable pour bien utiliser la négociation de contenu, mais il permet de comprendre comment Apache choisit telle ou telle variante d'une ressource. Pour résumer, Apache liste d'abord tous les fichiers et récupère leur dimension. Ensuite, il calcule un facteur de qualité pour chacune de ces variantes, ce qui va lui permettre de fournir au client la variante qu'il demande en fonction de ses préférences et des facteurs de qualité calculés.

Voici plus précisément l'algorithme utilisé :

1. Premièrement, pour chaque dimension de négociation, chaque variante est vérifiée par rapport au champ d'en-tête `Accept*:` spécifique à la dimension, envoyé par le client et un facteur de qualité est calculé pour chacune d'entre elles. Si le champ d'en-tête `Accept*:` implique qu'une variante n'est pas acceptable, alors l'algorithme l'élimine. Si toutes les variantes disponibles ont été éliminées lors de cette phase, passer directement au point 4.
2. La sélection de la "meilleure" variante se fait par élimination. Chacun des tests suivants est appliqué dans l'ordre. Une variante ne passant pas un test est éliminée de suite. Après chaque test, l'algorithme regarde s'il reste des variantes. S'il en reste, il passe au test suivant. S'il ne reste qu'une variante, elle est alors considérée comme le "meilleur choix possible" et cette phase de tests se termine.
   a. Multiplication du facteur de qualité de l'en-tête `Accept:` par le facteur de qualité de source pour le type média correspondant à la variante testée, puis sélection des plus fortes valeurs.
   b. Sélection des variantes de plus fort facteur de qualité au niveau langage.
   c. Sélection des variantes listées à l'aide du champ d'en-tête `Accept-Language:` du protocole HTTP : s'il est présent, sinon en se basant sur l'ordre des langues défini à l'aide de la directive `LanguagePriority` si présente.
   d. Sélection des variantes de plus haute valeur 'level' (utilisé pour numéroter les versions de documents de type text/html).
   e. Sélection des variantes non encodées, s'il existe simultanément des variantes brutes et encodées. Si toutes ou aucune des variantes ne sont encodées, l'algorithme les sélectionnera toutes.
   f. Sélection des variantes disposant d'un jeu de caractères correspondant au champ `Accept-Charset:` d'en-tête. Le Jeu ISO-8859-1 sera toujours accepté. Toute variante non explicitement associée à un jeu de caractères est supposée de type ISO- 8859-1.
   g. Sélection des variantes de plus faible taille.

h. Sélection de la première variante trouvée parmi celles qui restent (cela peut être la première vue dans le fichier de transcodage, ou la première apparaissant dans le répertoire) et passer à l'étape 3.

3. À présent, l'algorithme a sélectionné la "meilleure" variante et peut alors la retourner au client. Le champ `Vary` de l'en-tête HTTP dans la réponse sera renseigné pour indiquer les dimensions de négociation traitées (cette information est particulièrement destinée aux proxies et aux navigateurs lorsqu'ils enregistrent le document en cache). L'algorithme prend fin ici.

4. Si vous arrivez à ce point, aucune variante n'a pu être sélectionnée (car aucune ne peut être acceptée par le client). Renvoyer un code d'erreur 406 (signifiant "Pas de représentation acceptable") avec un corps de réponse consistant en un document HTML donnant la liste des variantes disponibles. Le champ `Vary` de l'en-tête HTTP de réponse sera renseigné pour rappeler les dimensions de négociation.

Voici un petit schéma résumant cet algorithme. Chaque test est effectué pour chaque variante :

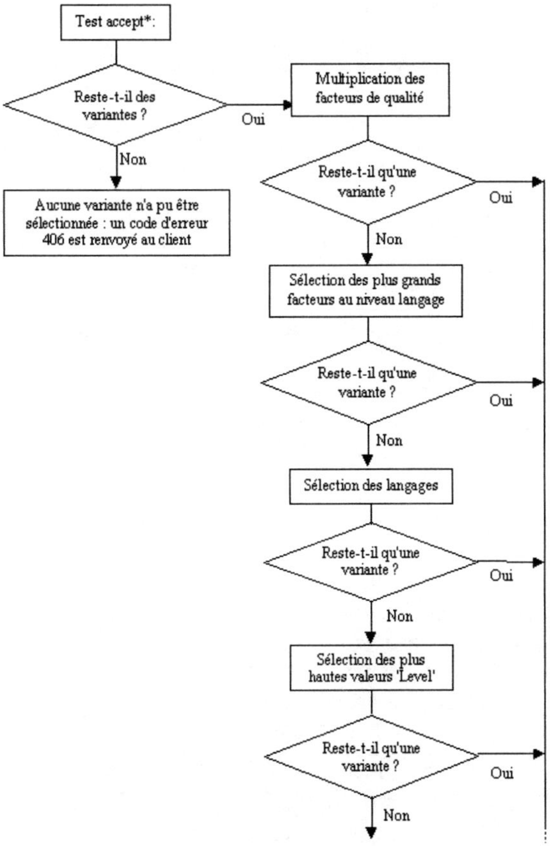

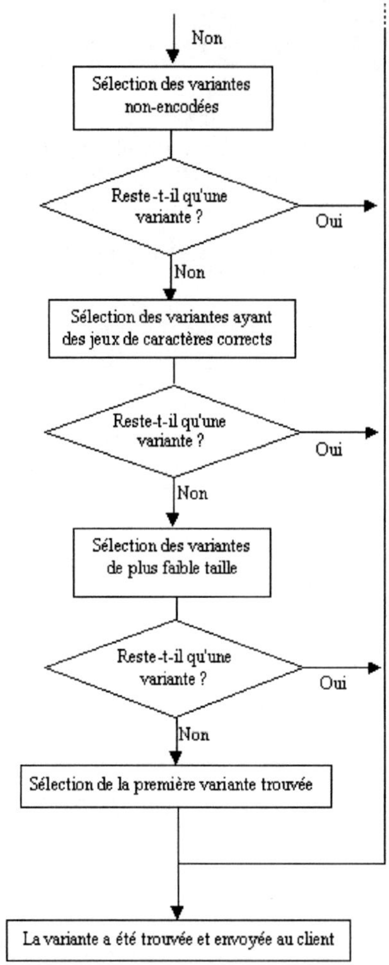

c. La modification des facteurs de qualité par le serveur

Le serveur Apache peut modifier la valeur de certains facteurs de qualité de certaines dimensions de négociation pour optimiser le choix d'une variante, lorsque le client envoie des préférences incomplètes ou erronées. Effectivement certains navigateurs envoient des informations qui peuvent conduire à des erreurs de choix. Si les informations envoyées par le client sont correctes et suffisantes, cette optimisation n'a pas lieu.

Voyons où interviennent ces modifications :

Type de média avec métacaractères

Le champ `Accept:` permet au client d'indiquer ses préférences au niveau du ou des types de média qu'il désire. Ce champ accepte les métacaractères où * remplace une chaîne quelconque. Par exemple :

```
Accept: text/*, */*
```

Ce champ indique que tous les types commençant par text/ sont acceptés, ainsi en fait que tous les autres types (*/*), ce qui fait que le premier `text/*` est en fait inutile !

Cet exemple se retrouve en fait souvent dans les requêtes envoyées par certains navigateurs qui ajoutent toujours un type globalisant en fin de ce champ, voulant dire qu'ils acceptent aussi tous les autres types si les types précédemment indiqués ne sont pas trouvés. Malheureusement, l'algorithme n'institue pas de priorité entre */* et les autres types indiqués. Le navigateur aurait dû envoyer une requête en précisant un facteur de qualité faible pour le métatype */*, comme dans la requête suivante :

```
Accept: text/html, text/plain, image/gif, image/jpeg, */*; q=0.01
```

Tous ces types sont associés par défaut à un facteur de qualité égal à 1.000. Ici, le métatype */* est associé à un facteur de qualité de 0.01 qui indique que tout autre type ne sera envoyé que si les premiers n'ont pas été trouvés.

Si le champ `Accept:` ne contient aucun facteur q, Apache définit un facteur q de 0.01 pour le métatype "*/*" s'il le détecte, afin de simuler le comportement attendu. De plus, Apache définit un facteur q de 0.02 pour tout métatype de la forme `type/*` (de manière à le rendre préférentiel par rapport au type quelconque déduit de `*/*`). Si au moins un des types explicites dans le champ `Accept:` est associé à un facteur q, ces valeurs définies ne seront pas appliquées, et les requêtes émises par des navigateurs conformes auront bien l'effet attendu.

Variantes sans définition de langage

Les variantes sans indication de langue sont définies par Apache comme ayant un facteur de qualité très faible (0.001) permettant ainsi de mettre à disposition d'un client une variante par défaut.

Echec de la négociation au niveau du langage

Depuis la version 2 d'Apache, ce dernier a apporté quelques modifications à son algorithme, permettant de renvoyer une page même si la négociation au niveau du langage échoue. Effectivement, si le serveur n'arrive pas à trouver de variantes concordant avec les préférences du client spécifiées au niveau du champ `Accept-language:`, il lui renvoie l'un des messages suivants : "Aucune variante acceptable" ("No acceptable variant") ou "Choix multiples" ("Multiple choices"). Apache 2 met à disposition maintenant une nouvelle directive `ForceLanguagePriority` permettant de définir le comportement du serveur si aucune variante n'est trouvée.

Cette directive est à mettre en relation avec la directive `LanguagePriority` permettant de lister les préférences par défaut au niveau langage du serveur :

ForceLanguagePriority

Syntaxe : `ForceLanguagePriority` *`None|Prefer|Fallback`*

Cette directive fait partie du module **mod_negotiation** depuis la version 2 d'Apache. Nous pourrons la retrouver au niveau de la configuration générale du serveur, ainsi qu'à l'intérieur des directives `<Directory>` ou `<VirtualHost>` et dans des fichiers **.htaccess**.

Ses paramètres sont :

- `Prefer` : permet d'utiliser la directive `LanguagePriority` pour renvoyer un document plutôt que d'envoyer le message "Choix multiples" ("Multiple choices") au client. Par exemple, considérons un client ayant envoyé une requête dans laquelle nous trouvons le champ `Accept-language:` avec deux préférences de langue en et fr, chacune avec un facteur de 0.500. Si nous avons les deux lignes suivantes dans notre configuration :
  ```
  PriorityLanguage fr en de
  ForceLanguagePriority Prefer
  ```
  ce sera la variante française (fr) qui sera renvoyée au client.
- `Fallback` : permet d'utiliser la directive `LanguagePriority` pour renvoyer un document plutôt que d'envoyer le message "Aucune variante acceptable" ("No acceptable variant"). Considérons un client n'acceptant que le langage espagnol (`Accept-Language: es`), si nous avons ces deux lignes dans notre configuration :
  ```
  PriorityLanguage en fr
  ForceLanguagePriority Fallback
  ```
  la variante anglaise (en) sera envoyée au client.

Ces deux paramètres peuvent être indiqués en même temps. Par défaut, il s'agit de la valeur `Prefer` qui est appliquée.

LanguagePriority

Syntaxe : `LanguagePriority` *`MIME-lang [MIME-lang] ...`*

Cette directive fait aussi partie du module **mod_negotiation** et nous pourrons la retrouver au niveau de la configuration générale du serveur ainsi qu'à l'intérieur des directives `<Directory>` ou `<VirtualHost>` et dans les fichiers **.htaccess**.

Elle permet de lister les langages préférés par ordre décroissant. Si un client ne donne aucune indication au niveau de ses préférences linguistiques et que la fonctionnalité `Multiviews` est activée ou que la directive `ForceLanguagePriority` est utilisée, Apache suivra les préférences listées ici.

Par exemple :

```
LanguagePriority en fr de es
```

permet de renvoyer un document en anglais (en) si le client n'a pas envoyé de champ `Accept-language:`.

Normalement, tout client conforme à la norme HTTP/1.1 devrait envoyer des requêtes valides rendant cette directive sans effet !

4. Exemple

Pour terminer, nous allons voir un exemple tout simple : nous allons créer plusieurs documents HTML, chacun dans une langue particulière. En modifiant la configuration de notre navigateur et en demandant au serveur toujours le même document, nous allons voir qu'il nous enverra le document dans la langue configurée.

Voici tout d'abord nos différents documents doc.html.fr, doc.html.en et doc.html.de :

```
<html>
 <head><title>Document en français</title></head>
 <body>Je suis en français !</body>
</html>

<html>
 <head><title>Document in english</title></head>
 <body>I'm in english !</body>
</html>

<html>
 <head><title>Dokument in deutsch</title></head>
 <body>ich bin in deutsch !</body>
</html>
```

Voyons maintenant la configuration de notre serveur. Nous devons y retrouver les lignes suivantes :

```
Option +Multiviews

AddLanguage fr .fr
AddLanguage en .en
AddLanguage de .de
```

Une fois ceci fait, voyons comment configurer Internet Explorer pour qu'il demande une langue plutôt qu'une autre : allons dans le menu **Outils**, puis cliquons sur **Options Internet**.

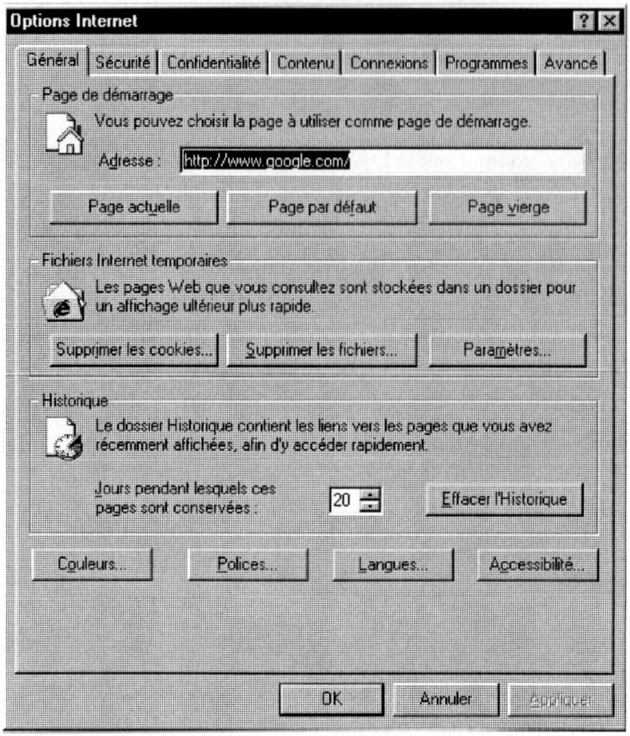

Cliquons sur le bouton **Langues**, en bas.

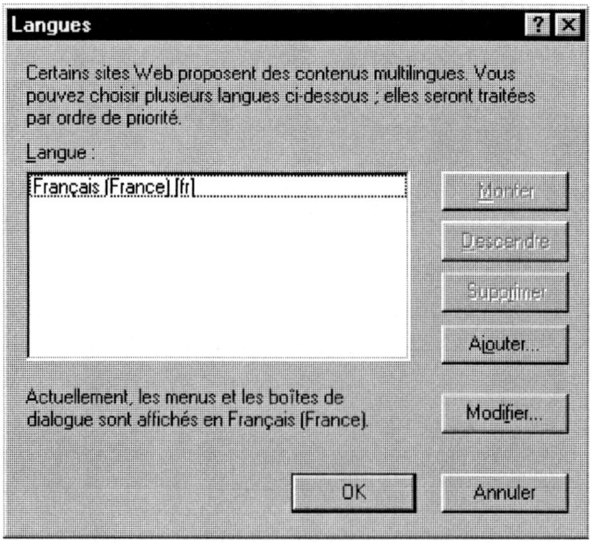

Nous avons dans cette fenêtre la liste de nos préférences par ordre décroissant. Nous pouvons ajouter des langues en cliquant sur le bouton **Ajouter** et en sélectionnant une langue :

Puis en cliquant sur **OK**.

Dans notre fenêtre précédente, en sélectionnant une langue, nous pouvons l'effacer ou la déplacer suivant notre ordre de préférence. Nous allons donc ajouter l'anglais et l'allemand et modifier l'ordre de ces trois langues pour les mettre en première position chacune à leur tour. En ouvrant notre navigateur et en demandant le document http://www.monsite.com/doc.html, nous obtiendrons suivant nos préférences le document français, anglais ou allemand.

Chapitre 5 : Les modules mod_proxy, mod_rewrite et mod_dav

Nous allons nous attarder dans ce chapitre sur trois modules d'Apache. Nous verrons tout d'abord un module (ou plutôt un ensemble de modules) permettant à Apache de fonctionner en tant que proxy de base. Ensuite, nous apprendrons à nous servir du module **rewrite** permettant d'associer des fichiers et URI à l'aide d'expressions régulières. Enfin, nous utiliserons le module **mod_dav** implémentant les fonctionnalités WebDAV. Ce dernier module nous permettra entre autres d'éditer les ressources d'un site Internet à distance.

A. Mise en place d'un proxy à l'aide des modules d'Apache

Ces modules vont nous permettre de transformer notre serveur Apache en un proxy, et plus particulièrement en un proxy-cache ! Notre proxy restera basique et n'atteindra pas la puissance de serveur proxy de Squid (http://www.squid-cache.org/) par exemple.

Nous allons tout d'abord définir ce qu'est un proxy. Ensuite, nous l'installerons et le configurerons. Enfin, nous verrons comment l'utiliser en configurant les navigateurs comme Internet Explorer ou Mozilla.

1. Définition

Un serveur proxy se place entre le réseau local et l'extérieur : il peut être vu comme une porte sur l'extérieur. Un serveur proxy est souvent utilisé pour permettre à un réseau local d'accéder de manière transparente à l'Internet, aux sites internet : on parle alors de proxy HTTP. Mais il peut aussi autoriser l'accès à des serveurs FTP : nous aurons un proxy FTP. Il peut exister des serveurs proxy pour chaque protocole applicatif.

Son fonctionnement est simple : il s'agit d'un serveur mandaté par une application pour effectuer ses requêtes sur Internet à sa place. Un serveur proxy est parfois appelé **serveur mandataire** pour cette raison. Lorsqu'un poste client désire se connecter à l'Internet à l'aide d'une application configurée pour se servir d'un serveur proxy, cette dernière va tout d'abord se connecter au serveur proxy et lui envoyer ses requêtes. Ensuite, le serveur proxy se connectera au serveur distant sur l'Internet et lui enverra ces requêtes. Les réponses de ce serveur seront alors renvoyées au serveur proxy qui les transmettra à l'application du poste client.

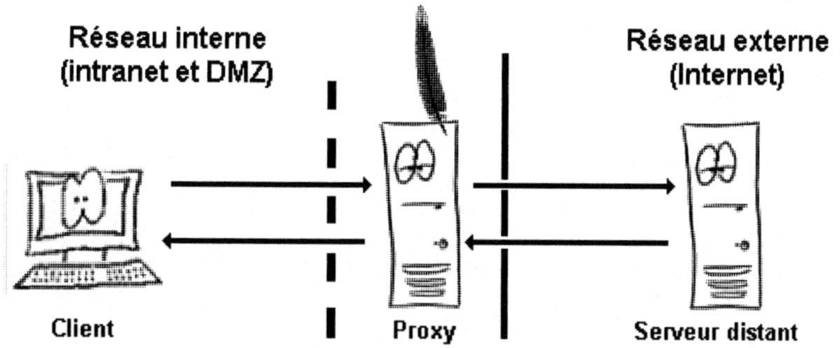

Un serveur proxy peut posséder différentes fonctionnalités. Voici les principales :

- **Fonction de cache** : le serveur proxy-cache permet de conserver en mémoire-cache les pages Internet les plus souvent visitées. Cette fonctionnalité permet de fournir ces pages beaucoup plus rapidement au réseau local , d'où une accélération de la consultation Internet pour ce réseau. Le serveur proxy-cache vérifie régulièrement que les pages conservées en mémoire-cache sont identiques à celles sur l'Internet et les met à jour si ce n'est pas le cas. C'est cette fonctionnalité que nous mettrons en place sur notre serveur Apache.
- **Fonction de filtrage** : toutes les connexions passent par le serveur proxy, il est donc possible de les filtrer ou d'en conserver une trace. Il est possible aussi d'interdire la consultation de certains sites (liste noire) ou de n'autoriser que certaines requêtes (liste blanche).
- **Fonction d'authentification** : puisque l'accès à l'extérieur se fait à l'aide du proxy, nous pouvons demander à ce dernier de n'autoriser que certains postes clients à l'aide d'un login/mot de passe.

2. Présentation des modules

Il existe des différences entre Apache 1.3 et 2.0.

Apache 1.3 ne possède qu'un module : **mod_proxy**. Ce dernier implémente les fonctionnalités d'un proxy-cache. Il supporte aussi les protocoles FTP, CONNECT (SSL), HTTP/0.9 et HTTP/1.0.

Apache 2.0 possède plusieurs modules. La fonctionnalité de cache a été enlevée du module **mod_proxy** et placée dans les modules **mod_cache**, **mod_disk_cache** et **mod_mem_cache**. De plus, **mod_proxy** supporte le protocole HTTP/1.1 en plus des autres protocoles déjà supportés dans la version 1.3 d'Apache. Mais attention : les supports des différents protocoles ont été déportés dans les modules **mod_proxy_***. Par exemple, si l'on désire supporter le protocole FTP, nous devrons faire en sorte que les modules **mod_proxy** et **mod_proxy_ftp** soient présents dans la configuration de notre serveur.

Les modules **mod_cache**, **mod_disk_cache** et **mod_mem_cache** sont considérés comme étant expérimentaux pour l'instant.

La fonctionnalité de cache dans la version 2.0 d'Apache comporte encore de nombreux problèmes. Nous verrons ici comment installer ses modules, ainsi que les directives à utiliser pour la mettre en place. Par contre, nous verrons en fin de ce point des exemples de configuration uniquement pour la version 1.3 d'Apache, puisque celle-ci est complètement fonctionnelle. En conclusion, si vous désirez mettre en place un proxy-cache à l'aide d'Apache, préférez la version 1.3 de ce dernier !

3. Installation du serveur

Dans ce point, nous allons voir comment mettre en place ces modules sur les deux versions d'Apache. Ces modules font partie de la distribution d'Apache et leurs sources se trouvent donc dans la même archive que celle du serveur Apache.

a. Sous Linux

Comme nous l'avons déjà vu, il existe deux façons d'installer (compiler) les modules sous Apache : statiquement ou dynamiquement. Nous ne verrons que la façon dynamique car la façon statique implique une recompilation du serveur Apache.

Quelle que soit la version d'Apache, nous aurons besoin du module **mod_proxy**. Ce module a peut-être déjà été compilé lors de l'installation du serveur Apache. Vérifions tout d'abord qu'il n'est pas lié statiquement au serveur Apache à l'aide de la commande suivante :

```
# apache -l
Compiled-in modules:
  http_core.c
  mod_so.c
  mod_macro.c
```

Visiblement, ici le module **mod_proxy** n'est pas présent.

Si votre serveur Apache provient d'un package d'une distribution, vérifiez dans son fichier de configuration si le module n'existe pas déjà ! Pour cela, il suffit de lancer la commande suivante :

```
# cat httpd.conf | grep proxy
    #LoadModule proxy_module /usr/lib/apache/1.3/libproxy.so
```

Ici par exemple, le module proxy se trouve dans le répertoire /usr/lib/apache/1.3. Il suffit d'enlever le caractère de commentaire de cette ligne dans le fichier **httpd.conf** puis de redémarrer le serveur Apache. Il ne restera plus qu'à configurer notre serveur Apache pour bénéficier des fonctionnalités du proxy.

Si tout cela ne vous concerne pas, voyons comment nous allons compiler notre module **mod_proxy**. Après avoir récupéré les sources d'Apache et les avoir désarchivées, il suffit d'aller dans le répertoire source du module proxy et de lancer la compilation du module à l'aide de l'outil **apxs**.

Voici pour la version 1.3 d'Apache :

```
# tar -xzvf apache_1.3.27.tar.gz
# cd apache_1.3.27/src/modules/proxy
# apxs -c mod_proxy.c proxy_cache.c proxy_connect.c
proxy_ftp.c proxy_http.c proxy_util.c
gcc -DLINUX=22 -DEAPI -DTARGET="apache" -I/usr/include/db1
-DDEV_RANDOM=/dev/random -DUSE_HSREGEX -D_LARGEFILE_SOURCE
                                                        .../...
```

```
.../...
-D_FILE_OFFSET_BITS=64 -O1 -fPIC -DSHARED_MODULE
-I/usr/include/apache-1.3  -c mod_proxy.c
gcc -DLINUX=22 -DEAPI -DTARGET="apache" -I/usr/include/db1
-DDEV_RANDOM=/dev/random -DUSE_HSREGEX -D_LARGEFILE_SOURCE
-D_FILE_OFFSET_BITS=64 -O1 -fPIC -DSHARED_MODULE
-I/usr/include/apache-1.3  -c proxy_cache.c
gcc -DLINUX=22 -DEAPI -DTARGET="apache" -I/usr/include/db1
-DDEV_RANDOM=/dev/random -DUSE_HSREGEX -D_LARGEFILE_SOURCE
-D_FILE_OFFSET_BITS=64 -O1 -fPIC -DSHARED_MODULE
-I/usr/include/apache-1.3  -c proxy_connect.c
gcc -DLINUX=22 -DEAPI -DTARGET="apache" -I/usr/include/db1
-DDEV_RANDOM=/dev/random -DUSE_HSREGEX -D_LARGEFILE_SOURCE -D_FILE_
OFFSET_BITS=64 -O1 -fPIC -DSHARED_MODULE -I/usr/include/apache-1.3
-c proxy_ftp.c
gcc -DLINUX=22 -DEAPI -DTARGET="apache" -I/usr/include/db1
-DDEV_RANDOM=/dev/random -DUSE_HSREGEX -D_LARGEFILE_SOURCE
-D_FILE_OFFSET_BITS=64 -O1 -fPIC -DSHARED_MODULE
-I/usr/include/apache-1.3  -c proxy_http.c
gcc -DLINUX=22 -DEAPI -DTARGET="apache" -I/usr/include/db1
-DDEV_RANDOM=/dev/random -DUSE_HSREGEX -D_LARGEFILE_SOURCE
-D_FILE_OFFSET_BITS=64 -O1 -fPIC -DSHARED_MODULE
-I/usr/include/apache-1.3  -c proxy_util.c
gcc -shared -o mod_proxy.so proxy_util.o proxy_http.o proxy_ftp.o proxy
_connect.o proxy_cache.o mod_proxy.o -lc -lm -lcrypt -ldb1 -ldb -lexpat
#
```

Dans notre répertoire, nous avons maintenant un fichier **mod_proxy.so**. Nous aurions pu donner n'importe quel nom à notre module à l'aide de l'option `-o`. Par exemple, nous aurions pu utiliser :

```
# apxs -c mod_proxy.c proxy_cache.c proxy_connect.c proxy_ftp.c
proxy_http.c proxy_util.c -o libproxy.so
```

Nous aurons alors un fichier **libproxy.so**...

Maintenant que notre module est compilé, il doit être placé dans le répertoire où se trouvent tous les modules du serveur Apache. Pour le déterminer, il suffit de lancer la commande suivante :

```
# apxs -q LIBEXECDIR
/usr/lib/apache/1.3/
#
```

Il ne nous reste plus qu'à y copier notre **mod_proxy.so** et à ajouter dans la configuration d'Apache le chargement de ce module à l'aide de la directive `LoadModule`. Ceci peut être fait automatiquement à l'aide de la commande suivante :

```
# apxs -i -a mod_proxy.so
cp mod_proxy.so /usr/lib/apache/1.3/mod_proxy.so
chmod 755 /usr/lib/apache/1.3/mod_proxy.so
[activating module 'mod_proxy' in /etc/apache/httpd.conf]
#
```

Le résultat des commandes sera différent suivant votre version d'Apache et de sa compilation originelle. Ces différences se traduiront par des chemins différents, comme par exemple **/usr/lib/httpd/2.0/** pour Apache 2.0.

Si l'utilisation de la commande **apxs** pose problème, tout ceci peut être fait à la main. Après avoir déterminé l'endroit où se trouvent les modules, nous pouvons y copier le nôtre : `# cp mod_proxy.so /usr/lib/apache/1.3`

Ensuite, nous devons changer ses droits :

```
# chmod 755 /usr/lib/apache/1.3/mod_proxy.so
```

Et enfin, il faut ajouter la ligne suivante dans le fichier de configuration d'Apache **httpd.conf** :

```
# LoadModule proxy_module /usr/lib/apache/1.3/libproxy.so
```

L'installation est terminée pour Apache version 1.3.

Voyons maintenant les commandes pour Apache 2.0 :

```
# tar -xvzf httpd-2.0.45.tar.gz
# cd httpd-2.0.45/modules/proxy
# apxs -c mod_proxy.c proxy_util.c
```

Il nous reste encore des modules à compiler. Effectivement, comme expliqué précédemment, la nouvelle version d'Apache a supprimé la fonctionnalité de cache de **mod_proxy**, ainsi que le support des différents protocoles. Ces fonctions ont été placées dans d'autres fichiers.

Pour les différents protocoles, suivant ceux que nous désirons supporter (le plus souvent, au moins HTTP), plaçons-nous dans le répertoire **proxy/** et exécutons les commandes suivantes :

```
# apxs -c proxy_http.c
# apxs -c proxy_ftp.c
# apxs -c proxy_connect.c
```

Et pour les installer :

```
# apxs -i -a proxy_http.so proxy_ftp.so proxy_connect.so
```

Enfin, il nous reste la fonctionnalité de cache pour Apache 2.0. Elle concerne trois modules :

- **mod_cache** : le module principal permettant la mise en place d'un cache ;
- **mod_mem_cache** : fonctionne avec **mod_cache** et permet d'avoir un cache en mémoire ;
- **mod_disk_cache** : fonctionne avec **mod_cache** et permet d'avoir un cache sur le disque dur.

Pour compiler et installer ces modules :

```
# cd httpd-2.0.45/modules/experimental
# apxs -c mod_cache.c cache_storage.c cache_util.c
# apxs -c mod_mem_cache.c cache_cache.c cache_pqueue.c cache_hash.c
# apxs -c mod_disk_cache.c
# apxs -i -a mod_cache.so mod_mem_cache.so mod_disk_cache.so
```

b. Sous Windows

Nous ne verrons pas toute cette procédure de compilation sous Windows puisque l'archive pour ce système contient tous les modules déjà compilés dynamiquement. Nous n'aurons qu'à modifier le fichier de configuration pour indiquer au serveur Apache de charger les modules à l'aide de la directive `LoadModule`.

Les modules sont placés dans le répertoires **modules/** lui-même contenu dans le répertoire d'installation d'Apache. Il s'agit par défaut du répertoire C:\Program Files\Apache Group\Apache\modules pour la version 1.3 et du répertoire C:\Program Files\Apache Group\Apache2\modules pour la version 2.0.

Éditons maintenant notre fichier de configuration. Il s'agit du fichier **C:\Program Files\Apache Group\Apache\conf\httpd.conf** pour la version 1.3 d'Apache et **C:\Program Files\Apache Group\Apache2\conf\httpd.conf** pour la version 2.0. Dans ce fichier, il faut chercher un ensemble de lignes commençant par :

```
#LoadModule nomDuModule Chemin/du/module.dll
```

Le caractère # devant la ligne indique que cette dernière a été mise en commentaire. Il nous suffit donc d'enlever ce caractère devant les lignes concernant les modules :

Pour Apache 1.3 :

```
LoadModule proxy_module modules/mod_proxy.so
```

Pour Apache 2.0 :

```
LoadModule proxy_module modules/mod_proxy.so
LoadModule proxy_connect_module modules/mod_proxy_connect.so
LoadModule proxy_http_module modules/mod_proxy_http.so
LoadModule proxy_ftp_module modules/mod_proxy_ftp.so
LoadModule proxy_ftp_module modules/mod_cache.so
LoadModule proxy_ftp_module modules/mod_disk_cache.so
LoadModule proxy_ftp_module modules/mod_mem_cache.so
```

La ligne **mod_cache.so** n'est pas présente par défaut dans le fichier de configuration. Il faut donc la rajouter.

4. Configuration du serveur

Nous allons maintenant étudier certaines directives offertes par ces modules. Ensuite, nous verrons quelques exemples de configuration.

Au sujet des directives, nous n'aborderons que les directives communes aux deux versions d'Apache, indiquant si besoin est dans quel module elles se trouvent (surtout pour la version 2 d'Apache). Nous verrons aussi plus particulièrement les directives permettant de mettre en place un cache en mémoire (**mod_mem_cache** d'Apache 2.0) car cette fonctionnalité n'est pas présente dans la version 1.3 de Apache.

a. Les directives communes propres au fonctionnement du proxy

AllowCONNECT

Syntaxe : `AllowCONNECT` *`port [port...]`*

Nous pouvons spécifier ici une liste de ports sur lesquels la méthode CONNECT proxy est autorisée à se connecter. Par défaut, il s'agit des ports 443 (https) et 563 (snews).

NoProxy

Syntaxe : `NoProxy` *`Domaines|SousReseaux|AdressesIp|Hotes`*

Cette directive n'est utile qu'à un serveur proxy placé à l'intérieur d'un Intranet. Ses paramètres sont des listes de domaines, sous-réseaux, adresses IP ou hôtes. Toutes les requêtes vers un hôte correspondant à ces paramètres seront servies tout de suite, sans être adressées au(x) proxy(ies) défini(s) par la requête `proxyRemote`.

Voyons les paramètres :

`Domaines :`

domaines précédés par un ".", comme par exemple .mondomaine.com ou .net1.domaine.org. La casse n'a pas d'importance.

`SousReseaux` :

adresses de réseau sous forme numérique. Les masques de sous-réseau peuvent être spécifiés à l'aide de la notation CIDR. Ces adresses peuvent aussi être partiellement notées comme par exemple 192.168 pour 192.168.0.0.

`AdressesIp` :

adresses IP complètes spécifiant des hôtes comme par exemple 192.168.2.6.

`Hotes` :

nom d'hôtes entièrement qualifiés comme par exemple hote.mondomaine.com. (faites attention au point "." à la fin du nom).

ProxyBlock

Syntaxe : `ProxyBlock` **|mots|hôte|domaine [...]*

Cette directive permet de spécifier une liste de mots, d'hôtes ou de domaines. Toutes les requêtes HTTP, HTTPS ou FTP vers des sites dont les noms correspondent à cette liste seront bloquées par le proxy.

Exemple :

```
ProxyBlock *
```

bloque toutes les requêtes

```
ProxyBlock ledomaine.com
```

bloque toutes les requêtes en direction de *.ledomaine.com

ProxyDomain

Syntaxe : `ProxyDomain` *Domaine*

Cette directive n'est utile qu'à un serveur proxy placé à l'intérieur d'un intranet. Elle spécifie le domaine auquel il appartient. Une requête vers une adresse non pleinement qualifiée engendrera une réponse de redirection vers cette même adresse mais cette fois-ci pleinement qualifiée à l'aide de ce domaine.

Exemple :

```
NoProxy         .mondomaine.com 192.168.1.0/24
ProxyDomain     .mondomaine.com
```

ProxyIOBufferSize

Syntaxe : `ProxyIOBufferSize` *taille*

Cette directive définit la taille en octets des données qui peuvent être lues en une seule fois à partir d'un serveur HTTP ou FTP distant. Elle est différente de la directive `ProxyReceiveBufferSize` qui définit la taille d'un cache au plus bas niveau d'une socket.

Lorsqu'une réponse est reçue et que sa taille est inférieure ou égale à la taille de ce cache IO, la socket avec le serveur HTTP ou FTP distant sera fermée avant qu'une quelconque réponse ne soit envoyée au client. Cela permet de ne pas conserver une connexion inutile avec le serveur distant pendant que la réponse est délivrée au client qui pourrait être lent. Une grande taille du cache IO abaisse la charge sur les serveurs HTTP ou FTP distants, mais augmente le besoin en RAM du proxy !

Exemple d'utilisation de cette directive définissant un cache IO de 128 Ko :

```
ProxyIOBufferSize 131072
```

ProxyPass

Syntaxe : `ProxyPass` *`chemin url`*

Cette directive permet de mapper un serveur distant sur un emplacement virtuel du disque dur local. Elle prend deux paramètres :

- `chemin` indique l'emplacement virtuel sur le disque dur local ;
- `url` désigne le serveur distant.

Voyons un exemple :

```
ProxyPass /un/repertoire http://www.serveurdistant.com
```

Si notre serveur local est http://www.serveurlocal.com, alors toute requête de la forme `http://www.serveurlocal.com/un/repertoire/kekpart` sera convertie en `http://www.serveurdistant.com/kekpart`.

Un autre exemple serait le cas d'un serveur Webmin (cf. http://www.webmin.com pour plus d'information) tournant sur le port 10000 du même serveur. Ce serveur web est accessible à l'aide de l'adresse http://www.mondomaine.com/ et l'interface Webmin à l'aide de l'adresse http://www.mondomaine.com:10000/. Nous aimerions accéder à l'interface Webmin à l'aide d'une adresse http://www.mondomaine.com/webmin. Pour cela :

```
ProxyPass /webmin http://www.mondomaine.com:10000
```

Donc, toute requête vers http://www.mondomaine.com/webmin sera transformée en interne en http://www.mondomaine.com:10000.

ProxyPassReverse

Syntaxe : `ProxyPassReverse` *`chemin url`*

Cette directive permet à Apache de modifier les en-têtes http des réponses de redirection. Ses paramètres sont identiques à ceux de la directive `ProxyPass`.

Voyons un exemple d'utilisation :

```
ProxyPass /un/repertoire http://www.serveurdistant.com
ProxyPassReverse /un/repertoire http://www.serveurdistant.com:8080
```

Comme vu précédemment, si notre serveur local est http://www.serveurlocal.com, toutes les requêtes de la forme http://www.serveurlocal.com/un/repertoire/* seront converties en http://www.serveurdistant.com/*.

Mais ce n'est pas tout. La seconde ligne contenant la directive `ProxyPassReverse` va permettre de prendre en compte les redirections que pourra renvoyer le serveur `www.serveurdistant.com`. Par exemple, si ce dernier doit rediriger les requêtes faites sur `http://www.serveurdistant.com/truc` vers `http://www.serveurdistant.com/kekchose`, Apache ajustera l'en-tête http avec `http://www.serveurlocal.com/un/repertoire/truc` avant de renvoyer la réponse de redirection au client.

Un autre exemple avec notre serveur Webmin sur le port 10000 :

```
ProxyPass  /webmin  http://www.mondomaine.com:10000
ProxyPassReverse  /webmin  http://www.mondomaine.com:10000
```

ProxyReceiveBufferSize

Syntaxe : `ProxyReceiveBufferSize` *`octets`*

Cette directive permet d'indiquer la taille maximale en octets d'un cache servant aux connexions proxy. La valeur `octets` doit être supérieure à 512 ou égale à 0 si la taille par défaut propre au système doit être utilisée.

ProxyRemote

Syntaxe : `ProxyRemote` *`schéma serveur-distant`*

À l'aide de cette directive, nous pouvons indiquer un autre serveur proxy distant. Elle possède deux paramètres :

- `schéma` indique le ou les types d'URL qui seront pris en compte par le serveur proxy distant ;
- `serveur-distant` est l'URL de ce dernier. Ce paramètre est de la forme `protocole://nomduserveur[:port]`. `Protocole` est le protocole utilisé pour contacter le serveur distant. Seul 'http' est pour l'instant supporté.

Voici quelques exemples d'utilisation :

```
ProxyRemote * http://monproxy.com:8080
```

Ici, toutes les requêtes (*) seront envoyées au serveur proxy dont le nom est `monproxy.com` sur le port `8080`.

```
ProxyRemote http://www.lesite.com http://monproxy.com
```

Toutes les requêtes en direction du site `www.lesite.com` seront envoyées au proxy `monproxy.com`.

ProxyRequests

Syntaxe : `ProxyRequests` *`on/off`*

Cette directive active (`on`) ou désactive (`off`) la prise en charge des requêtes proxy par Apache. Par défaut sa valeur est `off`.

La directive `ProxyPass` peut être utilisée même si `ProxyRequests` est `off`.

ProxyVia

Syntaxe : `ProxyVia on|off|full|block`

Cette directive permet de contrôler l'en-tête http `Via:` contenu dans les requêtes (cf. rfc 2068 http/1.1).

b. Les directives communes propres au fonctionnement du cache

Toutes ces directives font partie du module **mod_proxy** dans la version 1.3 d'Apache. Pour la version 2.0 d'Apache, le module est indiqué pour chaque directive.

CacheDefaultExpire

Syntaxe : `CacheDefaultExpire` *`heure(s)`*

Cette directive fait partie du module **mod_cache** dans la version 2.0 d'Apache.

Si le document est accédé via un protocole qui ne supporte pas la définition de temps d'expiration, alors Apache utilisera `heure(s)` comme délai d'expiration. La directive `CacheMaxExpire` ne peut outrepasser cette limite.

Exemple :

```
CacheDefaultExpire 1
```

CacheDirLength

Syntaxe : `CacheDirLength` *`longeur`*

Cette directive fait partie du module **mod_disk_cache** dans la version 2.0 d'Apache.

Elle indique le nombre maximal de caractères que contiendront les sous-répertoires dans l'espace de cache.

Exemple :

```
CacheDirLength 2
```

CacheDirLevels

Syntaxe : `CacheDirLevels` *`nbNiveaux`*

Cette directive fait partie du module **mod_disk_cache** dans la version 2.0 d'Apache.

Elle définit le nombre de niveaux de sous-répertoires dans le cache. Les données cachées le seront jusqu'à cette profondeur en dessous du répertoire défini par la directive `CacheRoot`.

Exemple :

```
CacheDirLevels 4
```

CacheForceCompletion

Syntaxe : `CacheForceCompletion` *`pourcentage`*

Cette directive fait partie du module **mod_cache** dans la version 2.0 d'Apache.

Si un transfert http vers le cache est annulé, ce transfert sera complété si plus de `pourcentage %` a déjà été transféré.

`Pourcentage`

Il s'agit d'un pourcentage, donc d'un nombre entre 0 et 100. 0 est la valeur par défaut et indique que le transfert ne sera pas complété s'il est annulé. 100 indique qu'un fichier sera mis en cache si et seulement si le transfert n'a pas été annulé et arrive à terme. Un nombre entre 60 et 90 est conseillé.

CacheGcInterval

Syntaxe : `CacheGcInterval` *`heure(s)`*

Cette directive fait partie du module **mod_disk_cache** dans la version 2.0 d'Apache.

Le cache est vérifié toutes les *heure(s)* et les fichiers sont détruits si l'espace de stockage utilisé dépasse le volume limite défini par la directive `CacheSize`.

CacheLastModifiedFactor

Syntaxe : `CacheLastModifiedFactore` *`facteur`*

Cette directive fait partie du module **mod_cache** dans la version 2.0 d'Apache.

Si le serveur HTTP d'origine ne fournit pas de date de péremption pour ses documents, alors Apache en estimera une en utilisant la formule :

`expiration = temps_depuis_dernière_modification *` *`facteur`*

Par exemple, si le document a été modifié il y a 10 heures et que le *`facteur`* vaut 0,1, alors la période d'expiration sera fixée à 10*0,1 = 1 heure.

Si le temps d'expiration estimé est supérieur à la limite définie par la directive `CacheMaxExpire`, ce sera alors cette dernière qui sera prise en compte.

CacheMaxExpire

Syntaxe : `CacheMaxExpire` *`heure(s)`*

Cette directive fait partie du module **mod_cache** dans la version 2.0 d'Apache.

Les documents HTTP qui peuvent être enregistrés en cache y seront stockés au plus `heure(s)` heures sans que le serveur originel ne soit contacté. Ainsi, la caducité de ces documents ne pourra être supérieure à `heure(s)` heures. Elle sera encore plus courte si une date de péremption a été inscrite dans le document.

CacheRoot

Syntaxe : `CacheRoot repertoire`

Cette directive fait partie du module **mod_disk_cache** dans la version 2.0 d'Apache.

Elle définit le nom du répertoire qui contiendra les fichiers cache.

`repertoire`

chemin du répertoire. Celui-ci doit être ouvert à l'écriture pour l'utilisateur sous lequel tourne le serveur httpd.

CacheSize

Syntaxe : `CacheSize` *`tailleKo`*

Cette directive fait partie du module **mod_disk_cache** dans la version 2.0 d'Apache.

Elle indique l'espace de stockage souhaité pour la fonction cache d'Apache, exprimé en Ko (1024 octets). Avant que le proxy ne soit amené à atteindre ce volume, le mécanisme de "nettoyage" supprimera les fichiers même lorsque le volume réellement utilisé est en dessous de cette valeur.

c. Les directives propres au fonctionnement du cache pour Apache 1.3

NoCache

Syntaxe : `NoCache` *`mot|hôte|domaine [...]`*

Cette directive spécifie une liste de mots, hôtes et/ou domaines, séparés par des espaces. Les documents HTTP et FTP à accès non sécurisé, en provenance d'hôtes pour lesquels une correspondance peut être trouvée avec les mots, noms d'hôtes ou domaines, ne seront pas cachés par le serveur proxy. Le module proxy essaiera de déterminer également les adresses IP des éléments de liste pouvant être assimilées à des noms d'hôtes au moment du démarrage, et les gardera en mémoire pour éviter d'avoir à procéder à des résolutions d'adresse au moment des tests. Exemple :

```
NoCache undomaine.com www.autredomaine.fr
```

Ici, tous les hôtes du domaine undomaine.com et l'hôte www.autredomaine.com ne seront pas mis en cache.

```
NoCache *
```

permet de désactiver complètement le cache.

d. Les directives propres au fonctionnement du cache pour Apache 2.0

CacheDisable

Syntaxe : `CacheDisable` *`chaine-url`*

Cette directive fait partie du module **mod_cache** et permet de désactiver la mise en cache des URLs définies à l'aide de `chaîne-url`.

Exemple :

```
CacheDisable /local_files
```

CacheEnable

Syntaxe : `CacheEnable` *`type-cache chaîne-url`*

Cette directive fait partie du module **mod_cache** et permet d'activer la mise en cache des URLs définies à l'aide de `chaîne-url`.

Cette mise en cache peut être faite de différentes manières : en mémoire ou sur le disque dur. `type-cache` permet de spécifier cela :

`mem`

indique au module **mod_cache** d'utiliser le module **mod_mem_cache** pour une mise en cache en mémoire.

`disk`

indique au module **mod_cache** d'utiliser le module **mod_disk_cache** pour une mise en cache sur le disque dur.

`fd`

indique au module **mod_cache** d'utiliser le module **mod_mem_cache** pour une mise en cache en mémoire à l'aide des descripteurs de fichiers.

L'ordre dans lequel sont placées les différentes directives a une importance ! Elles sont parcourues jusqu'à celle qui répondra au besoin de mise en cache de l'URL courante.

Exemple :

```
CacheEnable mem /manual
CacheEnable fd /images
CacheEnable disk /
```

Voyons maintenant les directives propres au module **mod_disk_cache** implémentées à ce jour que l'on ne trouve pas dans les versions 1.3 d'Apache :

CacheMaxFileSize

Syntaxe : `CacheMaxFileSize` *`taille`*

Cette directive définit la *`taille`* maximale en octets d'un document pour sa mise en cache.

CacheMinFileSize

Syntaxe : `CacheMinFileSize` *`taille`*

Cette directive définit la *`taille`* minimale en octets pour qu'un document soit mis en cache.

Enfin, voici les directives du module **mod_mem_cache** :

MCacheMaxObjectCount

Syntaxe : `MCacheMaxObjectCount` *nombre*

Cette directive définit le `nombre` maximal d'objets pouvant être mis en cache. Ce `nombre` est utilisé lors de la création de la table de hachage en mémoire. Si un nouvel objet doit être mis en cache alors que la table est pleine, un objet devra être enlevé. Cet objet éliminé est sélectionné à l'aide de l'algorithme défini par la directive `MCacheRemovalAlgorithm`.

Exemple :

```
MCacheMaxObjectCount 13001
```

MCacheMaxObjectSize

Syntaxe : `MCacheMaxObjectSize` *taille*

Cette directive définit la taille maximale en octets d'un document pour que ce dernier puisse être mis en cache.

La taille définie par cette directive doit être supérieure à celle définie par la directive `MCacheMinObjectSize`.

Exemple :

```
MCacheMaxObjectSize 6400000
```

MCacheMaxStreamingBuffer

Syntaxe : `MCacheMaxStreamingBuffer` *taille*

Cette directive définit le nombre maximal d'octets d'une "réponse continue" (*streamed response*) à placer dans un cache temporaire avant de décider que cette réponse est trop grande pour être mise en cache. Une "réponse continue" est une réponse dont le contenu n'est pas disponible de suite dans sa totalité. Ces réponses sont par exemple les sorties de scripts CGI. Par défaut, une "réponse continue" n'est pas mise en cache à moins que son en-tête ne contienne un champ `Content-Length`. L'avantage d'un tel fonctionnement est d'éviter d'utiliser énormément de mémoire pour mettre en cache temporaire une réponse qui sera trop grande pour rentrer dans le cache. La directive `MCacheMaxStreamingBuffer` permet donc de mettre en cache temporaire une "réponse continue" jusqu'à la taille autorisée. Si taille du cache temporaire est atteinte, son contenu est effacé et la tentative de mise en cache est abandonnée.

L'utilisation d'une taille différente de zéro avec cette directive n'augmente pas le délai de transmission de la réponse au client. Dès que le module **mod_mem_cache** copie un bloc de données continues dans un cache temporaire, ce bloc est aussi envoyé au prochain filtre de sortie pour qu'il soit délivré au client.

Exemple d'un cache temporaire de 64 Ko :

```
MCacheMaxStreamingBuffer 65536
```

MCacheMinObjectSize

Syntaxe : `MCacheMinObjectSize` *`taille`*

Cette directive définit la taille minimale en octets d'un document pour qu'il puisse être mis en cache.

Exemple :

```
MCacheMinObjectSize 10000
```

MCacheRemovalAlgorithm

Syntaxe : `MCacheRemovalAlgorithm` *`LRU|GDSF`*

Cette directive spécifie l'algorithme qui sera utilisé pour déterminer le document qui sera effacé du cache lorsque ce dernier est plein. Deux choix sont possibles :

`LRU (Least Recently Used)`

`LRU` efface les documents qui n'ont pas été utilisés depuis la plus longue période.

`GDSF (GreadyDual-Size)`

`GDSF` assigne une priorité aux documents mis en cache. Elle est basée sur le coût de l'absence en mémoire cache du document et sur sa taille. Les documents avec la plus basse priorité seront les premiers effacés.

Exemple :

```
MCacheRemovalAlgorithm GDSF
MCacheRemovalAlgorithm LRU
```

MCacheSize

Syntaxe : `MCacheSize` *`taille`*

Cette directive définit la *`taille`* maximale en kilo-octets de la mémoire qui sera utilisée en tant que cache. Si un nouvel objet doit être mis en cache et que sa taille est supérieure à celle de la mémoire restante, d'autres objets devront être effacés du cache jusqu'à ce qu'il puisse y entrer. Les objets effacés seront sélectionnés à l'aide de l'algorithme défini par la directive `MCacheRemovalAlgorithm`.

La taille définie ici doit être supérieure à celle définie par la directive `MCacheMaxObjectSize`.

Exemple d'un cache de 64 Mo :

```
MCacheSize 65536
```

5. Exemples de configuration

Tous ces exemples ne sont valables qu'avec la version 1.3 d'Apache.

a. Proxy basique

```
ProxyRequests On

<Directory proxy:*>
Order deny,allow
Deny from all
Allow from internal.example.com
</Directory>
```

Le bloc `<Directory proxy:*> ... </Directory>` permet de contrôler l'accès à notre proxy. Ici nous n'autorisons que les requêtes provenant de **internal.example.com** (voir le chapitre 6 sur la sécurité pour plus d'informations).

b. Proxy-cache basique

Voici un exemple avec la fonction de cache en plus. Ce cache sera placé dans le répertoire "/var/cache/apache" et sera d'une taille de 1024 Ko (1 Mo). Les domaines "a-domain.com", "another-domain.edu" et "joes-garage-sale.com" ne seront pas mis en cache.

```
ProxyRequests On

<Directory proxy:*>
Order deny,allow
Deny from all
Allow from internal.example.com
</Directory>

CacheRoot "/var/cache/apache"
CacheSize 1024
CacheGcInterval 4
CacheMaxExpire 24
CacheLastModifiedFactor 0.1
CacheDefaultExpire 1
NoCache a-domain.com another-domain.edu joes.garage-sale.com
```

6. Configuration des postes clients

Nous verrons qu'il existe deux façons de configurer un navigateur pour que celui-ci utilise le proxy : en indiquant simplement l'adresse et le port de ce dernier, ou en fournissant un fichier **.pac** contenant les informations utiles à une configuration automatique.

Configuration automatique à l'aide de fichier .pac

Créons un simple fichier **proxy.pac**. Celui-ci est écrit en Javascript et doit contenir au moins la fonction `FindProxyForUrl(url, host)`. Cette fonction doit renvoyer une chaîne de caractères indiquant une liste de serveurs proxy à utiliser, séparés par le caractère ";". En voici un exemple très simple :

```
function FindProxyForURL(url,host)
{
   return "PROXY monproxy.mondomaine.fr:8080;DIRECT";
}
```

Ici, le proxy **monproxy.mondomaine.fr** sera utilisé. Si ce dernier ne répond pas, le navigateur n'utilisera pas de proxy et se connectera directement à l'Internet (le fameux DIRECT à la fin de la liste).

De nombreuses fonctions existent permettant une configuration poussée du navigateur suivant les valeurs des paramètres `url` et `host`. N'hésitez pas à aller voir cette page : http://wp.netscape.com/eng/mozilla/2.0/relnotes/demo/proxy-live.html. Elle contient de nombreux exemples.

Une fois ce fichier créé, nos navigateurs doivent pouvoir y accéder. Il faut donc le placer dans un répertoire sur notre serveur web par exemple. Ensuite, nous allons indiquer à Apache le type MIME de ce fichier .pac, pour qu'il puisse être utilisé comme fichier d'autoconfiguration, à l'aide de la ligne suivante ajoutée dans son fichier de configuration **httpd.conf** :

```
AddType application/x-ns-proxy-autoconfig .pac
```

Enfin, il faut indiquer au navigateur où aller chercher ce fichier. Voyez pour cela les points suivants propres à chaque navigateur.

Mozilla/Firebird

Tout d'abord, nous allons dans le menu **Edition** puis **Préférences...** :

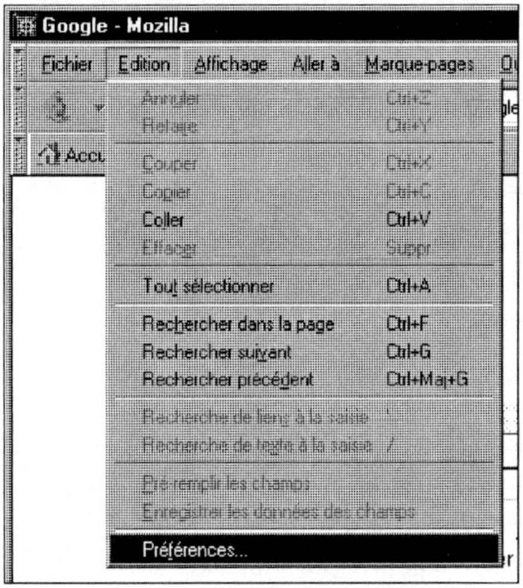

Dans la fenêtre qui vient de s'ouvrir, à droite, développons **Avancées**, puis cliquons sur **Proxies**.

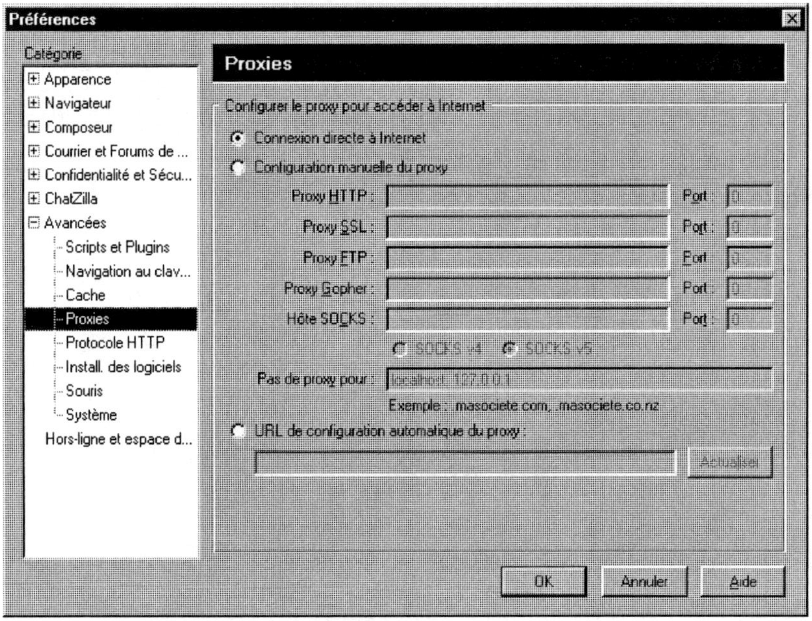

Si nous désirions configurer manuellement le navigateur, sélectionnons **Configuration manuelle du proxy** et indiquons pour chaque protocole l'emplacement du proxy et son port :

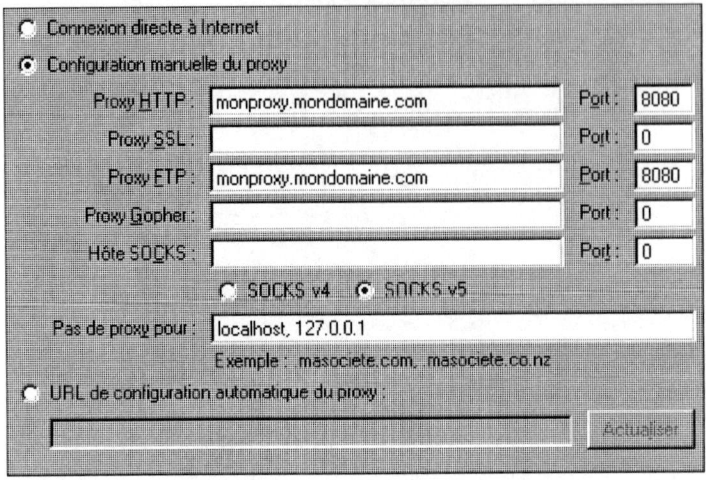

Si nous désirons utiliser une configuration automatique à l'aide d'un fichier .pac, sélectionnons **URL de configuration automatique du proxy** et indiquons l'emplacement de ce fichier :

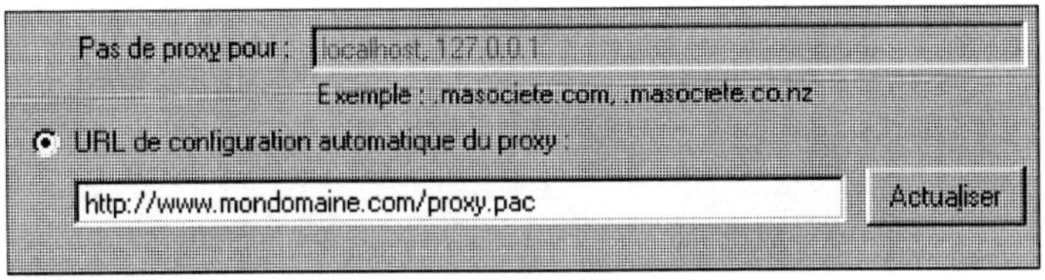

Internet Explorer

Tout d'abord, allons dans le menu **Outils**, puis **Options Internet**.

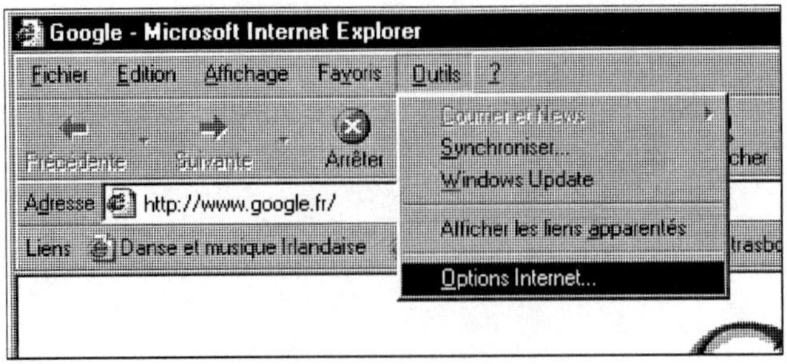

Dans la nouvelle fenêtre qui vient de s'ouvrir, cliquons sur le bouton **Paramètres réseau...** en bas.

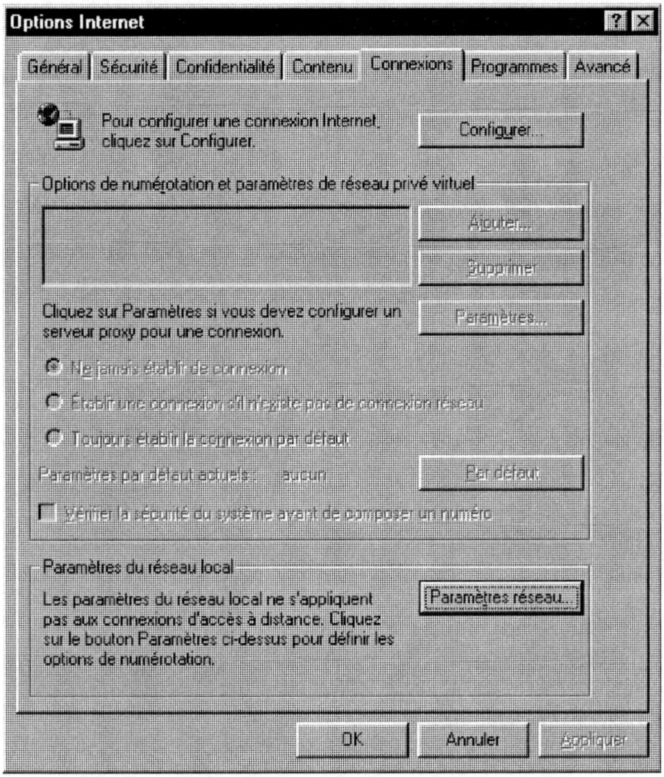

Si nous désirons configurer manuellement le navigateur, il suffit de cocher la case **Utiliser un serveur proxy**. Pour utiliser un seul et même proxy quel que soit le protocole utilisé, il nous suffit d'indiquer en dessous l'adresse du proxy ainsi que son port.

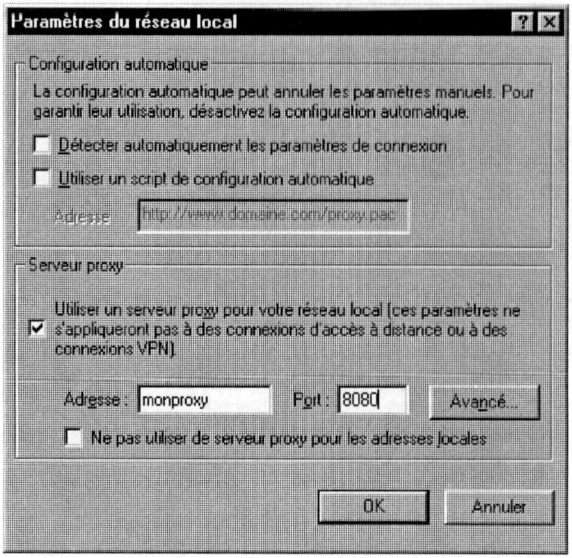

Dans le cas où nous aimerions différents proxies suivants les protocoles utilisées, il nous suffit de cliquer sur le bouton **Avancé**. Nous pouvons alors indiquer quel proxy utiliser suivant le protocole utilisé.

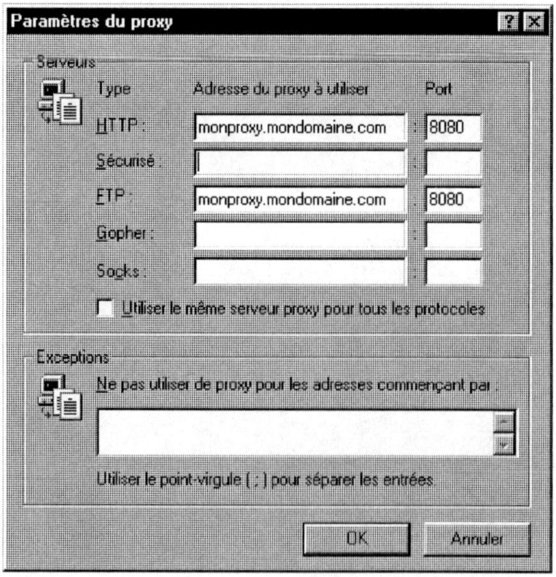

Dans le cas où nous voudrions utiliser la configuration automatique à l'aide d'un fichier .pac, il suffit de cocher la case **Utiliser un script de configuration automatique** et d'y indiquer son emplacement.

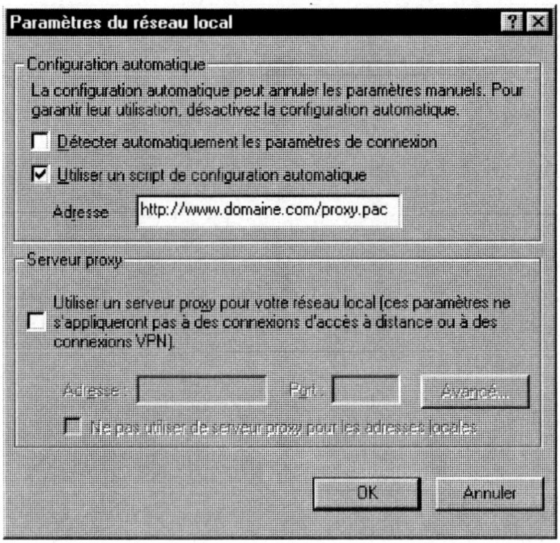

B. mod_rewrite

Ce module permet la réécriture d'URL "à la volée", c'est-à-dire en temps réel, à l'aide d'expressions régulières. Ses applications sont diverses : améliorer la sécurité de votre site, rediriger les aspirateurs de sites web vers des pages d'erreur, etc. Ce module est un vrai couteau suisse !

Nous allons tout d'abord voir ce que sont les expressions régulières, juste ce dont nous avons besoin pour ce module, et étudier quelques exemples. Ensuite, nous verrons la mise en place du module, puis ses différentes directives. Enfin, nous verrons quelques exemples pratiques.

1. Les expressions régulières avec mod_rewrite

Les expressions régulières permettent de manipuler n'importe quelle chaîne de caractères à l'aide de motifs constitués de caractères ASCII. Pour avoir une description plus détaillée, ainsi que des informations sur d'autres formes d'expressions régulières comme les formes POSIX ou Perl, n'hésitez pas à consulter l'Internet qui est truffé de guides et d'exemples.

Voyons tout de suite quelques exemples très simples pour nous faire une idée sur ce que sont ces expressions :

Motif	À quoi correspond le motif
^debut	toute chaîne commençant pas le mot "debut"
Fin$	toute chaîne terminant par le mot "fin"
abc*	toute chaîne contenant "ab" suivi de zéro, un ou plusieurs "c", c'est-à-dire toute chaîne contenant "ab" ou "abc" ou "abcc" ou "abccc", etc.
Abc+	toute chaîne contenant "ab" suivi de un ou plusieurs "c", c'est-à-dire toute chaîne contenant "abc" ou "abcc", etc.
a.c	toute chaîne contenant un "a" suivi de n'importe quel caractère, lui-même suivi d'un "c", c'est-à-dire toute chaîne contenant "aac" ou "abc" ou "acc" ou "adc", etc.

Ces exemples nous ont présenté quelques motifs... Les caractères du motif devant se retrouver dans la chaîne sont dits **littéraux**. Dans nos exemples, il s'agissait des mots "debut", "fin" ou des caractères "a", "b" ou "c".

a. Les caractères spéciaux

Certains caractères ont des rôles précis dans un motif. Ces caractères sont dits spéciaux. Dans nos premiers exemples, les caractères "^", "$", "*", "+" et "." étaient des caractères spéciaux. Voyons la liste de ces caractères et leur signification. Tout d'abord ceux constitués d'un seul caractère :

Caractère	Description
^	Indique le début de la chaîne
$	Indique la fin de la chaîne
.	Correspond à n'importe quel caractère
*	Indique zéro ou plusieurs occurrences du caractère ou de la classe précédente
+	Indique une ou plusieurs occurrences du caractère ou de la classe précédente
?	Indique zéro ou une occurrence du caractère ou de la classe précédente
|	Indique une alternative (un "ou") entre ce qui se trouve avant et ce qui se trouve après ce caractère.

Voyons un exemple pour chacun de ces caractères :

`^a`

Ce motif correspond à toute chaîne de caractères commençant pas un "a" comme "alain va pêcher" ou "amusez-vous avec les expressions régulières".

`a$`

Ce motif correspond à toute chaîne de caractères se terminant par un "a" comme "un jour, il s'amusera" ou "Et le magicien dit : abracadrabra".

`.a.a`

Ce motif correspond à toute chaîne de caractères contenant quatre caractères comme suit : n'importe quel caractère suivi d'un "a" suivi de n'importe quel caractère suivi d'un "a". En voici quelques exemples : "papa", "Hier, tata est venue nous voir", "cette chaîne de caractères correspond à ce motif".

`ap*`

Ce motif correspond à toute chaîne de caractères contenant le caractère "a" suivi de 0 ou plusieurs "p" comme "je viens cet après-midi" ou "ceci est une approximation".

`bo+om`

Ce motif correspond aux chaînes "booooooom !", "boom est une onomatopée" ou "Il y avait une bombe sous la voiture.".

`tables?`

Ce motif correspond à toute chaîne contenant "table" ou "tables" comme "Il y avait de nombreuses tables dehors" ou "il s'agit d'un très beau tableau".

`il|Il`

Ce motif correspond à toute chaîne contenant "il" ou "Il" comme "demain il ira au bord de la mer", "Il était là-bas" ou "ce panneau est illisible". Une autre manière d'écrire ce motif serait `(i|I)l` ou `[iI]l` (voir le tableau suivant). Attention à ne pas oublier les parenthèses car le motif `i|Il` correspond à toute chaîne contenant un "i" ou un"Il". Ce dernier motif pourrait correspondre à la chaîne "c'est un piège", ce qui n'est pas le cas du motif `il|Il` ou `(i|I)l`.

Voyons maintenant les caractères spéciaux de plusieurs caractères :

Caractères	Description
`{ }`	correspond à un intervalle de reconnaissance qui indique le nombre de répétitions du caractère ou de la classe le précédant.

Caractères	Description
[ ]	correspond à une classe de caractères. Les caractères placés entre ces crochets sont des alternatives. Par exemple le motif "t[ai]t[ai]" correspond à toute chaîne contenant "tata", "titi", "tati" ou "tita". Attention, certains caractères ont une signification précise quand ils se trouvent à l'intérieur de ces crochets : [-] indique un intervalle de caractères. [a-z] correspond à n'importe quel caractère allant de a à z, [1-9] correspond à n'importe quel chiffre de 1 à 9. [^] indique une classe complémentée, c'est-à-dire n'importe quel caractère ou classe qui ne sera pas listé entre ces crochets.[^0-9] correspond à n'importe quel caractère sauf les chiffres de 0 à 9.
( )	permet de limiter la portée d'une alternative

Voyons quelques exemples à propos de ce dernier tableau :

```
[0-9]{2}
```

Ce motif correspond à toute chaîne contenant un nombre de 2 chiffres comme "j'ai 65 euros".

```
[0-9]{4,6}
```

Identique au motif précédent mais cette fois-ci il s'agit de nombres contenant de 4 à 6 chiffres.

```
[0-9]{3,}
```

Comme le motif précédent, mais cette fois-ci il s'agit de nombres contenant un minimum de 3 chiffres.

```
^<h[1-6]>$
```

Ce motif correspond aux chaînes "<h1>", "<h2>", "<h3>", "<h4>", "<h5>" et "<h6>" (les balises HTML).

```
mi(ch|ck|k)aël
```

Ce dernier motif correspond à toute chaîne contenant l'une des trois façons d'écrire le prénom michaël, mickaël ou mikaël. Ce motif pourrait aussi être écrit de cette manière : `mi(c(h|k)|k)aël`. Mais préférons la première qui est plus compréhensible.

Tous ces caractères spéciaux peuvent être utilisés comme des caractères littéraux. Pour cela, il suffit de les faire précéder du caractère '\'. Voyons quelques exemples :

```
\(coin\)
```

Ce motif correspond à toute chaîne contenant la chaîne "(coin)"

`^commande1\|commande2$`

Ce motif correspond à la chaîne "commande1|commande2"

Quelques exemples plus complets

```
[a-zA-Z0-9]+@[a-zA-Z0-9]\.[a-zA-Z]{2,4}
```

correspond aux adresses e-mail de la forme suivante :

moi@mondomaine.com
Moi@mOnDomaine.Com
Autre52@demonie3.info
Moi4toi@domaine.fr

Mais ne correspond pas à prenom.nom@domaine.com ou prenom-nom@hote.domaine.org. Améliorons notre expression :

```
[a-zA-Z0-9_\.-]+@[a-zA-Z0-9\.-]+\.[a-zA-Z]{2,4}
```

Cette dernière peut correspondre aux adresses de la forme :

Prenom.nom@hote.do-maine.info
toi_moi.autre-chose@hote.partie1.partie2.do-maine.org

```
(([01]?[0-9]?[0-9]|2[0-4][0-9]|25[0-5])\.){3}([01]?[0-9]?[0-9]|2[0-4]
[0-9]|25[0-5])
```

Ce motif un peu compliqué correspond à une adresse IP. Voyons-le un peu plus en détail :

`([01]?[0-9]?[0-9]|2[0-4][0-9]|25[0-5])` correspond à tout nombre de 1 à 3 chiffres dans l'intervalle 0 à 255. Effectivement, dans cette parenthèse nous avons trois alternatives. La première, `[01]?[0-9]?[0-9]`, correspond à tout nombre de 1 à 3 chiffres allant de 0 à 199. La seconde, `2[0-4][0-9]`, correspond à tout nombre allant de 200 à 249. Enfin, la troisième, `25[0-5]`, correspond à tout nombre de 3 chiffres allant de 250 à 255.

À sa suite, nous trouvons le caractère littéral point à l'aide de \.. Ce nombre de 0 à 255 et ce point sont regroupés à l'aide des parenthèses et répétés trois fois à l'aide du {3}.

À ce stade, nous obtenons des chaînes de la forme "192.168.1.", "0.0.0.", 23.255.203." ou "1.2.3.". Il nous reste donc à ajouter un nombre de 1 à 3 chiffres allant de 0 à 255. Pour cela, nous reprenons la première expression : (`[01]?[0-9]?[0-9]|2[0-4][0-9]|25[0-5]`).

Et si nous ajoutions la notation CIDR à cette IP ? Cela nous donnerait l'expression :

```
(([01]?[0-9]?[0-9]|2[0-4][0-9]|25[0-5])\.){3}([01]?[0-9]?[0-9]|2[0-4]
[0-9]|25[0-5])/([0-2]?[0-9]|3[0-2])
```

Nous avons ajouté `/([0-2]?[0-9]|3[0-2])` qui correspond au caractère '/' suivi d'un nombre de 1 ou 2 chiffres allant de 0 à 32.

b. Quelques outils pour tester ses expressions régulières

Tous les outils présentés ici fonctionnent sur le même principe : nous tapons notre motif dans la partie réservée à cet effet (souvent une zone de texte en haut de la fenêtre principale), ainsi que notre chaîne de caractères (souvent dans une zone de texte en bas de la fenêtre principale). La partie de la chaîne correspondant au motif est mise en couleur automatiquement.

Voici donc une liste d'outils permettant de tester vos expressions régulières, ainsi que leur adresse sur l'Internet :

The Regex Coach, à l'adresse http://www.weitz.de/regex-coach/, est un très bon outil fonctionnant sous Windows et Linux.

Visual regexp, se trouvant à l'adresse http://laurent.riesterer.free.fr/regexp/, propose une version Windows, ainsi que version TCL/TK permettant de l'utiliser aussi sous Linux ou tout système possédant TCL/TK.

Enfin **RegExplorer**, à l'adresse http://regexplorer.sourceforge.net/, est notre dernier outil. Il n'existe qu'une version Linux.

2. Installation du module

Nous allons voir comment mettre en place le module mod_rewrite. Il fait partie de la distribution d'Apache et ses sources se trouvent donc dans la même archive que celle du serveur Apache.

a. Sous Linux

Comme toujours, il y a deux façons de compiler un module : statiquement au binaire Apache ou dynamiquement. Je vous renvoie donc au chapitre sur l'installation d'Apache si vous démarrez par la compilation du serveur. Dans le cas où notre serveur Apache est déjà compilé et supporte le chargement dynamique des modules et que le module **mod_rewrite** n'a pas été compilé à ce moment, voici les instructions à suivre :

Tout d'abord, il nous faut les sources du serveur Apache. Attention à bien récupérer la même version que celle que nous utilisons déjà en tant que binaire !

- Pour la version 1.3.28 d'Apache :
  http://www.apache.org/dist/httpd/apache_1.3.28.tar.gz
- Pour la version 2.0.47 :
  http://www.apache.org/dist/httpd/httpd-2.0.47.tar.gz

Passons maintenant à la compilation de notre module :

- Pour la version 1.3.28 :

```
$ tar xzvf apache_1.3.28.tar.gz
$ cd apache_1.3.28/src/modules/standard
$ apxs -c mod_rewrite.c
gcc -DLINUX=22 -DEAPI -DTARGET="apache" -I/usr/include/db1
-DDEV_RANDOM=/dev/random -DUSE_HSREGEX -D_LARGEFILE_SOURCE        .../...
```

```
.../...
-D_FILE_OFFSET_BITS=64 -O1 -fPIC -DSHARED_MODULE
-I/usr/include/apache-1.3  -c mod_rewrite.c
gcc -shared -o mod_rewrite.so mod_rewrite.o -lc -lm -lcrypt -ldb1 -ldb
-lexpat
$
```

– Pour la version 2.0.47 :

```
$ tar xzvf httpd-2.0.47.tar.gz
$ cd httpd-2.0.47/modules/mappers
$ apxs c mod_rewrite.c
...
$
```

Passons à l'installation du module ! La commande est identique pour les deux versions d'Apache et elle doit être utilisée sous Root. Les messages pourront être différents suivant la version d'Apache utilisée :

```
$ su
password:
# apxs -i -a mod_rewrite.so
[activating module 'rewrite' in /etc/apache/httpd.conf]
cp mod_rewrite.so /usr/lib/apache/1.3/mod_rewrite.so
chmod 755 /usr/lib/apache/1.3/mod_rewrite.so
cp /etc/apache/httpd.conf /etc/apache/httpd.conf.bak
cp /etc/apache/httpd.conf.new /etc/apache/httpd.conf
rm /etc/apache/httpd.conf.new
#
```

Normalement cette commande a copié le module dans le bon répertoire et ajouté une ligne `LoadModule` dans la configuration principale d'Apache. Il ne nous reste plus qu'à redémarrer Apache pour qu'il prenne en compte son nouveau fichier de configuration :

```
# apachectl restart
```

b. Sous Windows

Le module est fourni compilé à l'installation. Pour l'activer, il suffit simplement de décommenter la ligne `LoadModule` le concernant dans le fichier de configuration principal.

3. Ses directives

a. RewriteEngine

Syntaxe : `RewriteEngine` *on|off*

Cette directive active (`on`) ou désactive (`off`) le moteur de réécriture. Elle peut être placée au niveau de la configuration générale du serveur, à l'intérieur de directives bloc `VirtualHost`, de répertoires ou dans un fichier **.htaccess**.

Attention ! Par défaut, les configurations de réécriture ne sont pas héritées à partir de la configuration générale du serveur. Une directive `RewriteEngine on` doit être utilisée pour tous les hôtes virtuels dans lesquels cette fonctionnalité doit être activée, à moins que l'option `RewriteOptions inherit` soit définie.

b. RewriteOptions

Syntaxe : `RewriteOptions` *`options...`*

Cette directive permet de définir certaines options du module.

`Options` peut être :

`Inherit`

Ceci force la configuration courante à hériter de la configuration de son parent. Au niveau des hôtes virtuels, ceci signifie que les tables, conditions et règles du serveur principal sont héritées par l'hôte virtuel. Dans un contexte de répertoire, ceci signifie que les conditions et règles sont héritées à partir de celles définies dans le fichier **.htaccess** du répertoire père.

`MaxRedirects=nombre`

Cette option n'est disponible qu'à partir de la version 2.0.45 d'Apache ! Pour éviter des boucles de redirection infinies introduites par des directives `RewriteRules` mal définies, le module **mod_rewrite** s'arrêtera après `nombre` de redirections et répondra à l'aide du code HTTP 500 (*Internal Server Error*). Par défaut, sa valeur est de 10.

c. RewriteLog

Syntaxe : `RewriteLog` *`fichier`*

Cette directive définit le nom du fichier dans lequel le serveur tracera toutes les actions de réécriture qu'il effectuera. Le chemin vers ce fichier peut être absolu (commençant par un / sous Linux ou lecteur:/ sous Windows) ou relatif à `ServerRoot` (sans / de début sous Linux ou lecteur:\ sous Windows).

Pour désactiver cette fonction de traçage, il est conseillé de supprimer totalement la directive `RewriteLog` (ou de la mettre en commentaire) ou d'utiliser la directive `RewriteLogLevel 0`. En effet, si vous choisissez de donner à `fichier` la valeur `/dev/null`, vous évitez la création du fichier de trace mais vous n'évitez pas que le mode de réécriture continue de générer ses informations. Le serveur en serait donc ralenti sans aucun intérêt.

d. RewriteLogLevel

Syntaxe : `RewriteLogLevel` *`niveau`*

Cette directive définit le `niveau` de verbosité du module. Le niveau 0 (par défaut) indique au module de ne rien tracer dans le fichier de log (désactivation des traces), tandis qu'avec un niveau de 9 ou plus, pratiquement toutes les actions seront tracées.

Une trop grande valeur ralentira dramatiquement le serveur Apache ! Ces valeurs ne sont proposées que pour des phases de débogage. Sur un serveur opérationnel, le niveau ne devrait pas dépasser 2 !

e. RewriteLock

Syntaxe : `RewriteLock` *`fichier`*

Cette directive définit un fichier-verrou de synchronisation utilisé par le module **mod_rewrite** pour éviter des accès concurrentiels lorsque ce dernier fait appel à des programmes ou scripts définis à l'aide de la directive `RewriteMap` (voir la directive suivante). **Mod_rewrite** n'a pas besoin de ce fichier pour les autres types de table définis avec `RewriteMap`.

`fichier` doit être placé localement, et non sur un partage NFS par exemple.

f. RewriteMap

Syntaxe : `RewriteMap` *`table txt|dbm|prg:fichier`*

Cette directive définit une table de réécriture externe. Elle sera exploitée dans les instructions de substitution spécifiées dans les règles de réécriture, via des fonctions de correspondance qui insèreront ou substitueront des champs sur contrôle d'une clef.

`table` est le nom de la table qui sera utilisée pour définir une fonction de correspondance utilisée par les chaînes de substitution d'une règle de réécriture via :

```
${ table : clef | ValeurParDéfaut }
```

Lorsqu'une telle directive intervient, la `table` est consultée et la `clef` y est recherchée. Si cette `clef` est trouvée, la fonction de correspondance utilise la valeur `ValeurSubstitution` (voir ci-dessous) pour la substitution. Si elle n'est pas trouvée, c'est `ValeurParDéfaut` qui sera prise en compte.

`fichier` pointe vers un fichier dont le format est l'un des suivants :

Format texte brut

Il s'agit d'un fichier ASCII contenant des lignes vides, des lignes de commentaires (lorsqu'elles commencent par un '#') ou des paires de la forme suivante :

```
clef ValeurSubstitution
```

Il doit y avoir une seule paire par ligne. Voici un exemple d'un tel fichier :

```
##
##   map.txt
##   permet de transposer un vrai nom vers un
##   compte
##

Asterix.le.gaulois     agaulois
Edition.ENI            eeni
```

Et pour utiliser ce fichier, il suffira de placer cette ligne dans la configuration :
`RewriteMap mapCompte txt:/le/chemin/vers/map.txt`

Format texte brut aléatoire

Ce fichier est identique à celui défini pour un format texte brut seul. Mais il ajoute un traitement supplémentaire après avoir trouvé la `clef` : la `ValeurSubstitution` est parsée à la recherche du caractère | indiquant un OU entre les différentes valeurs. Un exemple sera plus facile à comprendre. Considérons le `fichier` suivant :

```
##
##   map.txt -- rewriting map
##

static    www1|www2|www3|www4
dynamic   www5|www6
```

Si la clef `static` est recherchée et donc trouvée, la valeur de substitution retournée sera au hasard l'une des valeurs suivantes : `www1`, `www2`, `www3` ou `www4`.

Pour utiliser ce fichier, il suffit de placer la ligne suivante dans notre configuration :
`RewriteMap servers rnd:/le/chemin/vers/map.txt`

Fichier associatif au format DBM

Il s'agit d'un fichier DBM binaire ayant le même contenu que le fichier texte mais optimisé de façon à ce que les recherches se fassent rapidement. Vous pouvez créer un tel fichier avec n'importe quel outil DBM ou à l'aide de ce script Perl convertissant un fichier texte comme défini précédemment en un fichier DBM :

```
#!/chemin/du/binaire/perl
##
##   txt2dbm
##   convertit une table au format txt vers
##   vers le format dbm
##

use NDBM_File;
use Fcntl;

($txtmap, $dbmmap) = @ARGV;

open(TXT, "<$txtmap")
   or die "Impossible d'ouvrir $txtmap!\n";

tie (%DB, 'NDBM_File', $dbmmap,O_RDWR|O_TRUNC|O_CREAT, 0644)
   or die "Impossible de créer $dbmmap!\n";
                                                    .../...
```

```
.../...
while (<TXT>) {
   next if (/^\s*#/ or /^\s*$/);
   $DB{$1} = $2 if (/^\s*(\S+)\s+(\S+)/);
}

untie %DB;
close(TXT);
```

L'utilisation de ce script reste très simple :

```
$ txt2dbm map.txt map.dbm
```

Enfin, pour utiliser ce fichier DBM, il suffit d'ajouter dans notre configuration :

```
RewriteMap mapCompte dbm:/le/chemin/vers/map.dbm
```

Format programme

Cette fois-ci, il s'agit d'un exécutable (binaire ou script), et non d'un fichier de données. N'importe quel langage de programmation peut être utilisé.

Ce programme est démarré une fois au lancement d'Apache et communique avec le moteur de réécriture par ses entrées et sorties standard : **stdin** et **stdout**. Pour chacune des recherches demandées par une fonction de correspondance, il recevra la clef à rechercher sous forme d'un chaîne terminée par un retour à la ligne (caractère Newline ou \n) dans stdin. Il devra alors retourner le résultat sous la même forme dans stdout. S'il n'existe pas de valeur correspondant à la clef, le programme se doit de renvoyer la chaîne "NULL" suivie d'un retour à la ligne.

Un programme trivial implémentant une correspondance 1:1 (c'est-à-dire qu'à une clef correspond une valeur unique) pourrait s'écrire en Perl :

```
#!/usr/bin/perl
$| = 1;
while (<STDIN>) {
    # implémenter ici toute transformation
    # ou recherche...
    print $_;
}
```

Il faut cependant faire très attention :

1. "Garder ce programme aussi simple que possible", car si ce programme se bloque, c'est tout le serveur Apache qui peut se bloquer lors de l'examen d'une règle.
2. Ne jamais utiliser le mode bufferisé des entrées/sorties sur stdout ! C'est la meilleure manière de tout bloquer ! D'où la ligne "$|=1" de l'exemple ci-dessus...

Pour utiliser notre programme, il suffit d'ajouter la ligne suivante dans notre configuration :

```
RewriteMap mapCompte prg:/le/chemin/vers/map.pl
```

Fonctions internes

Apache fournit des fonctions que nous pouvons utiliser. Malheureusement, il n'est pas possible d'en créer de nouvelles. Voici la liste de celles fournies en interne par Apache :

`toupper`
Convertit la clef recherchée en majuscules.

`tolower`
Convertit la clef recherchée en minuscules.

`escape`
Convertit les caractères spéciaux dans la clef recherchée en codes hexadécimaux.

`unescape`
Convertit les codes hexadécimaux dans la clef recherchée en caractères spéciaux.

Pour utiliser la fonction `toupper` par exemple, il suffit de placer la ligne suivante dans notre configuration :

```
RewriteMap majuscule int:toupper
```

Et lors de l'utilisation d'une directive `RewriteCond` ou `RewriteRule`, il suffira d'utiliser la table **majuscule** pour faire cette conversion, comme par exemple dans la ligne suivante qui met en majuscules toutes les URLs :

```
RewriteRule (.*) ${majuscule:$1}
```

La directive `RewriteMap` peut être utilisée plusieurs fois. Pour chaque fonction de correspondance, une directive `RewriteMap` est utilisée afin de déclarer sa table de réécriture.

Bien que les tables ne puissent pas être déclarées dans le contexte de répertoire, il est néanmoins possible de les utiliser dans ce même niveau de contexte.

Pour les formats texte et DBM, les clefs de recherche sont mises en cache dans la mémoire du noyau jusqu'à ce que la valeur `mtime` de la table change ou que le serveur redémarre. Les résolutions dans la table n'intervenant qu'une fois, les fonctions de correspondance peuvent être appelées à chaque requête : cela ne chargera pas trop le serveur.

---

g. RewriteBase

Syntaxe : `RewriteBase` *`url`*

Cette directive définit explicitement l'URL de base pour les règles de réécriture lorsque ces dernières se trouvent dans un fichier **.htaccess**.

L'action de ces règles est alors localisée : la partie du chemin d'accès au répertoire contenant ce fichier **.htaccess** est enlevée et les règles de réécriture n'agissent que sur ce qui reste. Après la réécriture, le module doit réinjecter l'URL dans le serveur. Pour ce faire, il devra savoir quel est le préfixe ou la base. Par défaut, ce préfixe est le chemin d'accès physique à la ressource elle-même. Mais parfois les URLs ne correspondent pas directement au chemin physique, comme par exemple lors de l'utilisation d'une directive `Alias` (voir l'exemple qui suit) ! Il faut dans ce cas utiliser la directive `RewriteBase` pour définir le préfixe URL, et ce dans chaque fichier **.htaccess** où sont utilisées des directives `RewriteRule`.

Exemple :

Nous avons dans notre configuration la ligne suivante :

```
Alias /xyz /abc/def
```

Il nous faut alors le fichier **.htaccess** suivant dans le répertoire **/abc/def** si nous désirons utiliser le module de réécriture :

```
#
#  /abc/def/.htaccess -- configuration pour le répertoire
#                        /abc/def
#

RewriteEngine On

#  indique au serveur que ce répertoire est atteint via /xyz
#  et non par le préfixe de chemin physique /abc/def
RewriteBase   /xyz

#  les règles de réécriture
RewriteRule   ^vieux\.html$  nouveau.html
```

Dans l'exemple ci-dessus, une requête vers /xyz/vieux.html sera réécrite pour pointer sur le fichier d'adresse physique /abc/def/nouveau.html.

Voici ce qui se passe plus précisément. Notre requête est /xyz/vieux.html et voici son traitement par le serveur :

`/xyz/vieux.html     =>    /abc/def/nouveau.html`

application de la directive Alias

`/abc/def/vieux.html    =>    /abc/def/nouveau.html`

application de la directive RewriteRule

`/abc/def/nouveau.html    =>    /xyz/nouveau.html`

application de la directive RewriteBase

`/xyz/nouveau.html    =>    /abc/def/nouveau.html`

application de la directive `Alias` lors de la réinjection de l'URL dans le serveur.

La requête finale est donc /abc/def/nouveau.html.

h. RewriteCond

Syntaxe : `RewriteCond` *`chaineAtester motif`*

Cette directive définit une condition d'application sur les règles de réécriture qui la suivent. Plusieurs conditions peuvent être définies à l'aide de plusieurs directives RewriteCond placées les unes après les autres. La ou les règles de réécriture qui suivent ces conditions ne sont appliquées que si les motifs de ces règles correspondent à l'URI de la requête (voir la directive RewriteRule) **ET** si ces conditions supplémentaires ainsi définies sont remplies.

chaineAtester est une chaîne de caractères sur laquelle sera appliqué le motif (l'expression régulière). Elle peut contenir les variables suivantes :

- Référence sur la règle de réécriture : $N avec N allant de 1 à 9. Cette variable permet de récupérer la valeur d'un sous-motif (à l'aide des parenthèses) du motif défini dans la règle RewriteRule associée (celle qui suit le présent groupe de directives RewriteCond), après application du motif.
- Référence sur la dernière condition : %N avec N allant de 1 à 9. Cette variable permet de récupérer la valeur d'un sous-motif (à l'aide des parenthèses) du motif trouvé lors de l'application par la dernière directive RewriteCond du bloc de conditions courant.

Ces deux variables peuvent paraître obscures. Un exemple que l'on retrouve fréquemment va permettre de mieux comprendre leur fonctionnement dans les applications des expressions régulières. Prenons le motif suivant :

```
([a-zA-z0-9]+)::([a-zA-z0-9]+)
```

Et appliquons-le à la chaîne suivante :

```
Mot1::mot2
```

Si on considère que l'on se réfère aux règles de réécriture, la variable $1 sera alors égale à Mot1, tandis que la variable $2 sera égale à mot2.

- Variables-serveur: %{VARIABLE} où VARIABLE peut être l'une des chaînes suivantes, suivant leur catégorie :

En-têtes HTTP	Connexion et requête	Variables internes du serveur	Variables système	Variables spéciales
HTTP_USER_AGENT HTTP_REFERER HTTP_COOKIE HTTP_FORWARDED HTTP_HOST HTTP_PROXY_CONNECTION HTTP_ACCEPT	REMOTE_ADDR REMOTE_HOST REMOTE_USER REMOTE_IDENT REQUEST_METHOD SCRIPT_FILENAME PATH_INFO QUERY_STRING AUTH_TYPE	DOCUMENT_ROOT SERVER_ADMIN SERVER_NAME SERVER_PORT SERVER_PROTOCOL SERVER_SOFTWARE SERVER_VERSION	TIME_YEAR TIME_MON TIME_DAY TIME_HOUR TIME_MIN TIME_SEC TIME_WDAY TIME	API_VERSION THE_REQUEST REQUEST_URI REQUEST_FILE NAME IS_SUBREQ

Ces variables correspondent toutes aux noms de champs d'en-tête HTTP, aux variables C du serveur Apache ou aux champs de la structure struct tm du système Unix.

Quelques formats spéciaux existent pour cette variable :

%{ENV:variable} où variable peut être tout nom de variable d'environnement. Cette variable sera recherchée dans les structures de données internes d'Apache ou (si elle n'y est pas trouvée) via la fonction C getenv() exécutée par le processus serveur d'Apache.

%{HTTP:header} dans lequel header peut être tout nom MIME de champ d'en-tête HTTP. Sa valeur est obtenue à partir de la requête HTTP. Par exemple, %{HTTP:Proxy-Connection} récupère la valeur du champ d'en-tête HTTP "Proxy-Connection:".

%{LA-U:url} pour des résolutions internes sur URL. Son utilisation déclenche une sous-requête interne pour connaître l'URL finale pour l'URL url.

%{LA-F:fichier} pour des résolutions internes sur fichier. Son utilisation déclenche une sous-requête interne pour connaître la valeur finale de fichier.

Le paramètre motif est une expression régulière qui sera appliquée à la valeur courante de chaineAtester, c'est-à-dire que chaineAtester sera évaluée et le motif y sera recherché. Des éléments peuvent être ajoutés à cette expression régulière :

- Elle peut être précédée par '!' (point d'exclamation) pour inverser le sens du test (la condition est vraie si le motif n'est pas trouvé).
- Il existe certaines variantes particulières de motif. A la place d'une chaîne d'expression régulière, l'une des expressions suivantes pourra être utilisée :

<chaîne (est lexicographiquement inférieur à)

traite chaîne comme une chaîne de texte brut et la compare lexicographiquement à chaineAtester. Le résultat est vrai si chaineAtester est lexicographiquement inférieur à chaîne.

>chaîne (est lexicographiquement supérieur à)

traite chaîne comme une chaîne de texte brut et la compare lexicographiquement à chaineAtester. Le résultat est vrai si chaineAtester est lexicographiquement supérieur à chaîne.

=chaîne (est lexicographiquement égal à)

traite chaîne comme une chaîne de texte brut et la compare lexicographiquement à chaineAtester. Le résultat est vrai si chaineAtester est lexicographiquement égal à chaîne, c'est-à-dire si les deux chaînes sont rigoureusement identiques (caractère par caractère). Si chaîne se limite à "" (la chaîne vide), chaineAtester est comparé (logiquement) à la chaîne vide.

-d (est un répertoire : directory)

considère chaineAtester comme un chemin d'accès et teste si l'objet existe et est un répertoire.

`-f` (est un fichier normal : file)

considère `chaineAtester` comme un chemin d'accès et teste si l'objet existe et est un fichier normal (c'est-à-dire ni un répertoire, ni un lien symbolique).

`-s` (est un fichier normal non vide : sized file)

considère `chaineAtester` comme un chemin d'accès et teste si l'objet existe et est un fichier normal (c'est-à-dire ni un répertoire, ni un lien symbolique) et est de taille non nulle.

`-l` (est un lien symbolique : link)

considère `chaineAtester` comme un chemin d'accès et teste si l'objet existe et est un lien symbolique.

`-F` (est un fichier existant, via une sous-requête)

vérifie si `chaineAtester` représente un fichier valide et accessible compte tenu de toutes les restrictions d'accès configurées pour ce serveur et ce chemin d'accès. Cette expression lance une sous-requête interne pour tester cet état, et il est prudent de l'utiliser avec parcimonie car elle diminue les performances globales du serveur !

`-U` (est une URL existante via une sous-requête)

vérifie si `chaineAtester` représente une URL valide et accessible compte tenu de toutes les restrictions d'accès configurées pour ce serveur et ce chemin d'accès. Cette expression lance une sous-requête interne pour tester cet état, et il est prudent de l'utiliser avec parcimonie car elle diminue les performances globales du serveur !

Tous ces tests peuvent être préfixés du caractère '!' pour en inverser le sens d'interprétation.

Enfin, certains commutateurs peuvent être ajoutés au `motif` en ajoutant un troisième argument de la forme `[drapeaux]`. `drapeaux` est une liste de commutateurs séparés par des virgules :

`nocase|NC` (pas de casse : no case)

La casse est indifférente dans ce cas, c'est-à-dire qu'il n'y aura aucune différence entre les lettres 'A-Z' et 'a-z', que ce soit dans la chaîne `chaineAtester` ou le `motif`.

`ornext|OR` (ou avec la condition suivante)

Utilisez ce commutateur pour lier deux conditions dans un OU local plutôt que le ET implicite.

Exemple typique :

```
RewriteCond %{REQUEST_URI} ^/utilisateur1/.* [OR]
RewriteCond %{REQUEST_URI} ^/utilisateur2/.* [OR]
RewriteRule ^/(.*) / /~utilisateur/
```

Sans l'existence de ce commutateur, nous aurions dû écrire deux fois l'ensemble des conditions plus la règle.

Pour terminer la description de la directive `RewriteCond`, voici un exemple permettant d'afficher une page différente suivant le navigateur du client :

```
RewriteCond  %{HTTP_USER_AGENT}  ^Mozilla.*
RewriteRule  ^/$                 /homepage.max.html  [L]

RewriteCond  %{HTTP_USER_AGENT}  ^Lynx.*
RewriteRule  ^/$                 /homepage.min.html  [L]

RewriteRule  ^/$                 /homepage.std.html  [L]
```

Si le navigateur est par exemple Netscape Navigator (qui s'identifie lui-même sous le nom 'Mozilla'), alors ce sera la page d'accueil "haute définition" avec les cadres, les images, etc. qui sera affichée. S'il s'agit du navigateur Lynx (basé sur une approche Terminal), alors la page d'accueil "basse définition" sans images, sans tables, etc. sera affichée. Enfin, s'il s'agit de n'importe quel autre navigateur, une page d'accueil "moyenne" sera affichée.

i. RewriteRule

Syntaxe : `RewriteRule` *`motif substitution`*

Cette directive définit une règle de réécriture. Elle peut apparaître plus d'une fois. L'ordre dans lequel les définitions de ces règles sont faites a une grande importance, car cet ordre conditionne celui dans lequel les règles seront appliquées lors de l'exécution du module.

`motif` est une expression régulière qui sera appliquée sur l'URL courante, c'est-à-dire la valeur de l'URL au moment où la règle est appliquée. Effectivement, celle-ci n'est pas nécessairement l'URL initialement demandée puisque plusieurs directives de réécriture auront pu altérer cette URL.

En plus des règles standard d'expressions régulières, l'opérateur de négation unaire "!" peut être préfixé au `motif` permettant ainsi de demander la condition inverse (logiquement) : "si l'URL courante NE CORRESPOND PAS à ce motif".

Lorsque l'opérateur "!" est utilisé pour inverser la signification du `motif`, la définition de sous-motifs dans ce dernier n'est plus possible. Effectivement, puisque le motif n'est pas trouvé dans la chaîne analysée, les sous-motifs ne peuvent pas recevoir décemment de contenu. Donc, lorsque cet opérateur est utilisé, nous ne pouvons plus utiliser les variables $N dans l'expression de substitution !

`substitution` est une chaîne qui définit par quoi sera remplacée l'URL qui correspond au `motif`. Cette chaîne peut contenir des variables :

- Des rétro-références `$N` sur des sous-motifs du `motif` de la règle ;
- Des rétro-références `%N` sur les sous-motifs de la directive `RewriteCond` précédente ;
- Des variables "serveur" de la même façon que dans les expressions de condition (`%{VARIABLE}`, voir la directive `RewriteCond`) ;
- Des appels à des fonctions de correspondance définis à l'aide de la directive `RewriteMap (${table:clef|ValeurPardéfaut})`.

L'expression de substitution spéciale définie par "-" signifie PAS de substitution ! Effectivement, il est utile de disposer de règles de réécriture qui se "déclenchent" sur une certaine URL tout en n'effectuant aucune modification, comme par exemple, en conjonction avec le commutateur C (chaînage) qui permet à plusieurs motifs successifs d'être testés sur la même URL avant que toute modification n'y soit portée.

Lorsqu'une expression de substitution est préfixée par `http://Hôte[:Port]`, le module **mod_rewrite** arrête automatiquement son traitement. Cette auto-réduction en cas d'URLs redirigées implicitement en externe est une fonction utile et importante lorsqu'elle vient en combinaison d'une fonction de correspondance qui génère la partie `Hôte` de l'adresse. Voir le premier exemple après ce point.

Une redirection externe inconditionnelle vers notre propre serveur ne fonctionnera pas lorsque le préfixe `http://Hôte` apparaît. Pour effectuer une telle auto-redirection, il faudra utiliser le commutateur `R` (voir ci-dessous).

De nombreux commutateurs peuvent s'ajouter à la `substitution` sous la forme `[drapeaux]`. `drapeaux` est une liste de commutateurs séparés par des virgules :

`redirect|R[=code]` (force la redirection)

En préfixant la `substitution` par une chaîne de type `http://cethôte[:port]/`, une redirection externe est forcée. Si aucun code n'est mentionné, un code de réponse HTTP 302 (MOVED TEMPORARILY) sera utilisé par défaut. Un autre code de réponse peut être spécifié, dans les séries 300 ou 400 sous forme numérique, ou en utilisant l'une des constantes symboliques ci-après :
- `temp` (défaut) ;
- `permanent` ;
- `seeother`.

Nous pouvons aussi utiliser cette fonction pour des règles qui auraient tendance à canoniser les URLs et les renvoyer ainsi au client, par exemples, celles qui traduisent `/~` en `/u/` ou ajoutent systématiquement un slash à `/u/user`, etc.

Il faut absolument s'assurer que l'expression de substitution est bien une URL valide ! Si ce n'est pas le cas, la redirection est effectuée vers un document qui n'existe pas !

Si nous souhaitons arrêter le traitement de réécriture à ce moment et déclencher la redirection immédiatement, il faudra utiliser le commutateur `L` en plus de celui-ci.

`forbidden|F` (force l'URL à apparaître comme interdite : forbidden)

Le serveur enverra immédiatement une réponse HTTP de code 403 (FORBIDDEN). En utilisant ce commutateur en conjonction avec des directives `RewriteCond` appropriées, nous pouvons bloquer l'accès à certaines URLs sous certaines conditions.

`gone|G` (force l'URL à apparaître comme une redirection définitive : gone)

Ceci force une réponse HTTP de code 410 (GONE), marquant ainsi les ressources demandées comme ayant définitivement "déménagé".

`proxy|P` (force la redirection sur proxy)

Ce commutateur force l'URL substituée à être redirigée en interne au titre de requête proxy (et arrête de ce fait tout processus de réécriture) et passe immédiatement le résultat au module proxy d'Apache. Il faut s'assurer que l'expression de substitution est bien une URI valide (ex. typique http://) qui peut être traitée par le module proxy d'Apache. Sinon, une erreur sera générée dans le gestionnaire proxy. Nous pouvons alors obtenir une implémentation plus puissante de la directive `ProxyPass` du module **mod_proxy**, permettant d'intégrer des ressources distantes à l'espace du serveur local.

Il faut nécessairement mentionner `ProxyRequests On` dans la configuration du serveur pour éviter que des requêtes proxy ne se terminent en un plantage du serveur Apache. Si le module proxy n'est pas compilé statiquement dans Apache, alors ce problème n'existe pas car Apache vérifie auparavant la disponibilité du module proxy et ignore les redirections proxy si ce module se révèle indisponible.

`last|L` (dernière règle : last rule)

Arrête le traitement de réécriture en ce point et n'applique plus aucune règle de réécriture postérieure. Nous pouvons utiliser ce commutateur pour éviter que l'URL réécrite par cette règle ne soit à son tour modifiée une nouvelle fois par d'autres règles pour lesquelles le motif pourrait correspondre.

`next|N` (rebouclage : next round)

Réexécute le traitement de réécriture (en recommençant par la première règle), mais à partir de l'URL obtenue par application de la règle courante (et non à partir de l'URL originale).

Attention à ne pas créer de boucle infinie !

`chain|C` (chaînage à la règle suivante)

Ce commutateur chaîne la règle courante à la règle suivante (laquelle peut à son tour être chaînée à la règle encore suivante, etc.). Ceci a l'effet suivant : si une règle est "déclenchée", alors le traitement se continue comme d'habitude, c'est-à-dire que ce commutateur n'a pas d'effet particulier. Si la règle n'est pas activée, alors toutes les règles chaînées qui suivent sont ignorées.

`type|T=type-mime` (force le type MIME)

Force le type MIME du fichier cible à la valeur spécifiée par `mime-type`. Par exemple, il peut permettre de simuler l'ancienne directive `ScriptAlias` du module **mod_alias** par laquelle on attribuerait à tous les fichiers d'un répertoire un type MIME `application/x-httpd-cgi`, quelle que soit leur extension.

`nosubreq|NS` (utilisé uniquement si la requête n'est pas une sous-requête interne : no internal sub-request)

Ce commutateur force le moteur de réécriture à sauter la règle si la requête courante est une sous-requête interne. Un exemple d'utilisation de sous-requêtes intervient lorsque le module **mod_include** d'Apache essaie de rechercher des informations sur l'existence éventuelle de fichiers par défaut dans les répertoires (index.xxx). Lors de ces sous-requêtes, il n'est pas toujours utile, voire parfois même carrément néfaste d'appliquer une nouvelle fois tout l'ensemble des règles de réécriture. Nous utilisons alors ce commutateur pour exclure ces règles pouvant conduire à une erreur de traitement.

`qsappend|QSA` (ajout de chaîne de requête : query string append)

Ce commutateur force l'ajout d'une chaîne argument de requête dans l'URL substituée à l'argument existant, au lieu de remplacer purement et simplement cet argument comme dans le cas normal. Nous utilisons donc ce commutateur lorsque nous voulons ajouter des paramètres à une requête argumentée par une opération de réécriture.

`nocase|NC` (pas de casse : no case)

Ce commutateur indique que le `motif` n'est pas sensible à la casse, c'est-à-dire qu'il n'y a aucune différence entre les caractères majuscules et minuscules.

`noescape|NE` (no URI escaping of output)

Ce commutateur empêche la conversion des caractères spéciaux (comme `%`, `$`, `;` , etc.) en leur équivalent hexadécimal (`%25`, `%24`, `%3B`, etc.). Cela autorise l'apparition du symbole % au niveau de la sortie, comme dans l'exemple suivant qui transforme `/foo/zed` en une requête `/bar?arg=P1=zed` :

```
RewriteRule /foo/(.*) /bar?arg=P1\%3d$1 [R,NE]
```

`passthrough|PT` (pass through)

Ce commutateur permet un post-traitement correct de la sortie de directives `RewriteRule` par des directives `Alias`, `ScriptAlias`, `Redirect`, et autres translateurs URI-vers-fichier. Voici un exemple trivial pour en décrire la sémantique :

Si nous souhaitons translater l'URI `/abc` en `/def` via le moteur de réécriture du module **mod_rewrite** puis `/def` en `/ghi` par une directive de **mod_alias**, nous utiliserons les lignes suivantes :

```
RewriteRule ^/abc(.*)  /def$1 [PT]
Alias       /def       /ghi
```

Si le commutateur `PT` est omis, alors **mod_rewrite** fera le travail attendu, c'est-à-dire transformera uri=/abc/... en filename=/def/... comme n'importe quel translateur URI-vers-fichier conforme à l'API Apache l'aurait fait. Puis **mod_alias** interviendra et essaiera d'effectuer sa translation qui échouera, essayant de se baser sur l'URL originale et non l'URL modifiée par le module **mod_rewrite**.

`skip|S=num` (sauter la (les) prochaine(s) règle(s))

Ce commutateur force le moteur de réécriture à sauter les `num` règles suivantes lorsque la règle courante s'applique. Nous pouvons l'utiliser pour simuler des pseudo-structures de contrôle de type SI-ALORS-SINON : la dernière règle de la section ALORS doit devenir une règle sautant N nouvelles règles (`skip=N`), ces N règles suivantes constituant ainsi la section SINON de la structure.

`env|E=VAR:VAL` (définir une variable d'environnement)

Force la définition d'une variable d'environnement `VAR` à la valeur `VAL`. `VAL` peut être exprimée par une expression contenant des rétroréférences $N et %N qui seront substituées à l'initialisation de la variable. Ce commutateur peut être utilisé plusieurs fois pour définir plusieurs variables en même temps. Ces variables pourront être par la suite réutilisées dans de nombreuses situations, le plus couramment à l'intérieur d'un traitement XSSI (via la commande `<!--#echo var="VAR"-->`) ou d'un CGI (ex. `$ENV{'VAR'}`). Nous pourrons aussi l'utiliser dans un motif de `RewriteCond` ultérieur via l'écriture `%{ENV:VAR}`. L'utilisation de cette fonctionnalité permet pas exemple d'enlever des portions d'URLs, tout en les mémorisant.

`cookie|CO=NOM:VAL:domaine[:duréeDeVie[:chemin]`
(définit un cookie)

Ce commutateur n'est disponible que depuis la version 2.0.40 d'Apache. Il définit un cookie pour le navigateur client. Le nom du cookie est défini à l'aide de la variable `NOM` et de sa valeur `VAL`. Le champ `domaine` spécifie le domaine de validité du cookie, les champs optionnels `duréeDeVie` et `chemin` sa durée de vie en minutes et l'emplacement du cookie.

Pour terminer sur cette directive `RewriteRule`, quelques remarques concernant son utilisation dans un contexte de répertoire (fichier **.htaccess**) :

Il ne faut surtout pas oublier que le `motif` est appliqué à l'URL entière lorsque les conditions sont écrites dans un contexte de configuration serveur. Par contre, dans un contexte de répertoire, le préfixe de chemin d'accès (le chemin partiel vers ce répertoire, qui devrait toujours être le même !) est d'abord retiré de l'URL avant que le `motif` ne soit appliqué, puis ajouté de nouveau tel quel après la substitution. Ce comportement est fondamental dans de nombreuses programmations de réécriture, dans la mesure où, sans cette opération sur le chemin d'accès partiel, il faudrait un motif complet prenant en compte l'arborescence parent, ce qui n'est pas toujours possible.

Une exception à cela : lorsqu'une expression de substitution commence par http://, alors le préfixe indiquant le chemin partiel au répertoire courant ne sera pas rajouté, et une redirection externe ou un transfert au proxy (si le commutateur P est marqué) est opéré.

Enfin, pour pouvoir exploiter le moteur de réécriture sur une base de configuration de contexte répertoire, nous devons placer une directive `RewriteEngine on` dans les fichiers de configuration **.htaccess** et avoir l'option `FollowSymLinks` disponible. Si l'administrateur du serveur a désactivé la surcharge des options `FollowSymLinks` pour certains répertoires, nous ne pourrons utiliser le moteur de réécriture dans ces derniers. Cette restriction est nécessaire pour des raisons de sécurité (voir le chapitre sur la sécurité).

Ci-dessous sont données les diverses combinaisons de substitution et leur signification dans une configuration de niveau "serveur" (`httpd.conf`) et pour une requête `GET /unChemin/uneInfo` :

Règle	Substitution résultante

`^/unChemin(.*) autreChemin$1`
`^/unChemin(.*) autreChemin$1 [R]`
`^/unChemin(.*) autreChemin$1 [P]`
	non supporté, car non valide !
	non supporté, car non valide !
	non supporté, car non valide !

`^/unChemin(.*) /autreChemin$1`
`^/unChemin(.*) /autreChemin$1 [R]`
 	
`^/unChemin(.*) /autreChemin$1 [P]`
	/autreChemin/uneInfo
	http://cetHôte/autreChemin/uneInfo
	via une redirection externe
	non supporté !

`^/unChemin(.*) http://cetHôte/autreChemin$1`
`^/unChemin(.*) http://cetHôte/autreChemin$1 [R]`
`^/unChemin(.*) http://cetHôte/autreChemin$1 [P]`
	/autreChemin/uneInfo
	http://cetHôte/autreChemin/uneInfo
	via une redirection externe
	non supporté !

`^/unChemin(.*) http://autreHôte/autreChemin$1`
 	
`^/unChemin(.*) http://autreHote/autreChemin$1 [R]`
 	
`^/unChemin(.*) http://autreHôte/autreChemin$1 [P]`
	http://autreHôte/autreChemin/uneInfo
	via une redirection externe
	http://autreHôte/autreChemin/uneInfo
	via une redirection externe (le flag [R] est redondant)
	
	http://autreHôte/autreChemin/uneInfo
	via proxy interne

La même chose dans un fichier de configuration **.htaccess** pour le répertoire `/unChemin` (contenant une directive `RewriteBase /unChemin`) et pour une requête `GET /unChemin/cheminLocal/uneInfo` :

Règle	Substitution résultante

`^cheminLocal(.*) autreChemin$1`
`^cheminLocal(.*) autreChemin$1 [R]`
 	
`^cheminLocal(.*) autreChemin$1 [P]`
	/unChemin/autreChemin/uneInfo
	http://cetHôte/unChemin/autreChemin/uneInfo
	via une redirection externe
	non supporté !

`^cheminLocal(.*) /autreChemin$1`
`^cheminLocal(.*) /autreChemin$1 [R]`
 	
`^cheminLocal(.*) /autreChemin$1 [P]`
	/autreChemin/uneInfo
	http://cetHôte/autreChemin/uneInfo
	via une redirection externe
	non supporté !

`^cheminLocal(.*) http://cetHôte/autreChemin$1`
`^cheminLocal(.*) http://cetHôte/autreChemin$1 [R]`
 	
`^cheminLocal(.*) http://cetHôte/autreChemin$1 [P]`
	/autreChemin/uneInfo
	
	http://cetHôte/autreChemin/uneInfo via une redirection externe
	non supporté !

`^cheminLocal(.*) http://autreHôte/autreChemin$1`
 	
`^cheminLocal(.*) http://autreHôte/autreChemin$1 [R]`
 	
`^cheminLocal(.*) http://autreHôte/autreChemin$1 [P]`
	http://autreHôte/autreChemin/uneInfo via une redirection externe
	
	http://autreHôte/autreChemin/uneInfo via une redirection externe (le flag [R] est redondant)
	
	http://autreHôte/autreChemin/uneInfo via proxy interne

4. Quelques exemples

Voyons maintenant quelques utilisations du module **mod_rewrite**.

a. Protection du fichier .htaccess

Un fichier **.htaccess** placé à la racine d'un site web pourrait contenir les lignes suivantes :

```
RewriteEngine on
Options +FollowSymlinks

RewriteBase /
RewriteRule ^/.htaccess$ - [F]
```

La dernière ligne permet de renvoyer un code HTTP 403 aux clients qui tenteraient d'accéder au fichier **.htaccess**. Évidemment, nous pourrons retrouver ces lignes dans la configuration principale de notre serveur. Il faudra alors effacer la ligne `RewriteBase /`.

b. Protection contre les aspirateurs de site et les collecteurs d'informations (spiders)

Les aspirateurs de site, souvent utilisés par les internautes pour obtenir une copie locale d'un site et le consulter hors connexion, peuvent devenir un réel problème pour l'administrateur du site aspiré ! Effectivement, ces programmes génèreront un grand nombre de requêtes en un espace de temps limité ! Si l'hébergeur du site limite l'abonnement en nombre de clics par heure ou de Go mensuels, l'administrateur risque de voir son site rapidement suspendu. En plus de ces limites, l'hébergeur peut aussi faire payer mensuellement le trafic... Nous serons donc amené à interdire ce type d'application. Il en sera de même pour les aspirateurs d'adresse e-mail, de numéro de téléphone, de fax, etc. qui visitent les sites à la recherche d'adresses valides pour ensuite spammer ou vendre ces adresses à des sociétés commerciales qui feront de même. Nous allons donc faire le ménage, avant que ces aspirateurs le fassent sur nos sites !

Pour identifier ces aspirateurs, nous allons consulter le champ HTTP_USER_AGENT des requêtes HTTP. Ce champ doit normalement contenir le nom du client HTTP. Voici une liste partielle :

HTTP_USER_AGENT	Nom complet du navigateur	Commentaires
`eCatch/3.0`	eCatch/3.0	remplacé par Wysigot. http://www.ecatch.com/index.html
`HTTrack`	Mozilla/4.5 (compatible ; HTTrack 3.2x ; Windows 98)	http://www.httrack.com/index.php
`Kapere`	Kapere (http://www.kapere.com)	http://www.kapere.com
`Teleport Pro`	Teleport Pro/1.29.1981	http://www.tenmax.com/teleport/pro/home.htm
`WebCopier`	WebCopier v3.2a et v3.4	http://www.maximumsoft.com/index.html
`WebSaver`	WEBsaver 3.10	http://membres.lycos.fr/papysoft/WEBsaver/fonc_uk.html
`WebStripper`	WebStripper/2.56	http://www.webstripper.net/
`WebZIP/3.80 (http://www.spider-soft.com)`	Webzip 5.0	http://www.spidersoft.com/
`Wget/1.7 - Wget/1.8.2`	GNU Wget (wget)	http://wget.sunsite.dk/
`WinMHT`	WinMHT 1.4	http://www.spidersoft.com/
`Wysigot`	Wysigot 5.1	remplace eCatch. http://www.wysigot.com/

Et voici une liste d'exemple de spiders :

HTTP_USER_AGENT	Nom complet du navigateur	Commentaires
almaden	http://www.almaden.ibm.com/ cs/crawler [c01] - ou - http://www.almaden.ibm.com/ cs/crawler [wf55]	Spider d'IBM. Ne semble pas utiliser ses résultats pour la communauté des internautes mais pour ses propres projets. http://www.almaden.ibm.com/
DirectUpdate	DirectUpdate/3.5.8 - /3.6.3	Logiciel permettant de faire un renvoi d'adresse IP. Dans certains cas, squatte votre script de détection d'adresse IP. Très dangereux en terme de hits et de trafic. Les utilisateurs, quant à eux, se voient installer à leur insu le logiciel espion Aureate. http://www.directupdate.net/
EmailCollector	EmailCollector/2.8	Aspirateur d'adresse e-mail http://www.saurabh.info/
HTTPConnect	HTTPConnect	Un outil qui ne vous veut pas du bien du tout. http://www.ranainside.com/com-ponent_httpconnect.html
Indy Library	Mozilla/3.0 (compatible ; Indy Library)	Spammeur chinois ne respectant pas le protocole robots.txt
Zeus 2.6	Zeus 2.6	Autre nom d'Indy Library
IPiumBot laurion(dot) com	IPiumBot laurion(dot)com	Spider du moteur de recherche spécialisé dans les recherches de plagias. Ne respecte pas le protocole robots.txt http://www.laurion.com/
My User Agent	My User Agent	Souvent utilisé par des agents désirant rester anonymes et donc souvent ayant quelque chose à cacher. Il vaut mieux les éviter !
NPBot	NPBot	Spider contrôleur de droits de copyright. Dit respecter le protocole robots.txt mais ne semble pas le faire. http://www.nameprotect.com/ http://www.nameprotect.com/botin fo.html

HTTP_USER_AGENT	Nom complet du navigateur	Commentaires
TurnitinBot	TurnitinBot/1.5	Spider du moteur de recherche Turnitin spécialisé dans les recherches de plagias. http://www.turnitin.com/robot/crawlerinfo.html

Il en existe encore des centaines : il ne faut pas hésiter à chercher sur l'Internet !!!

Voyons maintenant notre fichier **.htaccess** :

```
RewriteEngine on
# Les aspirateurs de site
RewriteCond %{HTTP_USER_AGENT} .*eCatch* [OR]
RewriteCond %{HTTP_USER_AGENT} .*http* [OR]
RewriteCond %{HTTP_USER_AGENT} .*HTTrack* [NC,OR]
RewriteCond %{HTTP_USER_AGENT} .*Teleport* [OR]
RewriteCond %{HTTP_USER_AGENT} .*Teleport\ Pro* [OR]
RewriteCond %{HTTP_USER_AGENT} .*WebCapture* [OR]
RewriteCond %{HTTP_USER_AGENT} .*WebCopier* [OR]
RewriteCond %{HTTP_USER_AGENT} .*WebStripper* [OR]
RewriteCond %{HTTP_USER_AGENT} .*WebStripper/2.09* [OR]
RewriteCond %{HTTP_USER_AGENT} .*WebWhacker* [OR]
RewriteCond %{HTTP_USER_AGENT} .*WebZIP* [OR]
RewriteCond %{HTTP_USER_AGENT} .*Wget* [OR]
# les spiders
RewriteCond %{HTTP_USER_AGENT} .*almaden* [OR]
RewriteCond %{HTTP_USER_AGENT} .*direct* [NC,OR]
RewriteCond %{HTTP_USER_AGENT} .*email* [OR]
RewriteCond %{HTTP_USER_AGENT} .*EmailCollector* [OR]
RewriteCond %{HTTP_USER_AGENT} .*EmailSiphon* [OR]
RewriteCond %{HTTP_USER_AGENT} .*HTTPConnect* [OR]
RewriteCond %{HTTP_USER_AGENT} .*Indy*Library* [OR]
RewriteCond %{HTTP_USER_AGENT} .*Indy\ Library* [OR]
RewriteCond %{HTTP_USER_AGENT} .*NPBot * [OR]
RewriteCond %{HTTP_USER_AGENT} .*TurnitinBot* [OR]
RewriteCond %{HTTP_USER_AGENT} .*Zeus* [OR]
RewriteCond %{HTTP_USER_AGENT} .*Zeus.*Webster*
RewriteRule ^.*$ http://www.la.redirection.com [R,L]
```

Ce fichier est loin d'être parfait et peut encore être amélioré et complété ! La dernière ligne est celle qui redirige tous ces programmes vers la page de notre choix. Ce peut être une page agressive ou une simple page d'erreur 403.

c. Déplacement de la racine d'un site

Parfois, la racine d'un site est déplacée au niveau de l'arborescence. À l'aide d'une simple règle de réécriture, nous pouvons faire en sorte que ce déplacement soit complètement transparent pour les utilisateurs du site. Considérons par exemple que le site a été déplacé dans le répertoire **ancient_site/** :

```
RewriteEngine on
RewriteRule   ^/$  /ancient_site/  [R]
```

d. Référencement de la totalité d'un site web dynamique

Considérons le cas d'un site proposant de la documentation organisée par catégorie. Nous accédons aux documents à l'aide d'URLs de la forme :

`http://www.documentation.org/affiche.php?categorie=informatique&article=1`

Le gros problème avec ce genre de site est que certains moteurs de recherche ne référenceront pas le site entièrement du fait de son caractère dynamique. Heureusement, nous avons **mod_rewrite** ! Grâce à lui, nous allons réécrire les URLs de façon à ce que nous puissions accéder à nos documents avec une URL du type :

`http://www.documentation.org/informatique/1.html`

Le module se chargera de réécrire cette URL de façon à appeler le script **affiche.php**.

Voici les quelques lignes que nous devrons placer :

```
RewriteEngine On
RewriteRule ^/(.*)/(.*).html /affiche.php?categorie=$1&article=$2
```

Par rapport à notre exemple, `$1` sera égal à `informatique` tandis que `$2` sera égal à `1`.

C. mod_dav

Dans ce point, nous verrons tout d'abord ce qu'est WebDAV et où nous pouvons trouver toutes les informations à son propos. Ensuite, nous nous attarderons sur le module Apache **mod_dav** permettant d'ajouter les fonctionnalités WebDAV à notre serveur web. Enfin, nous utiliserons WebDAV à l'aide de programmes tels que l'**Explorateur Windows** et **cadaver** en ligne de commande ou **davfs2** en système de fichiers à monter sous Linux. Nous verrons aussi l'utilisation de **DAVexplorer**, un client WebDAV écrit en Java et fonctionnant sous Windows, sous environnement graphique sous Linux et sous MacOS X.

1. Présentation de WebDAV

WebDAV signifie "*Web-based Distributed Authoring and Versioning*". Il s'agit d'une extension du protocole HTTP permettant à des clients web d'éditer des ressources à distance. WebDAV permet par exemple :

- de créer, supprimer et obtenir des informations sur des documents (pages web par exemple), telles que le nom de leur auteur, leur date de création.
- de verrouiller un document, évitant ainsi qu'il soit modifié alors qu'il l'est déjà par quelqu'un d'autre.

Toutes les informations à propos de WebDAV peuvent être trouvées à cette adresse :
http://ftp.ics.uci.edu/pub/ietf/webdav/

Nous y retrouvons la RFC en français documentant les spécificités de WebDAV :
http://ftp.ics.uci.edu/pub/ietf/webdav/protocol/rfc2518.fr.html

Différentes ressources WebDAV comme des librairies ou le module Apache **mod_dav** se trouvent à cette adresse :
http://www.webdav.org/

2. Installation et configuration du module mod_dav

Nous allons étudier maintenant l'installation et la configuration de notre module **mod_dav** sous les systèmes d'exploitation Linux et Windows. La version actuelle de ce module est la version 1.0.3 et n'a été testée qu'avec Apache 1.3.x sous Linux et Windows. Par contre, les sources de **mod_dav** sont maintenant incluses dans les sources d'Apache version 2.0.x. Pour compiler ce module pour Apache 2.0.x, il suffit donc de suivre le chapitre sur l'installation et la compilation d'Apache.

a. Installation sous Linux

Tout d'abord, vérifions que le module n'est pas déjà installé si vous utilisez une distribution Linux. Pour cela, il suffit de chercher une ligne `LoadModule` commentée ou non dans le fichier de configuration **httpd.conf** de Apache. Tapons par exemple :

```
# grep-i dav /etc/apache/httpd.conf
```

Si le résultat de cette commande est de ce type :

```
LoadModule dav_module /usr/lib/apache/1.3/libdav.so
```

Ici, vérifiez que le module **libdav.so** se trouve bien dans le répertoire `/usr/lib/apache/1.3/`.

Si le module n'est pas installé, nous allons le faire. Les distributions fournissent souvent des packages permettant de l'installer sans problème. Par exemple, sous Gnu/Debian, connectez-vous en tant que Root et tapez :

```
# apt-get install libapache-mod-dav
```

Si ce n'est pas le cas, nous allons tout d'abord récupérer les sources du module, puis les compiler et enfin installer le module :

```
$ wget http://www.webdav.org/mod_dav/mod_dav-1.0.3-1.3.6.tar.gz
$ tar xzvf mod_dav-1.0.3-1.3.6.tar.gz
$ cd mod_dav-1.0.3-1.3.6
```

Il existe deux façons de compiler un module : statiquement au binaire Apache ou en compilant un module qui sera chargé dynamiquement lors de son démarrage. Nous ne verrons que cette seconde solution en utilisant **apxs**.

Plaçons-nous dans le répertoire des sources et tapons les commandes suivantes :

```
$ ./configure --with-apxs
$ make
```

Le module WebDAV **libdav.so** se trouve maintenant compilé et placé dans le répertoire courant. Il ne nous reste plus qu'à l'installer. Pour cela, il faut se connecter en tant que Root et taper la commande suivante :

```
# make install
```

Cette commande ne fait que créer le répertoire où se trouvent les modules s'il n'existe pas (sous Gnu/Debian : `mkdir -p /usr/lib/apache/1.3`) et utilise la commande `apxs` pour y installer le module et ajouter une ligne `LoadModule` dans le fichier de configuration d'Apache (`apxs -i -a -n dav libdav.so`). Notre module est enfin installé. Pour le configurer, passez maintenant au point **Configuration**.

b. Installation sous Windows

Nous ne verrons pas la compilation de ce module sous Win32, juste son installation. Tout d'abord, récupérons l'archive contenant le module déjà compilé ainsi que sa documentation à l'adresse suivante :
http://www.webdav.org/mod_dav/win32/mod_dav-1.0.3-dev-win32.zip

Ensuite, à l'aide de votre outil de décompression favori (Winzip par exemple), désarchivez-la. Nous nous retrouvons avec cette arborescence :

Le répertoire **doc** contient la documentation d'installation et de configuration du module WebDAV, ainsi que sa licence d'utilisation. Le répertoire **bin** contient notre module **mod_dav.dll**.

Copions le fichier **mod_dav.dll** dans le répertoire où se trouvent les modules. Sous Windows, il s'agit du répertoire **modules** présent dans le répertoire d'installation d'Apache. Par exemple, il peut s'agir du répertoire **C:\Program files\Apache Group\Apache\modules** par exemple.

C'est tout, notre module est installé... il nous reste à le configurer.

c. Configuration

Il nous faut tout d'abord charger le module à l'aide de la directive `LoadModule`. Sous Linux :

```
LoadModule dav_module /usr/lib/apache/1.3/libdav.so
```

Et sous Windows :

```
LoadModule dav_module modules/mod_dav.dll
```

Adaptez les chemins suivant l'emplacement de votre module...

Mod_dav propose quelques directives. Nous allons tout d'abord les lister puis verrons quelques exemples de configuration :

Dav

Syntaxe : `Dav` *`on|off`*

Cette directive s'utilise à l'intérieur de directives bloc comme `<Location>`. Elle permet d'activer WebDAV sur la portée du bloc.

Il ne faut pas oublier d'utiliser la directive `DavLockDB` avec cette dernière pour que WebDAV puisse fonctionner.

Pour fournir un accès correctement sécurisé, il ne faut pas hésiter à utiliser une directive `<Limit>` (cf. chapitre sur la sécurité).

Exemple :

```
DavLockDB /tmp/DavLock

<Location /var/www>
Dav On
AuthType Basic
AuthName DAV
AuthUserFile user.passwd
  <LimitExcept GET HEAD OPTIONS>
    require user admin
  </LimitExcept>

</Location>
```

DavLockDB

Syntaxe : `DavLockDB` *`fichier`*

Cette directive permet de spécifier le chemin complet vers un fichier qui servira de base de données de verrouillage au module WebDAV. Il s'agit d'un fichier accessible en écriture et sans extension.

Cette base de données est de type SDBM et sert à conserver la trace des différents fichiers verrouillés. Un utilitaire fourni avec le module WebDAV permet de consulter cette base de données : **lockview**. Il se trouve dans le répertoire **bin** de l'archive **mod_dav** sous Windows.

Exemple :

```
DavLockDB /tmp/DavLock
```

DavMinTimeout

Syntaxe : `DavMinTimeout` *`seconde(s)`*

Lorsqu'un client désire verrouiller une ressource (un fichier par exemple), il peut spécifier dans sa demande un temps au bout duquel ce verrou sera automatiquement retiré par le serveur. Cette valeur peut être ignorée par le serveur ou ce dernier peut informer le client d'une valeur arbitraire.

La directive `DavMinTimeout` permet de spécifier, en secondes, une valeur minimale à retourner au client. Par défaut, Microsoft Web Folders demande une valeur de 120 secondes qui peut être remplacée par une plus grande valeur à l'aide de notre directive, permettant ainsi de réduire les risques de perdre un verrou à cause d'un réseau trop lent.

Exemple:

```
<Location /MSWord>
  DavMinTimeout 600
</Location>
```

DavDepthInfinity

Syntaxe : `DavDepthInfinity` *`on|off`*

Cette directive permet d'autoriser les requêtes PROFIND contenant un en-tête `Depth: Infinity`. Ce type de requête peut constituer une attaque de type denial-of-service, c'est pourquoi par défaut elles ne sont pas autorisées.

Démi de Service (DOS : *Denial of Service*) : attaque dont le but est de faire tomber un serveur en le submergeant de requêtes inutiles.

LimitXMLRequestBody

Syntaxe : `LimitXMLRequestBody` *`octet(s)`*

Cette directive permet de spécifier la taille maximale en octets d'une requête XML que le module **mod_dav** tentera de lire. Cette taille doit être supérieure à 0.

Exemples de configuration

Nous allons voir maintenant quelques exemples de configuration, du plus simple au plus compliqué avec authentification.

Commençons par activer les fonctionnalités WebDAV pour un hôte virtuel :

```
NameVirtualHost 192.168.1.2
DavLockDB /tmp/DavLock

<VirtualHost 192.168.1.2>
  ServerName dav.monsite.com
  DocumentRoot /var/www/monsite/
  <Location />
    Dav on
  </Location>
</VirtualHost>
```

La ligne `DavLockDB /tmp/DavLock` indique quel fichier utiliser comme base de données de verrouillage. `Dav on` active les fonctionnalités WebDAV sur la totalité du site `dav.monsite.com`.

Attention : si vous décidez de créer des fichiers ou répertoires à l'aide de WebDAV, faites attention aux droits du répertoire accessible à l'aide de WebDAV. Par exemple, ici, notre répertoire /var/www/monsite/ doit avoir les droits suffisants pour que l'utilisateur sous lequel Apache fonctionne puisse lire et écrire ! Cet utilisateur est celui défini à l'aide de la directive `user` dans la configuration d'Apache.

Si nous ne désirons activer WebDAV que pour une partie du site, par exemple, le répertoire **/docs** du site :

```
NameVirtualHost 192.168.1.2
DavLockDB /tmp/DavLock

<VirtualHost 192.168.1.2>
  ServerName dav.monsite.com
  DocumentRoot /var/www/monsite/
  <Location /docs/>
    Dav on
  </Location>
</VirtualHost>
```

Si vous utilisez les "dossiers web" de Windows pour accéder à votre ressource WebDAV, il faut penser à enlever le "/" de fin dans la directive <Location>. Ici, il faudrait écrire <Location /docs>. Si vous utilisez les "dossiers Web" de Windows pour accéder à votre ressource WebDAV, il faut penser à enlever le "/" de fin dans la directive <location>. Effectivement, l'explorateur Windows a quelques difficultés à accéder aux ressources lorsque le "/" est présent et considére alors la ressource comme étant absente. Ici, il faudrait écrire <Location /docs>.

Le gros problème avec ces configurations est qu'elles ne sont pas sécurisées. Effectivement, n'importe qui peut avoir accès aux ressources WebDAV. Voici un autre exemple n'autorisant que les utilisateurs entrés dans le fichier **.DAVusers** :

```
NameVirtualHost 192.168.1.2
DavLockDB /tmp/DavLock

<VirtualHost 192.168.1.2>
  ServerName dav.monsite.com
  DocumentRoot /var/www/monsite/
  <Location /docs/>
    Dav on
    AuthType Basic
    AuthName "Accès sécurisé WebDAV"
    AuthUserFile /var/www/monsite/docs/.DAVusers
    Require valid-user
  </Location>
</VirtualHost>
```

Nous indiquons le type d'authentification requis pour accéder aux ressources du répertoire **docs**/ à l'aide de la directive AuthType Basic (cf le chapitre sur la sécurité). AuthName spécifie le texte qui sera inscrit dans la fenêtre d'authentification : "Accès sécurisé WebDAV". Nous indiquons à l'aide de la directive AuthUserFile le fichier qui contiendra les logins et mots de passe des utilisateurs. Enfin,la directive Require valid-user spécifie que tous les utilisateurs listés dans le fichier **.DAVusers** sont autorisés à accéder à ces ressources.

Pour créer notre fichier **.DAVusers**, il suffit de taper la commande suivante en étant sous Root (remplacez <USER> par l'utilisateur que vous désirez ajouter) :

```
# htpasswd -c /var/www/monsite/docs/.DAVusers <USER>
```

Ensuite, pour ajouter des utilisateurs à ce fichier :

```
# htpasswd /var/www/monsite/docs/.DAVusers <USER>
```

Le problème avec cette dernière configuration est que l'accès au répertoire **docs/** à l'aide d'un simple navigateur est aussi protégé : il faut fournir un login/mot de passe pour pouvoir visionner son contenu. S'il s'agit d'un répertoire avec des pages html accessibles au public, c'est problématique ! Voici un dernier exemple réglant ceci :

```
NameVirtualHost 192.168.1.2
DavLockDB /tmp/DavLock
<VirtualHost 192.168.1.2>
  ServerName dav.monsite.com
  DocumentRoot /var/www/monsite/
  <Location /docs/>
    Dav on
    AuthType Basic
    AuthName "Accès sécurisé WebDAV"
    AuthUserFile /var/www/monsite/docs/.DAVusers
    <LimitExcept GET HEAD OPTIONS>
       Require valid-user
    </LimitExcept>
  </Location>
</VirtualHost>
```

Ici, nous limitons l'accès à notre ressource WebDAV **docs/** : seuls les utilisateurs du fichier **.DAVusers** ont le droit d'utiliser des méthodes différentes de `GET`, `HEAD` ou `OPTIONS` leur permettant ainsi de gérer pleinement la ressource (création, effacement, déplacement, etc). Autrement dit, tous les utilisateurs ont le droit d'utiliser les méthodes `GET`, `HEAD` ou `OPTIONS` leur permettant simplement de lire la ressource. Les autres méthodes sont réservées aux utilisateurs du fichier **.DAVusers**.

3. Utilisation de WebDAV côté client

a. Windows 9x

Double cliquez sur l'icône **Poste de travail**.

Dans la nouvelle fenêtre qui s'ouvre, double cliquez sur l'icône **Dossiers Web**.

La nouvelle fenêtre **Dossiers Web** qui s'affiche liste vos dossiers web courants. Vous allez en créer un nouveau en double cliquant sur l'icône **Ajouter un dossier web**.

Dans cette nouvelle fenêtre, saisissez les informations utiles pour vous connecter à votre ressource WebDAV : tout d'abord son adresse, au niveau du champ **Tapez l'emplacement à ajouter** (pour reprendre les exemples précédents, http://dav.monsite.com/docs par exemple). Cliquez ensuite sur le bouton **Suivant**.

Si votre ressource nécessite une authentification, tapez vos login et mot de passe dans la fenêtre qui devrait s'afficher. Cliquez ensuite sur le bouton **OK**.

Enfin, dans la dernière fenêtre, saisissez le nom que vous voulez donner à votre dossier web. Par exemple, "mes docs sur dav.monsite.com". Une fois cela fait, cliquez sur le bouton **Terminer**.

L'utilisation de votre dossier est maintenant très simple. Il s'utilise comme vous le feriez avec l'explorateur Windows :

Double cliquez sur l'icône **Poste de travail** puis sur l'icône **Dossiers Web**.

Vous avez maintenant une nouvelle icône **mes docs sur dav.monsite.com**. Double cliquez sur cette dernière et authentifiez-vous si besoin.

Le contenu du répertoire **docs/** du site **dav.monsite.com** s'affiche dans la fenêtre. Suivant les droits que possède l'utilisateur avec lequel vous vous êtes connecté, vous pouvez effacer des fichiers, créer des répertoires, des fichiers. Vous pouvez aussi, tout comme avec l'Explorateur Windows, faire glisser un fichier de votre ordinateur vers le site. Vous pouvez même ouvrir vos fichiers directement en double cliquant dessus ! Evitez tout de même cette dernière possibilité afin de ne pas surcharger votre serveur web.

b. Windows NT et XP

Double cliquez sur l'icône **Favoris réseau** sur le bureau.

Cliquez sur **Ajouter un favori réseau**.

Un assistant de création apparaît. Cliquez sur le bouton **Suivant** jusqu'à ce que vous arriviez à une fenêtre nécessitant de saisir l'adresse de votre ressource WebDAV.

Dans cette nouvelle fenêtre, saisissez les informations utiles pour vous connecter à votre ressource WebDAV : tout d'abord son adresse, au niveau du champ **Adresse réseau ou Internet** (pour reprendre les exemples précédents, http://dav.monsite.com/docs). Cliquez ensuite sur **Suivant**.

Si votre ressource nécessite une authentification, tapez vos login et mot de passe dans la fenêtre qui devrait s'afficher. Cliquez ensuite sur le bouton **OK**.

Enfin, dans la dernière fenêtre, entrez le nom que vous voulez donner à votre Favori réseau. Par exemple, "mes docs sur dav.monsite.com". Une fois cela fait, cliquez sur le bouton **Terminer**.

L'utilisation de votre Favori réseau est maintenant très simple. Il s'utilise comme vous le feriez avec l'explorateur Windows :

Double cliquez sur l'icône **Favoris réseau**.

Vous avez maintenant une nouvelle icône **mes docs sur dav.monsite.com**. Double cliquez sur cette dernière et authentifiez-vous si besoin.

Le contenu du répertoire **docs/** du site **dav.monsite.com** s'affiche dans la fenêtre. Suivant les droits que possède l'utilisateur avec lequel vous vous êtes connecté, vous pouvez effacer des fichiers, créer des répertoires, des fichiers. Vous pouvez aussi, tout comme avec l'Explorateur Windows, faire glisser un fichier de votre ordinateur vers le site. Vous pouvez même ouvrir vos fichiers directement en double cliquant dessus ! Évitez tout de même cette dernière possibilité afin de ne pas surcharger votre serveur web.

c. Linux

Cadaver

Cadaver est un client WebDAV en ligne de commande sous Unix et donc aussi Linux. Il supporte le téléchargement de fichiers, les opérations de copie, de création et d'effacement de collection (regroupement de ressources comme un ensemble de documents HTML ou fichiers, représentés par leur URL) et les opérations de verrouillage, etc. Son site officiel est : http://www.webdav.org/cadaver/

Pour l'installer sous Debian :

```
# apt-get install cadaver libxml2
```

Dans le cas où le système n'est pas un système Debian, récupérons les sources :

```
$ wget http://www.webdav.org/cadaver/cadaver-0.21.0.tar.gz
```

Tout comme **davfs2**, **cadaver** a besoin des librairies **Neon** et **libxml2**. Les sources **Neon** sont incluses dans l'archive de **cadaver** et nous n'avons donc pas besoin de l'installer. Il nous faut par contre la librairie **libxml2**. Pour l'installer, consultez le point concernant l'installation de **libxml2** pour **davfs2**.

Désarchivons et plaçons-nous dans le répertoire créé :

```
$ tar xzvf cadaver-0.21.0.tar.gz
$ cd cadaver-0.21.0
```

Enfin configurons, compilons et installons **cadaver** :

```
$ ./configure-with-libxml2
$ make
$ su -
password:
# make install
```

Pour accéder à notre ressource WebDAV :

```
$ cadaver http://dav.monsite.com/docs
Looking up hostname... Connection to server... connected
Authentication required for Accès sécurisé WebDAV on server
'dav.monsite.com':
Username: admin
Password:
Connecting to server... connected.
Dav:/docs/>
```

Cadaver attend une commande. Pour obtenir la liste complète des commandes et leur description, il suffit de taper le caractère "?", puis la touche [Entrée]. En voici une traduction :

```
Dav:/docs/>?
Commands:
```

`ls [chemin]`	Liste le contenu de la collection courante [ou d'une collection indiquée par chemin].
`cd chemin`	Change d'emplacement vers la collection spécifiée.
`pwd`	Affiche le nom de la collection courante.
`put local [remote]`	Télécharge (upload) un fichier local vers le serveur [en lui donnant comme nom remote].
`get remote [local]`	Télécharge (download) un fichier du serveur [en lui donnant comme nom local].
`mget remote...`	Télécharge plusieurs fichiers du serveur.
`mput local...`	Télécharge (upload) plusieurs fichiers locaux vers le serveur.
`edit resource`	Edite une resource.
`less remote...`	Affiche le contenu de la ou des ressource(s) à l'aide d'un 'pager' comme less.
`mkcol remote...`	Crée une collection sur le serveur.
`cat remote...`	Affiche le contenu de la ou des ressource(s).
`delete remote...`	Efface une ou plusieurs ressource(s) n'étant pas une collection.
`rmcol remote...`	Efface une ou plusieurs collection(s) et leur contenu du serveur.
`copy source... dest`	Copie une ou plusieurs ressource(s) de `source` vers `dest`.
`move source... dest`	Déplace une ou plusieurs ressource(s) de `source` vers `dest`.
`lock resource`	Verrouille la ressource spécifiée.
`unlock resource`	Déverrouille la ressource spécifiée.
`discover resource`	Affiche les informations de verrouillage de la ressource spécifiée.
`steal resource`	Permet de récupérer le verrou d'une ressource verrouillée lors d'une précédente session.

`showlocks`	Affiche la liste des verrous possédés par l'utilisateur courant.
`propnames res`	Noms des propriétés définies sur la ressource spécifiée.
`chexec [+|-] remote`	Modifie la propriété `isexecutable` d'une ressource.
`propget res [propname]`	Affiche la ou les propriété(s) [spécifiée(s) à l'aide de `propname`] de la ressource spécifiée.
`propset res propname value`	Donne comme valeur value à la propriété `propname` de la ressource `res`.
`set [option] [value]`	Affiche les options [ou modifie la valeur d'une option].
`open URL`	Ouvre une connexion vers l'URL donnée.
`close`	Ferme la connexion courante.
`quit`	Quitte le programme Cadaver.
`unset [option] [value]`	Modifie ou efface la valeur d'une option.
`lcd [directory]`	Change de répertoire local.
`lls [options]`	Affiche le contenu du répertoire local.
`lpwd`	Affiche le répertoire local.
`logout`	Ferme la session d'authentification courante.
`help [command]`	Affiche l'aide [d'une commande].

Aliases : `rm=delete, mkdir=mkcol, mv=move, cp=copy, more=less, quit=exit=bye`

Donc pour lister le contenu de notre ressource WebDAV :

```
dav:/docs/> ls
Listing collection '/docs/': (reconnecting...done) succeeded.
Coll:  dossier1                               0  Aug 11 23:11
Coll:  dossier2                               0  Aug 11 22:13
       .DAVusers                             38  Aug 12 00:50
       essai                                  0  Aug 15 17:02
       index.php                             22  Aug 15 14:39
       index.phps                            22  Aug 15 15:00
       truc                                   0  Aug 15 17:02
dav:/docs/>
```

Pour lister le contenu de notre répertoire local et télécharger sur le serveur le fichier **test.html** contenu dans notre répertoire local :

```
dav:/docs/> lls
test.html
dav:/docs/> put test.html
Uploading test.html to '/docs/test.html': (reconnecting...done) [..]
succeeded.
dav:/docs/> ls
Listing collection '/docs/': (reconnecting...done) succeeded.
Coll:  dossier1                          0  Aug 11 23:11
Coll:  dossier2                          0  Aug 11 22:13
       .DAVusers                        38  Aug 12 00:50
       essai                             0  Aug 15 17:02
       index.php                        22  Aug 15 14:39
       index.phps                       22  Aug 15 15:00
       test.html                        15  Aug 15 17:46
       truc                              0  Aug 15 17:02
dav:/docs/>
```

Pour verrouiller le fichier **test.html**, afficher les verrous et déverrouiller le même fichier :

```
dav:/docs/> lock test.html
Locking 'test.html': succeeded.
dav:/docs/> showlocks
List of owned locks:
Lock <opaquelocktoken:d6e40e04-1dd1-11b2-824a-c8ac4a41fcb6> on
/docs/test.html:
  Scope: exclusive  Type: write  Timeout: infinite
  Owner: (none)  Depth: 0
dav:/docs/> unlock test.html
Unlocking 'test.html': succeeded.
dav:/docs/> showlocks
List of owned locks:
No owned locks.
dav:/docs/>
```

d. Davfs2

Davfs2 va vous permettre de monter notre ressource WebDAV comme vous le feriez avec une partition de votre disque dur, un CD-Rom, une disquette ou un partage NFS.

Nous allons voir comment installer et configurer le module **davfs2** qu'il faudra charger avant de monter notre ressource WebDAV. Ce module a besoin de **Coda**, ainsi que des librairies **Neon** et **libxml2**.

Installation de Coda

Coda est un système de fichiers réseau. Plus d'informations sont disponibles à l'adresse suivante :
http://coda.planetmirror.com/

Installons **Coda**. Pour cela, récupérons tout d'abord l'archive de ses sources en tapant la commande suivante :

```
$ wget ftp://ftp://ftp.coda.cs.cmu.edu/pub/coda/src/linux-coda-6.0.0.tgz
```

Désarchivons-la et plaçons-nous dans le répertoire ainsi créé :

```
$ tar xzvf linux-coda-6.0.0.tgz
$ cd linux-coda
```

Pour pouvoir configurer correctement Coda, il faut avoir les sources de son noyau Linux ainsi qu'un fichier **modversion.h** dans ces dernières. Nous n'allons pas voir ici toute la procédure pour cela. Téléchargez l'archive de votre noyau, désarchivez-la, renommez le répertoire ainsi créé en **linux**, et placez-vous dans ce dernier (cd `/usr/src/linux` si vous avez désarchivé dans /usr/src). Exécutez ensuite les commandes `make menu-config` pour configurer le noyau, `make dep` pour générer les différentes dépendances et enfin `make bzimage` pour compiler le noyau et `make modules` pour les modules du noyau. Il ne reste qu'à installer le noyau et ses modules. Consultez le "Kernel HOWTO" disponible sur toutes les distributions Linux et sur Internet pour obtenir toutes les informations à ce sujet.

Tout en étant dans le répertoire des sources de Coda, tapons les commandes suivantes :

```
$ export LANGUAGE=en
$ make config
```

Il faut se mettre en environnement anglais avant de lancer la commande `make` car certaines commandes lancées alors analysent les sorties standard et attendent des résultats en anglais :). Pour cela, il suffit de taper `export LANGUAGE=en`. Si vous êtes en environnement français, il vous suffit de taper un `export LANGUAGE=fr` à la suite de la commande `make`.

Nous allons maintenant compiler notre module Linux en tapant la commande suivante :

```
$ make coda.o
```

Enfin, nous allons l'installer. Pour cela, tout en étant sous Root :

```
# make install
```

Installation de Neon

Neon est une librairie HTTP et WebDAV. Plus d'informations sont disponibles à l'adresse suivante :
http://www.webdav.org/neon

En fait, les sources **davfs2** contiennent les sources de la librairie **Neon**. Nous n'avons donc pas besoin de l'installer.

Installation de libxml2

Libxml2 est un ensemble d'outils et un analyseur XML développé par le projet **Gnome**. Cette librairie peut être trouvée à l'adresse suivante :
http://xmlsoft.org/

Pour l'installer sous Debian :

```
# apt-get install libxml2
```

Nous aurons aussi besoin du paquet développement :

```
# apt-get install libxml2-dev
```

Dans le cas où le système n'est pas un système Debian, nous allons passer par la compilation des sources. Vérifiez tout d'abord que votre système ne possède pas déjà cette librairie ! Récupérons les sources :

```
$ wget ftp://xmlsoft.org/libxml2-2.5.9.tar.gz
```

Désarchivons le tar.gz récupéré et plaçons-nous dans le répertoire créé :

```
$ tar xzvf libxml2-2.5.9.tar.gz
$ cd libxml2-2.5.9
```

Enfin, lançons les commandes pour configurer, compiler puis installer tout cela :

```
$ ./configure
$ make
$ su -
password:
# make install
```

Installation de davfs2

Récupérons l'archive des sources :

```
$ wget http://osdn.dl.sourceforge.net/sourceforge/dav/davfs2-0.2.1.
tar.gz
```

Puis désarchivons-la et plaçons-nous dans le répertoire ainsi créé :

```
$ tar xzvf davfs2-0.2.1.tar.gz
$ cd davfs2-0.2.1
```

Configurons et compilons :

```
$ ./configure with-libxml2 with-kernel-src=/usr/src/linux
$ make
```

Enfin, en tant que Root, installons tout cela :

```
# make install
```

Voyons maintenant comment utiliser davfs2.

Utilisation de davfs2

Nous allons tout d'abord créer un répertoire dans lequel nous monterons notre ressource WebDAV :

```
# mkdir /mnt/dav
```

Enfin, montons notre ressource à l'aide de la commande suivante :

```
# mount.davfs http://dav.monsite.com/docs /mnt/dav
```

Si vous avez besoin d'être identifié, il faut indiquer les login et mot de passe sur la ligne de commande :

```
# mount.davfs http://dav.monsite.com/docs /mnt/dav -o username=
<VOTRE LOGIN ICI>,password=<VOTRE MOT DE PASSE ICI>
```

Une fois monté, plaçons-nous dans notre ressource :

```
# cd /mnt/dav
```

Vous pouvez maintenant faire les opérations habituelles : créer, effacer, etc.

e. DAVExplorer

DAVExplorer est un programme Java, il faut donc avoir installé Java pour l'utiliser ! Nous n'aurons besoin que du JRE que nous trouverons à l'adresse suivante :
http://java.sun.com

Il est disponible en différents formats pour différents systèmes d'exploitation comme Windows ou Linux. Le site propose aussi toute la documentation utile pour l'installer.

Téléchargeons ensuite **DAVExplorer** sur son site officiel :
http://www1.ics.uci.edu/~webdav/

Téléchargeons l'archive .zip si nous sommes sous Windows :
http://www.ics.uci.edu/~webdav/client/DAVExplorer-0.82.zip

Ou l'archive .tar.gz sous Linux :

```
$ wget http://www.ics.uci.edu/~webdav/client/DAVExplorer-0.82.tar.gz
```

En fait, ces deux archives contiennent strictement la même chose. La seule différence est que les fichiers texte n'ont pas le même marqueur de fin de ligne sous Windows (cr/lf) et Linux (lf).

Ensuite, désarchivons avec Winzip par exemple sous Windows ou la commande suivante sous Linux :

```
$ tar xzvf DAVExplorer-0.82.tar.gz
```

Dans le répertoire ainsi créé, nous trouverons un script batch **DAVExplorer.bat** permettant de lancer DAVExplorer sous Windows et un script bash **DAVExplorer.sh** permettant de le lancer sous Linux. Ces deux scripts ne font que lancer la commande suivante :

```
java -jar DAVExplorer.jar
```

Vérifiez que Java est bien accessible ! Si ce n'est pas le cas, mettez à jour vos variables PATH sur vos systèmes ou modifiez la commande lancée en y indiquant le chemin complet vers l'exécutable Java.

Pour lancer DAVExplorer, double cliquons sur le script correspondant à notre système d'exploitation. Pour Mac OS X, il suffit de double cliquer directement sur le fichier **DAVExplorer.jar**.

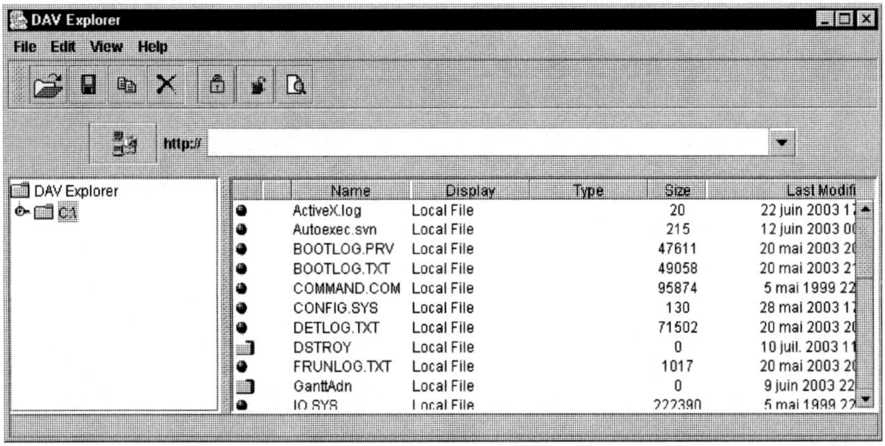

Nous nous retrouvons face à la fenêtre principale de DAVExplorer. Tout en haut, nous accédons aux différents menus permettant de faire des copier/coller, se connecter, etc. Juste en dessous, des icônes représentent des raccourcis vers ces menus. Encore en dessous, le champ **http://** nous permettra de nous connecter à notre ressource WebDAV. Enfin, le reste de la fenêtre est divisée verticalement en deux parties : à droite, nous pouvons naviguer dans les arborescences, et à gauche nous pouvons sélectionner des fichiers pour les copier, les renommer, etc.

Voyons comment nous connecter à notre ressource WebDAV :

Dans le champ prévu à cet effet, tapons l'adresse de notre ressource WebDAV.

Enfin, cliquons sur l'icône située à gauche.

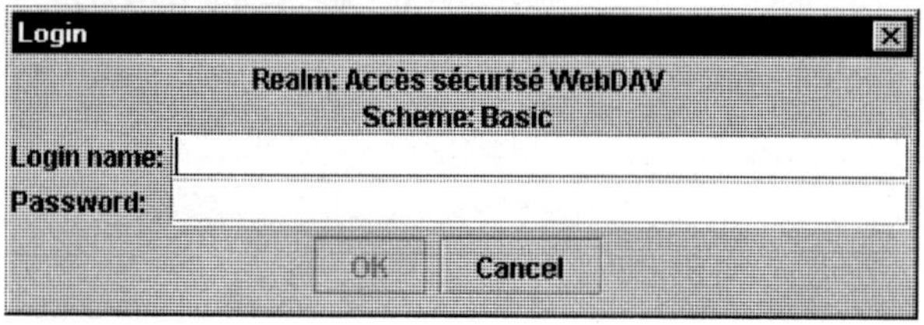

Si besoin, indiquons les login et mot de passe pour accéder à notre ressource, puis cliquons sur **OK**.

Nous pourrons accéder à notre ressource en cliquant sur son adresse dans la partie de gauche permettant la navigation.

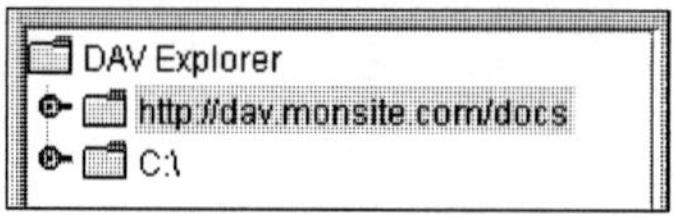

Chapitre 6 : La sécurité sous Apache

A. Protéger l'accès aux ressources

Nous voilà donc avec un serveur web bien configuré et fonctionnel. Mais sûrement un jour nous aurons besoin de limiter l'accès à ses ressources, et ce de différentes façons : protéger l'accès à certaines pages à l'aide d'un login/mot de passe, suivant l'adresse IP de provenance de la requête...

Authentification et autorisation

Tout d'abord, mettons au clair ces deux termes. Authentification et autorisation sont très souvent confondus. Pourtant ils ne font par référence à la même notion.

L'**authentification** est la phase de vérification par le serveur de la paire login/mot de passe envoyée par le client. Attention, même si cette vérification s'avère correcte, le client n'est pas encore autorisé à avoir accès à l'objet dont il a fait la demande ! Il s'agit alors de la phase d'**autorisation** : le serveur vérifie que le client, validé par la phase d'authentification, a le droit d'y avoir accès.

1. Les authentifications "basic" et "digest"

Apache fournit deux mécanismes d'authentification : **basic** et **digest**. Seul le premier est actuellement supporté par les navigateurs web, bien qu'il soit loin d'être considéré comme sécurisé ! Le second peut être utilisé avec les navigateurs Opera (à partir de la version 4), Internet Explorer (à partir de la version 5), Amaya, Mozilla (à partir de la version 0.9.7)...

a. L'authentification "basic"

Voyons tout d'abord les étapes de ce mécanisme :

1. Tout d'abord le client (le navigateur web) demande une URL au serveur web Apache.
2. Le serveur voit que cette URL (une page web par exemple) est protégée. Il va donc demander une authentification de la part du client. Pour cela, le serveur renvoie comme réponse le code 401 du protocole HTTP : "Authentification Required", ainsi que le "realm". Ce dernier a généralement deux fonctions : il est souvent affiché dans la boîte d'authentification (cf. la prochaine étape) et permet d'identifier la zone qui est protégée.
3. Le client reçoit le code 401 et le realm. Il regarde s'il possède déjà une paire login/mot de passe associée à ce realm. Si c'est le cas, le client renvoie cette paire comme authentification au serveur. Dans le cas contraire, le client va demander à l'utilisateur son login et mot de passe associé à ce realm en affichant une boîte d'authentification. Après saisie de ces informations, le client enverra cette paire login/mot de passe au serveur.
4. Le serveur reçoit cette paire en clair et vérifie cette authentification. Si la vérification échoue, le serveur renvoie au client les mêmes code 401 et realm. Dans le cas contraire, le serveur passe en mode autorisation et vérifie que l'utilisateur authentifié a le droit d'accéder à la ressource demandée. Si c'est le cas, cette ressource (page web par exemple) est envoyée au client.

Un problème de sécurité apparaît ici : la transmission du mot de passe est faite en clair, tout comme le dialogue entre un client et le serveur. Une personne écoutant le trafic est alors capable de récupérer la paire login/mot de passe et donc d'avoir accès aux ressources protégées par cette dernière. Une solution serait de chiffrer ce dialogue, ce que nous verrons avec SSL plus tard dans ce chapitre.

b. L'authentification "digest"

Son avantage est que le mot de passe n'est plus transmis en clair ! Seul un hachage, calculé à l'aide du mot de passe et d'autres informations, est envoyé par le client. Le serveur fait de même. Il compare alors ces deux hachages : une différence fait échouer l'authentification.

Mais vous allez dire que ce mécanisme est identique au mécanisme "basic" : il suffit de récupérer le hachage envoyé puis de le réutiliser plus tard pour se faire passer pour un utilisateur autorisé ! Et bien non, car ce hachage est différent à chaque utilisation : dans son calcul intervient une variable générée par le serveur et envoyée au client.

La fonction utilisée est MD5 écrite par Ronald Riverst. Le hachage envoyé au serveur utilise le mot de passe, la méthode et son URL et enfin un nombre nommé "nonce" (en français "pour l'occasion") créé juste pour l'occasion, choisi par le serveur et envoyé au client. Voici la fonction combinant toutes ces variables et nous donnant ce hachage :

```
Hachage = MD5(
            MD5( de passe)
            + ":" +    + ":" +
            MD5(
              <methode> + ":" + <URL>
            )
          )
```

Voyons maintenant comment cela se passe entre le client et le serveur :

1. Tout d'abord le client (le navigateur web) demande une URL au serveur web Apache.
2. Le serveur voit que cette URL (une page web par exemple) est protégée. Il va donc demander une authentification de la part du client. Pour cela, le serveur renvoie comme réponse le code 401 du protocole HTTP : "Authentification Required", et en plus des en-têtes habituels, le fameux "nonce".
3. Le client reçoit le code 401 et le "nonce". À l'aide de la fonction de hachage précédemment expliquée, le client construit un hachage qu'il va renvoyer au serveur.
4. Le serveur reçoit le hachage. De son côté, il a construit un hachage à l'aide du mot de passe récupéré dans ses fichiers. Il compare alors les deux hachages. S'ils sont identiques, l'authentification est validée.

La prochaine fois, un nouveau "nonce" sera utilisé.

2. Les directives de contrôle des accès du noyau Apache

a. AuthName

Syntaxe : `AuthName` *`realm`*

Cette directive spécifie le *`realm`*, c'est-à-dire la chaîne de caractères qui identifiera la ou les ressource(s) à protéger. Cet identifiant sera donné au client de sorte que l'utilisateur sache quel login et quel mot de passe envoyer.

Pour fonctionner correctement, elle doit être accompagnée des directives `AuthType` et `Require`, et de directives telles que `AuthUserFile` et `AuthGroupFile` du module **mod_auth**.

b. AuthType

Syntaxe : `AuthType` *`[basic|digest]`*

Cette directive sélectionne le type d'authentification pour un répertoire.

Seuls le type `basic` et `digest` sont actuellement implémentés. Pour fonctionner correctement, elle devra être accompagnée des directives `AuthName` et `Require`, et de directives telles que `AuthUserFile` et `AuthGroupFile` du module **mod_auth**.

c. Require

Syntaxe : `Require` *`[type liste | valid-user]`*

Cette directive spécifie quels seront les utilisateurs autorisés à accéder à la ressource. Les syntaxes valides sont :

`require` *`user utilisateur utilisateur ...`*

Seuls les utilisateurs nommés peuvent accéder à la ressource.

`require` *`group nomGroupe nomGroupe ...`*

Seuls les utilisateurs des groupes cités peuvent accéder à la ressource.

`require` *`valid-user`*

Tout utilisateur reconnu peut accéder au répertoire (par opposition aux non utilisateurs).

Si `require` apparaît dans une section `<Limit>` (cf. chapitre 3), alors les restrictions ne sont appliquées qu'aux méthodes HTTP mentionnées. Par défaut, toutes les méthodes HTTP sont restreintes. Exemple :

```
AuthType Basic
AuthName unDomaine
AuthUserFile /web/users
AuthGroupFile /web/groups
<Limit GET POST>
require group admin
</Limit>
```

Pour fonctionner correctement, la directive `Require` doit être accompagnée des directives `AuthName` et `AuthType`, et de directives de type `AuthUserFile` et `AuthGroupFile` (cf. **mod_auth**).

d. Satisfy

Syntaxe : `Satisfy` *[all|any]*

Cette directive définit la politique d'accès si les directives `allow` (cf. **mod_access**) et `require` sont à la fois utilisées, c'est-à-dire si l'accès à une ressource particulière est restreinte à la fois par un login/mot de passe et par l'adresse d'hôte du client.

Le paramètre peut valoir soit `all` soit `any`. Le comportement par défaut (`all`) impose au client de passer la restriction d'adresse et d'entrer un login et un mot de passe valides. Avec l'option `any`, le client sera servi si son adresse d'hôte est conforme ou s'il rentre des paramètres d'identification corrects. Ceci peut être utilisé pour restreindre une ressource par un mot de passe, tout en laissant quelques clients bien identifiés entrer dans le domaine sans avoir à se soumettre à la procédure d'identification.

3. Le module mod_access

Ce module permet de contrôler l'accès à certaines ressources suivant le nom d'hôte ou l'adresse IP du client. Les directives qui sont fournies par ce module sont utilisées à l'intérieur de directives blocs telles `<Directory>`, `<Files>` ou `<Location>`, et peuvent aussi être utilisées dans les fichier **.htaccess**.

a. Allow

Syntaxe : `Allow` *hôte|env=env-variable [hôte|env=env-variable ...]*

Cette directive permet de configurer quels clients peuvent accéder à une ressource donnée.

L'`hôte` peut être :

all

Tous les clients peuvent accéder à la ressource.

un nom de domaine (partiel)

Les clients dont les noms correspondent ou terminent par cette chaîne sont autorisés en accès.

une adresse IP complète

Les clients dont l'adresse IP correspond sont autorisés en accès.

une adresse IP partielle

Nous pouvons spécifier ici les 1 à 3 premiers octets d'une adresse IP, pour restreindre selon un masque de sous-réseau.

une paire d'adresse réseau/masque de sous-réseau

Une adresse réseau notée a.b.c.d, et un masque réseau w.x.y.z. pour une restriction plus fine (ex. 10.1.0.0/255.255.0.0).

une spécification CIDR adresse réseau/nnn

Semblable au cas précédent, sauf que le masque consiste en un nombre nnn entier représentant les poids forts marqués à 1. (ex. 10.1.0.0/16 pour 10.1.0.0/255.255.0.0).

La directive `allow from env=variable` contrôle l'accès à une ressource en fonction de l'existence ou non d'une variable d'environnement (cf. le module **mod_env** sur le site d'Apache).

b. Deny

Syntaxe : `Deny from` *`host|env=env-variable [host|env=env-variable ...]`*

Cette directive est identique à la directive `Allow` sauf qu'elle n'autorise pas l'accès à la ressource.

c. Order

Syntaxe : `Order` *`ordre`*

Cette directive contrôle l'ordre dans lesquelles les directives `Allow` et `Deny` seront évaluées.

`ordre` prend l'une des valeurs suivantes :

`deny,allow`

Les directives `Deny` seront évaluées avant les directives `Allow` (l'état initial est "accessible").

`allow,deny`

les directives `Allow` seront évaluées avant les directives `Deny` (l'état initial est "non accessible").

`mutual-failure`

Seuls les hôtes apparaissant dans la liste de `Allow` et n'apparaissant pas dans la liste `Deny` sont autorisés en accès (l'état initial n'est pas significatif).

Dans tous les cas, toutes les directives `Allow` et `Deny` sont systématiquement évaluées !

4. Le module mod_auth

Ce module permet d'utiliser le mécanisme d'authentification "basic" pour restreindre l'accès à une ou plusieurs ressources sur le serveur Apache.

Pour cette authentification, le module utilise un simple fichier texte, défini par la directive `AuthUserFile`, contenant les logins et mots de passe cryptés des utilisateurs. La commande `htpasswd` permet de créer ce fichier.

Exemple :

Pour créer le fichier **/var/www/monsite/users** et y ajouter l'utilisateur marc, il suffit de taper la commande suivante (l'option `-c` permet simplement de créer le fichier) :

```
# htpasswd -c /var/www/monsite/users marc
```

Ensuite, pour ajouter de nouveaux utilisateurs :

```
# htpasswd /var/www/monsite/users alexandre
```

Le fichier ainsi créé contiendra un login et mot de passe crypté par ligne, séparés par le caractère ":". En voici un exemple :

```
marc:WrU808BHQai36
alexandre:iABCQFQs40E8M
test:FAdHN3W753sSU
```

Ce module implémente aussi deux nouveaux paramètres à la directive `Require` :

`file-owner`

Ce paramètre spécifie que les login et mot de passe doivent se trouver dans le fichier défini à l'aide de la directive `AuthUserFile`, et que l'utilisateur (identifié à l'aide de son login et mot de passe) doit aussi être le possesseur (au niveau du système) de la ressource à laquelle il souhaite accéder. Donc, si le système indique que la ressource appartient à un utilisateur nommé "marc", l'utilisateur souhaitant y accéder doit s'authentifier à l'aide d'un login "marc" et son mot de passe associé (tous les deux contenus dans le fichier défini à l'aide de la directive `AuthUserFile`).

`file-group`

Ce paramètre spécifie que les login et mot de passe doivent se trouver dans le fichier défini à l'aide de la directive `AuthUserFile`, que le groupe d'appartenance de la ressource est spécifié dans le fichier défini à l'aide de la directive `AuthGroupFile` et que l'utilisateur (identifié à l'aide de son login et mot de passe) doit aussi faire partie de ce même groupe au niveau du système. Donc, si le système indique que la ressource appartient au groupe "boss", ce groupe devra être présent dans le fichier défini par la directive `AuthGroupFile` et l'utilisateur qui s'est authentifié correctement devra aussi faire partie du groupe "boss" sur le système.

a. AuthGroupFile

Syntaxe : `AuthGroupFile` *`fichier`*

Cette directive définit le nom du fichier texte contenant la liste des groupes d'utilisateurs destinée à servir de base à l'authentification d'accès.

`fichier` est le chemin d'accès absolu à ce fichier. Il contient un groupe d'utilisateurs par ligne. Chaque ligne contient le nom du groupe, suivi du caractère ":" suivi de la liste des utilisateurs de ce groupe. Par exemple :

```
mongroupe: bob jacques anne
```

Pour la sécurité, il faut s'assurer que le fichier défini par `AuthGroupFile` est bien enregistré en dehors de l'espace accessible via le serveur Web ; il ne faut pas non plus le placer dans un répertoire qu'il protège lui-même. Dans les deux cas, vous autoriseriez des clients à télécharger ce fichier.

b. AuthUserFile

Syntaxe : `AuthUserFile` *`fichier`*

Cette directive définit le nom du fichier texte dans lequel est enregistrée une liste de noms d'utilisateurs et les mots de passe qui leur sont associés dans le but d'une authentification d'accès.

`fichier` est le chemin d'accès absolu au fichier d'utilisateurs. Chaque ligne de ce fichier spécifie un nom d'utilisateur suivi du caractère ':', puis du mot de passe sous sa forme cryptée.

Pour la sécurité, il faut s'assurer que le fichier défini par `AuthUserFile` est bien enregistré en dehors de l'espace accessible via le serveur Web ; il ne faut pas non plus le placer dans un répertoire qu'il protège lui-même. Dans les deux cas, vous autoriseriez des clients à télécharger ce fichier.

c. AuthAuthoritative

Syntaxe : `AuthAuthoritative` *`on|off`*

Marquer explicitement la directive `AuthAuthoritative` à *`off`* permet de reporter l'action d'identification et d'authentification au niveau d'un module de plus bas niveau comme **mod_auth_dbm** ou **mod_auth_ldap**, lorsque cette action n'a pas été positive. Au moment de la création des fichiers de configuration utilisés lors de la compilation du serveur Apache, on peut indiquer quels sont les modules que nous désirons compiler (dynamiquement ou statiquement). Nous pouvons indiquer plusieurs modules **mod_auth_***. Ici, cette directive indique au serveur s'il doit consulter (off) ou non (on) les autres modules en cas d'échec de l'authentification.

Lorsque le module fait autorité (`AuthAuthoritative` à `on`, la valeur par défaut), si Apache reçoit une réponse indiquant que l'authentification a échoué, il ne cherchera pas d'autres modules d'authentification. Dans le cas contraire, Apache consultera un autre module d'authentification.

5. Le module mod_auth_dbm

L'authentification à l'aide du module **mod_auth** commence à montrer ses faiblesses lorsque le nombre d'utilisateurs contenus dans le fichier texte est élevé. Effectivement, à chaque requête, Apache doit lire la totalité du fichier texte à la recherche du login et de son mot de passe. Si ce fichier est gros, sa lecture sera longue. C'est pourquoi il existe d'autres modules d'authentification utilisant des bases de données. Nous ne verrons que l'un de ces modules : **mod_auth_dbm**.

a. Le format DBM

Les fichiers DBM permettent d'enregistrer des informations de façon à ce qu'elles soient rapidement accessibles. Chaque information est constituée de deux parties : une clé et une valeur. Connaissant la clé, nous pouvons accéder à la valeur très rapidement. Les fichiers DBM maintiennent un 'index' des clés où chacune pointe vers l'endroit du fichier où est stockée la valeur. Cet index est arrangé de façon à ce que les valeurs puissent être accédées avec un nombre minimal d'accès au système de fichiers.

Dans notre cas, la clé sera le login de l'utilisateur et la valeur son mot de passe crypté.

Le programme **dbmmanage** permet de gérer ce type de fichier. Voici quelques exemples d'utilisation :

Ajout de l'utilisateur marc dans le fichier DBM /var/www/users-dbm

```
# dbmmanage /var/www/users-dbm adduser marc
```

Effacement de l'utilisateur marc

```
# dbmmanage /var/www/users-dbm delete marc
```

Ajout d'un utilisateur joe dans le groupe commercial

```
# dbmmanage /var/www/users-dbm joe - commercial
```

Ajout de l'utilisateur armand dans les groupes public et admin

```
# dbmmanage /var/www/users-dbm armand - public,admin
```

Mise à jour du compte armand, le mettre seulement dans le groupe public

```
# dbmmanage /var/www/users-dbm armand - public
```

Obtenir la liste des informations continues dans le fichier DBM

```
# dbmmanage /var/www/users-dbm view
```

b. AuthDBMGroupFile

Syntaxe : `AuthDBMGroupFile` *`fichier`*

Cette directive définit le nom du fichier DBM contenant la liste des groupes d'utilisateurs destinée à servir de base à l'authentification d'accès.

`fichier` est le chemin d'accès absolu à ce fichier. La clé du fichier DBM est le login de l'utilisateur tandis que sa valeur est la liste des groupes dont fait partie cet utilisateur, séparés par une virgule et sans espace. Si le programme `dbmmanage` est utilisé, ce fichier sera le même que celui spécifié par la directive `AuthDBMUSerFile`. Effectivement, ce programme construit la valeur d'une clé comme une chaîne de caractères contenant tout d'abord le mot de passe crypté, puis si spécifié en ligne de commande, le caractère ":" et la liste des groupes de l'utilisateur (spécifié par la clé).

Pour la sécurité, il faut s'assurer que le fichier défini par `AuthDBMGroupFile` est bien enregistré en dehors de l'espace accessible via le serveur Web ; il ne faut pas non plus le placer dans un répertoire qu'il protège lui-même. Dans les deux cas, vous autoriseriez des clients à télécharger ce fichier.

c. AuthDBMUserFile

Syntaxe : `AuthDBMUserFile` *`fichier`*

Cette directive définit le nom du fichier DBM dans lequel est enregistrée une liste de noms d'utilisateur et les mots de passe qui leur sont associés dans le but d'une authentification d'accès.

`fichier` est le chemin d'accès absolu à ce fichier. La clé du fichier DBM est le login de l'utilisateur tandis que sa valeur est son mot de passe crypté. Si le programme `dbmmanage` est utilisé, ce fichier sera le même que celui spécifié par la directive `AuthDBMGroupFile`. Effectivement, ce programme construit la valeur d'une clé comme une chaîne de caractères contenant tout d'abord le mot de passe crypté, puis si spécifié en ligne de commande, le caractère ":" et la liste des groupes de l'utilisateur (spécifié par la clé).

Pour la sécurité, il faut s'assurer que le fichier défini par `AuthDBMUserFile` est bien enregistré en dehors de l'espace accessible via le serveur Web ; il ne faut pas non plus le placer dans un répertoire qu'il protège lui-même. Dans les deux cas, vous autoriseriez des clients à télécharger ce fichier.

d. AuthDBMAuthoritative

Syntaxe : `AuthDBMAuthoritative` *`on|off`*

Marquer explicitement la directive `AuthDBMAuthoritative` à `off` permet de reporter l'action d'identification et d'authentification au niveau d'un module de plus bas niveau (défini dans le fichier de configuration de compilation et dans le fichier **modules.c**) comme **mod_auth** ou **mod_auth_ldap**, lorsque cette action n'a pas été positive.

Lorsque le module fait autorité (`AuthDBMAuthoritative` à `on`, la valeur par défaut), si Apache reçoit une réponse indiquant que l'authentification a échoué, il ne cherchera pas d'autres modules d'authentification. Dans le cas contraire, Apache consultera un autre module d'authentification.

6. Les modules mod_auth_digest et mod_digest

Alors que tous les modules précédents utilisaient le mécanisme "basic", ceux-ci permettent d'utiliser le mécanisme d'authentification "digest" (utilisant MD5) pour restreindre l'accès à une ou plusieurs ressources sur le serveur Apache.

Pourquoi deux modules ? En fait, il ne faudrait utiliser que le module **mod_auth_digest** qui implémente la dernière spécification du mécanisme d'authentification digest MD5. Le module **mod_digest** a d'ailleurs été enlevé de la version 2.0 d'Apache. Mais **mod_auth_digest** est toujours considéré comme expérimental...

Pour cette authentification, le module utilise un fichier défini par la directive `AuthDigest-File`, contenant les logins et mots de passe des utilisateurs. La commande `htdigest` permet de créer ce fichier. Voici quelques exemples d'utilisation de cette comande :

Création d'un fichier `user-digest` dans lequel nous ajoutons l'utilisateur joe. Ce compte ne pourra être utilisé que pour une authentification dont le realm sera 'zone1'

```
# htdigest -c /var/www/user-digest 'zone1' joe
```

Ajout de l'utilisateur cathy pour le realm 'autre zone'.

```
# htdigest /var/www/user-digest 'autre zone' cathy
```

Toutes les directives qui suivent font partie du module **mod_auth_digest**. Seule la directive `AuthDigestFile` est connue du module **mod_digest**. Nous ne pouvons donc pas utiliser ces deux modules en même temps puisqu'ils utilisent des directives communes !

a. AuthDigestAlgorithm

Syntaxe : `AuthDigestAlgorithm` *`MD5|MD5-sess`*

Cette directive permet de spécifier l'algorithme qui sera utilisé lors du calcul du hachage.

`MD5-sess` n'est pas encore correctement implémenté.

b. AuthDigestDomain

Syntaxe : `AuthDigestDomain` *`uri [uri...]`*

Cette directive permet de spécifier une ou plusieurs URIs appartenant au même espace protégé (c'est-à-dire utilisant le même realm et les mêmes informations login/mot de passe).

`uri` n'est qu'un préfixe, c'est-à-dire que le client considère toutes les autres URIs derrière elle comme étant protégées par la même paire login/mot de passe. `uri` peut être absolue ou relative.

Cette directive devrait toujours être présente et contenir au moins l'espace racine protégé. Sans elle, le client recevra les en-têtes HTTP d'autorisation pour chaque requête envoyée au serveur. En plus de la taille des requêtes, cela pourrait avoir une influence néfaste sur les performances du serveur si la directive `AuthDigestNcCheck` vaut `on`.

Ces URIs peuvent pointer vers différents serveurs ! Dans ce cas, l'utilisateur ne rentrera pas ses informations login et mot de passe à chaque accès à ces serveurs.

---

c. AuthDigestFile

Syntaxe : `AuthDigestFile` *`fichier`*

Cette directive spécifie le fichier texte contenant la liste des utilisateurs et leur mot de passe associé crypté.

`fichier` est le chemin absolu vers ce fichier. Il est créé à l'aide du programme `htdigest`. Il contient une ligne par utilisateur de la forme suivante :

```
login:realm:mot de passe crypté
```

Pour la sécurité, il faut s'assurer que le fichier défini par `AuthDigestFile` est bien enregistré en dehors de l'espace accessible via le serveur Web ; il ne faut pas non plus le placer dans un répertoire qu'il protège lui-même. Dans les deux cas, vous autoriseriez des clients à télécharger ce fichier.

d. AuthDigestGroupFile

Syntaxe : `AuthDigestGroupFile` *`fichier`*

Cette directive définit le nom du fichier texte contenant la liste des groupes d'utilisateurs destinée à servir de base à l'authentification d'accès.

`fichier` est le chemin d'accès absolu à ce fichier. Il contient un groupe d'utilisateurs par ligne. Chaque ligne contient le nom du groupe, suivi du caractère ':' suivi de la liste des utilisateurs de ce groupe. Par exemple :

```
mongroupe: bob jacques anne
```

Pour la sécurité, il faut s'assurer que le fichier défini par `AuthDigestGroupFile` est bien enregistré en dehors de l'espace accessible via le serveur Web ; il ne faut pas non plus le placer dans un répertoire qu'il protège lui-même. Dans les deux cas, vous autoriseriez des clients à télécharger ce fichier.

e. AuthDigestNonceLifetime

Syntaxe : `AuthDigestNonceLifetime` *`secondes`*

Cette directive indique la durée de vie du nombre 'nonce' généré par le serveur. Par défaut, elle est de 300 secondes. Si le client contacte le serveur avec un 'nonce' expiré, ce dernier renverra un code `401`. Une valeur de 0 seconde indique que le 'nonce' n'expirera jamais.

f. AuthDigestQop

Syntaxe : `AuthDigestQop` *`none|auth|auth-int [auth|auth-int]`*

Cette directive définit le type de protection à utiliser lors du dialogue entre le client et le serveur.

Ses paramètres sont :

`auth`
: n'effectue que l'authentification (login/mot de passe).

`auth-int`
: effectue l'authentification mais aussi un contrôle d'intégrité. auth-int n'est pas encore implémenté.

`none`

le module utilisera alors l'ancien algorithme d'authentification digest (RFC 2069).

g. AuthDigestShmemSize

Syntaxe : `AuthDigestShmemSize` *`taille`*

Cette directive définit la taille de la mémoire qui sera utilisée lors du démarrage du serveur pour conserver les traces d'un utilisateur.

Attention ! Cette valeur ne doit pas être inférieure à la taille mémoire qu'il faut pour suivre un utilisateur. Cette taille minimale est dépendante du système. Pour la connaître, il suffit de définir cette taille à 0 et de consulter les messages d'erreur lors du démarrage du serveur.

`taille` est spécifiée par défaut en kilo-octets si aucun suffixe n'est utilisé. Les suffixes K et M peuvent être utilisés pour définir une taille en kilo-octets et en mégaoctets respectivement.

Exemple :

```
AuthDigestShmemSize 1048576
AuthDigestShmemSize 1024K
AuthDigestShmemSize 1M
```

7. Exemples d'utilisation

Chacun des modules doit être chargé au démarrage d'Apache. Donc, si nous utilisons le module **mod_auth**, la ligne suivante devra se trouver dans le fichier de configuration **httpd.conf** (à modifier suivant l'emplacement des modules) :

```
LoadModule auth_module /usr/lib/apache/mod_auth.so
```

S'il s'agit du module **mod_auth_dbm** :

```
LoadModule dbm_auth_module /usr/lib/apache/mod_auth_dbm.so
```

Considérons maintenant un site contenu dans le répertoire **/var/www/htdocs/**. Une partie de ce site doit n'être accessible qu'à un certain nombre de personnes à l'aide d'un login et un mot de passe. Ce répertoire protégé est **/var/www/htdocs/interne/**. Nous trouverons donc dans notre fichier **httpd.conf** les lignes suivantes :

```
<Directory /var/www/htdocs/interne>
    AuthName "zone protégée"
    AuthType Basic
    AuthUserFile /var/www/interne
    Require valid-user
</Directory>
```

Ici, `Require valid-user` indique que tout utilisateur contenu dans le fichier **/var/www/interne** et correctement authentifié aura accès au répertoire **/var/www/htdocs/interne/**.

L'ajout d'utilisateur dans le fichier **/var/www/interne** se fait à l'aide de la commande `htpasswd` :

```
# htpasswd -c /var/www/interne marc
```

Si nous voulons utiliser un fichier DBM, il suffit de modifier la directive `AuthUserFile` en `AuthDBMUserFile` et d'utiliser la commande `dbmmanage` pour générer le fichier **/var/www/interne** :

```
# dbmmanage /var/www/interne adduser marc
```

Nous désirons maintenant protéger le répertoire **/var/www/htdocs/interne/comptable** de façon à ce qu'il ne soit accessible qu'aux personnes faisant partie du groupe "comptable" :

```
<Directory /var/www/htdocs/interne/comptable>
    AuthName "zone protégée"
    AuthType Basic
    AuthUserFile /var/www/interne
    AuthGroupFile /var/www/groups
    Require group comptable
</Directory>
```

Dans ce fichier **/var/www/groups**, nous aurons la ligne suivante :

```
comptable: joe alice
```

Après avoir ajouté les deux utilisateurs joe et alice au fichier **/var/www/interne** à l'aide de la commande `htpasswd`, seuls ces derniers pourront avoir accès au répertoire comtpable.

Si nous désirons utiliser un fichier DBM :

```
<Directory /var/www/htdocs/interne/comptable>
    AuthName "zone protégée"
    AuthType Basic
    AuthDBMUserFile /var/www/interne
    AuthDBMGroupFile /var/www/interne
    Require group comptable
</Directory>
```

Remarquez que le même fichier est utilisé pour l'authentification login/mot de passe ainsi que pour le groupe ! L'ajout des utilisateurs joe et alice se fera de la façon suivante :

```
# dbmmanage /var/www/interne joe - comptable
# dbmmanage /var/www/interne alice - comptable
```

Changeons un peu. Nous désirons maintenant que seul le réseau 192.168.1.0/24 correspondant à notre réseau local puisse accéder au répertoire **/var/www/interne**. Nous avons alors besoin du module **mod_access**. Il nous faut donc ajouter dans notre fichier de configuration les lignes suivantes :

```
LoadModule access_module /usr/lib/apache/mod_access.so

<Directory /var/www/htdocs/interne>
    Order deny, allow
    Deny from all
    Allow from 192.168.1.0/24
</Directory>
```

Bien sûr, nous pouvons aussi combiner avec l'authentification :

```
<Directory /var/www/htdocs/interne>
    Order deny, allow
    Deny from all
    Allow from 192.168.1.0/24

    AuthName "zone protégée"
    AuthType Basic
    AuthUserFile /var/www/interne
    Require valid-user
</Directory>
```

Nous pouvons aussi utiliser les fichiers **.htaccess** pour faire tout cela ! Nous devons alors tout d'abord autoriser l'utilisation des directives d'authentification dans ce genre de fichier. Pour l'autoriser sur la totalité de notre site, nous devons ajouter la ligne suivante dans notre fichier de configuration **httpd.conf** :

```
<Directory /var/www/htdocs>
    AllowOverride AuthConfig
</Directory>
```

Nous pouvons très bien restreindre l'étendue de cette autorisation aux seuls répertoires utilisant l'authentification :

```
<Directory /var/www/htdocs/interne>
    AllowOverride AuthConfig
</Directory>
```

Ensuite, il suffira de créer un fichier **.htaccess** (suivant la configuration **httpd.conf**) dans le répertoire que nous désirons protéger (par exemple **/var/www/htdocs/interne**) contenant par exemple les lignes suivantes :

```
Order deny, allow
Deny from all
Allow from 192.168.1.0/24

AuthName "zone protégée"
AuthType Basic
AuthUserFile /var/www/interne
Require valid-user
```

B. Emprisonner le serveur Apache

Nous pouvons **chrooter** notre serveur Apache, c'est-à-dire l'enfermer dans une prison. Il s'agit de faire croire au démon qu'un répertoire, par exemple /var/chrooted/apache, correspond à la racine ("/"). De cette façon, si un utilisateur mal intentionné parvient à se frayer un chemin à l'intérieur du serveur grâce à Apache, il ne pourra pas aller plus loin que l'environnement chrooté !

Dans ce point, nous allons tout d'abord construire notre prison "à la main" et à partir des sources d'Apache. Nous verrons que ce n'est pas simple... Pour simplifier tout cela, nous nous attarderons sur un script écrit en langage Python, **makejail**, nous permettant de construire cette prison à partir d'une installation déjà réalisée et fonctionnelle.

1. Emprisonner Apache "à la main"

Nous allons donc créer notre prison à la main en copiant tous les fichiers, exécutables et librairies utiles au bon fonctionnement de notre serveur Apache.

Dans toutes nos commandes, nous allons faire référence à la variable `CHROOT` correspondant à notre répertoire prison /var/chrooted/apache où sera installé notre serveur Apache. Cela pour simplifier notre installation. Voici donc la définition de cette variable :

```
# export CHROOT=/var/chrooted/apache
```

Construisons le répertoire qui va nous servir de prison :

```
# mkdir-p $CHROOT
```

Puis nous allons créer l'arborescence de notre prison :

```
# cd $CHROOT
# mkdir -p usr/bin usr/lib lib etc tmp dev /var/www
# ln -s usr/bin bin
# chmod 1777 tmp
# cd ..
```

Continuons en créant certains fichiers spéciaux dans le répertoire **/dev** :

```
# mknod -m 666 $CHROOT/dev/null c 1 3
```

Voyons maintenant le fuseau horaire utilisé sur notre serveur. Pour cela, il suffit de voir vers quel fichier pointe le lien `/etc/localtime` :

```
# ls -l /etc/localtime
lrwxrwxrwx  1 root  root  32 jui  7 13:05 /etc/localtime ->
/usr/share/zoneinfo/Europe/Paris
```

Tout serveur doit avoir un système à jour niveau heure et date de façon à pouvoir tracer les logs correctement. Ici, nous devrons copier le fichier **Paris** et créer un lien `localtime` vers ce dernier :

```
# mkdir -p $CHROOT/usr/share/zoneinfo
# cp -p /usr/share/zoneinfo/Europe/Paris $CHROOT/usr/share/zoneinfo/
# ln -s $CHROOT/usr/share/zoneinfo/Europe/Paris $CHROOT/etc/localtime
```

Nous allons commencer à peupler notre arborescence d'exécutables (le shell `bash` et les commandes `cat`, `ls` et `false`). Pour savoir quelles sont les librairies utiles à ces commandes, nous allons utiliser la commande `ldd` qui nous indique à quelle librairie un exécutable est lié :

```
# ldd /bin/bash
   libncurses.so.5 => /lib/libncurses.so.5 (0x4001d000)
   libdl.so.2 => /lib/libdl.so.2 (0x4005b000)
   libc.so.6 => /lib/libc.so.6 (0x4005f000)
   /lib/ld-linux.so.2 => /lib/ld-linux.so.2 (0x40000000)
```

Toutes ces librairies nous seront utiles pour le fonctionnement correct de la commande `bash`.

Sur le système Debian utilisé pour l'écriture de cet ouvrage (Woody 3.0), les librairies communes à ces trois exécutables sont : **libc.so.6** et **ld-linux.so.2**. En plus, nous avons aussi besoin des librairies **libncurses.so.5** et **libdl.so.2** pour `bash`, et des librairies **librt.so.1** et **libpthread.so.0** pour `ls`. Nous allons donc les copier (évidemment ces librairies peuvent changer suivant votre système !) :

```
# cd /lib
# cp libc.so.6 ld-linux.so.2 libncurses.so.5 libdl.so.2 librt.so.1
libpthread.so.0 $CHROOT/lib/
# cd -
```

Parfois, ces noms de librairies ne sont que des liens vers les librairies. Par exemple, sur notre système, la librairie **/lib/libc.so.6** n'est en fait qu'un lien vers le fichier **/lib/libc-2.2.5.so**. Si nous voulons être "propre", il faudra tout d'abord copier ce fichier puis effectuer le lien. Voici un exemple :

```
# cp /lib/libc-2.2.5.so $CHROOT/lib/
# ln-s $CHROOT/lib/libc.so.6 $CHROOT/lib/libc-2.2.5.so
```

Copions maintenant nos exécutables (`ls` n'est pas vraiment utile, mais va nous servir de test. Nous l'effacerons ainsi que ses librairies par la suite) :

```
# cp /bin/bash $CHROOT/bin
# cp /bin/ls $CHROOT/bin
# cp /bin/cat $CHROOT/bin
# cp /bin/false $CHROOT/bin
# ln -s bash $CHROOT/bin/sh
# chmod 111 $CHROOT/bin/*
```

Testons le bon fonctionnement :

```
# chroot $CHROOT
# ls -l
total 24
lrwxrwxrwx    1 0     0      7 Oct  6 20:26 bin -> usr/bin
drwxr-xr-x    2 0     0   4096 Oct  6 20:27 dev
drwxr-xr-x    2 0     0   4096 Oct  6 20:29 etc
drwxr-xr-x    2 0     0   4096 Oct  6 20:45 lib
drwxrwxrwt    2 0     0   4096 Oct  6 20:26 tmp
drwxr-xr-x    5 0     0   4096 Oct  6 20:28 usr
drwxr-xr-x    2 0     0   4096 Oct  6 20:26 webhome
# exit
```

Le fonctionnement étant correct, effaçons `ls` et ses librairies :

```
# rm $CHROOT/bin/ls
# rm $CHROOT/lib/librt.so.1 $CHROOT/lib/libpthread.so.0
```

Maintenant, nous allons créer dans notre prison un compte qui servira à l'exécution d'Apache :

```
# echo 'www:x:888:888:Web Account:/var/www:/bin/false' > $CHROOT/etc/
passwd
# echo 'www:x:888:' > $CHROOT/etc/group
# echo 'www:*:10882:-1:99999:-1:-1:-1:134537804' > $CHROOT/etc/shadow
# chmod 400 $CHROOT/etc/shadow
```

Nous avons besoin du fichier **etc/nsswitch.conf** par exemple, pour indiquer de quelle manière doit se faire la résolution de nom ; un `man nsswitch.conf` permettra d'en savoir un peu plus. Voici notre fichier :

```
# cat $CHROOT/etc/nsswitch.conf
passwd: files
shadow: files
group: files
hosts: files dns
```

À la vue de ce fichier, nous avons besoin des librairies **libnss_files.so.2** et **libnss_dns.so.2** :

```
# cp /lib/libnss_files.so.2 $CHROOT/lib
# cp /lib/libnss_dns.so.2 $CHROOT/lib
```

Configurons notre service de résolution de nom à l'aide du fichier **etc/resolv.conf**. Considérons que notre serveur s'appelle **www.mondomaine.com**, d'IP 192.168.1.2 sur notre réseau et qu'il possède aussi le service de résolution de nom (par exemple en ayant installé **Bind** sur ce même serveur) :

```
# cat $CHROOT/etc/resolv.conf
domain mondomaine.com
nameserver 127.0.0.1
```

Si le serveur de résolution de nom (DNS) n'est pas ce serveur, mais par exemple le serveur de votre fournisseur d'accès **dns.monfai.com** d'adresse IP 62.6.34 45, le contenu de ce fichier sera :

```
# cat $CHROOT/etc/resolv.conf
domain mondomaine.com
nameserver 62.6.34.45
```

Enfin, le fichier **etc/hosts** indiquant le nom et l'IP de notre serveur :

```
# cat $CHROOT/etc/hosts
127.0.0.1 localhost
192.168.1.2 www.mondomaine.com www
```

Passons maintenant à la compilation d'Apache. Reportez-vous au chapitre 2 traitant de l'installation d'Apache pour obtenir une explication plus détaillée sur les options de compilation. Considérons que nous avons décompressé puis désarchivé (`tar xzvf`) notre archive dans le répertoire **/usr/src** :

```
# mkdir-p $CHROOT/apache
# ln-s $CHROOT/apache /apache
# cd /usr/src/apache_1.3.28
```

Nous allons créer un nouveau schéma de compilation dans le fichier **config.layout** :

```
<Layout chroot>
   prefix:         /apache
   exec_prefix:    $prefix
   bindir:         $exec_prefix/bin
   sbindir:        $exec_prefix/bin
   libexecdir:     $exec_prefix/libexec
   mandir:         $prefix/man
   sysconfdir:     $prefix/conf
   datadir:        $prefix
   iconsdir:       $datadir/icons
   htdocsdir:      $datadir/htdocs
   manualdir:      $htdocsdir/manual
   cgidir:         $datadir/cgi-bin
   includedir:     $prefix/include
   localstatedir:  $prefix/var
   runtimedir:     $localstatedir/logs
   logfiledir:     $localstatedir/logs
   proxycachedir:  $localstatedir/proxy
</Layout>
```

Configurons (cf. le chapitre 2), compilons et installons Apache :

```
$ ./configure --with-layout=chroot \
--enable-module=most --enable-shared=max
$ make
$ su -
passwd:
# make install
```

Les exécutables d'Apache ont besoin de certaines librairies. Un simple `ldd` sur les exécutables trouvés dans **$CHROOT/apache/bin** nous indique que nous avons besoin des librairies **libm.so.6**, **libcrypt.so.1**, **libdb.so.2**, **libexpat.so.1**, **libdl.so.2**, **libc.so.6** et **/lib/ld-linux.so.2**. Certaines sont déjà copiées. Copions les autres :

```
# cp /lib/libm.so.6 $CHROOT/lib
# cp /lib/libcrypt.so.1 $CHROOT/lib
# cp /lib/libdb.so.2 $CHROOT/lib
# cp /usr/lib/libexpat.so.1 $CHROOT/usr/lib
```

De même, certains modules ont besoin d'autres librairies. Un `ldd` sur le répertoire **$CHROOT/apache/libexec** nous indiquera les librairies que nous devons copier. Par exemple :

```
# ldd $CHROOT/apache/libexec/mod_rewrite.
   libc.so.6 => /lib/libc.so.6 (0x40015000)
   libm.so.6 => /lib/libm.so.6 (0x40132000)
   libcrypt.so.1 => /lib/libcrypt.so.1 (0x40154000)
   libdb.so.2 => /lib/libdb.so.2 (0x40181000)
   libdb2.so.2 => /lib/libdb2.so.2 (0x4018e000)
   libexpat.so.1 => /usr/lib/libexpat.so.1 (0x401cf000)
   /lib/ld-linux.so.2 => /lib/ld-linux.so.2 (0x80000000)
```

Et copions les librairies si besoin :

```
# cp /lib/libdb2.so.2 $CHROOT/lib
```

Il ne nous reste plus qu'à éditer le fichier de configuration **$CHROOT/apache/conf/httpd.conf** de notre serveur pour que ce dernier soit en concordance avec ce que nous désirons (par exemple modifier les directives `User` et `Group` pour que ces dernières désignent l'utilisateur et le groupe www). Une fois cela fait, nous pouvons "entrer dans notre prison", lancer notre serveur et le tester avec le navigateur texte **lynx** :

```
# chroot $CHROOT /apache/bin/apachectl start
# lynx localhost
```

Notre serveur Apache chrooté est prêt. Il ne nous reste plus qu'à nettoyer en effaçant pas exemple le lien `/apache` qui ne sert plus à rien :

```
# rm /apache
```

Pour démarrer automatiquement notre serveur Apache chrooté au démarrage, nous avons besoin d'un fichier **/etc/init.d/apache** et de son lien **/etc/rc2.d/S91apache** (à adapter suivant la distribution et les besoins) :

```
#cat /etc/init.d/apache

#!/bin/bash

## la racine de la prison
CHROOT=/var/chrooted/apache

## la commande à lancer dans l'environnement chrooté
cmd=/apache/bin/apachectl

case "$1" in
  start)
    echo -n "Starting Apache services on port 80: "          .../...
```

```
.../...
    chroot $CHROOT $cmd start
    echo
    touch /var/lock/subsys/httpd
    ;;
  stop)
    echo -n  "Shutting down Apache services:  "
    chroot $CHROOT $cmd stop
    rm -f /var/lock/subsys/httpd
    echo
    ;;
  restart|reload)
    $0 stop
    $0 start
    ;;
  *)
    echo  "Usage: $self  {start|stop|status|fullstatus|restart|reload}"
    exit 1
esac

exit 0

# ln-s /etc/rc2.d/S91apache /etc/init.d/apache
```

2. Utiliser Makejail

Comme nous avons pu le voir, la création d'une prison est assez compliquée et longue. Ici, nous avons pu le faire simplement car nous avions les sources du service (Apache) et que nous avons indiqué lors de sa compilation/installation où ce dernier devait d'installer.

Sur certaines distributions Linux comme Debian ou RedHat, Apache est disponible respectivement sous la forme de packages .deb ou .rpm. Apache s'installe alors normalement dans l'arborescence du serveur... À l'aide du script **Makejail**, nous allons pouvoir construire automatiquement notre prison une fois l'installation du serveur installé.

a. Présentation de Makejail

Makejail est un script en Python qui peut être téléchargé à l'adresse suivante :
http://www.floc.net/makejail/

Son fonctionnement est simple : en lui indiquant la commande utilisée pour démarrer notre service, Makejail va tracer cette dernière et prendre note de tous les fichiers, exécutables et librairies dont elle a besoin. Le script va alors copier ces derniers dans la prison. Il va recommencer ce traçage jusqu'à ce que tous les fichiers soient dans la prison.

Makejail prend en argument un fichier contenant diverses informations indiquant la commande à tracer et où doit être placée la prison. Nous allons maintenant voir tout cela.

b. Mise en place du serveur Apache chrooté à l'aide de Makejail

Si Apache n'est pas installé et configuré sur le serveur, installons-le ! Par exemple, sous Debian :

```
# apt-get install apache
```

Puis configurons-le correctement en éditant le fichier **/etc/apache/httpd.conf** suivant nos convenances...

Passons à Makejail. Récupérons l'archive à l'adresse suivante :

http://www.floc.net/makejail/makejail.tar.gz

Ensuite désarchivons et décompressons :

```
$ tar xzvf makejail.tar.gz
```

Et installons le script :

```
$cd makejail-0.0.5
$ su -
password:
# make install
```

Dans le répertoire **makejail-0.0.5/examples** se trouvent des fichiers de configuration pour quelques services connus dont Apache. Nous allons utiliser le fichier nommé **apache.py**. Nous allons modifier un peu son contenu pour placer notre prison dans le répertoire **/var/chrooted/apache** :

```
$ cat ~/makejail-0.0.5/examples/apache.py
chroot="/var/chrooted/apache"
testCommandsInsideJail=["/usr/sbin/apachectl start"]
processNames=["apache"]

# Eventually append here the commands which access some services
# such as cgi or php scripts, database access, ...
testCommandsOutsideJail=["wget -r --spider http://localhost/",
                         "lynx --source https://localhost/"]

preserve=["/var/www",
          "/var/log/apache",
          "/dev/log"]

users=["www-data"]
groups=["www-data"]

packages=["apache", "apache-common"]
                                                              .../...
```

```
.../...
userFiles=["/etc/password",
           "/etc/shadow"]
groupFiles=["/etc/group",
            "/etc/gshadow"]
forceCopy=["/etc/hosts",
           "/etc/mime.types"]
```

La variable `packages` est spéciale à la distribution Debian. Elle prend comme paramètre(s) le ou les noms des packages du service, permettant au script Makejail de copier le contenu de ces packages dans notre prison.

Après avoir modifié le fichier, nous allons pouvoir lancer le processus de création automatique de la prison. Sous Root :

```
# mkdir -p /var/chrooted/apache
# makejail ~/makejail-0.0.5/examples/apache.py
```

Une fois la prison correctement créée, il nous faut encore copier quelques éléments "à la main" (cf. la variable `preserve` dans le fichier **apache.py**). Copions notre site web. Si ce dernier était dans le répertoire **/var/www**, il suffit de taper la commande suivante :

```
# cp -Rp /var/www /var/chrooted/apache/var
```

Et les fichiers de log d'Apache :

```
# cp -Rp /var/log/apache/*.log /var/chroot/apache/var/log/apache
```

C. Sécuriser le dialogue entre les clients et le serveur Apache

L'Internet est aujourd'hui un réseau immense où transitent toutes sortes d'informations. Il est accessible à tous, certaines de ces informations sont privées et ont donc besoin d'être protégées. Prenons l'exemple d'un achat en ligne : les informations propres à la carte bancaire ne doivent pas être lues par n'importe qui ! Il faut donc les protéger !

Pour sécuriser ce genre de transactions entre un navigateur web et un serveur, Netscape Communication Corporation inventa un protocole qu'il nomma SSL (*Secured Sockets Layers*, Couche de Sockets Sécurisée). Rapidement, ce dernier fut utilisé pour sécuriser d'autres échanges comme l'envoi de mails ou l'échange de fichiers.

Dans ce chapitre, nous allons tout d'abord présenter SSL et son fonctionnement. Enfin, nous verrons comment le mettre en place avec Apache à l'aide du module **mod_SSL**, s'appuyant sur la librairie **OpenSSL** (www.openssl.org) que nous installerons également.

1. Introduction à SSL

SSL est complètement indépendant du protocole utilisé. Il agit comme une couche supplémentaire entre la couche Application (HTTP, FTP...) et la couche Transport (TCP/IP). Il peut donc sécuriser différents protocoles comme HTTP, FTP, POP, IMAP...

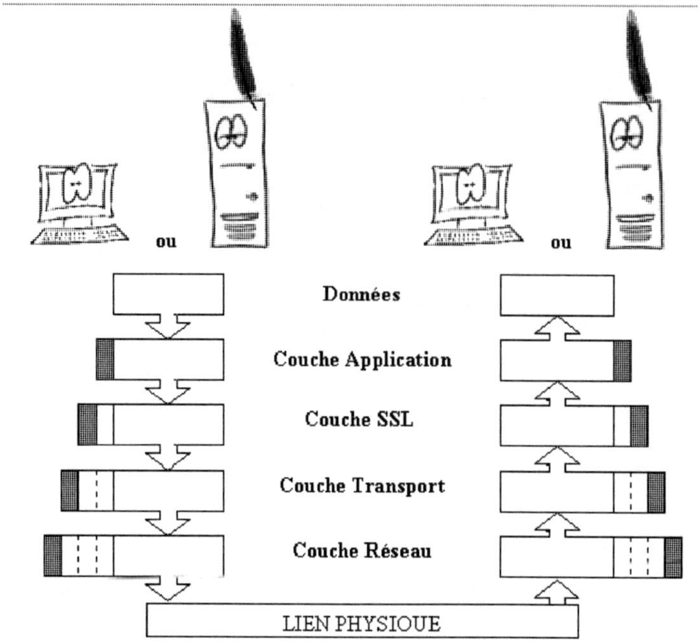

2. Le fonctionnement de SSL

Pour garantir la sécurité des données, SSL utilise les cryptographies dites symétrique et asymétrique. En plus de cela, SSL utilise les certificats, assurant les identités des deux parties gérant la transaction.

a. La cryptographie

La **cryptographie** est un terme mathématique désignant l'ensemble des techniques permettant de chiffrer des données, c'est-à-dire permettant de les rendre inintelligibles. Ces données pourront être lues seulement après l'application d'une méthode spécifique (une clé) permettant de les déchiffrer.

Cryptographie symétrique

Également appelée **cryptographie à clé privée** ou **secrète**, cette cryptographie exige que l'expéditeur et le récepteur se partagent une même clé, c'est-à-dire une information secrète qui sera employée pour chiffrer et déchiffrer les données échangées. Si cette clé est secrète, personne d'autre que l'expéditeur et le récepteur ne pourra lire les données.

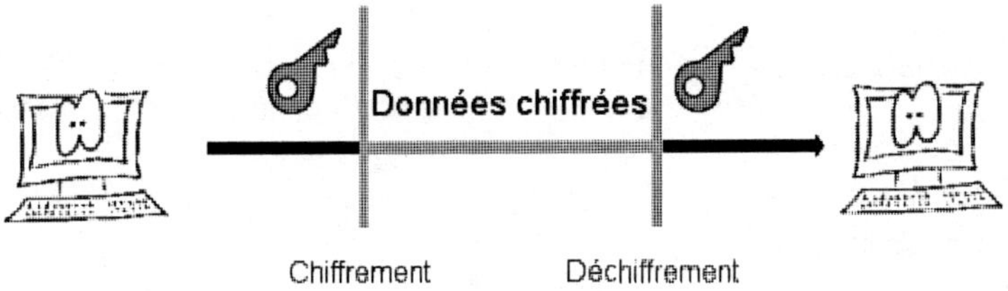

Cryptographie asymétrique

Également appelée **cryptographie à clé publique**, cette cryptographie utilise deux clés, une dite privée (ou secrète) et l'autre dite publique. Si une clé est utilisée pour chiffrer les données, alors l'autre pourra être utilisée pour déchiffrer ces données.

Considérons que nous possédons une paire de clés privée et publique, et que nous voulons communiquer de façon sécurisée avec un groupe de personnes. Nous gardons notre clé privée tandis que nous allons distribuer notre clé publique à ce groupe. Chiffrons un message à destination de ce groupe avec notre clé privée : seules les personnes de ce groupe pourront déchiffrer ce message à l'aide de la clé publique qui leur a été distribuée. De cette manière, nous avons "signé" notre message. De même, ce groupe chiffre un message à l'aide de cette clé publique : il s'assure que seul le possesseur de la clé privée pourra déchiffrer ce message.

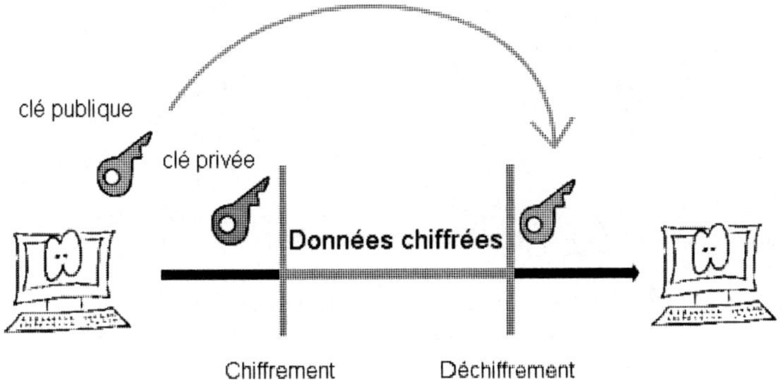

Un problème de sécurité apparaît : comment s'assurer que la clé publique appartient bien à la personne à qui nous envoyons le message ? Si cette personne nous a donné sa clé publique en main propre, pas de problème ! Par contre, si l'échange s'est fait au travers d'un réseau par exemple, comment s'assurer de l'identité de la personne et qu'il s'agit bien de sa clé publique ? C'est là qu'interviennent les certificats.

b. La signature électronique

La signature électronique permet de garantir l'expéditeur d'un message (ou données) et de vérifier l'intégrité de ce message. Une autre fonction bien utile est d'assurer que l'expéditeur a bien envoyé ce message (il ne peut alors nier son envoi).

Le hachage

Une fonction de hachage permet d'obtenir l'empreinte d'un message, parfois appelé un **haché**. Ce haché est unique et ne peut donc correspondre qu'à un seul message (autrement dit, un message différent donnera un haché différent). De plus, cette fonction est à sens unique : nous ne pouvons donc pas retrouver le message d'origine à l'aide du haché.

Les algorithmes de hachage les plus utilisés actuellement sont :

- **MD5** (*MD signifiant Message Digest*), créant une empreinte digitale de 128 bits. Il est courant de voir des documents en téléchargement sur Internet accompagnés d'un fichier MD5, contenant l'empreinte permettant de vérifier l'intégrité de ce dernier).
- **SHA** (pour *Secure Hash Algorithm, Algorithme de hachage sécurisé*) créant des empreintes d'une longueur de 160 bits.

Utilisation du hachage et de la cryptographie asymétrique dans la signature

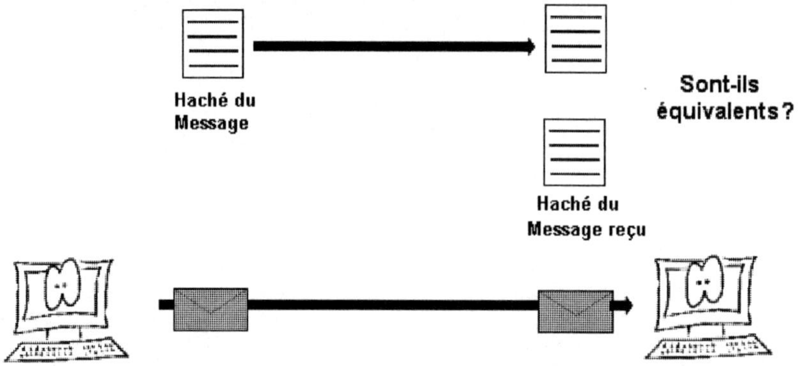

Voyons maintenant comment est utilisé le haché. Nous désirons envoyer un message à quelqu'un et nous souhaitons assurer à notre ami que le message n'a pas été altéré durant le voyage. Pour cela, nous calculons le haché de notre message. Ensuite, nous lui envoyons le message, ainsi que ce haché. À réception du message, notre ami va aussi calculer son haché. Il ne lui restera plus qu'à comparer le haché reçu et celui calculé par ses soins. Si ces deux hachés sont identiques, le message envoyé est bien celui reçu. Si ce n'est pas le cas, le message reçu est différent de celui envoyé !

Mais attention ! Si nous considérons le cas d'une personne mal intentionnée se plaçant entre nous et notre ami. Cette personne pourrait très bien réceptionner notre message, le modifier, recalculer son haché et renvoyer le tout à notre ami qui ne détecterait alors aucun problème !

Le haché garantit que le message reçu est bien celui envoyé (par nous ou par la personne mal intentionnée) mais ne garantit pas que nous sommes l'expéditeur du message ! C'est là qu'intervient la **cryptographie asymétrique**. Auparavant, nous avons confié notre clé publique (de façon sûre) à notre ami. Avant d'envoyer notre haché, nous allons le chiffrer (on dit aussi signer) à l'aide de notre clé privée. Nous envoyons alors notre message ainsi que son haché chiffré (signé). Notre ami réceptionne le message et calcule son haché. De même, il réceptionne notre haché chiffré (signé) qu'il pourra déchiffrer à l'aide de la clé publique qu'il possède, certifiant alors que ce haché est bien le nôtre. Il ne lui reste plus qu'à comparer ces deux hachés pour s'assurer que le message reçu est bien celui que nous avons envoyé.

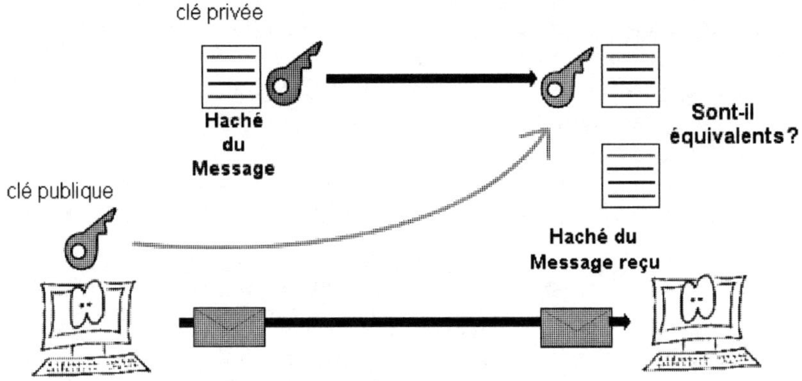

c. Le certificat

Comme nous avons pu le voir plus haut, la cryptographie asymétrique est basée sur l'échange de clés publiques. Cet échange peut être fait au travers du réseau : il nous faut maintenant un moyen sûr pour vérifier qu'une clé publique est bien associée à la bonne personne (ou entité).

Heureusement, il existe un document appelé **certificat** permettant d'associer une clé publique à une entité (une personne, une machine...). Il est délivré par un organisme appelé **autorité de certification** (souvent notée **CA** pour *Certification Authority*). Cette autorité de certification est donc chargée de délivrer les certificats dont elle aura vérifié la validité, mais aussi de leur assigner une date de fin de validité, ainsi que de révoquer éventuellement certains certificats avant cette date en cas de compromission de la clé (ou du propriétaire).

Structure d'un certificat

Cette structure est décrite dans le standard X.509 de l'IUT (http://www.itu.int/home/index.html).

Un certificat est un document constitué de deux parties :

1. diverses informations sur l'entité (personne) à certifier :
   - le nom de l'autorité de certification ;
   - le nom de l'entité propriétaire du certificat ;
   - la date de fin de validité du certificat ;
   - l'algorithme de chiffrement utilisé ;
   - la clé publique de l'entité propriétaire.
2. la signature de l'autorité de certification.

L'ensemble des informations est signé par l'autorité de certification, c'est-à-dire qu'un haché est calculé et que ce dernier est chiffré à l'aide de la clé privée de l'autorité de certification. Cette signature est ajoutée au certificat constituant alors sa seconde partie.

L'autorité de certification (CA)

L'autorité de certification est une organisation de confiance chargée de délivrer des certificats pour des serveurs mais aussi pour les clients (c'est-à-dire les utilisateurs). Voyons un exemple montrant l'importance de ces organisations :

Un client tente d'accéder de manière sécurisée à un serveur Web. Il utilise alors le protocole HTTPS à l'aide de l'adresse suivante : https://www.mondomaine.com/.

Le navigateur web du client engage une connexion SSL. Notre serveur web utilise alors sa clé privée pour chiffrer les données qu'il va envoyer au navigateur du client. Ces données seront déchiffrées par le client à l'aide de la clé publique de notre serveur. Si cette dernière était envoyée par notre serveur, le client ne pourrait savoir s'il s'agit bien de notre serveur et non de quelqu'un d'autre qui tenterait de se faire passer pour nous ! C'est ici qu'intervient l'autorité de certification. Elle va nous fournir un certificat, pour notre serveur, après vérification de notre identité. Ce certificat, contenant les informations et clé publique de notre serveur, sera signé par l'autorité de certification elle-même. Lorsque le navigateur web du client recevra ce certificat, il pourra le déchiffrer à l'aide de la clé publique de l'autorité de certification de confiance qui a été largement diffusée. De cette façon, cela assure l'authenticité du certificat. Maintenant, le navigateur web du client peut vérifier que les informations du certificat et celles envoyées par le serveur concordent et qu'il s'agit donc bien de notre serveur.

De la même manière, notre serveur pourrait s'assurer que le client est bien celui qu'il dit être en lui demandant un certificat, prouvant ainsi son identité.

L'idée est donc que si chacun possède un certificat validant l'identité de l'autre, certifiant la clé publique, et signé par une organisation de confiance, alors les deux parties sont assurées qu'elles communiquent bien avec l'entité avec laquelle elles désiraient communiquer.

Il y a deux types d'autorité de certification : l'autorité de certification commerciale et l'autorité de certification privée :

L'autorité de certification commerciale

Son rôle est de vérifier l'identité d'autres sociétés commerciales ou organisations qui désirent établir un certificat pour l'utiliser sur l'Internet. Cette vérification s'appuie sur divers documents officiels ou lettres, prouvant l'identité commerciale ou non de la société ou organisation. Une fois cela fait, l'autorité de certification peut signer le certificat.

La plus connue des autorités de certification est Verisign (http://www.verisign.com).

L'autorité de certification privée

Elle est comme les autorités de certification de plus haut niveau : elle est auto-certifiée. Mais elle n'est utilisée qu'en interne (LAN ou WAN). Par exemple, une université connectant plusieurs départements peut décider d'utiliser une autorité de certification privée à la place d'une autorité de certification commerciale.

d. Exemple de transaction SSL

Considérons l'exemple d'un client se connectant à un serveur d'un site marchand sécurisé à l'aide de SSL. Le client envoie une requête au serveur lui demandant de s'identifier. Avec cette requête, il envoie aussi une liste des systèmes de cryptographie qu'il supporte.

Après réception de cette requête, le serveur envoie au client un certificat contenant sa clé publique signée par une autorité de certification, ainsi que le nom d'un système de cryptographie avec lequel il est compatible, pris dans la liste envoyée par le client. Ce système de cryptographie est celui ayant la plus grande taille de clé.

Le client a reçu le certificat du serveur. Il va le déchiffrer à l'aide de la clé publique de l'autorité de certification. Il a donc maintenant en sa possession la clé publique du serveur et son identifiant, mais il n'est pas encore sûr qu'il dialogue bien avec le serveur propriétaire du certificat !

Le serveur envoie donc au client une information permettant de l'identifier. Il envoie de même un haché de cette information signé à l'aide de sa clé privée.

Le client reçoit l'information d'identification. Il en calcule un haché. Il a aussi reçu le haché signé envoyé par le serveur. Il le déchiffre à l'aide de la clé publique de ce dernier. Le client a donc en sa possession le haché calculé par ses soins et celui calculé par le serveur. Si ils diffèrent, il y a problème : la communication prend fin. Dans le cas contraire, le client sait qu'il communique bien avec le bon serveur. Il va alors créer une clé privée aléatoire, appelée clé de session, qu'il va signer avec la clé publique du serveur et qu'il va lui envoyer.

Le serveur reçoit la clé de session signée. Il est le seul à pouvoir la déchiffrer à l'aide de sa clé privée.

Le client et le serveur sont maintenant en possession d'une clé privée commune dite clé de session avec laquelle ils vont pouvoir chiffrer toutes les données qu'ils s'échangeront. Mais pourquoi utiliser une cryptographie symétrique pour l'échange de données ? Tout simplement parce qu'elle est plus rapide qu'une cryptographie asymétrique ! Cette dernière est tout d'abord utilisée pour assurer le transport de la clé privée du client vers le serveur. Ensuite, une cryptographie symétrique est utilisée pour assurer le transport des données de façon sécurisée.

Une dernière chose ! Evidemment, une personne mal intentionnée peut encore se placer entre le client et le serveur de façon à modifier les données, même chiffrées, pour que le dialogue entre le client et le serveur devienne impossible. Pour éviter cela, le protocole SSL utilise un code message d'authentification appelé MAC (*Message Authentication Code*). Le MAC est tout simplement un haché de la donnée envoyée signé par la clé de session. Donc, un MAC est associé à chaque paquet de données envoyé. Puisque la personne mal intentionnée ne connaît pas cette clé de session, il lui est impossible de modifier le MAC : cela garantit l'intégrité du paquet transmis.

3. SSL pour Apache

Il existe deux projets opensource permettant d'intégrer SSL à Apache. Le premier, **SSL-apache**, peut être trouvé à l'adresse suivante :
http://www.apache-ssl.org/

Il s'agit en fait de patches à appliquer aux sources d'Apache. Le second, **mod_ssl**, peut-être trouvé à l'adresse suivante pour les versions 1.3.x d'Apache :
http://www.modssl.org/

Pour les versions 2.0, **mod_ssl** est fourni avec les sources d'Apache. Ici, il s'agit d'un module d'Apache. C'est cette seconde façon de faire que nous verrons dans ce point.

SSL-Apache et **mod_ssl** s'appuient tous les deux sur la librairie **OpenSSL** (http://www.opensll.org).

a. Installer OpenSSL

Sous Debian

Un package DEB existe. En tant que Root, il suffit de taper la commande suivante pour installer openSSL :

```
# apt-get install openssl
```

À partir des sources, sous Linux

Récupérons tout d'abord l'archive à l'adresse suivante :
http://www.openssl.org/source/openssl-0.9.7c.tar.gz

Et plaçons-la dans le répertoire **/usr/src/** par exemple.

Tout tant que Root, désarchivons :

```
# cd /usr/src
# tar xzvf openssl-0.9.7c.tar.gz
# cd openssl-0.9.7c
```

Passons à la configuration de la compilation. Tapons la commande suivante :

```
# ./config
```

Cette commande peut prendre des paramètres permettant par exemple d'installer la librairie openSSL dans un répertoire particulier. Pour obtenir la liste des options :

```
# ./config -h
```

Nous pouvons maintenant compiler la librairie :

```
# make
```

Pour effectuer quelques tests et vérifier que la compilation s'est bien déroulée :

```
# make test
```

Enfin, il ne nous reste plus qu'à installer openSSL :

```
# make install
```

Sous Windows

La version binaire pour Windows peut être trouvée à l'adresse suivante :
http://gnuwin32.sourceforge.net/packages/openssl.htm

Deux versions existent : un exécutable (http://gnuwin32.sourceforge.net/downlinks/openssl-bin.php) et une archive (http://gnuwin32.sourceforge.net/downlinks/openssl-bin-zip.php). Téléchargeons l'exécutable.

Pour installer OpenSSL, double cliquons sur le programme téléchargé.

Cliquons sur le bouton **Next** pour passer à la fenêtre suivante.

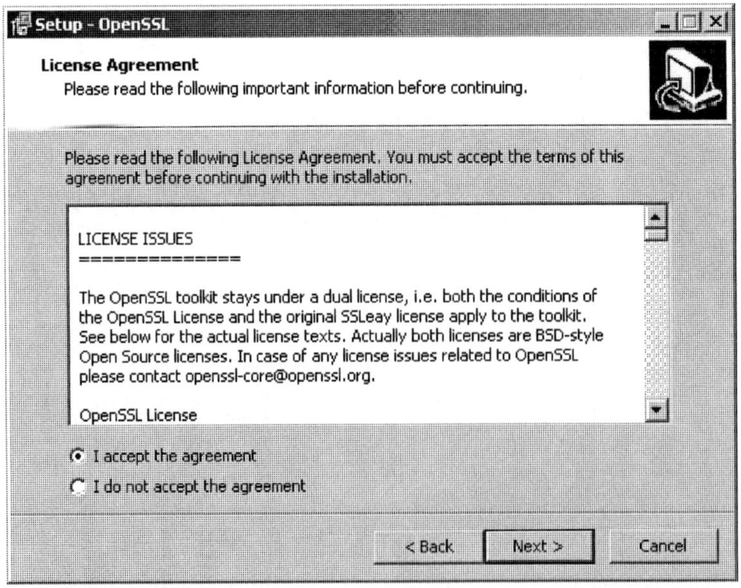

Cette fenêtre présente la licence d'utilisation de la librairie OpenSSL. À lire attentivement ! Une fois cela fait, si nous sommes d'accord avec la licence et voulons continuer, sélectionnons **I accept the agreement**. Cliquons ensuite sur le bouton **Next** pour poursuivre notre installation.

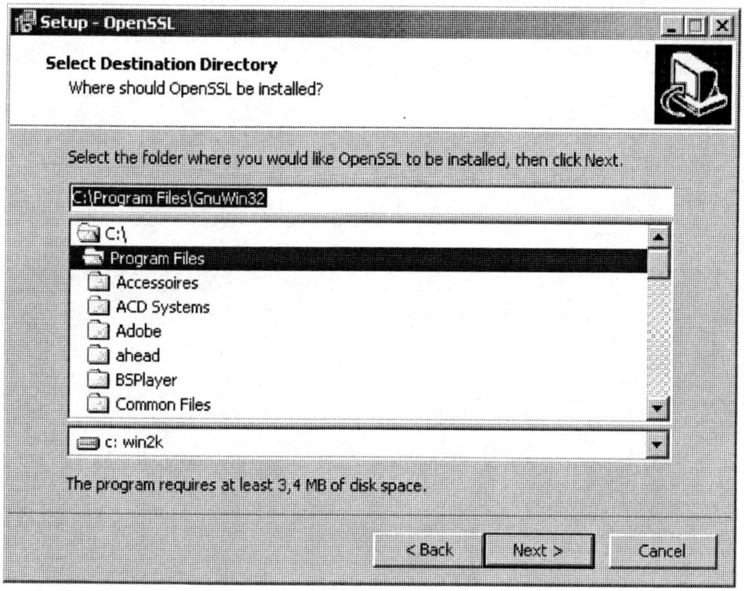

Ici, nous pouvons choisir le répertoire d'installation de la librairie. La valeur par défaut peut être acceptée. Cliquons sur **Next**.

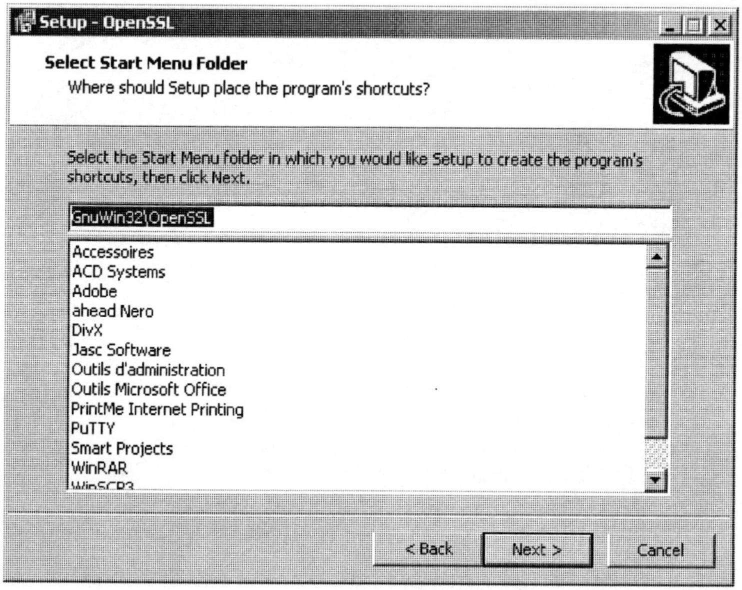

Cette fenêtre nous propose de personnaliser le menu **Démarrer**. Cliquons sur **Next**.

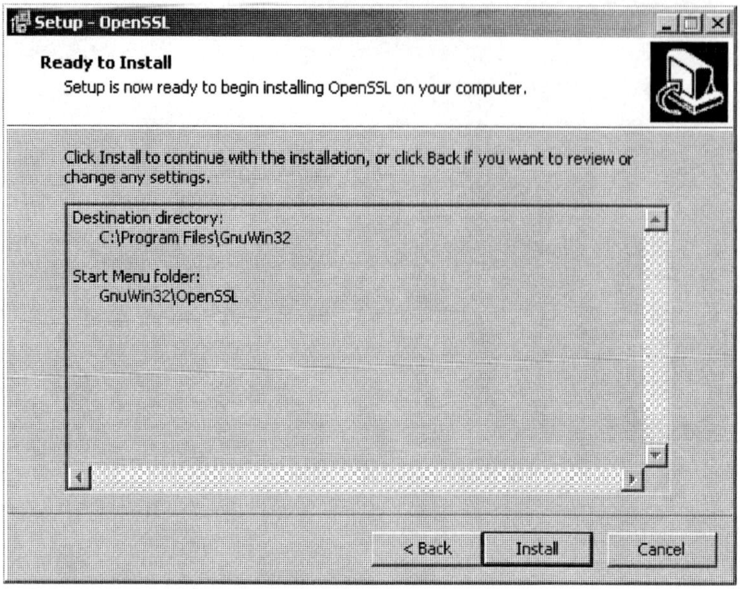

La fenêtre suivante résume notre future installation que nous allons lancer en cliquant sur le bouton **Install**.

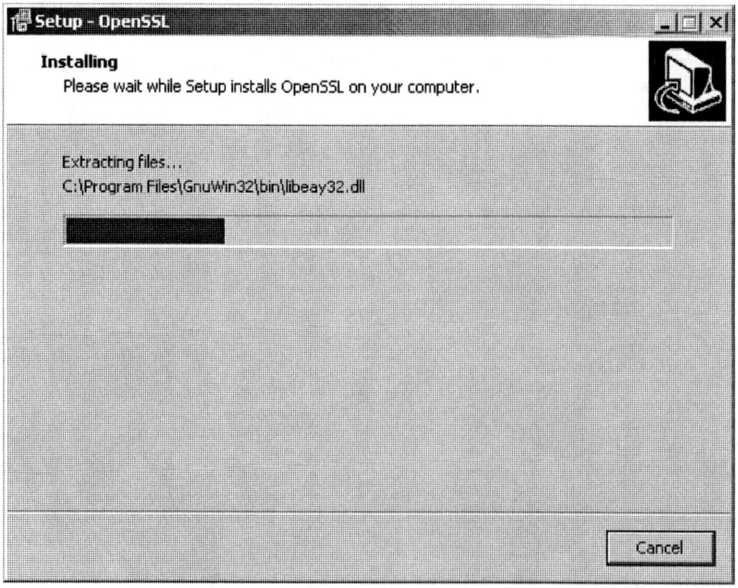

À tout moment, l'installation peut être annulée en cliquant sur le bouton **Cancel**.

Si tout s'est bien passé, cette dernière fenêtre nous indique que l'installation est terminée. Nous pouvons cliquer sur le bouton **Finish**.

b. Obtenir un certificat

Maintenant qu'OpenSSL est installé, nous allons pouvoir nous occuper de notre certificat.

Comme vu précédemment, nous pouvons obtenir un certificat d'une autorité de certification commerciale ou plus simplement créer un certificat privé.

Obtenir un certificat d'une autorité de certification commerciale

Pour obtenir un tel certificat, deux étapes sont à suivre :

- Tout d'abord, nous devons prouver qui nous sommes. Pour cela, il faudra suivre les instructions de l'autorité de certification qui sera choisie.
- Enfin, nous devrons envoyer une requête de certificat signé (*Certificate Signing Request*, CSR) à l'autorité de certification choisie. Pour cela, nous devrons tout d'abord créer notre clé privée pour notre serveur, puis le CSR à envoyer, avec les outils d'OpenSSL.

Création d'une clé privée

Rien de bien compliqué ! Par exemple, pour générer une clé privée pour le domaine www.mondomaine.com, il suffit de taper la commande suivante sous Linux :

```
# openssl genrsa -des3 -out www.mondomaine.com.privkey 1024 -rand
/dev/urandom
```

ou sous Windows :

```
C:\Program Files\GnuWin32\bin>openssl genrsa -des3 -out www.mondomaine.
com.privkey 1024 > out
Loading 'screen' into random state - done
Generating RSA private key, 1024 bit long modulus
.....++++++
...++++++
e is 65537 (0x10001)
Enter pass phrase for www.mondomaine.com.privkey:
Verifying - Enter pass phrase for www.mondomaine.com.privkey:
```

Après avoir tapé cette commande, le programme nous demandera une "pass phrase" qui correspond à un mot de passe permettant de protéger notre clé. À chaque utilisation de cette dernière, ce mot de passe nous sera demandé. Si nous désirons nous en passer, il suffit simplement d'enlever l'option `-des3` à la commande.

Voici un exemple du contenu du fichier **www.mondomaine.com.privkey** :

```
-----BEGIN RSA PRIVATE KEY-----
Proc-Type: 4,ENCRYPTED
DEK-Info: DES-EDE3-CBC,DC0366F1AED6D75E
ISPBlsTmRKJBRMC9wC62FpgznPJBF9aR70F1Ol8J5YvTuiurCJs31l7apanlYQ8F
wBT7pK1ANUtaDU80MqrLrv8UF6znA58qFkoBxv95g4Z0td8nC13D758q76Zg3jAF
z2Og4+2I0aE/SiVDv92LqoAkQDo+iJYPgh9zzYK/+2lR5gbhO4CQOiaP+wiq8OSX
84kfaT2vVlQJfiRjmBOIDFCTgj+HjQ3+d/aRpDk50Q6RkrjKd8NBWkJF/Lj/fcVN
GbV//a0spQ2hzYkh7M20kfHj868udB/q0wk2wbNywqf29BeMmb4jXBEWVbegjDqt
b2IKQMfsgQjBFg5y9/XnD8APclITkK4dZXhD1hESwiL83/t63/aIKxES4/4xgjOg
GUC1QoWmxX6ytZyrpX3RY7w/I+3rO9tsbhcMi42yHh53YZ0itjTSZDHH4Qq262iu
+mt3OGnc6WUUWrBHRh/++JntOlWXlRnp/+BoeWZxA6QLM3cMHPwSxGySkdNZeMJ7
cNrUz0oP5buI+6Y9NFkRh/ZkXJwxjCpsphBbGqwnuhN/en0eoG+K7ezUl3EMC7UC
YKWqHnuYidkehf7v+9Yff7WJCAUf/LC/9TCylOFkc1FTQfQ2u8KqBP7FHpyv+ct+
DV5jUN5zBFiqUxv3leL1znSC/c8ghBwXfxSRfDoyaQwUZFLiGFpMQLaHK3QMwiBV
BNUVpYgctxQbZwRY7qtD4LoLisAOkYyn0FO37Z/LGT3SS+v+IrK9uM9T1RPCNRaz
Dq5wfEjuYrhaeSQKEzaeeI5WdqsrAlhfPdcefuHDH2rsaKsPI2O80A==
-----END RSA PRIVATE KEY-----
```

Création du CSR

Nous allons maintenant pouvoir générer notre CSR à l'aide de notre clé privée :

```
# openssl req -new -key www.mondomaine.com.privkey -out www.mondo-
maine.com.csr
```

Si la clé privée a été protégée par mot de passe, ce dernier nous sera alors demandé. Ensuite, viennent différentes questions auxquelles il nous faudra répondre (ville, nom de la société ou association...).

Une fois cela fait, il ne nous restera plus qu'à envoyer ce fichier www.mondomaine.com.csr à l'autorité de certification que nous aurons choisie. L'obtention d'un certificat peut être très très longue ! Effectivement, l'autorité de certification doit s'assurer de la véracité des informations que nous lui avons soumises...

Créer son propre certificat privé

Pour rappel, ce genre de certificat n'est adapté qu'à une utilisation en interne !

Pour créer notre certificat privé, il suffit de suivre les étapes suivantes :

- Tout d'abord, téléchargeons l'archive nommée **ssl.ca-0.1.tar.gz** présente dans la section "contributions" du site www.openssl.org.
- Une fois cela fait, désarchivons-la et plaçons-nous dans le répertoire ainsi créé :

```
# tar xzvf ssl-ca-0.1.tar.gz
# cd ssl-ca-0.1
```

Exécutons le script **new-root-ca.sh** de façon à créer un certificat autosigné. Un mot de passe (pass phrase) sera demandé. Il servira par la suite lors de la création d'autres certificats.

Nous allons maintenant créer un certificat pour notre serveur. Pour cela, exécutons la commande suivante qui va créer les clés publique et privée de notre serveur :

```
# new-server-cert.sh www.mondomaine.com
```

Nous devons maintenant signer le certificat de notre serveur :

```
# sign-user-cert.sh
```

Enfin, il ne nous reste plus qu'à créer un package avec notre clé privée, la clé signée et la clé publique de notre autorité de certification privée dans un fichier portant l'extension **.p12**, qui pourra servir dans certaines applications comme un client mail :

```
# p12.sh
```

Une fois l'un ou l'autre des certificats obtenu (commercial ou privé), deux fichiers sont importants et à conserver : le certificat lui-même, c'est-à-dire le fichier ayant pour extension **.crt**, et la clé privée du serveur **www.mondomaine.com.privkey**.

c. Installer le module mod_ssl

Pour la version 2.0 d'Apache, **mod_ssl** fait partie des sources du serveur. Pour l'installer, il suffit donc de suivre les explications sur la compilation des modules pour Apache données au chapitre 3.

Pour les versions 1.3.X, il nous suffit de suivre les étapes suivantes :

Récupérons tout d'abord les dernières sources de **mod_ssl** à l'adresse suivante : http://www.modssl.org

En tant que Root, désarchivons dans un répertoire puis plaçons-nous dans le répertoire ainsi créé :

```
# tar xzvf mod_ssl-2.8.15-1.3.28.tar.gz
# cd mod_ssl-2.8.15-1.3.28.tar.gz
```

Ensuite, nous allons passer à la phase de configuration de la compilation. Sur la ligne de commande, nous devons indiquer l'emplacement des sources d'Apache :

```
# ./configure --with-apache=<CHEMIN DES SOURCES D'APACHE>
```

Nous devons maintenant créer une variable d'environnement SSL_BASE indiquant le répertoire d'installation d'OpenSSL. Puisque nous l'avons déjà installé, nous allons laisser **mod_ssl** le chercher pour nous sur notre système. Pour cela, il suffit de taper la commande suivante permettant de créer la variable SSL_BASE :

```
# export SSL_BASE=SYSTEM
```

Plaçons-nous maintenant dans le répertoire des sources d'Apache pour lancer sa phase de configuration avant la compilation :

```
# cd <CHEMIN DES SOURCES D'APACHE>
# ./configure with-apxs  enable-so --enable-shared=ssl <AUTRES OPTIONS>
```

`--enable-shared=ssl` nous permet de compiler le module ssl en dynamique. Si nous voulons le compiler statiquement à Apache, il suffit de remplacer cette option par `--enable-module=ssl`. Bien sûr, d'autres options peuvent s'ajouter à cette ligne de commande par exemple pour indiquer l'emplacement d'installation d'Apache, d'autres modules à compiler statiquement ou dynamiquement, etc. Reportez-vous pour cela au chapitre 3.

Nous pouvons maintenant compiler notre serveur Apache et ses modules :

```
# make
```

Installons notre serveur et ses modules :

```
# make install
```

Pour terminer, nous devons configurer Apache pour qu'il fonctionne normalement, sans le module **mod_ssl**. Pour cela, reportez-vous au chapitre 7 listant de nombreux exemples de configuration.

Une fois configuré (sans mod_sll), testons le bon fonctionnement de notre serveur Apache :

```
# /chemin/d/installation/d/apache/bin/apachectl start
```

Ensuite, lancez votre navigateur web préféré et tapez l'adresse de votre serveur. Vous devriez obtenir la fenêtre suivante si aucun site n'est encore placé sur votre serveur :

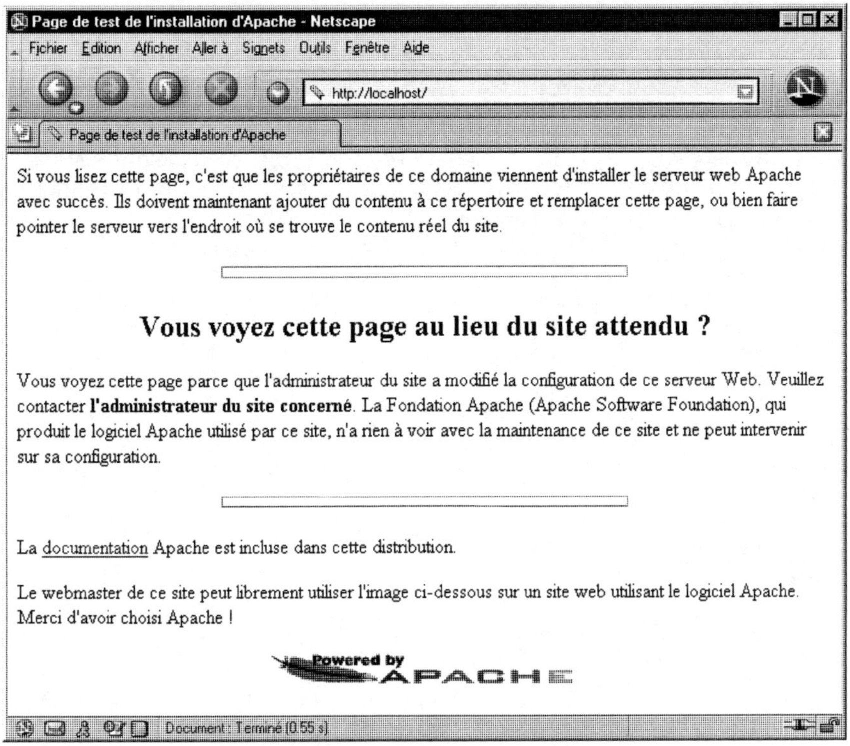

Nous pouvons arrêter notre serveur Apache :

```
# /chemin/d/installation/d/apache/bin/apachectl stop
```

Maintenant, nous allons pouvoir nous attarder sur la configuration d'Apache en mode SSL de façon à pouvoir le tester.

d. Tester mod_SSL

De façon à pouvoir tester notre serveur en mode SSL, nous allons le configurer en effectuant les étapes suivantes dans le fichier **httpd.conf**. Nous verrons plus en détail les directives du modules **mod_ssl** à la fin de ce point.

Tout d'abord, si le module a été compilé de façon à se charger dynamiquement, nous devons ajouter la ligne suivante, à adapter suivant la configuration d'Apache (son répertoire d'installation, le nom du fichier **mod_ssl**, etc) :

```
LoadModule ssl_module /usr/lib/apache/1.3/mod_sll.so
```

Ensuite, nous allons demander à notre serveur d'écouter sur les ports 80 (HTTP) et 443 (HTTPS) :

```
<IfDefine SSL>
  Listen 80
  Listen 443
</IfDefine>
```

Nous devons aussi indiquer à Apache quels types MIME renvoyer lorsque celui-ci se trouve confronté à des fichiers d'extension **.crt** (certificat) et **.crl** (fichier de révocation de certificats) :

```
<IfDefine SSL>
  AddType application/x-x509-ca-cert .crt
  AddType application/x-pkcs7-crl .crl
</IfDefine>
```

Ensuite, nous allons configurer le comportement du module **mod_ssl** en définissant son cache, ses fichiers de log, etc :

```
<IfModule mod_ssl.c>
  SSLPassPhraseDialog builtin
  SSLSessionCache dbm:/usr/local/apache/logs/ssl_scache
  SSLSessionCacheTimeout 300
  SSLMutex file:/usr/local/apache/logs/ssl_mutex
  SSLRandomSeed startup builtin
  SSLRandomSeed connect builtin
  SSLLog /usr/local/apache/logs/ssl_engine_log
  SSLLogLevel info
</IfModule>
```

Et pour terminer, nous allons créer un hôte virtuel qui se chargera de gérer toutes les connexions SSL par défaut :

```
<IfDefine SSL>
  <VirtualHost _default_:443>
    DocumentRoot /var/www/ssl/
    ServerName www.mondomaine.com
    SSLEngine on
    SSLCipherSuite
    ALL:!ADH:!EXPORT56:RC4+RSA:+HIGH:+MEDIUM:+LOW:+SSLv2:+EXP:
    +eNULL
    SSLCertificateFile /etc/apache/www.mondomaine.com.crt
    SSLCertificateKeyFile /etc/apache/www.mondomaine.com.privkey
  </VirtualHost>
</IfDefine>
```

Nous pouvons maintenant tester notre serveur Apache en mode SSL. Pour cela, démarrons-le dans ce mode :

```
# /chemin/d/installation/d/apache/bin/apachectl startssl
```

Nous pouvons alors à l'aide de notre navigateur tester ces deux adresses :
http://<L'ADRESSE DE NOTRE SERVEUR APACHE>
https://<L'ADRESSE DE NOTRE SERVEUR APACHE>

Pour arrêter notre serveur :

```
# /chemin/d/installation/d/apache/bin/apachectl stop
```

e. Les variables d'environnement du module mod_ssl

Le module **mod_ssl** fournit de nombreuses variables qui pourront être utilisées au niveau des scripts CGI par exemple. Voici une liste de ces variables :

Variable	Type	Description
HTTPS	drapeau	HTTPS est actif
SSL_PROTOCOL	chaîne de caractères	Version du protocole SSL (SSLv2 SSLv3 TLSv1)
SSL_SESSION_ID	chaîne de caractères	Identifiant de session SSL en hexadécimal
SSL_CIPHER	chaîne de caractères	Nom du chiffrage
SSL_CIPHER_EXPORT	chaîne de caractères	Vaut "True" (vrai) si le chiffrage est exporté
SSL_CIPHER_USEKEYSIZE	nombre	Nombre de bits de chiffrage utilisés
SSL_CIPHER_ALGKEYSIZE	nombre	Nombre possible de bits de chiffrage
SSL_VERSION_INTERFACE	chaîne de caractères	Version du module mod_ssl
SSL_VERSION_LIBRARY	chaîne de caractères	Version du programme OpenSSL
SSL_CLIENT_M_VERSION	chaîne de caractères	Version du certificat client
SSL_CLIENT_M_SERIAL	chaîne de caractères	Numéro de série du certificat client
SSL_CLIENT_S_DN	chaîne de caractères	Valeur DN du certificat client
SSL_CLIENT_S_DN_x509	chaîne de caractères	Composant du Sujet DN du client
SSL_CLIENT_I_DN	chaîne de caractères	DN émetteur du certificat client
SSL_CLIENT_I_DN_x509	chaîne de caractères	Composant du DN émetteur du client

Variable	Type	Description
SSL_CLIENT_V_START	chaîne de caractères	Validité du certificat client (date de création)
SSL_CLIENT_V_END	chaîne de caractères	Validité du certificat client (date de fin)
SSL_CLIENT_A_SIG	chaîne de caractères	Algorithme utilisé pour la signature du certificat client
SSL_CLIENT_A_KEY	chaîne de caractères	Algorithme utilisé pour la clé publique du certificat client
SSL_CLIENT_CERT	chaîne de caractères	Version PEM-encodée du certificat client
SSL_CLIENT_CERT_CHAINn	chaîne de caractères	Versions PEM-encodées des certificats de la chaîne de certification du client
SSL_CLIENT_VERIFY	chaîne de caractères	NONE, SUCCESS, GENEROUS ou FAILED
SSL_SERVER_M_VERSION	chaîne de caractères	Version du certificat serveur
SSL_SERVER_M_SERIAL	chaîne de caractères	Numéro de série du certificat serveur
SSL_SERVER_S_DN	chaîne de caractères	Sujet DN du certificat serveur
SSL_SERVER_S_DN_x509	chaîne de caractères	Composant du sujet DN du serveur
SSL_SERVER_I_DN	chaîne de caractères	Emetteur DN du certificat serveur
SSL_SERVER_I_DN_x509	chaîne de caractères	Composant de l'émetteur DN du serveur
SSL_SERVER_V_START	chaîne de caractères	Validité du certificat serveur (date de création)
SSL_SERVER_V_END	chaîne de caractères	Validité du certificat serveur (date de fin)
SSL_SERVER_A_SIG	chaîne de caractères	Algorithme utilisé pour la signature du certificat serveur
SSL_SERVER_A_KEY	chaîne de caractères	Algorithme utilisé pour la clé publique du certificat serveur.
SSL_SERVER_CERT	chaîne de caractères	Version PEM-encodée du certificat serveur

où x509 est un composant de x.509 DN : C, ST, L, O, OU, CN, T, I, G, S, D, UID, Email.

f. Les directives

SSLCACertificateFile

Syntaxe : `SSLCACertificateFile` *`fichier`*

Cette directive permet de définir un fichier "tout-en-un" rassemblant les certificats des autorités de certification des clients avec qui nous communiquons. Ils sont utilisés pour l'authentification client. Ce `fichier` n'est en fait que la concaténation de plusieurs fichiers de certificat PEM-encodés, dans l'ordre de préférence. Cette directive peut être utilisée avec la directive `SSLCACertificatePath`.

Exemple :

```
SSLCACertificateFile /etc/apache/ssl.crt/ca-bundle-client.crt
```

PEM : *Privacy Enhanced Mail*. Méthode permettant d'encoder un document (message, mail...) tout en vérifiant son intégrité, l'authentification de l'expéditeur et la confidentialité.

SSLCACertificatePath

Syntaxe : `SSLCACertificatePath` *`répertoire`*

Cette directive définit un répertoire où nous conserverons les certificats des autorités de certification des clients avec qui nous communiquons. Ils sont utilisés pour vérifier le certificat client lors de l'authentification client.

Dans ce répertoire, les fichiers sont PEM-encodés et sont accessibles à l'aide d'un nom de hachage. Il ne suffit donc pas de placer les fichiers certificat dans ce `répertoire` : un lien symbolique, `hash-valeur.N`, doit aussi être créé. Il faut donc toujours être sûr que ce répertoire contient bien les liens symboliques appropriés. Nous pouvons utiliser le `Makefile` fourni avec les sources du module mod_ssl pour effectuer cela.

Exemple :

```
SSLCACertificatePath /etc/apache/ssl.crt/
```

SSLCARevocationFile

Syntaxe : `SSLCARevocationFile` *`fichier`*

Cette directive permet de définir un fichier "tout-en-un" rassemblant les listes de révocation de certificat (CRL - *Certificat Revocation Lists*) des autorités de certification des clients avec qui nous communiquons. Elles sont utilisées pour l'authentification client. Ce `fichier` n'est en fait que la concaténation de plusieurs listes de révocation de certificat PEM-encodées, dans l'ordre de préférence. Cette directive peut être utilisée avec la directive `SSLCARevocationPath`.

Exemple :

```
SSLCARevocationFile /etc/apache/ssl.crl/ca-bundle-client.crl
```

SSLCARevocationPath

Syntaxe : `SSLCARevocationPath` *`répertoire`*

Cette directive définit un répertoire où nous conserverons les listes de révocation de certificat des autorités de certification des clients avec qui nous communiquons. Elles sont utilisés pour révoquer les certificats client lors de l'authentification client.

Dans ce répertoire, les fichiers sont PEM-encodés et sont accessibles à l'aide d'un nom de hachage. Il ne suffit donc pas de juste placer les listes de révocation de certificat dans ce répertoire : un lien symbolique, `hash-valeur.rN`, doit aussi être créé. Il faut donc toujours être sûr que ce répertoire contient bien les liens symboliques appropriés. Nous pouvons utiliser le `Makefile` fourni avec les sources du module **mod_ssl** pour effectuer cela.

Exemple :

```
SSLCARevocationPath /etc/apache/ ssl.crl/
```

SSLCertificateChainFile

Syntaxe : `SSLCertificateChainFile` *`fichier`*

Cette directive définit le fichier, optionnel, "tout-en-un" rassemblant l'ensemble des certificats des autorités de certification et formant la chaîne de certification du certificat de notre serveur. Elle démarre avec la délivrance du certificat de notre serveur et continue jusqu'au certificat de la plus haute instance des autorités de certification. Ce fichier n'est en fait que la concaténation des fichiers de certificat PEM-encodés, le plus souvent dans l'ordre de la chaîne.

Cette directive peut être utilisée en conjonction avec la directive `SSLCACertificate-Path` pour construire explicitement la chaîne de certification de notre serveur qui sera envoyée au client en plus du certificat de notre serveur. Ceci est spécialement utilisé pour éviter les conflits avec les certificats des autorités de certification lors de l'authentification client.

Attention ! Le fait de fournir la chaîne de certification ne fonctionne que si nous utilisons un simple certificat (basé soit sur RSA ou DSA) pour notre serveur. Si nous utilisons une paire de certificats (RSA+DSA), cela ne fonctionnera que si chaque certificat utilise la même chaîne de certification. Sinon le navigateur s'embrouillera dans cette situation.

Exemple :

```
SSLCertificateChainFile /etc/apache/ssl.crt/ca.crt
```

SSLCertificateFile

Syntaxe : `SSLCertificateFile` *`fichier`*

Cette directive définit le fichier PEM-encodé contenant le certificat de notre serveur et optionnellement la clé privée RSA ou DSA. S'il contient cette clé et que cette dernière a été cryptée, le mot de passe (pass phrase) sera demandé à chaque démarrage du serveur. Cette directive peut être utilisée deux fois lorsque le serveur utilise en parallèle deux certificats RSA et DSA.

Exemple :

```
SSLCertificateFile /etc/apache//ssl.crt/serveur.crt
```

SSLCertificateKeyFile

Syntaxe : `SSLCertificateKeyFile` *`fichier`*

Cette directive définit le fichier PEM-encodé contenant la clé privée de notre serveur. Si cette clé n'est pas incluse dans le certificat défini à l'aide de la directive `SSLCertificateFile`, nous utiliserons cette directive pour définir cette clé. Si cette clé est incluse dans le certificat, nous n'avons aucune raison d'utiliser cette directive.

Exemple :

```
SSLCertificateKeyFile /etc/apache/ssl.key/serveur.key
```

SSLCipherSuite

Syntaxe : `SSLCipherSuite` *`spécification(s)`*

Cette directive complexe utilise une chaîne de caractères décrivant les spécifications des algorithmes de chiffrement, séparées par le caractère ':'. Ces spécifications sont en fait celles utilisées par OpenSSL pour configurer les algorithmes de chiffrement utilisés lors de la négociation d'une connexion SSL par un client. Cette directive peut être utilisée dans un contexte serveur ou répertoire. Dans le premier contexte, serveur, la directive s'applique aux négociations SSL une fois la connexion établie. Dans un contexte de répertoire, elle force une renégociation SSL avec cette suite de chiffrement reconfigurée après que la requête HTTP ait été lue mais avant que sa réponse ne soit envoyée.

Une spécification est composée de quatre attributs majeurs plus quelques attributs mineurs :

- **l'algorithme d'échange de clé** (variantes RSA ou Diffie-Hellman) ;
- **l'algorithme d'authentification** (RSA, Diffie-Hellman, DSS, ou aucun 'none') ;
- **l'algorithme de chiffrement** (DES, triple-DES, RC4, RC2, IDEA ou aucun 'none') ;
- **l'algorithme de hachage MAC** (MD5, SHA ou SHA1).

Un algorithme de chiffrement SSL peut aussi être un algorithme de chiffrement autorisé à l'exportation (cf. les lois américaines sur la longueur d'une clé de chiffrement) ainsi que n'importe quel algorithme de chiffrement SSLv2 ou SSLv3/TLSv1. Pour spécifier quel algorithme utiliser, nous pouvons les lister un par un, ou utiliser des alias comme définis dans le second tableau qui suit.

	TAG	Description
Algorithme d'échange de clé	kRSA	Échange de clé RSA
	kDHr	Échange de clé Diffie-Hellman avec clé RSA
	kDHd	Échange de clé Diffie-Hellman avec clé DSA
	kEDH	(clé temporaire) échange éphémère de clé de Diffie-Hellman
Algorithme d'authentification	aNULL	Aucune authentification
	aRSA	Authentification RSA
	aDSS	Authentification DSS
	aDH	Authentification Diffie-Hellman
Algorithme de chiffrement	eNULL	Aucun chiffrement
	DES	Chiffrement DES
	3DES	Chiffrement Triple-DES (3-DES)
	RC4	Chiffrement RC4
	RC2	Chiffrement RC2
	IDEA	Chiffrement IDEA
Algorithme de hachage MAC	MD5	Fonction de hachage MD5
	SHA1	Fonction de hachage SHA1
	SHA	Fonction de hachage SHA

Aliases	
`SSLv2`	Tous les algorithmes de chiffrement SSL version 2
`SSLv3`	Tous les algorithmes de chiffrement SSL version 3.0
`TLSv1`	Tous les algorithmes de chiffrement TLS version 1.0
`EXP`	Tous les algorithmes de chiffrement autorisés à l'exportation
`EXPORT40`	Tous les algorithmes de chiffrement de longueur 40 bits
`EXPORT56`	Tous les algorithmes de chiffrement de longueur 56 bits
`LOW`	Tous les algorithmes de chiffrement faible (aucune exportation DES simple)
`MEDIUM`	Tous les algorithmes de chiffrement de longueur 128 bits
`HIGH`	Tous les algorithmes de chiffrement utilisant Triple-DES
`RSA`	Tous les algorithmes de chiffrement utilisant l'échange de clé RSA
`DH`	Tous les algorithmes de chiffrement utilisant l'échange de clé Diffie-Hellman
`EDH`	Tous les algorithmes de chiffrement utilisant l'échange de clé éphémère Diffie-Hellman
`ADH`	Tous les algorithmes de chiffrement utilisant l'échange de clé anonyme Diffie-Hellman
`DSS`	Tous les algorithmes de chiffrement utilisant l'authentification DSS
`NULL`	Toute méthode de chiffrement sans cryptographie.

Ces alias peuvent être préfixés de façon à construire notre liste d'algorithmes de chiffrement :

Aucun préfixe ajoute l'algorithme à la liste.

\+ ajoute les algorithmes à la liste en les plaçant à l'endroit même où ils sont déclarés.

\- enlève les algorithmes de la liste (ils pourront être ajoutés plus tard).

! enlève les algorithmes de la liste sans aucune possibilité de les ajouter plus tard.

La liste par défaut est la suivante :

```
ALL:!ADH:RC4+RSA:+HIGH:+MEDIUM:+LOW:+SSLv2:+EXP
```

Elle signifie qu'il faut tout d'abord enlever les algorithmes sans authentification, dans le cas de SSL, il n'y a que l'algorithme de chiffrement anonyme Diffie-Hellman. Ensuite, nous utilisons les algorithmes RC4 et RSA. Après sont inclus les algorithmes de chiffrement fort, moyen puis faible. Et pour terminer, nous ajoutons tous les algorithmes SSLv2 ainsi que les algorithmes autorisés à l'exportation.

Exemple :

```
SSLCipherSuite RSA:!EXP:!NULL:+HIGH:+MEDIUM:-LOW
```

SSLEngine

Syntaxe : `SSLEngine On|Off`

Cette directive permet d'activer ou non les fonctionnalités SSL de notre serveur. Elle est utilisée généralement à l'intérieur d'un bloc `<VirtualHost>`. Par défaut, SSL est désactivé.

Exemple :

```
<VirtualHost _default_:443>
  SSLEngine on
  ...
</VirtualHost>
```

SSLMutex

Syntaxe : `SSLMutex type`

Cette directive configure le dispositif de verrouillage du moteur SSL qui est utilisé lors des opérations sur des fichiers engendrées par les différents processus enfant d'Apache.

Les `types` suivants de dispositifs sont disponibles :

`none | no`

Il s'agit de la valeur par défaut. Aucun dispositif n'est utilisé. Cette valeur n'est pas conseillée ! Effectivement, la synchronisation des accès en écriture au cache de session de SSL passe par ce genre de mécanisme. Cette synchronisation est importante, sans quoi le cache de session risque de devenir confus...

`posixsem`

Ce type permet d'utiliser un dispositif de verrouillage POSIX quand cela est possible. Il n'est disponible que si le système le supporte.

`sysvsem`

Ce type permet d'utiliser un dispositif de verrouillage SystemV IPC quand cela est possible. Il n'est disponible que si le système le supporte.

`sem`

Ce type indique au module SSL d'utiliser le meilleur dispositif de verrouillage disponible, à choisir entre POSIX et SystemV IPC dans cet ordre. Ce type n'est disponible que si au moins l'un des deux dispositifs est supporté par le système.

`pthread`

Ce type indique au module SSL d'utiliser le mécanisme des threads POSIX si supporté par le système.

`fcntl:/chemin/d/un/fichier`

Ici, le mécanisme de verrouillage utilise un simple fichier et la fonction fcntl() (fonction contrôlant certaines opérations sur un descripteur de fichier, consultez les pages man pour avoir plus d'informations). Ce fichier doit toujours être local au système de fichiers et non sur un système de fichiers NFS ou AFS ! Ce type de mécanisme n'est disponible que si le système le supporte.

En interne, l'identifiant de processus (PID, Process ID) parent d'Apache est ajouté à la fin du fichier utilisé par le mécanisme de façon à ce qu'il soit unique, et donc qu'il n'y ait pas de conflits.

Ce type n'est pas disponible sous un environnement Win32.

`flock:/chemin/d/un/fichier`

Ce type est semblable au type `fcntl:/chemin/d/un/fichier` sauf qu'ici, il s'agit de la fonction flock(), permettant de verrouiller/déverrouiller un fichier.

`file:/chemin/d/un/fichier`

Ce type indique au module SSL d'utiliser le meilleur mécanisme de verrouillage entre la fonction fcntl et flock, dans cet ordre. Ce type n'est disponible que si le système supporte au moins l'un des deux types.

`default | yes`

Ce type indique au module SSL d'utiliser le mécanisme de verrouillage par défaut du système.

Exemple :

```
SSLMutex file:/var/lock/apache/ssl_mutex
```

SSLOptions

Syntaxe : `SSLOptions` *`[+|-]Option(s)`*

Cette directive permet de mettre en place certaines options dans un contexte de répertoire. Plusieurs directives `SSLOptions` peuvent s'appliquer à un répertoire, seule la dernière sera prise en compte, à moins que ces options ne soient précédées d'un + ou d'un -. Le signe + ajoute l'option tandis que le signe - la retire de la liste d'options s'appliquant au répertoire.

Les options disponibles sont :

`StdEnvVars`

Cette option, lorsqu'elle est active, permet de créer les variables d'environnement et de les laisser accessibles pour ce répertoire. Par défaut, cette option est désactivée pour des raisons de performance. Elle est habituellement activée seulement pour les requêtes vers des CGIs ou SSIs.

`CompatEnvVars`

Cette option permet de créer des variables d'environnement supplémentaires de façon à ce qu'Apache soit compatible avec d'autres implémentations SSL d'Apache.

`ExportCertData`

Cette option crée des variables CGI/SSI d'environnement supplémentaires : `SSL_SERVER_CERT`, `SSL_CLIENT_CERT` et `SSL_CLIENT_CERT_CHAINn` (avec `n` = 0,1,2,..). Elles contiennent les versions PEM-encodées des certificats du serveur et client pour la connexion HTTPS en cours.

`FakeBasicAuth`

Si cette option est activée, le "Distinguished Name" (DN) contenu dans le certificat du client est transformé en un login utilisé lors de l'authentification HTTP basique (*HTTP Basic Authorization Username*). De cette manière, la méthode d'authentification HTTP peut être utilisée pour contrôler l'accès.

Attention ! Aucun mot de passe n'est demandé à l'utilisateur. Chacun de ces logins doit posséder, dans le fichier utilisateur (/etc/passwd par exemple), le mot de passe "`xxj31ZMTZzkVA`" qui correspond au mot "password" chiffré à l'aide de l'algorithme DES. Sur un système supportant le chiffrement MD5 (FreeBSD, BSD/OS...), il faut utiliser le haché "`` ` ` ``1OXLyS...$Owx8s2/m9/gfkcRVXzgoE/" correspondant au même mot.

`StrictRequire`

Cette option, lorsqu'elle est active, interdit l'accès à un répertoire en concordance avec les directives `SSLRequireSSL` et `SSLRequire`. Habituellement, les effets de ces deux directives sont annulés par une ligne `Satisfy Any`. L'utilisation de cette option permet donc de fournir un accès strict à une ressource malgré la présence d'une directive `Satisfy Any`.

`OptRenegotiate`

Cette option permet d'optimiser les connexions SSL lors de renégociations dans un contexte de répertoire.

Exemple :

```
SSLOptions +FakeBasicAuth -StrictRequire
<Files ~ "\.(cgi|shtml)$">
  SSLOptions +StdEnvVars +CompatEnvVars -ExportCertData
<Files>
```

SSLPassPhraseDialog

Syntaxe : `SSLPassPhraseDialog` *`type`*

Lorsqu'Apache démarre en mode SSL, il lit ses différents certificats (directive `SSLCertificateFile`) et sa clé privée (directive `SSLCertificateKeyFile`). Pour des raisons de sécurité, cette clé peut être chiffrée et lors de son accès, un mot de passe (ou pass phrase) est demandé à l'administrateur de façon à pouvoir la lire. Cette demande peut être faite de deux façons différentes, définies à l'aide de la directive `SSLPassPhraseDialog` :

`builtin`

Il s'agit de la valeur par défaut : juste avant qu'Apache ne passe en arrière-plan, un message apparaît et demande, pour chaque clé chiffrée, à ce qu'un mot de passe soit tapé. Parce qu'un même serveur peut héberger de nombreux sites SSL (`VirtualHost`), le schéma suivant est utilisé de façon à minimiser le dialogue : lorsqu'une clé privée est chiffrée, tous les mots de passe connus (c'est-à-dire ceux qui ont déjà été tapés, et au début il n'y en a donc aucun) sont essayés. Si l'un de ces mots de passe convient, Apache passe à la clé suivante. Si aucun ne convient, Apache demande ce mot de passe qui sera peut-être réutilisé pour une autre clé. Ce schéma est bien utile par exemple dans le cas de N clés privées chiffrées avec le même mot de passe. Ce dernier ne sera alors demandé qu'une seule fois !

`exec:/chemin/vers/un/programme`

Ici, nous indiquons le chemin d'un programme. Celui-ci sera appelé au démarrage d'Apache pour chaque clé privée chiffrée. Deux paramètres lui seront passés : le premier, de la forme `nomDuServeur:Port`, indique quel serveur demande un mot de passe, et le second, de valeur `RSA` ou `DSA`, indique l'algorithme à utiliser pour chiffrer le mot de passe. Ce mot de passe chiffré sera envoyé sur la sortie standard (stdout) du programme.

Le schéma utilisé dans le type précédent permettant de limiter le dialogue est aussi utilisé dans ce type. Donc, le programme ne sera appelé qu'une seule fois par mot de passe.

Exemple :

```
SSLPassPhraseDialog exec:/usr/local/apache/sbin/pp-filter
```

SSLProtocol

Syntaxe : `SSLProtocol` *`[+|-]protocol`*

Cette directive permet de spécifier les protocoles qui devront être utilisés lors de l'établissement de l'environnement du serveur et la connexion des clients.

Les protocoles reconnus sont (insensibles à la casse) :

`SSLv2`

Il s'agit du protocole SSL dans sa version 2.0, le SSL originel développé par Netscape Corporation.

`SSLv3`

Il s'agit de la version 3.0 du protocole SSL, le successeur de la version 2.0 et la version standardisée. Elle est supportée par la plupart des navigateurs web.

`TLSv1`

Il s'agit de la version 1.0 du protocole TLS (*Transport Layer Security*), successeur de la version 3.0 du protocole SSL et gérée par l'IETF (*Internet Engineering Task Force*). Cette version n'est pas encore bien supportée par tous les navigateurs.

`All`

Il s'agit d'un raccourci à "+SSLv2 +SSLv3 +TLSv1"

Exemple activant tous les protocoles sauf la version 2.0 de SSL :

```
SSLProtocol All -SSLv2
```

SSLProxyCACertificateFile

Syntaxe : `SSLProxyCACertificateFile` *`fichier`*

Cette directive permet de définir un `fichier` "tout-en-un" rassemblant les certificats des autorités de certification des serveurs distants avec qui nous communiquons. Ils sont utilisés pour l'authentification des serveurs distants. Ce fichier n'est en fait que la concaténation de plusieurs fichiers de certificat PEM-encodés, dans l'ordre de préférence. Cette directive peut être utilisée avec la directive `SSLProxyCACertificatePath`.

Exemple :

```
SSLProxyCACertificateFile /etc/apache/ssl.crt/ca-bundle-remote-server.crt
```

SSLProxyCACertificatePath

Syntaxe : `SSLProxyCACertificatePath` *`répertoire`*

Cette directive définit un `répertoire` où nous conserverons les certificats des autorités de certification des serveurs distants avec qui nous communiquons. Ils sont utilisés pour vérifier le certificat du serveur distant lors de l'authentification de ce dernier.

Dans ce répertoire, les fichiers sont PEM-encodés et sont accessibles à l'aide d'un nom de hachage. Il ne suffit donc pas de placer les fichiers certificat dans ce répertoire : un lien symbolique, `hash-valeur.N`, doit aussi être créé. Il faut donc toujours être sûr que ce répertoire contient bien les liens symboliques appropriés. Nous pouvons utiliser le `Makefile` fourni avec les sources du module **mod_ssl** pour effectuer cela.

Exemple :

```
SSLProxyCACertificatePath /etc/apache//ssl.crt/
```

SSLProxyCARevocationFile

Syntaxe : `SSLProxyCARevocationFile` *`fichier`*

Cette directive permet de définir un fichier "tout-en-un" rassemblant les listes de révocation de certificat (CRL - *Certificat Revocation Lists*) des autorités de certification des serveurs distants avec qui nous communiquons. Ils sont utilisés pour l'authentification des serveurs distants. Ce fichier n'est en fait que la concaténation de plusieurs listes de révocation de certificat PEM-encodées, dans l'ordre de préférence. Cette directive peut être utilisée avec la directive `SSLCARevocationPath`.

Exemple :

```
SSLProxyCARevocationFile /etc/apache/ssl.crl/ca-bundle-remote-server.crl
```

SSLProxyCARevocationPath

Syntaxe : `SSLProxyCARevocationPath` *`répertoire`*

Cette directive définit un répertoire où nous conserverons les listes de révocation de certificat des autorités de certification des serveurs distants avec qui nous communiquons. Ils sont utilisés pour révoquer le certificat du serveur distant lors de son authentification.

Dans ce répertoire, les fichiers sont PEM-encodés et sont accessibles à l'aide d'un nom de hachage. Il ne suffit donc pas de placer les listes de révocation de certificat dans ce répertoire : un lien symbolique, `hash-valeur.rN`, doit aussi être créé. Il faut donc toujours être sûr que ce répertoire contient bien les liens symboliques appropriés. Nous pouvons utiliser le `Makefile` fourni avec les sources du module **mod_ssl** pour effectuer cela.

Exemple :

```
SSLProxyCARevocationPath /etc/apache/ssl.crl/
```

SSLProxyCipherSuite

Syntaxe : `SSLProxyCipherSuite` *`spécification(s)`*

Identique à la directive `SSLCipherSuite`, mais pour une connexion proxy.

SSLProxyEngine

Syntaxe : `SSLProxyEngine` *`On/Off`*

Cette directive permet d'activer ou non les fonctionnalités SSL d'un proxy. Elle est utilisée généralement à l'intérieur d'un bloc `<VirtualHost>`. Par défaut, SSL est désactivé.

Exemple :

```
<VirtualHost _default_:443>
  SSLProxyEngine on
  ...
</VirtualHost>
```

SSLProxyMachineCertificateFile

Syntaxe : `SSLProxyMachineCertificateFile` *`fichier`*

Cette directive permet de définir un `fichier` "tout-en-un" rassemblant les fichiers de certificat des autorités de certification des clients proxy avec qui nous communiquons. Ils sont utilisés pour l'authentification du serveur proxy vers les serveurs distants.

Ce fichier n'est en fait que la concaténation de plusieurs fichiers de certificat PEM-encodées, dans l'ordre de préférence. Cette directive peut être utilisée avec la directive `SSLPRoxyMAchineCertificatePath`.

Exemple :

```
SSLProxyMachineCertificatePath /etc/apache/ssl.crt/
```

SSLProxyMachineCertificatePath

Syntaxe : `SSLProxyMachineCertificatePath` *`répertoire`*

Cette directive définit un répertoire où nous conserverons les certificats des autorités de certification des clients proxy avec qui nous communiquons. Ils sont utilisés pour vérifier le certificat du client proxy lors de l'authentification du serveur proxy vers les serveurs distants.

Dans ce répertoire, les fichiers sont PEM-encodés et sont accessibles à l'aide d'un nom de hachage. Il ne suffit donc pas de placer les fichiers certificat dans ce répertoire : un lien symbolique, `hash-valeur.N`, doit aussi être créé. Il faut donc toujours être sûr que ce répertoire contient bien les liens symboliques appropriés. Nous pouvons utiliser le `Makefile` fourni avec les sources du module **mod_ssl** pour effectuer cela.

Exemple :

```
SSLProxyMachineCertificatePath /etc/apache/ssl.crt/
```

SSLProxyProtocol

Syntaxe : `SSLProxyProtocol` *`[+|-]protocole`*

Cette directive est utilisée pour contrôler les spécificités du protocole SSL que le module mod_ssl utilise lors des connexions proxy. Pour plus d'informations, reportez-vous à la directive `SSLProtocol`.

SSLProxyVerify

Syntaxe : `SSLProxyVerify` *`niveau`*

Cette directive définit le niveau de vérification du certificat pour l'authentification d'un serveur distant. Cette directive peut être utilisée dans un contexte serveur ou répertoire. Dans un contexte serveur, elle s'applique au processus d'authentification d'un serveur distant utilisé en standard par SSL lors de l'établissement d'une connexion. Dans un contexte de répertoire, cette directive force une renégociation SSL en prenant en compte ce nouveau niveau, après que la requête HTTP ait été lue mais avant que sa réponse ne soit envoyée.

Les niveaux disponibles sont :

`None`	aucun certificat d'un serveur distant n'est requis.
`Optional`	le serveur distant a le choix de présenter ou non son certificat.
`Require`	le serveur distant est obligé de présenter son certificat.
`optional_no_ca`	le serveur distant peut présenter son certificat mais n'a pas besoin d'être validé.

Exemple :

```
SSLProxyVerify require
```

SSLProxyVerifyDepth

Syntaxe : `SSLProxyVerifyDepth` *`nombre`*

Cette directive définit à quel *nombre* de niveaux mod_ssl considère qu'un serveur distant ne possède pas un certificat valide. Elle peut être utilisée dans un contexte serveur ou par répertoire. Dans le contexte serveur, la vérification s'applique lors du processus d'authentification du client au moment de la connexion SSL. Dans un contexte de répertoire, cette directive force une renégociation SSL et une vérification après la requête HTTP mais avant que la réponse HTTP ne soit envoyée.

Ce nombre (profondeur) représente le nombre de certificats intermédiaires délivrés, c'est-à-dire le nombre maximal de certificats d'autorité de certification autorisés à être suivis lors de la vérification du certificat du serveur distant. Une profondeur de 0 indique que seuls les certificats autosignés sont autorisés. La valeur par défaut de 1 indique que les certificats autosignés sont autorisés, mais aussi ceux signés par une autorité de certification directement connue du serveur (c'est-à-dire que le certificat de cette autorité est contenu dans le répertoire défini à l'aide de la directive `SSLProxyCACertificatePath`).

Exemple :

```
SSLProxyVerifyDepth 10
```

SSLRandomSeed

Syntaxe : `SSLRAndomSeed` *`contexte source [octets]`*

Cette directive permet de définir une ou plusieurs `sources` générant la fameuse "graine" utile au bon fonctionnement du générateur de nombre pseudo-aléatoire d'OpenSSL. Cette directive n'est utilisée qu'au niveau de la configuration générale du serveur.

Le paramètre *contexte* indique à quel moment sont appelées ces sources. Il existe deux valeurs :

`Startup`	indique que la ou les sources sont appelées au démarrage du serveur.
`Connect`	indique que cet appel se fait lors d'une connexion SSL.

Le paramètre `source` peut être :

`builtin`

Cette source, toujours disponible, est peu consommatrice de temps CPU. Elle consiste en l'utilisation de l'heure courante, de l'identifiant du processus courant (PID) et d'un extrait d'une taille de 1 Ko, choisi aléatoirement, provenant des processus d'Apache. Cette source ne devrait pas être utilisée au démarrage car son entropie se révèle trop faible à ce moment (L'entropie caractérise le désordre d'un système, c'est-à-dire son état à un moment donné).

`file:/chemin/vers/un/fichier`

Cette source utilise un fichier externe comme générateur de "graine". Lorsque le paramètre *octets* est spécifié, il indique le nombre d'octets qui seront extraits de ce fichier. Sans ce paramètre, le fichier entier sera utilisé. Cette source peut être utilisée lors du démarrage du serveur, surtout quand ce fichier est un des fichiers spéciaux (devices) `/dev/random` ou `/dev/urandom`.

Attention, il faut préférer `/dev/urandom` à `/dev/random`. Effectivement, ce dernier ne fournit que ce qu'il peut fournir. Si nous lui demandons 512 octets et qu'il ne peut fournir que 100 octets, deux choses peuvent arriver : sur certains systèmes, nous recevrons seulement les 100 octets, tandis que sur d'autres systèmes, la lecture de ce device sera bloquée tant que les 512 octets n'auront pas été reçus. `/dev/urandom` ne se bloque jamais.

`exec:/chemin/vers/un/programme`

Cette fois-ci, la source est un programme dont nous lirons la sortie standard. Tout comme le fichier, le nombre d'octets lus sur la sortie standard peut être indiqué. Cette source ne devrait être utilisée que durant le démarrage du serveur. Utilisée lors de connexions, elle ralentirait le serveur.

`egd:/chemin/vers/le/socket/egd` (seulement sur les systèmes Unix)

Cette source utilise un socket spécial pouvant remplacer `/dev/random`.
Plus d'informations à propos de ce socket peuvent être obtenues à l'adresse http://www.lothar.com/tech/crypto/.

Exemple :

```
SSLRandomSeed startup builtin
SSLRandomSeed startup file:/dev/random
SSLRandomSeed startup file:/dev/urandom 1024
SSLRandomSeed startup exec:/usr/local/bin/truerand 16
SSLRandomSeed connect builtin
SSLRandomSeed connect file:/dev/random
SSLRandomSeed connect file:/dev/urandom 1024
```

SSLRequire

Syntaxe : `SSLRequire` *`expression`*

Cette directive définit une `expression` qui doit être validée (sa valeur doit être vraie (true)) pour qu'un accès soit autorisé.

Voici la définition de cette expression (notation BNF) :

```
expr     ::= "true" | "false"
           | "!" expr
           | expr "&&" expr
           | expr "||" expr
           | "(" expr ")"
           | comp

comp     ::= word "==" word | word "eq" word
           | word "!=" word | word "ne" word
           | word "<"  word | word "lt" word
           | word "<=" word | word "le" word
           | word ">"  word | word "gt" word
           | word ">=" word | word "ge" word
           | word "in" "{" wordlist "}"
           | word "=~" regex
           | word "!~" regex

wordlist ::= word
           | wordlist "," word

word     ::= digit
           | cstring
           | variable
           | function

digit    ::= [0-9]+
cstring  ::= "..."
variable ::= "%{" varname "}"
function ::= funcname "(" funcargs ")"
```

`varname` peut être l'une des variables des tableaux suivants :

Variables standard des CGI/1.0 et Apache		
HTTP_USER_AGENT	PATH_INFO	AUTH_TYPE
HTTP_REFERER	QUERY_STRING	SERVER_SOFTWARE
HTTP_COOKIE	REMOTE_HOST	API_VERSION
HTTP_FORWARDED	REMOTE_IDENT	TIME_YEAR

Variables standard des CGI/1.0 et Apache		
HTTP_HOST	IS_SUBREQ	TIME_MON
HTTP_PROXY_CONNECTION	DOCUMENT_ROOT	TIME_DAY
HTTP_ACCEPT	SERVER_ADMIN	TIME_HOUR
HTTP:headername	SERVER_NAME	TIME_MIN
THE_REQUEST	SERVER_PORT	TIME_SEC
REQUEST_METHOD	SERVER_PROTOCOL	TIME_WDAY
REQUEST_SCHEME	REMOTE_ADDR	TIME
REQUEST_URI	REMOTE_USER	ENV:variablename
REQUEST_FILENAME		

Variables SSL		
HTTPS	SSL_CLIENT_M_VERSION	SSL_SERVER_M_VERSION
	SSL_CLIENT_M_SERIAL	SSL_SERVER_M_SERIAL
SSL_PROTOCOL	SSL_CLIENT_V_START	SSL_SERVER_V_START
SSL_SESSION_ID	SSL_CLIENT_V_END	SSL_SERVER V_END
SSL_CIPHER	SSL_CLIENT_S_DN	SSL_SERVER_S_DN
SSL_CIPHER_EXPORT	SSL_CLIENT_S_DN_C	SSL_SERVER_S_DN_C
SSL_CIPHER_ALGKEYSIZE	SSL_CLIENT_S_DN_ST	SSL_SERVER_S_DN_ST
SSL_CIPHER_USEKEYSIZE	SSL_CLIENT_S_DN_L	SSL_SERVER_S_DN_L
SSL_VERSION_LIBRARY	SSL_CLIENT_S_DN_O	SSL_SERVER_S_DN_O
SSL_VERSION_INTERFACE	SSL_CLIENT_S_DN_OU	SSL_SERVER_S_DN_OU
	SSL_CLIENT_S_DN_CN	SSL_SERVER_S_DN_CN
	SSL_CLIENT_S_DN_T	SSL_SERVER_S_DN_T
	SSL_CLIENT_S_DN_I	SSL_SERVER_S_DN_I
	SSL_CLIENT_S_DN_G	SSL_SERVER_S_DN_G
	SSL_CLIENT_S_DN_S	SSL_SERVER_S_DN_S
	SSL_CLIENT_S_DN_D	SSL_SERVER_S_DN_D
	SSL_CLIENT_S_DN_UID	SSL_SERVER_S_DN_UID

Variables SSL		
	SSL_CLIENT_S_DN_Email	SSL_SERVER_S_DN_Email
	SSL_CLIENT_I_DN	SSL_SERVER_I_DN
	SSL_CLIENT_I_DN_C	SSL_SERVER_I_DN_C
	SSL_CLIENT_I_DN_ST	SSL_SERVER_I_DN_ST
	SSL_CLIENT_I_DN_L	SSL_SERVER_I_DN_L
	SSL_CLIENT_I_DN_O	SSL_SERVER_I_DN_O
	SSL_CLIENT_I_DN_OU	SSL_SERVER_I_DN_OU
	SSL_CLIENT_I_DN_CN	SSL_SERVER_I_DN_CN
	SSL_CLIENT_I_DN_T	SSL_SERVER_I_DN_T
	SSL_CLIENT_I_DN_I	SSL_SERVER_I_DN_I
	SSL_CLIENT_I_DN_G	SSL_SERVER_I_DN_G
	SSL_CLIENT_I_DN_S	SSL_SERVER_I_DN_S
	SSL_CLIENT_I_DN_D	SSL_SERVER_I_DN_D
	SSL_CLIENT_I_DN_UID	SSL_SERVER_I_DN_UID
	SSL_CLIENT_I_DN_Email	SSL_SERVER_I_DN_Email
	SSL_CLIENT_A_SIG	SSL_SERVER_A_SIG
	SSL_CLIENT_A_KEY	SSL_SERVER_A_KEY
	SSL_CLIENT_CERT	SSL_SERVER_CERT
	SSL_CLIENT_CERT_CHAINn	
	SSL_CLIENT_VERIFY	

`funcname` est une fonction.

`file(fichier)`

Cette fonction prend comme paramètre une chaîne de caractères représentant le chemin d'un fichier. La fonction est alors remplacée par le contenu du fichier.

Exemple :

```
SSLRequire ( %{SSL_CIPHER} !~ m/^(EXP|NULL)-/ \
and %{SSL_CLIENT_S_DN_O} eq "Snake Oil, Ltd." \
and %{SSL_CLIENT_S_DN_OU} in {"Staff", "CA", "Dev"} \
and %{TIME_WDAY} >= 1 and %{TIME_WDAY} <= 5 \
and %{TIME_HOUR} >= 8 and %{TIME_HOUR} <= 20 ) \
or %{REMOTE_ADDR} =~ m/^192\.76\.162\.[0-9]+$/
```

SSLRequireSSL

Syntaxe : `SSLRequireSSL`

Cette directive interdit l'accès à une ressource à moins que cet accès ne soit effectué à l'aide de "SSL au-dessus de HTTP", c'est-à-dire HTTPS. Cette directive permet de se prémunir contre les erreurs de configuration qui donneraient accès à des ressources protégées, sans utiliser SSL. Elle permet de refuser toute connexion qui n'utilise pas SSL !

Exemple :

```
SSLRequireSSL
```

SSLSessionCache

Syntaxe : `SSLSessionCache` *`type`*

Cette directive définit le *`type`* du cache de session de SSL. Ce cache permet d'accélérer la prise en compte de requêtes en parallèle.

Ce *`type`* peut être :

`none`

Il s'agit de la valeur par défaut, désactivant ce cache de session.

`dbm:/chemin/vers/un/fichierDBM`

Ici, nous utilisons un fichier DBM comme cache de session.

`shm:/chemin/vers/un/fichier[(taille)]`

Ce type de cache est une table de hachage (de taille approximative de `taille` octets) à l'intérieur d'un segment de mémoire partagée en RAM.

Exemples :

```
SSLSessionCache dbm:/var/apache/logs/ssl_gcache_data
SSLSessionCache shm:/var/apache/logs/ssl_gcache_data(512000)
```

SSLSessionCacheTimeout

Syntaxe : `SSLSessionCacheTimeout` *`secondes`*

Cette directive définit le temps en secondes pendant lequel les informations sont conservées dans le cache de session SSL et dans la mémoire cache interne d'OpenSSL.

Pour des tests, il peut être défini à moins de 15 secondes. Cette valeur devrait être supérieure à 300 secondes en utilisation normale.

Exemple :

```
SSLSessionCacheTimeout 600
```

SSLVerifyClient

Syntaxe : `SSLVerifyClient` *`niveau`*

Cette directive définit le niveau de vérification du certificat pour l'authentification d'un client. Cette directive peut être utilisée dans un contexte serveur ou répertoire. Dans un contexte serveur, elle s'applique au processus d'authentification d'un client utilisé en standard par SSL lors de l'établissement d'une connexion. Dans un contexte de répertoire, cette directive force une renégociation SSL en prenant en compte ce nouveau niveau, après que la requête HTTP ait été lue mais avant que sa réponse ne soit envoyée.

Les niveaux disponibles sont :

`None`	aucun certificat du client n'est requis.
`Optional`	le client a le choix de présenter ou non son certificat.
`require`	le client est obligé de présenter son certificat.
`optional_no_ca`	le client peut présenter son certificat mais n'a pas besoin d'être validé.

Exemple :

```
SSLVerifyClient require
```

SSLVerifyDepth

Syntaxe : `SSLVerifyDepth` *`nombre`*

Cette directive définit à quel *`nombre`* de niveaux mod_ssl considère qu'un client ne possède pas un certificat valide. Elle peut être utilisée dans un contexte serveur ou par répertoire. Dans le contexte serveur, la vérification s'applique lors du processus d'authentification du client au moment de la connexion SSL. Dans un contexte de répertoire, cette directive force une renégociation SSL et une vérification après la requête HTTP mais avant que la réponse HTTP ne soit envoyée.

Ce *`nombre`* (profondeur) représente le nombre de certificats intermédiaire délivrés, c'est-à-dire le nombre maximal de certificats d'autorité de certification autorisés à être suivis lors de la vérification du certificat du client. Une profondeur de 0 indique que seuls les certificats autosignés sont autorisés. La valeur par défaut de 1 indique que les certificats autosignés sont autorisés, mais aussi ceux signés par une autorité de certification directement connue du serveur (c'est-à-dire que le certificat de cette autorité est contenu dans le répertoire défini à l'aide de la directive `SSLCACertificatePath`).

Exemple :

```
SSLVerifyDepth 10
```

Chapitre 7 : Exemples de configuration

Dans ce chapitre, nous allons étudier plusieurs configurations, de la plus simple, en se basant sur des cas précis, et en terminant par une configuration plus compliquée et complète.

A. Une configuration minimale

Nous allons étudier un fichier de configuration **httpd.conf** correspondant à une configuration minimale. Nous ajouterons des directives au fur et à mesure de façon à l'améliorer et à obtenir au final un serveur minimal répondant correctement à des requêtes basiques.

Tout d'abord, présentons le serveur Apache que nous allons utiliser tout au long de ce chapitre. Voici sa version et les variables avec lesquelles il a été compilé :

```
# apache -V
Server version: Apache/1.3.26 (Unix) Debian GNU/Linux
Server built:   Oct 26 2002 09:15:15
Server's Module Magic Number: 19990320:13
Server compiled with....
 -D EAPI
 -D HAVE_MMAP
 -D HAVE_SHMGET
 -D USE_SHMGET_SCOREBOARD
 -D USE_MMAP_FILES
 -D HAVE_FCNTL_SERIALIZED_ACCEPT
 -D HAVE_SYSVSEM_SERIALIZED_ACCEPT
 -D SINGLE_LISTEN_UNSERIALIZED_ACCEPT
 -D HTTPD_ROOT="/usr"
 -D SUEXEC_BIN="/usr/lib/apache/suexec"
 -D DEFAULT_PIDLOG="/var/run/apache.pid"
 -D DEFAULT_SCOREBOARD="/var/run/apache.scoreboard"
 -D DEFAULT_LOCKFILE="/var/run/apache.lock"
 -D DEFAULT_ERRORLOG="/var/log/apache/error.log"
 -D TYPES_CONFIG_FILE="/etc/mime.types"
 -D SERVER_CONFIG_FILE="/etc/apache/httpd.conf"
 -D ACCESS_CONFIG_FILE="/etc/apache/access.conf"
 -D RESOURCE_CONFIG_FILE="/etc/apache/srm.conf"
```

Ensuite, voici les modules compilés statiquement à notre Apache :

```
# apache -l
Compiled-in modules:
  http_core.c
  mod_so.c
  mod_macro.c
suexec: enabled; valid wrapper /usr/lib/apache/suexec
```

Très peu de modules ont été compilés statiquement. Le module **mod_so** est présent : il nous permettra de charger dynamiquement tous les autres modules au besoin.

Voici notre premier fichier **httpd.conf** :

```
User www-data
Group www-data
DocumentRoot /var/www/
```

Nous y indiquons sous quel utilisateur (`User`) et groupe (`Group`) notre serveur va fonctionner. Nous indiquons aussi où se trouve la racine (`DocumentRoot`) de notre site web (l'emplacement des différents fichiers constituant notre site) contenant un fichier `index.html`.

Testons notre serveur avec un navigateur web et tapons son adresse. Voici ce que nous obtenons :

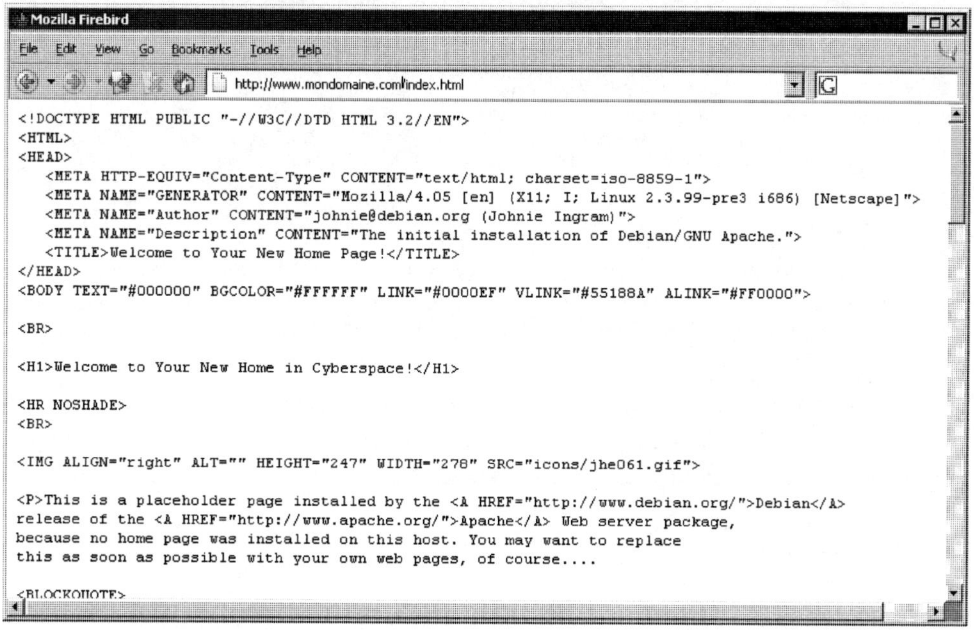

Notre navigateur a bien reçu le fichier **index.html** mais l'a considéré comme un fichier texte et l'a affiché comme tel. Pour que ce fichier soit considéré comme un fichier html, ajoutons la ligne suivante à **httpd.conf** :

```
LoadModule mime_module /usr/lib/apache/1.3/mod_mime.so
```

Cette ligne charge le module s'occupant des types MIME. Retestons notre serveur :

La page s'affiche correctement... si et seulement si nous indiquons l'adresse complète, comme par exemple http://www.mondomaine.com/index.html. Si nous indiquons l'adresse http://www.mondomaine.com/ , le navigateur nous répondra qu'il n'a pas trouvé la page. Il faut donc que nous indiquions à notre serveur Apache quel fichier il doit afficher par défaut. Ajoutons pour cela les lignes suivantes :

```
LoadModule dir_module /usr/lib/apache/1.3/mod_dir.so
DirectoryIndex index.html index.htm
```

Nous obtenons un fichier de configuration **httpd.conf** minimal :

```
## httpd.conf ##

# Utilisateur et Groupe du serveur
User www-data
Group www-data

# racine du serveur
DocumentRoot /var/www/

# chargement des modules
LoadModule mime_module /usr/lib/apache/1.3/mod_mime.so
LoadModule dir_module /usr/lib/apache/1.3/mod_dir.so

# fichier à afficher par défaut
DirectoryIndex index.html index.htm
```

B. Sécurité minimale du serveur

À notre fichier **httpd.conf** minimal, nous allons ajouter quelques directives de façon à sécuriser au minimum notre serveur.

Nous allons tout simplement interdire l'accès au système de fichiers à partir de la racine / et autoriser cet accès pour tous à partir de la racine du site **/var/www**. De plus, nous allons désactiver toutes les options (celles généralement définies à l'aide de la directive `Options`) à partir de /. Pour cela, il suffit d'ajouter les lignes suivantes au fichier **httpd.conf** minimal :

```
LoadModule access_module /usr/lib/apache/1.3/mod_access.so

<Directory />
    Options None
    Order deny,allow
    Deny from all
</Directory>

<Directory /var/www/>
    Order allow,deny
    Allow from all
</Directory>
```

C. Mise en place des logs du serveur

À tout moment, pour régler différents problèmes et savoir ce qui se passe sur notre serveur, nous aurons besoin des logs.

Commençons par nous occuper des erreurs. Nous allons les placer dans le fichier **/var/log/apache/error.log** et définir son niveau de verbosité à `warn`. Ajoutons ces deux lignes au fichier **httpd.conf** :

```
ErrorLog /var/log/apache/error.log
LogLevel warn
```

Si nous désirons obtenir d'autres logs, comme par exemple avoir connaissance de tous les accès à notre serveur web, nous devrons définir un format de log personnel. Pour prendre en charge cette fonctionnalité, nous chargeons le module approprié en ajoutant la ligne suivante au fichier **httpd.conf** :

```
LoadModule config_log_module /usr/lib/apache/1.3/mod_log_config.so
```

Ensuite, définissons notre format personnel que nous nommerons `full`. Pour cela, ajoutons la ligne suivante :

```
LogFormat "%h %l %u %t \"%r\" %>s %b \"%{Referer}i\" \"%{User-Agent}i\"
%T %v" full
```

Ensuite, il nous faut définir dans quel fichier nous allons écrire tous ces logs :

```
CustomLog /var/log/apache/access.log full
```

Les logs sont facilement personnalisables : il suffit de créer différents formats et d'utiliser ces derniers avec différents fichiers, comme par exemple :

```
LogFormat "%h %l %u %t \"%r\" %>s %b \"%{Referer}i\" \"%{User-Agent}i\"
" combined
LogFormat "%h %l %u %t \"%r\" %>s %b" common
LogFormat "%{Referer}i -> %U" referer
LogFormat "%{User-agent}i" agent

CustomLog /var/log/apache/access.log  combined
CustomLog /var/log/apache/access.log  common
CustomLog /var/log/apache/referer.log referer
CustomLog /var/log/apache/agent.log   agent
```

D. Un peu de dynamique sur notre serveur ?

Notre serveur peut avoir besoin de générer dynamiquement des pages. Il existe différents manières de le faire, suivant les besoins. Voici trois exemples.

1. Le support des scripts CGIs

Le support des scripts CGI peut être activé de différentes façons. Créons par exemple le script suivant, nommé **test.cgi** sous Linux (ou **test.bat** sous Windows) et plaçons-le à la racine de notre site web :

```
#!/bin/bash
## test.cgi ##
echo "content-type: text/plain"
echo
echo "Coin ! Coin !"

REM test.bat
@echo off
echo "content-type: text/plain"
echo.
echo "Coin ! Coin !"
```

Si nous ouvrons notre navigateur et tapons l'adresse http://www.mondomaine.com/test.cgi, nous allons obtenir le contenu de notre script !

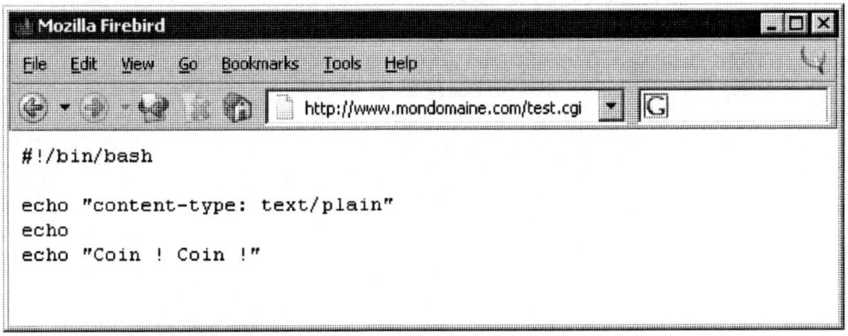

Effectivement, Apache ne sait pas encore qu'il s'agit d'un script !

Chargeons le module qui permet au serveur de prendre en charge les scripts CGI :

```
LoadModule cgi_module /usr/lib/apache/1.3/mod_cgi.so
```

Ensuite, indiquons à notre serveur que les fichiers dont l'extension est .cgi (ou .bat pour Windows) sont des scripts CGI :

```
AddHandler cgi-script .cgi .bat
```

Enfin, nous devons autoriser l'exécution de scripts CGI à la racine (il suffit d'ajouter la ligne `Options +ExecCGI`) :

```
<Directory /var/www/>
    Options +ExecCGI
    Order allow,deny
    Allow from all
</Directory>
```

Testons à nouveau notre adresse http://www.mondomaine.com/test.cgi :

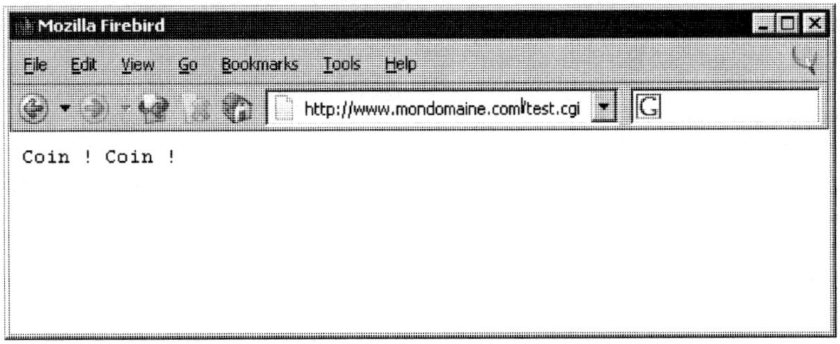

Notre script fonctionne !

Malheureusement, cette configuration n'est pas très sécurisée ! Il vaudrait mieux exécuter les scripts en dehors de l'arborescence du site. Pour cela, effaçons la ligne `Options +ExecCGI` que nous avons auparavant ajoutée à notre bloc `<Directory /var/www/> ... </Directory>`. Puis ajoutons les lignes suivantes à la suite de notre fichier **httpd.conf** :

```
LoadModule alias_module /usr/lib/apache/1.3/mod_alias.so
ScriptAlias /cgi-bin/ /usr/lib/cgi-bin/
```

Et déplaçons notre script dans le répertoire **/usr/lib/cgi-bin** que nous créons :

```
# mkdir-p /usr/lib/cgi-bin
# mv /var/www/test.cgi /usr/lib/cgi-bin/
```

Enfin, autorisons l'accès à ce répertoire en ajoutant ceci dans le fichier **httpd.conf** :

```
<Directory /usr/lib/cgi-bin/>
  Order allow,deny
  Allow from all
</Directory>
```

En appellant le script avec l'adresse http://www.mondomaine.com/cgi-bin/test.cgi, nous obtiendrons exactement la même chose que précédemment, mais de façon plus sécurisée.

2. Le support SSI (Server Side Includes)

Le principe est le même que pour le support CGI : il faut indiquer au serveur Apache quelles sont les extensions des fichiers contenant des commandes SSI et définir un répertoire (souvent la racine du site) ayant le droit d'exécuter ce genre de fichiers. Pour cela, il suffit d'ajouter les lignes suivantes au fichier **httpd.conf** :

```
LoadModule includes_module /usr/lib/apache/1.3/mod_include.so
AddType text/html .shtml
AddHandler server-parsed .shtml
```

Enfin, modifions notre bloc `<Directory /var/www/> ... </Directory>` :

```
<Directory /var/www/>
    Options +Includes
    Order allow,deny
    Allow from all
</Directory>
```

3. PHP

Pour activer le support PHP, le principe reste le même que pour les scripts CGI ou SSI...

Dans le fichier **httpd.conf**, nous ajoutons la ligne suivante pour charger le module qui prendra en charge les scripts PHP :

```
LoadModule php4_module /usr/lib/apache/1.3/libphp4.so
```

Ensuite, nous indiquons les extensions des fichiers contenant des commandes PHP :

```
AddType application/x-httpd-php .php
```

Nous pouvons aussi ajouter les extensions indiquant qu'il s'agit d'un fichier source PHP :

```
AddType application/x-httpd-php-source .phps
```

Ensuite, pour des raisons de sécurité, nous désactivons le support PHP à partir de la racine du système de fichiers / en modifiant le bloc `<Directory /> ... </Directory>` en y ajoutant une ligne `php_flag engine off` :

```
<Directory />
    Options None
    php_flag engine off
    Order deny,allow
    Deny from all
</Directory>
```

Enfin, il nous faut réactiver ce support dans les répertoires désirés. Ici, nous le réactivons à la racine du site web :

```
<Directory /var/www/>
    php_flag engine on
    Order allow,deny
    Allow from all
</Directory>
```

Si nous désirons créer des fichiers **index.php** que le serveur devra envoyer par défaut s'il ne trouve pas d'**index.html** ou d'**index.htm**, nous pouvons modifier la ligne contenant la directive `DirectoryIndex` de cette manière :

```
DirectoryIndex index.html index.htm index.php
```

E. Les hôtes virtuels

Notre serveur Apache peut héberger plusieurs sites à la fois. Ceci peut être configuré de différentes façons. En voici trois exemples.

1. Hôte virtuel basé sur le nom

Prenons comme exemple deux sites : www.mondomaine.com et www.autredomaine.com. Voici un premier exemple dans lequel les hôtes virtuels répondront à n'importe quelle requête adressée à notre serveur Apache nommé **serveur.mondomaine.com** :

```
Port 80
ServerName serveur.mondomaine.com

NameVirtualHost *
                                                    .../...
```

```
.../...
<VirtualHost *>
  DocumentRoot /var/www/mondomaine
  ServerName www.mondomaine.com
</VirtualHost>

<VirtualHost *>
  DocumentRoot /var/www/autredomaine
  ServerName www.autredomaine.com
</VirtualHost>
```

Du fait de l'astérisque *, le serveur principal ne répondra à aucune requête : seuls les hôtes virtuels répondront. Le premier, www.mondomaine.com, est celui qui répondra par défaut.

Dans un DNS, ces deux adresses www.mondomaine.com et www.autredomaine.com sont des enregistrements CNAMEs (des alias) sur l'adresse serveur.mondomaine.com.

Chaque hôte virtuel peut avoir ses propres directives. Par exemple, nous pouvons décider que le site www.mondomaine.com peut répondre aussi à l'adresse mondomaine.com. De plus, nous pouvons désactiver le support PHP dans ce dernier, tandis que nous l'activerons dans l'autre hôte virtuel :

```
Port 80
ServerName serveur.mondomaine.com

NameVirtualHost *

<VirtualHost *>
  DocumentRoot /var/www/mondomaine
  ServerName www.mondomaine.com
  ServerAlias mondomaine.com
  Php_flag engine off
  ...
</VirtualHost>

<VirtualHost *>
  DocumentRoot /var/www/autredomaine
  ServerName www.autredomaine.com
  Php_flag engine on
  ...
</VirtualHost>
```

Voici un autre exemple. Notre serveur possède l'adresse IP 62.203.42.23. Cet exemple permet au serveur principal de répondre aux requêtes localhost, tandis que les requêtes sur l'adresse IP du serveur seront prises en charge par les hôtes virtuels :

```
Port 80
ServerName serveur.mondomaine.com
DocumentRoot /var/www

NameVirtualHost 62.203.42.23

<VirtualHost 62.203.42.23>
  DocumentRoot /var/www/mondomaine
  ServerName www.mondomaine.com
  ...
</VirtualHost>

<VirtualHost 62.203.42.23>
  DocumentRoot /var/www/autredomaine
  ServerName www.autredomaine.com
  ...
</VirtualHost>
```

Si notre serveur possédait deux adresses IP, 62.203.42.23 et 62.203.42.24 par exemple, l'exemple précédent permettrait aux hôtes virtuels de répondre aux requêtes en direction de l'adresse IP 62.203.42.23, tandis que le serveur principal répondrait aux requêtes en direction de l'adresse IP 62.203.42.24.

2. Hôte virtuel basé sur l'adresse IP

Notre serveur possède deux adresses IP, 62.203.42.23 et 62.203.42.24, correspondant respectivement aux adresses www.mondomaine.com et www.autredomaine.com :

```
<VirtualHost 62.203.42.23>
  DocumentRoot /var/www/mondomaine
  ServerName www.mondomaine.com
  ...
</VirtualHost>

<VirtualHost 62.203.42.24>
  DocumentRoot /var/www/autredomaine
  ServerName www.autredomaine.com
  ...
</VirtualHost>
```

Ici, le serveur principal ne répondra à aucune requête puisque les deux adresses IP du serveur sont utilisées.

Nous pourrions aussi, pour le même exemple, attribuer le serveur principal à l'une des adresses, par exemple www.mondomaine.com, tandis que l'autre adresse serait gérée par un hôte virtuel :

```
Port 80
ServerName www.mondomaine.com
DocumentRoot /var/www

<VirtualHost 62.203.42.24>
  DocumentRoot /var/www/autredomaine
  ServerName www.autredomaine.com
  ...
</VirtualHost>
```

3. Hôte virtuel basé sur le port

Nous pouvons aussi différencier nos hôtes virtuels à l'aide de ports différents. Prenons comme exemple un serveur Apache écoutant sur les ports 80 et 8080. Notre serveur principal répondra aux requêtes sur le port 80 tandis que le virtualHost répondra à celles sur le port 8080 :

```
Listen 80
Listen 8080
ServerName www.mondomaine.com
DocumentRoot /var/www

<VirtualHost 62.203.42.24:8080>
  DocumentRoot /var/www/autredomaine
  ...
</VirtualHost>
```

4. Utilisation des hôtes virtuels basés à la fois sur le nom et l'adresse IP

Évidemment, les différentes méthodes peuvent être mélangées. Considérons que notre serveur possède trois adresses IP 62.203.42.23, 62.203.42.24 et 62.203.42.25 correspondant respectivement aux adresses serveur.mondomaine.com, www.autredomaine.com et www.autredomaine2.com. La première adresse peut être utilisée pour deux alias www.mondomaine.com et www.sous.mondomaine.com.

```
Port 80
ServerName serveur.mondomaine.com
DocumentRoot /var/www

NameVirtualHost 62.203.42.23

<VirtualHost 62.203.42.23>
                                                   .../...
```

```
.../...
  DocumentRoot /var/www/mondomaine
  ServerName www.mondomaine.com
  ...
</VirtualHost>

<VirtualHost 62.203.42.23>
  DocumentRoot /var/www/sousmondomaine
  ServerName www.sous.mondomaine.com
  ...
</VirtualHost>

<VirtualHost 62.203.42.24>
  DocumentRoot /var/www/autredomaine
  ServerName www.autredomaine.com
  ...
</VirtualHost>

<VirtualHost 62.203.42.25>
  DocumentRoot /var/www/autredomaine2
  ServerName www.autredomaine2.com
  ...
</VirtualHost>
```

F. Un proxy (Apache 1.3.X)

Nous allons maintenant voir comment mettre en place un proxy, tout d'abord sans cache, puis avec un cache.

Nous allons commencer par ajouter la ligne suivante à notre fichier **httpd.conf** :

```
LoadModule proxy_module /usr/lib/apache/1.3/libproxy.so
```

1. Proxy sans cache

Une seule directive est utile pour activer un proxy : il s'agit de la directive `ProxyRequest`. Son accès peut être limité à l'aide d'un bloc `<Directory proxy:*> ... </Directory>` :

```
ProxyRequests On

<Directory proxy:*>
    Order deny,allow
    Deny from all
    Allow from .mondomaine.com
</Directory>
```

2. Proxy avec cache

Si nous désirons mettre en place un cache avec notre proxy, nous devons ajouter les lignes suivantes aux lignes précédentes :

```
CacheRoot "/var/cache/apache"
CacheSize 1024
CacheGcInterval 4
CacheMaxExpire 24
CacheLastModifiedFactor 0.1
CacheDefaultExpire 1
NoCache indesirable.domaine.com mondomaine.com
```

Les fichiers mis en cache seront placés dans le répertoire **/var/cache/apache** d'une taille maximale de 1 Mo. Les domaines comportant indesirable.domaine.com et mondomaine.com ne seront pas mis en cache.

G. SSL

1. Un fichier httpd.conf minimal pour SSL

Rappelons-nous tout d'abord de notre configuration **httpd.conf** minimale :

```
## httpd.conf ##

# Utilisateur et Groupe du serveur
User www-data
Group www-data

# racine du serveur
DocumentRoot /var/www/

# chargement des modules
LoadModule mime_module /usr/lib/apache/1.3/mod_mime.so
LoadModule dir_module /usr/lib/apache/1.3/mod_dir.so

# fichier à afficher par défaut
DirectoryIndex index.html index.htm
```

Voyons ce que nous devons y ajouter pour mettre en place notre serveur SSL. Nous allons tout d'abord configurer notre serveur pour qu'il ne réponde qu'à des requêtes HTTPS. Chargeons le module SSL en ajoutant la ligne suivante :

```
LoadModule ssl_module /usr/lib/apache/1.3/mod_ssl.so
```

Par défaut, le serveur Apache écoute sur le port 80 (HTTP). Nous désirons qu'il écoute sur le port 443 (HTTPS). Pour cela, nous devons ajouter la ligne suivante :

```
Listen 443
```

Enfin, pour ne supporter qu'une connexion SSL, nous devons ajouter le bloc suivant :

```
<Directory /var/www>
  SSLRequireSSL
</Directory>
```

Il ne nous reste plus qu'à activer le support SSL, c'est-à-dire activer le moteur SSL et indiquer où se trouvent notre certificat et notre clé, à l'aide des lignes suivantes :

```
SSLEngine on
SSLCertificateFile    /etc/apache/ssl.crt/server.crt
SSLCertificateKeyFile /etc/apache/ssl.key/server.key
```

Voici donc notre configuration minimale pour SSL :

```
## httpd.conf pour SSL ##

# Utilisateur et Groupe du serveur
User www-data
Group www-data

# racine du serveur
DocumentRoot /var/www/

# chargement des modules
LoadModule mime_module /usr/lib/apache/1.3/mod_mime.so
LoadModule dir_module /usr/lib/apache/1.3/mod_dir.so
LoadModule ssl_module /usr/lib/apache/1.3/mod_ssl.so

# fichier à afficher par défaut
DirectoryIndex index.html index.htm

# écoute HTTPS
Listen 443

# SSL ON
SSLEngine on
SSLCertificateFile    /etc/apache/ssl.crt/server.crt
SSLCertificateKeyFile /etc/apache/ssl.key/server.key

<Directory /var/www>
  SSLRequireSSL
</Directory>
```

Il existe une solution plus élégante, redirigeant tout essai de connexion HTTP vers une connexion HTTPS. Pour cela, nous allons avoir besoin d'écouter sur les ports 80 (HTTP) et 443 (HTTPS) et du module **mod_rewrite** :

```
# Apache doit écouter sur les ports 80 et 443
Listen 80
Listen 443

LoadModule rewrite_module /usr/lib/apache/1.3/mod_rewrite.so
```

Enfin, nous allons définir deux VirtualHosts, un pour le port 80 et un pour le port 443. Le premier virtualHost fera en sorte de rediriger l'essai de connexion HTTP vers une connexion HTTPS :

```
<VirtualHost _default_:80>
  RewriteEngine on
  RewriteRule ^/(.*)$ https://%{SERVER_NAME}/$1 [R,L]
</VirtualHost>

<VirtualHost _default_:443>
  SSLEngine on
  SSLCertificateFile    /etc/apache/ssl.crt/server.crt
  SSLCertificateKeyFile /etc/apache/ssl.key/server.key
</VirtualHost>
```

Ce qui nous donne donc au final un second fichier httpd.conf pour SSL avec cette fois-ci une redirection HTTP vers HTTPS :

```
## httpd.conf pour SSL version redirection HTTP -> HTTPS ##

# Utilisateur et Groupe du serveur
User www-data
Group www-data

# racine du serveur
DocumentRoot /var/www/

# chargement des modules
LoadModule mime_module /usr/lib/apache/1.3/mod_mime.so
LoadModule dir_module /usr/lib/apache/1.3/mod_dir.so
LoadModule ssl_module /usr/lib/apache/1.3/mod_ssl.so
LoadModule rewrite_module /usr/lib/apache/1.3/mod_rewrite.so

# fichier à afficher par défaut
DirectoryIndex index.html index.htm

                                                                    .../...
```

```
.../...
# écoute HTTP et HTTPS
Listen 80
Listen 443

<VirtualHost _default_:80>
  RewriteEngine on
  RewriteRule ^/(.*)$ https://%{SERVER_NAME}/$1 [R,L]
</VirtualHost>

<VirtualHost _default_:443>
  SSLEngine on
  SSLCertificateFile    /etc/apache/ssl.crt/server.crt
  SSLCertificateKeyFile /etc/apache/ssl.key/server.key
</VirtualHost
```

2. Un fichier httpd.conf pour SSL plus complet

Rendons notre fichier de configuration un peu plus complet ! Nous pouvons par exemple lui ajouter les deux lignes suivantes qui nous permettront d'obtenir des logs à propos de SSL :

```
SSLLog      /var/log/apache/ssl.log
SSLLogLevel info
```

Le niveau de verbosité peut être défini avec la directive `SSLLogLevel`.

Nous devons aussi indiquer à Apache les types MIME des extensions **.crt** et **.crl** :

```
AddType application/x-x509-ca-cert .crt
AddType application/x-pkcs7-crl    .crl
```

Si dans notre certificat, notre clé est cryptée, le serveur Apache demande à chaque démarrage son mot de passe (pass phrase). Nous pouvons automatiser cette étape en indiquant à la directive `SSLPassPhraseDialog` un script prenant deux paramètres et donnant en sortie le mot de passe. Le premier paramètre est `nomDuServeur:Port` et le second soit `DSA`, soit `RSA`. Un script minimal pourrait être :

```
# vi /usr/local/bin/passPhrase.sh

#!/bin/bash
echo "mon mot de passe"
```

Ce script est évidemment loin d'être sécurisé !!! Maintenant, nous pouvons ajouter la ligne suivante à **httpd.conf** :

```
SSLPassPhraseDialog  exec:/usr/local/bin/passPhrase.sh
```

Continuons avec l'ajout d'un cache SSL :

```
SSLSessionCache         dbm:/var/cache/cache_ssl
SSLSessionCacheTimeout  300
```

Attardons-nous ensuite à la création d'un fichier permettant la synchronisation des différents processus de SSL :

```
SSLMutex  file:/var/run/ssl_mutex
```

Un paramètre important est celui concernant le générateur de nombres pseudo-aléatoires. Celui-ci a besoin d'une source d'entropie suffisante pour générer des nombres pseudo-aléatoires assez solides. Nous pouvons indiquer cette source, par exemple au démarrage (`startup`) et à chaque connexion (`connect`) :

```
SSLRandomSeed startup file:/dev/urandom 512
SSLRandomSeed connect file:/dev/urandom 512
```

Finalement voici notre fichier **httpd.conf** pour SSL :

```
## httpd.conf pour SSL version redirection HTTP -> HTTPS ##
# Utilisateur et Groupe du serveur
User www-data
Group www-data

# racine du serveur
DocumentRoot /var/www/

# chargement des modules
LoadModule mime_module /usr/lib/apache/1.3/mod_mime.so
LoadModule dir_module /usr/lib/apache/1.3/mod_dir.so
LoadModule ssl_module /usr/lib/apache/1.3/mod_ssl.so
LoadModule rewrite_module /usr/lib/apache/1.3/mod_rewrite.so

# fichier à afficher par défaut
DirectoryIndex index.html index.htm

# écoute HTTP et HTTPS
Listen 80
Listen 443

<VirtualHost _default_:80>
  RewriteEngine on
  RewriteRule ^/(.*)$ https://%{SERVER_NAME}/$1 [R,L]
</VirtualHost>


SSLSessionCache         dbm:/var/cache/cache_ssl
SSLSessionCacheTimeout  300

AddType application/x-x509-ca-cert .crt
AddType application/x-pkcs7-crl    .crl
                                                    .../...
```

```
.../...
SSLPassPhraseDialog  exec:/usr/local/bin/passPhrase.sh

SSLRandomSeed startup file:/dev/urandom 512
SSLRandomSeed connect file:/dev/urandom 512

SSLMutex  file:/var/run/ssl_mutex

<VirtualHost _default_:443>
  SSLEngine on

  SSLCertificateFile    /etc/apache/ssl.crt/server.crt
  SSLCertificateKeyFile /etc/apache/ssl.key/server.key

  SSLLog      /var/log/apache/ssl.log
  SSLLogLevel info

</VirtualHost>
```

Encore d'autres ajouts...

Nous avons vu tout à l'heure comment récupérer quelques logs au sujet de SSL. Peut-être aimerions-nous disposer d'un format de log personnel à l'aide de la directive `LogFormat` du module **log_config** ? Pas de problème, c'est possible ! Voici un exemple de format :

```
LogFormat "%h %l %u %t \"%r\" %>s %b %{SSL_PROTOCOL}x %{SSL_CIPHER}x
\"%{SSL_CLIENT_S_DN_CN}x\"" ssl
CustomLog /var/log/apache/access.log ssl
```

Ce format nous donnera des lignes de ce type dans le fichier **/var/log/apache/access.log** :

```
192.168.1.2 - - [23/Oct/2003:02:35:07 +0200] "GET / HTTP/1.1" 304 -
TLSv1 RC4-MD5 "-"
192.168.1.2 - - [23/Oct/2003:02:35:07 +0200] "GET /icons/jhe061.gif
HTTP/1.1" 404 222 TLSv1 RC4-MD5 "-"
192.168.1.2 - - [23/Oct/2003:02:35:07 +0200] "GET /icons/debian/openlo-
go-25.jpg HTTP/1.1" 404 234 TLSv1 RC4-MD5 "-"
192.168.1.2 - - [23/Oct/2003:02:35:07 +0200] "GET /icons/apache_pb.gif
HTTP/1.1" 404 225 TLSv1 RC4-MD5 "-"
```

Nous pouvons aussi mettre en place un serveur Apache SSL n'acceptant par exemple que le chiffrage fort à l'aide des deux lignes suivantes à ajouter au fichier **httpd.conf** :

```
SSLProtocol all
SSLCipherSuite HIGH:MEDIUM
```

3. Un accès Internet/Intranet sécurisé

Considérons le cas suivant : nous possédons un réseau sur lequel est placé un serveur web Apache. Notre intranet peut y accéder à l'aide de requêtes HTTP. Par contre, de l'extérieur, de l'Internet, les clients désirant y accéder devront passer par une connexion HTTPS et fournir soit un certificat et une clé, soit un login et un mot de passe de façon à s'identifier. Si un client de l'Internet tente un accès HTTP, il sera automatiquement modifié en HTTPS !

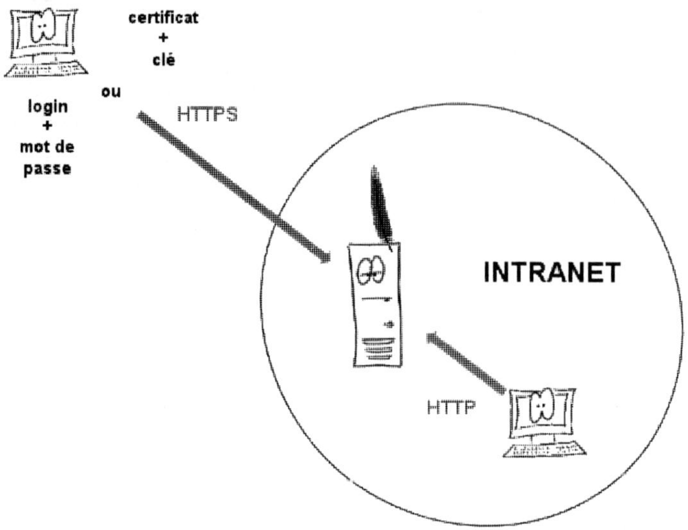

L'adressage de l'intranet est 192.168.1.0/24. Dans notre fichier **httpd.conf**, nous allons placer des blocs `<VirtualHost _default_:port> ... </VirtualHost>` qui vont nous permettre de mettre en place nos différentes options d'accès à ce site.

Dans ce bloc, nous allons tout d'abord obliger les connexions provenant de l'extérieur, c'est-à-dire dont la provenance n'est pas le réseau 192.168.1.0/24, à être en HTTPS. Pour cela, nous allons utiliser le module de réécriture d'URL ainsi :

```
<VirtualHost _default_:80>
  RewriteEngine on
  RewriteCond %{REMOTE_ADDR}  !^192\.168\.1\.[0-9]+$
  RewriteRule ^/(.*)$  https://%{SERVER_NAME}/$1 [R,L]
<VirtualHost>
```

Ensuite, nous devons définir les options SSL. Tout d'abord, nous allons demander le certificat du client :

```
SSLVerifyClient optional
SSLVerifyDepth 1
```

Nous allons demander un chiffrage fort pour accéder aux ressources :

```
SSLRequire %{SSL_CIPHER_USERKEYSIZE} >= 128
SSLOptions +StrictRequire
```

Nous devons aussi autoriser l'authentification HTTP :

```
SSLOptions +FakeBasicAuth
```

Enfin, nous définissons le fichier où se trouvent les certificats des clients :

```
SSLCACertificateFile /etc/apache/ssl.crt/clients.crt
```

Nous continuons avec l'accès aux ressources que nous autorisons à l'intranet ou avec une autorisation :

```
Satisfy any
Order deny,allow
Deny from all
Allow from 192.168.1.0/24
```

Enfin, la configuration de l'authentification HTTP :

```
AuthType Basic
AuthName "Accès Protégé"
AuthUserFile /etc/apache/clients.pass
Require valid-user
```

Voici donc notre fichier **httpd.conf** au complet pour ce cas :

```
## httpd.conf ##

# Utilisateur et Groupe du serveur
User www-data
Group www-data

# racine du serveur
DocumentRoot /var/www/

# chargement des modules
LoadModule mime_module /usr/lib/apache/1.3/mod_mime.so
LoadModule dir_module /usr/lib/apache/1.3/mod_dir.so
LoadModule access_module /usr/lib/apache/1.3/mod_access.so
LoadModule auth_module /usr/lib/apache/1.3/mod_auth.so
LoadModule ssl_module /usr/lib/apache/1.3/mod_ssl.so
LoadModule rewrite_module /usr/lib/apache/1.3/mod_rewrite.so

# fichier à afficher par défaut
DirectoryIndex index.html index.htm

                                                        .../...
```

```
.../...
# écoute HTTP et HTTPS
Listen 80
Listen 443

SSLSessionCache         dbm:/var/cache/cache_ssl
SSLPassPhraseDialog  exec:/usr/local/bin/passPhrase.sh
SSLRandomSeed startup file:/dev/urandom 512
SSLRandomSeed connect file:/dev/urandom 512
SSLMutex  file:/var/run/ssl_mutex


<VirtualHost _default_:80>
  RewriteEngine on
  RewriteCond   %{REMOTE_ADDR}  !^192\.168\.1\.[0-9]+$
  RewriteRule   ^/(.*)$   https://%{SERVER_NAME}/$1 [R,L]
</VirtualHost>

<VirtualHost _default_:443>

  SSLEngine on
  SSLSessionCacheTimeout  300

  SSLCACertificateFile /etc/apache/ssl.crt/clients.crt

  SSLCertificateFile    /etc/apache/ssl.crt/server.crt
  SSLCertificateKeyFile /etc/apache/ssl.key/server.key

  SSLLog      /var/log/apache/ssl.log
  SSLLogLevel info

  AddType application/x-x509-ca-cert .crt
  AddType application/x-pkcs7-crl    .crl

  <Directory /var/www/>
    SSLVerifyClient optional
    SSLVerifyDepth 1

    SSLRequire %{SSL_CIPHER_USERKEYSIZE} >= 128
    SSLOptions +StrictRequire +FakeBasicAuth

    Satisfy any
    Order deny,allow
    Deny from all
    Allow from 192.168.1.0/24
                                                                .../...
```

```
.../...
    AuthType Basic
    AuthName "Accès Protégé"
    AuthUserFile /etc/apache/clients.pass
    Require valid-user
  </Directory>
</VirtualHost>
```

H. Une configuration complète

Enfin, pour terminer, voici un exemple de fichier **httpd.conf** beaucoup plus complexe et général prenant en compte de nombreux cas de configuration. La plupart des directives associées à un module sont placées à l'intérieur de blocs `<IfModule ...>...</IfDefine>` de façon à pouvoir activer/désactiver les fonctionnalités du module concerné simplement en commentant/décommentant son chargement (lignes commençant par la directive `LoadModule`). Ce fichier est abondamment commenté et provient en partie de la distribution Debian/ Gnu Linux.

```
##
## httpd.conf
##

### Section 1: Configuration globale

ServerType standalone
ServerRoot /etc/apache
LockFile /var/lock/apache.lock
PidFile /var/run/apache.pid
ScoreBoardFile /var/run/apache.scoreboard

Timeout 300

KeepAlive On
MaxKeepAliveRequests 100
KeepAliveTimeout 15

MinSpareServers 5
MaxSpareServers 10

StartServers 5

MaxClients 150

MaxRequestsPerChild 100
                                                    .../...
```

```
.../...
### Chargement des modules
###  Il suffit de commenter un module pour désactiver ses
###  fonctions
# LoadModule vhost_alias_module /usr/lib/apache/1.3/mod_vhost_alias.so
# LoadModule env_module /usr/lib/apache/1.3/mod_env.so
LoadModule config_log_module /usr/lib/apache/1.3/mod_log_config.so
LoadModule mime_magic_module /usr/lib/apache/1.3/mod_mime_magic.so
LoadModule mime_module /usr/lib/apache/1.3/mod_mime.so
LoadModule negotiation_module /usr/lib/apache/1.3/mod_negotiation.so
LoadModule status_module /usr/lib/apache/1.3/mod_status.so
# LoadModule info_module /usr/lib/apache/1.3/mod_info.so
LoadModule includes_module /usr/lib/apache/1.3/mod_include.so
LoadModule autoindex_module /usr/lib/apache/1.3/mod_autoindex.so
LoadModule dir_module /usr/lib/apache/1.3/mod_dir.so
LoadModule cgi_module /usr/lib/apache/1.3/mod_cgi.so
# LoadModule asis_module /usr/lib/apache/1.3/mod_asis.so
# LoadModule imap_module /usr/lib/apache/1.3/mod_imap.so
# LoadModule action_module /usr/lib/apache/1.3/mod_actions.so
# LoadModule speling_module /usr/lib/apache/1.3/mod_speling.so
LoadModule userdir_module /usr/lib/apache/1.3/mod_userdir.so
LoadModule alias_module /usr/lib/apache/1.3/mod_alias.so
LoadModule rewrite_module /usr/lib/apache/1.3/mod_rewrite.so
LoadModule access_module /usr/lib/apache/1.3/mod_access.so
LoadModule auth_module /usr/lib/apache/1.3/mod_auth.so
# LoadModule anon_auth_module /usr/lib/apache/1.3/mod_auth_anon.so
# LoadModule dbm_auth_module /usr/lib/apache/1.3/mod_auth_dbm.so
# LoadModule db_auth_module /usr/lib/apache/1.3/mod_auth_db.so
LoadModule proxy_module /usr/lib/apache/1.3/libproxy.so
# LoadModule digest_module /usr/lib/apache/1.3/mod_digest.so
# LoadModule cern_meta_module /usr/lib/apache/1.3/mod_cern_meta.so
LoadModule expires_module /usr/lib/apache/1.3/mod_expires.so
# LoadModule headers_module /usr/lib/apache/1.3/mod_headers.so
# LoadModule usertrack_module /usr/lib/apache/1.3/mod_usertrack.so
LoadModule unique_id_module /usr/lib/apache/1.3/mod_unique_id.so
LoadModule setenvif_module /usr/lib/apache/1.3/mod_setenvif.so
# LoadModule sys_auth_module /usr/lib/apache/1.3/mod_auth_sys.so
LoadModule dav_module /usr/lib/apache/1.3/libdav.so
# LoadModule put_module /usr/lib/apache/1.3/mod_put.so
# LoadModule throttle_module /usr/lib/apache/1.3/mod_throttle.so
# LoadModule allowdev_module /usr/lib/apache/1.3/mod_allowdev.so
# LoadModule eaccess_module /usr/lib/apache/1.3/mod_eaccess.so
LoadModule php4_module /usr/lib/apache/1.3/libphp4.so
# LoadModule roaming_module /usr/lib/apache/1.3/mod_roaming.so

                                                              .../...
```

```
.../...
# ExtendedStatus : contrôle si Apache doit fournir la
# totalité des informations de status (On) ou simplement
# celles basiques (Off) lorsque le 'handler' server-status
# est appelé. Par défaut, sa valeur est Off
ExtendedStatus On


### Section 2: configuration du serveur principal

Port 80

User www-data
Group www-data

ServerAdmin webmaster@mondomaine.com

ServerName www.mondomaine.com
DocumentRoot /var/www/


# Protection du système de fichier où l'on autorise pas les
# fichier .htaccess
<Directory />
    Options SymLinksIfOwnerMatch
    AllowOverride None
</Directory>

# mise en place des options pour l'arborescence du site web
<Directory /var/www/>
    Options Indexes Includes FollowSymLinks MultiViews
    AllowOverride None
    Order allow,deny
    Allow from all
</Directory>

# permet aux utilisateurs du serveur d'utiliser un répertoire
# nommé public_html dans leur répertoire personnel pour créer
# leur site web
# personnel qui sera accessible à l'aide de l'adresse
# http://www.mondomaine.com/~<NOM DU COMPTE UTILISATEUR>/.
# Par exemple, http://www.mondomaine.com/~bob/
<IfModule mod_userdir.c>
    UserDir public_html
</IfModule>
                                                      .../...
```

```
.../...
# définit les options et restrictions sur les répertoires web
# utilisateurs
<Directory /home/*/public_html>
  AllowOverride FileInfo AuthConfig Limit
  Options MultiViews Indexes SymLinksIfOwnerMatch IncludesNoExec
  <Limit GET POST OPTIONS PROPFIND>
    Order allow,deny
    Allow from all
  </Limit>
  <Limit PUT DELETE PATCH PROPPATCH MKCOL COPY MOVE LOCK UNLOCK>
    Order deny,allow
    Deny from all
  </Limit>
</Directory>

# définit la liste des fichiers par défaut qui seront
# recherchés dans les répertoires d'un site et renvoyés au
# client lorsqu'une ressource spécifique ne sera pas indiquée
# dans l'adresse
<IfModule mod_dir.c>
  DirectoryIndex index.html index.htm index.shtml index.cgi index.php
index.php3
</IfModule>


# définit le nom des fichiers .htaccess (ici il s'agit
# justement de .htaccess)
AccessFileName .htaccess

# Protection des fichiers .htaccess de façon à ce qu'ils ne
# soient pas lus par un quelconque client. Si la directive
# AccessFileName est modifiée, il faut aussi penser à
# modifier l'expression régulière qui suit. De même, lors de
# l'utilisation des fichiers .htaccess, nous utilisons
# parfois des fichiers .htpasswd contenant les utilisateurs
# autorisés. L'expression régulière qui suit protège aussi
# ces fichiers. Si nous utilisons un autre nom de fichier, il
# faudra penser à rajouter un bloc supplémentaire pour cet
# autre nom.
<Files ~ "^\.ht">
    Order allow,deny
    Deny from all
</Files>

                                                          .../...
```

```
.../...
UseCanonicalName On

TypesConfig /etc/mime.types
DefaultType text/plain
<IfModule mod_mime_magic.c>
    MIMEMagicFile share/magic
</IfModule>

# HostnameLookups: permet de garder les traces (logs) des
# noms des serveurs (On) ou de leur IP (Off) dans les logs,
# c'est-à-dire www.apache.org (on) or 204.62.129.132 (off).
# Par défaut, sa valeur est Off
HostnameLookups Off

# configuration des logs et de leurs formats
ErrorLog /var/log/apache/error.log
LogLevel warn

LogFormat "%h %l %u %t \"%r\" %>s %b \"%{Referer}i\" \"%{User-Agent}i\"
 %T %v" full
LogFormat "%h %l %u %t \"%r\" %>s %b \"%{Referer}i\" \"%{User-Agent}i\"
 %P %T" debug
LogFormat "%h %l %u %t \"%r\" %>s %b \"%{Referer}i\" \"%{User-Agent}i\"
" combined
LogFormat "%h %l %u %t \"%r\" %>s %b" common
LogFormat "%{Referer}i -> %U" referer
LogFormat "%{User-agent}i" agent

# différents types de fichiers de logs à décommenter si
# besoin
# Si aucun fichier de log n'est défini dans les VirtualHosts,
# leurs logs seront placés dans le fichier du serveur
# principal
#
#CustomLog /var/log/apache/access.log common
#CustomLog /var/log/apache/referer.log referer
#CustomLog /var/log/apache/agent.log agent
CustomLog /var/log/apache/access.log combined


# ServerSignature : permet d'ajouter une ligne comportant la
# version et le nom du VirtualHost en bas des pages générées
# par le serveur Apache (pages d'erreur, pages FTP, sortie
# des  modules mod_status et mod_info, etc, mais pas au
# niveau des documents CGI.                              .../...
```

```
.../...
# Si sa valeur est "Email", l'email défini à l'aide de la
# directive ServerAdmin sera aussi rajouté.
ServerSignature On


# Définition des Alias et des restrictions sur leur répertoire

Alias /icons/ /usr/share/apache/icons/
<Directory /usr/share/apache/icons>
    Options Indexes MultiViews
    AllowOverride None
    Order allow,deny
    Allow from all
</Directory>

#
# Définition de l'Alias sur le répertoire contenant les
# scripts CGIs et de ses restrictions
ScriptAlias /cgi-bin/ /usr/lib/cgi-bin/
<Directory /usr/lib/cgi-bin/>
    AllowOverride None
    Options ExecCGI
    Order allow,deny
    Allow from all
</Directory>

# Directives contrôlant l'affichage des listings des
# répertoires générés par le serveur Apache
<IfModule mod_autoindex.c>

    IndexOptions FancyIndexing NameWidth=*

    # Les directives AddIcon* permettent de spécifier au
    # serveur Apache quelle icône afficher pour une extension
    # de fichier particulière
    AddIconByEncoding (CMP,/icons/compressed.gif) x-compress x-gzip

    AddIconByType (TXT,/icons/text.gif) text/*
    AddIconByType (IMG,/icons/image2.gif) image/*
    AddIconByType (SND,/icons/sound2.gif) audio/*
    AddIconByType (VID,/icons/movie.gif) video/*

                                                              .../...
```

```
.../...
    AddIcon /icons/binary.gif .bin .exe
    AddIcon /icons/binhex.gif .hqx
    AddIcon /icons/tar.gif .tar
    AddIcon /icons/world2.gif .wrl .wrl.gz .vrml .vrm .iv
    AddIcon /icons/compressed.gif .Z .z .tgz .gz .zip
    AddIcon /icons/a.gif .ps .ai .eps
    AddIcon /icons/layout.gif .html .shtml .htm .pdf
    AddIcon /icons/text.gif .txt
    AddIcon /icons/c.gif .c
    AddIcon /icons/p.gif .pl .py
    AddIcon /icons/f.gif .for
    AddIcon /icons/dvi.gif .dvi
    AddIcon /icons/uuencoded.gif .uu
    AddIcon /icons/script.gif .conf .sh .shar .csh .ksh .tcl
    AddIcon /icons/tex.gif .tex
    AddIcon /icons/bomb.gif core
    AddIcon /icons/deb.gif .deb

    AddIcon /icons/back.gif ..
    AddIcon /icons/hand.right.gif README
    AddIcon /icons/folder.gif ^^DIRECTORY^^
    AddIcon /icons/blank.gif ^^BLANKICON^^

    # DefaultIcon: définit l'icône par défaut à afficher
    # lorsqu'un fichier n'en a pas.
    DefaultIcon /icons/unknown.gif

    # AddDescription: permet de placer une courte description
    # à la suite d'un fichier
    # Format: AddDescription "description" nomDuFichier
    AddDescription "document compressé GZIP" .gz
    AddDescription "archive tar" .tar
    AddDescription "archive tar compressée GZIP" .tgz

    # ReadmeName: définit le nom du fichier README que le
    # serveur Apache cherchera et dont le contenu sera ajouté
     #en fin de la page générée par le serveur
    #
    # HeaderName: définit le nom du fichier que le serveur
    # Apache cherchera et dont le contenu sera ajouté au
    # début de la page générée par le serveur.
    #
    # Le serveur recherche tout d'abord un fichier nom.html.
    #S'il n'est pas trouvé, il recherchera un fichier nom.txt
    #                                                   .../...
```

```
.../...
    ReadmeName README
    HeaderName HEADER

    #
    # IndexIgnore: permet de spécifier des fichiers qui ne
    # seront pas listés
    IndexIgnore .??* *~ *# HEADER* README* RCS CVS *,v *,t

</IfModule>

# Types des documents
<IfModule mod_mime.c>

    # AddEncoding permet la décompression à la volée de
    # certaines ressources
    AddEncoding x-compress Z
    AddEncoding x-gzip gz tgz

    # AddLanguage: permet de spécifier le langage d'un
    # document permettant d'utiliser la négociation de
    # contenu et d'envoyer à un client un document dans le
    # langage qu'il aura demandé
    AddLanguage da .dk
    AddLanguage nl .nl
    AddLanguage en .en
    AddLanguage et .ee
    AddLanguage fr .fr
    AddLanguage de .de
    AddLanguage el .el
    AddLanguage it .it
    AddLanguage ja .ja
    AddCharset ISO-2022-JP .jis
    AddLanguage pl .po
    AddCharset ISO-8859-2 .iso-pl
    AddLanguage pt .pt
    AddLanguage pt-br .pt-br
    AddLanguage ltz .lu
    AddLanguage ca .ca
    AddLanguage es .es
    AddLanguage sv .se
    AddLanguage cz .cz

    # LanguagePriority: permet de spécifier un niveau de
    # priorité à certains langages dans le cas d'une égalité
    # lors d'une négociation de contenu. Il suffit de lister    .../...
```

```
.../...
    # les langages dans l'ordre décroissant de
    # préférence allows you to give precedence to some
    # languages
    <IfModule mod_negotiation.c>
        LanguagePriority en da nl et fr de el it ja pl pt pt-br ltz ca
        es sv
    </IfModule>


    # AddType permet d'ajouter de nouveaux types MIME associés
    # à des extensions
    #
    # Par exemple pour PHP3
    #AddType application/x-httpd-php3 .php3
    #AddType application/x-httpd-php3-source .phps

    # pour PHP 4.x
    AddType application/x-httpd-php .php
    AddType application/x-httpd-php-source .phps

    AddType 'text/html; charset=ISO-8859-15' html

    AddType application/x-tar .tgz
    AddType image/bmp .bmp

    # hdml
    AddType text/x-hdml .hdml

    # AddHandler permet d'associer certaines extensions de
    # fichier à des "handlers", c'est-à-dire une action
    # propre au type du fichier. Cette dernière peut être
    # intégrée au serveur ou définie à l'aide de la commande
    #Action
    #
    # pour utiliser les scripts CGI
    AddHandler cgi-script .cgi .sh .pl

    # Pour utiliser les SSI
    AddType text/html .shtml
    AddHandler server-parsed .shtml

    # Pour activer le support des fichiers send-as-is HTTP
    # d'Apache
    #AddHandler send-as-is asis
                                                                  .../...
```

```
.../...
    #
    # Pour utiliser les fichiers imagemap
    #AddHandler imap-file map

    # Pour activer les cartes de type (type maps)
    #AddHandler type-map var

</IfModule>


# Définition du jeu de caractères utilisé par défaut
#AddDefaultCharset on
AddDefaultCharset iso-8859-15


# Action: permet d'associer un type de média ou un 'handler'
# à un programme
# Format: Action media/type /chemin/programme
# Format: Action handler /chemin/programme
# EX :
#        Action application/x-httpd-php /php/php.exe


# MetaDir: définit un répertoire dans lequel Apache trouvera
# des fichiers contenant des en-têtes http supplémentaires à
# inclure dans les documents à envoyer
#MetaDir .web

# MetaSuffix: définit un suffixe pour un fichier contenant les
# métainformations
#MetaSuffix .meta



# Personnalisation des erreurs retournées par Apache
#  Trois façons de faire
#
#    1) du simple texte
#    ex : ErrorDocument 500 "The server made a boo boo.
#         Ce message sera renvoyé lors d'une erreur 500
#
#    2) redirection locale
#    ex : ErrorDocument 404 /manquant.html
#         lors d'une erreur 404 , le client sera redirigé
#         vers le document manquant.html                    .../...
```

```
.../...
#    ex : ErrorDocument 404 /cgi-bin/manquant.pl
#         idem sauf qu'ici le client est redirigé vers un
#         script CGI
#
#    3) redirection externe
#    ex : ErrorDocument 402 http://www.autre.com/doc402.html


<IfModule mod_setenvif.c>

    # les directives qui suivent modifient les réponses HTTP
    #
    # La première neutralise 'keepalive' pour Netscape 2.x et
    # d'autres navigateurs car il existe des problèmes avec.
    # La seconde concerne Internet Explorer version 4.0b2 qui
    # a une mauvaise implémentation du standard HTTP/1.1 et
    # qui supporte donc mal 'keepalive' lors des réponses de
    # redirection 301 ou 302
    #
    BrowserMatch "Mozilla/2" nokeepalive
    BrowserMatch "MSIE 4\.0b2;" nokeepalive downgrade-1.0
force-response-1.0

    # Les directives qui suivent neutralisent les réponses
    # HTTP/1.1 aux navigateurs l qui violent les
    # spécifications HTTP/1.0
    BrowserMatch "RealPlayer 4\.0" force-response-1.0
    BrowserMatch "Java/1\.0" force-response-1.0
    BrowserMatch "JDK/1\.0" force-response-1.0
</IfModule>


# activation du support des scripts Perl (mod_perl)
<IfModule mod_perl.c>
  Alias /perl/ /var/www/perl/
  <Location /perl>
    SetHandler perl-script
    PerlHandler Apache::Registry
    Options +ExecCGI
  </Location>
</IfModule>

# Ce qui suit permet d'obtenir un rapport sur l'état du
# serveur Apache à l'aide de l'url
# http://www.mondomaine.com/server-status                  .../...
```

```
.../...
<IfModule mod_status.c>
  <Location /server-status>
    SetHandler server-status
    Order deny,allow
    Deny from all
    Allow from .mondomaine.com
  </Location>

  ExtendedStatus On
</IfModule>


# Permet d'obtenir de nombreuses informations sur la
# configuration du serveur Apache à l'aide de l'url
# http://www.mondomaine.com/server-info

<IfModule mod_info.c>
  <Location /server-info>
    SetHandler server-info
    Order deny,allow
    Deny from all
    Allow from .mondomaine.com
  </Location>
</IfModule>
# Ce qui suit permet d'accéder à l'aide d'un navigateur à
# toute la documentation du serveur. L'accès n'est autorisé
# que localement à la machine (localhost) ou à partir du
# réseau 192.168.1.0/24
Alias /doc/ /usr/share/doc/
<Location /doc>
  order deny,allow
  deny from all
  allow from 127.0.0.0/255.0.0.0 192.168.1.0/24
  Options Indexes FollowSymLinks MultiViews
</Location>

# mise en place d'un proxy
<IfModule mod_proxy.c>
    ProxyRequests On

    <Directory proxy:*>
        Order deny,allow
        Deny from all
        Allow from .mondomaine.com
    </Directory>                                            .../...
```

```
.../...
# active ou désactive le support des en-têtes HTTP/1.1 "Via".
#    ProxyVia On

#
# pour activer le cache, il suffit de décommenter ce qui suit
#    CacheRoot "/var/cache/apache"
#    CacheSize 5
#    CacheGcInterval 4
#    CacheMaxExpire 24
#    CacheLastModifiedFactor 0.1
#    CacheDefaultExpire 1
#    NoCache domaines_interdits.com

</IfModule>

# pour supporter dav si besoin (cf l'un des virtualhosts qui
# l'utilise
<IfModule mod_dav.c>
    DAVLockDB/var/lock/DAV/DAVLock
    DAVMinTimeout 600
</IfModule>

### Section 3: les hôtes virtuels (VirtualHosts)
#
# Voici quelques exemples de VirtualHost basés sur le nom
# ici, l'IP du serveur est 192.168.2.10
# certains utilisent WebDAV, le moteur de réécriture d'url,
# etc

NameVirtualHost 192.168.2.10


####################
# AUTREDOMAINE.ORG #
####################
<VirtualHost 192.168.2.10>
  DocumentRoot /var/www/autredomaine.org/
  ServerName   www.autredomaine.org
  ServerAlias  autredomaine.org
  ScriptAlias  /cgi-bin/  /usr/lib/cgi/autredomaine/

# définition d'un répertoire où les .htaccess seront pris en
# compte, permettant par exemple d'en protéger l'accès
  <Directory /var/www/autredomaine.org/protected>
    Allowoverride all                                  .../...
```

```
.../...
  </Directory>

</VirtualHost>

###################
# WEBDAV_SITE.COM #
###################
# exemple d'un site avec webdav activé
<VirtualHost 192.168.2.10>
  DocumentRoot /var/www/webdav_site.com/
  ServerName   www.webdav_site.com
  ServerAlias  webdav_site.com

  <IfModule mod_dav.c>
    <Directory /var/www/webdav_site.com/>
      allowoverride all
      DAV on
    </Directory>
  </IfModule>

</VirtualHost>

####################
# REWRITE_SITE.ORG #
####################
# exemple d'un virtualhost utilisant le moteur de réécriture
# d'url
<VirtualHost 192.168.2.10>
  DocumentRoot  /var/www/rewrite_site.org/
  ServerName    www. rewrite_site.org
  ServerAlias   rewrite_site.org


# Les règles de réécriture suivantes permettent de fournir
# soit la page index.jour.html de 7h00 à 19h00, soit la page
# index.nuit.html durant les autres moments.
  <IfModule mod_rewrite.c>
    RewriteEngine on
    RewriteLog   "/var/log/apache/rewrite.log"
    RewriteCond  %{TIME_HOUR}%{TIME_MIN} >0700
    RewriteCond  %{TIME_HOUR}%{TIME_MIN} <1900
    RewriteRule  ^index\.html$             index.jour.html
    RewriteRule  ^index\.html$             index.nuit.html
  </IfModule>
</VirtualHost>
```

!

A

B

C

D

E

F

H

J

L

M

N

O

P

R

S

T

Liste des titres disponibles de la collection Ressources Informatiques

Consultez notre site Internet pour avoir la liste des derniers titres parus.
http://www.editions-eni.com

Active Directory – Les services d'annuaires Windows 2000
Apache V.2 – Installation, configuration et administration
Asp.Net : Développement Web avec Visual Studio et Web Matrix
Asp 3
Autocad 2005
Autocad 2004
Autocad LT 2005
Autocad LT 2004
Autocad LT 2002
Autocad 2002
Business Objects 6
Business Objects 5
C++ - Développement d'applications MFC et .Net
Cisco – Interconnexion de réseau à l'aide de routeurs et de commutateurs
Citrix Metaframe XP (FR3) – Présentation Server - Administration
Conception et programmation objet – Applications de gestion en environnement graphique
Crystal Reports 9
Delphi 7 et Kylix 3 – Développement sous Windows et Linux
Exchange Server 2003 – Implémentation et gestion
Exchange Server 2000 – Administration et configuration
Gestion d'un environnement réseau sous Windows 2000
<HTML> Maîtriser le code source
Internet Information Server V.5 – Administration des services Internet sous Windows 2000
ISA Server 2000 Proxy et Firewall – Optimiser l'accès Internet et sécuriser son réseau d'entreprise
J2SE – Les fondamentaux de la programmation Java
J2EE – Développement d'applications Web
Les réseaux – Notions fondamentales
Les Services Réseaux TCP/IP sous LINUX
Linux – Administration système
Linux Debian – TCP/IP – Les services réseaux
Linux – Principes de vase de l'utilisation système
Linux Red Hat Fedora TCP/IP – Les services réseaux
Lotus Notes 6 – Administration de serveurs Domino
Lotus Notes 6 – Développement d'appplications Notes et Web
LotusScript et JavaScript – Développement sous Lotus Notes 6
Maintenance et dépannage d'un PC en réseau
Merise – Concepts et mise en oeuvre
MySQL 4 – Installation, mise en œuvre et programmation
.Net, Framework, ADO et services Web
Novell Netware 6 – Installation, configuration et administration
Oracle 8i – Administration
Oracle 8i – SQL, PL/SQL, SQL*PLUS
Oracle 9i - Administration
Oracle 9i - SQL, PL/SQL, SQL*PLUS
Oracle 10 g - SQL, PL/SQL, SQL*PLUS
Perl 5
PHP 4 – Développer un site Web dynamique et interact
PHP 5 – Développer un site Web dynamique et interact
PowerBuilder – Techniques avancées de développemen (pour les versions 7, 8 et 9)
Programmation Shell sous Unix/Linux – sh (Bourne), ksh
Project Server 2003 – Solution pour la gestion de projet d'entreprise
Samba – Installation, mise en œuvre et administration
Sécuriser l'informatique de l"entreprise – Enjeux, menac préventions et parades
SharePoint Portal Server – Conception et mise en œuvr solutions
SQL Server 2000 – Mise en œuvre
SQL Server 2000 - Administration
TCP/IP sous Windows 2000
UML 2 – Initiation, exemples et exercices corrigés
Unix Administration système - AIX, HP-UX, Solaris, Lir
Unix – Les bases indispensables
VB.NET
VBA Access 2003 – Programmer sous Access
VBA Access 2002 – Programmer sous Access
VBA Excel 2003 - Programmer sous Excel : Macros et Langage VBA
VBA Excel 2002 – Programmer sous Excel : Macros et Langage VBA
Visual C # - Concept et mise en œuvre
WebDev (V. 7 et 9) – Mise en œuvre d'applications Wet
WebSphere 5 – Développement JSP/EJB et administrati serveur
Wi-Fi – Maîtriser le réseau sans fil
Windev 7.5 et 8 – De l'objet au composant d'architectut
WinDev 7.5
Windows Scripting Host (WSH) – Automatiser les tâche d'administration sous Windows 2000 et XP
Windows XP Professionnel - Installation, configuration e administration
Windows 2000 Professionnel – Installation, configuratior administration
Windows Server 2003 – Les services réseaux TCP/IP
Windows Server 2003 – Mise à jour des compétences N
Windows Server 2003 – Installation, configuration et administration
Windows 2000 Server – Installation, configuration et administration
XML et les services Web
XML et XSL – Les feuilles de style XML